普通高等院校“十三五”规划教材

工商管理类

管理统计学

主　编　崔琳琳

副主编　汤晓明　宋　辉

南京大学出版社

内容提要

管理统计学是一门应用统计学方法和理论来分析处理经济管理问题的应用科学，本书用总论、统计数据的收集、统计数据的整理与显示、统计数据特征的描述、抽样推断、相关分析与回归分析、时间序列分析、统计指数、聚类分析、主成分分析与因子分析等十个章节来阐述管理统计学的基本内容。

本书既可作为本科高等院校经济、管理类等非统计学专业学生的必修课教材，也可作为相关专业的公共选修课教材以及实际工作者的参考用书。

图书在版编目(CIP)数据

管理统计学 / 崔琳琳主编. -- 南京：南京大学出版社，2017.1(2021.12 重印)
ISBN 978-7-305-18171-9

Ⅰ. ①管… Ⅱ. ①崔… Ⅲ. ①经济统计学—高等学校—教材 Ⅳ. ①F222

中国版本图书馆 CIP 数据核字(2017)第 007034 号

出版发行 南京大学出版社
社　　址 南京市汉口路 22 号　　邮　编 210093
出 版 人 金鑫荣

书　　名 管理统计学
主　　编 崔琳琳
副 主 编 汤晓明　宋　辉
责任编辑 徐　媛　蔡文彬　　编辑热线 025-83592315

照　　排 南京南琳图文制作有限公司
印　　刷 南京百花彩色印刷广告制作有限责任公司
开　　本 787×1092　1/16　印张 19.5　字数 490 千
版　　次 2017 年 1 月第 1 版　2021 年 12 月第 4 次印刷
ISBN 978-7-305-18171-9
定　　价 49.00 元

网址：http://www.njupco.com
官方微博：http://weibo.com/njupco
官方微信号：njupress
销售咨询热线：(025) 83594756

前　言

统计作为一项实践活动,历史漫长而久远,而统计学作为一门学科产生于17世纪的欧洲,17世纪中叶至18世纪中叶是统计学的创立时期,可以说统计学距今已有三百多年的历史。作为统计学的一个分支——管理统计学,其思想最早产生于20世纪初的美国,是一门用统计学方法和理论研究管理问题、经济问题的应用性学科,是将描述统计和推断统计有机结合,并融合经济与管理理论来分析处理宏观和微观经济管理问题的一门学科。随着社会经济的发展、科学和信息技术的进步,作为认识、分析处理社会经济管理问题的一种有力武器的管理统计学发展迅速,其应用领域不断扩大,在宏观和微观经济管理领域(如宏观经济管理、企业微观管理、金融、证券、保险、投资、理财等各方面)均有广泛应用。本书将统计学理论与经济管理实践有机结合,将理论框架蕴于现实经济管理领域之中,从管理统计学的基本概念和应用背景入手,较为详细地介绍了管理统计学的基础知识、基本理论和基本方法,由浅入深地介绍了统计数据的收集与整理、统计数据的描述与展示,以及统计数据分析的基本原理和方法。本书内容框架清晰完整,知识点涵盖了管理统计应有的主要内容,有机融合理论和实务,着重讲清各种统计方法的基本原理,而不去刻意追求数学的严谨证明和推导过程,将重点放在现代统计理论与方法在经济管理领域的应用层面,用简明、通俗的语言并结合大量案例,力求将现代统计思想融入经济管理的实际问题中去,体现了本书着重应用能力培养的目标要求。

本书共分十章。第一章总论,第二章统计数据的收集,第三章统计数据的整理与显示,第四章统计数据特征的描述,第五章抽样推断,第六章相关分析与回归分析,第七章时间序列分析,第八章统计指数,第九章聚类分析,第十章主成分分析与因子分析。在知识容量的设计上,力求适度、繁简相宜;在相关内容编写上,力求概念准确、简明扼要、层次分明、通俗易懂。每章都设计了学习目标、引导案例、阅读材料及思考与练习题,使学习者能快速入门,通晓管理统计学的基本原理及基本应用,同时满足了读者练习的需要,为全面、深入地掌握和巩固管理统计学的理论和方法奠定了坚实的基础。本书既可作为本科高等院校经济、管理类等非统计学专业学生的必修课教材,也可作为相关专业的公共选修课教材以及实际工作者(如政府和企事业单位从事统计工作或进行统计分析的工作人员)重要的参考用书。由于本书篇幅所限,有关 Excel 及 SPSS 操作应用基本没有介绍,相关 Excel 及 SPSS 操作应用参见配套教材《管理统计学实验教程》。

本书由崔琳琳组织编写及统稿工作,编写人员及具体分工是:崔琳琳,第 1、第 2、第 3、第 4 章,第 8 章;汤晓明,第 5、第 6、第 7 章;宋辉,第 9、第 10 章。全书的修改、校对等一系列工作由上述编者共同完成。本书参考和吸收了国内有关专家、学者的优秀成果,在编写过程中参考了有关专著、教材,借鉴与合并了传统教材的精华,吸收了有关管理统计学教学和科研的新成果,所列出的参考文献可能有遗漏,在此向所有对本书编写给予支持的作者和朋友表示崇高的敬意和由衷的谢意!南京大学出版社的蔡文彬,徐媛编辑为本书的出版工作付出了辛勤劳动,在此编者表示衷心的感谢!限于编者的水平,加之时间紧迫,书中错误和不足之处在所难免,对于书中错误和疏漏,恳请读者不吝指正。在使用过程中发现的任何问题,欢迎与我们联系,邮箱:8922200@163. com。

编　者

2016 年 11 月

目　录

第一章 总 论

【学习目标】

1. 了解统计学的产生及发展过程；
2. 了解管理统计学的性质、研究过程及方法；
3. 掌握管理统计学的几个基本概念。

引导案例

二战后期，美军对德国和日本实行了大规模的战略性轰炸，它们在给德国和日本以致命打击的同时，也付出了极大的代价。那么，飞机在天上飞，哪个部位最容易中弹？也就是说，各个部位中弹的概率均等吗？研究这些问题对于减少战斗损失，提高战斗力无疑是非常有意义的。为了减少损失，美军请来了著名统计学家沃尔德，希望他能从统计研究的角度提出建议。譬如，飞机哪个部位容易中弹，就在哪个部位加厚钢板，因为普遍的加厚钢板无疑会增加飞机的负担，影响飞行的速度和载弹量，最终将影响飞机的战斗力。事情重大，关系战局，接到任务后，沃尔德立即投入到紧张的研究之中，他让技师们把飞机的中弹部位标出来，自己则对全部中弹飞机的中弹部位进行综合分析和研究，希望从中找出规律。但是，飞机的中弹部位根本没有呈现出所谓的统计规律。是统计学家派不上用场？不是！遵循着"大量观察法"这个统计的原则，沃尔德发现，中弹飞机的弹痕虽然没有规律，但是，在飞行员的座舱和飞机尾翼均没有被击中的痕迹。原来，在大量观察法基础下的统计综合分析居然一下子使人们明白了问题的关键所在，中弹飞机之所以能飞回来，一是要有飞行员，如果飞行员座舱被击中，飞机就飞不回来了；二是飞机尾翼不能被击中，击中了飞机就会失去控制也飞不回来了。这好像变魔术一样，揭秘了，大家都觉得太简单了。而统计分析就是揭开这层面纱的工具，因此，沃尔德建议只在这两个部位加厚钢板，至此，大家不得不佩服统计学的神奇和统计学家的睿智。

（摘自王国钧. 统计：量测"上帝"的旨意——谈谈统计的作用和抽样调查方法. 调研世界，2011(9)：55－57，编者有删改）

引例思考：在现实生活中，尤其现在这样的大数据时代，我们肯定会经常遇到一些统计方面的问题，必须以独到的统计思维去实现问题的简化和解决。正如 Herbert George Wells(英国著名作家，20 世纪初英国现实主义小说三杰之一，也是社会评论家)所说："对于追求效率的公民而言，统计思维总有一天会和读写能力一样重要。"

第一节　管理统计学概述

一、统计学概述

(一) 统计学产生与学派

统计作为一种社会实践活动有着悠久的历史，它记录了人类社会整个历史的变化发展过程，并与人类社会共同成长。远古时期，人类从结绳计数、书契记事这样的简单计数活动开始就已经孕育着统计的萌芽，到了原始社会末期，奴隶社会的形成过程中，初步形成了统计的雏形。随着国家的出现，管理的需要，开始了以人口、土地、粮食为主要内容的统计活动，比如，在我国，公元前2 000多年的夏禹时代，人们已经能够运用"准绳"、"规矩"等工具进行实地测量，有了人口、土地的历史记载，《书经・禹贡篇》记述了九州的基本土地情况，被西方经济学家推崇为"统计学最早的萌芽"；商代开始建立了附属于官僚机构的统计组织，形成了政府统计的萌芽，统计范围已涉及军事、祭祀、田猎、人口等各方面；西周建立了较为系统的统计报告制度，称日报为"日成"、月报为"月要"、年报为"发会"；春秋战国时代，建立了由各级政府逐级上报统计数据的"上计"报告制度，秦时《商君书》中提出"强国知十三数"中包括粮食储备、各国人数、农业生产资料及自然资源等，形成了"不明于计数而欲举大事，犹无舟楫而经于水险也""欲国强知十三数"等一系列统计思想。在国外，古埃及在公元前3 000年已有人口、财产数字记载，古希腊在公元前600年就进行了人口普查；古罗马在公元前400年就建立了人口出生、死亡登记制度，等等。可以看出统计作为人类的一种社会实践活动，是为了适应社会生产的发展和国家管理的需要而逐步产生和发展起来的，历史非常悠久。但作为一门科学的统计学，它的出现却晚得多。统计学究竟产生于什么年代，迄今为止人们的看法还不尽一致，不过多数人认为，统计学大概兴起于17世纪，在资本主义时代得到了长足发展。概括起来，大致有以下几个学派。

1. 政治算术学派

17世纪中叶，英国古典经济学家威廉・配第(W. Patty)的经典著作《政治算术》(1676)问世，该书以数字资料为基础，采用大量计算手段和一系列对比分析方法，比较了英、法、荷等国的经济、军事、政治等方面的实力，为英国称霸世界提供了各种有说服力的实证分析资料。配第在这本书以及其他有关著作中，采用了不同于前人的研究方法，通过使用大量的数据资料分析问题，试图把结论建立在可靠的事实根据上，为经济分析领域引入了一种新的方法，这种采用数字、重量和尺度论述经济问题，也为日后统计学的产生奠定了坚实的基础。正如他在《政治算术》的序言中所写的："我进行这种工作所采用的方法，在目前还不是常见的，因为我不使用比较级或最高级的词语来进行思辨式的议论，相反却采用了这样的方法，即用数字、重量和尺度来表达自己想说的问题，进行诉诸人们感觉的议论，借以考察在自然中有可见根据的原因。"在统计史的研究中，一般把以配第为代表的关于社会经济现象算术式的研究，称为"政治算术"统计学。马克思对威廉・配第和他的《政治算术》评价很高，他认为"配第创造'政治算术'，即一般所说的统计"(《马克思恩格斯选集》第3卷，273页，人民出版社，1972)，还说配第是"政治经济学之父，在某种程度上也可以说是统计学的创始人"(《马克思恩格斯选集》

第3卷，302页，人民出版社，1972)。“政治算术”学派还有一位重要的代表人物，就是英国人约翰·格朗特(J. Graunt)，他的代表性著作《关于死亡表的自然观察与政治观察》(1662)，通过对人口变动数据的分析，揭示了人口变化的规律，该书利用大量观察的方法，对伦敦市人口的出生和死亡率做了许多分类、计算和研究，发现了人口与社会现象中重要的数量规律性。例如，新生儿的性别比例稳定在14∶13；男性在各年龄组中死亡率高于女性；新生儿的死亡率较高；一般疾病与事故的死亡率较稳定，而传染病的死亡率波动较大等。在研究中，格朗特不但探索了人口变化和发展的一些数量规律，而且还对伦敦市总人口数量做出了较科学的估计。这些独特的资料整理方法和估算方法，给后来统计学的发展留下了有益的启示。

2. 国势学派

与“政治算术”学派产生的时期差不多，在17世纪中叶，德国西尔姆斯特大学教授海尔曼·康令(H. Conrin，1606—1681)在大学里开设了国势学。所谓国势学，是以文字来记述国家的显著事项的学说，用文字记述和比较为主，反映各国国情国力，他对国势学的研究目的、研究对象、研究方法等基本问题，作了具体深入的阐述。国势学经过100多年的发展，到18世纪中期达到了顶峰，国势学派在研究一国或多国的显著事项时，主要是用对比分析的方法研究关于国家组织、人口、军队、领土、财产等国情、国力，以比较各国实力的强弱，研究中偏重事物性质的解释，而不重视数量分析，但在对比分析方面是较有建树的。高特弗里德·阿亨瓦尔(G. Achenwall，1719—1772)是国势学的主要继承人和最有名的代表人物，在德国哥丁根大学教授国势学课程，阿亨瓦尔在继承康令开创的研究体系和研究方法的基础上，全面发展了国势学，并在其代表作《欧洲各国国势学概论》中首次提出了统计学的学科命名，即首次将国势学称为“Statistik”，即统计学，这一德文词汇转译成英文“Statistic”后，逐渐得到人们的接受并沿用至今。

3. 数理统计学派

数理统计学派产生于19世纪中叶，主要代表人物为比利时学者阿道夫·凯特勒(A. Quetelet，1796—1874)，其代表作是《社会物理学》。他在统计理论上的主要贡献是把概率论引进了统计学，从而提出了关于统计学的新概念。凯特勒根据大数定律的原理提出了大量观察法，利用统计观察资料计算和研究社会现象和自然现象的数量规律性，并用于预测未来的情况。他创立大数法则，认为统计学就是数理统计学。凯特勒开创了统计理论和实际应用的一个新领域，即应用概率论认识随机现象数量规律性的理论和方法。这个新领域起初没有确定的名称，1867年德国数学家威特斯坦(T. Wittstein)发表了题为《数理统计学及其在经济学和保险学中的应用》的论文，因而定名为数理统计学。数理统计学产生较晚，但发展很快。后经过葛尔顿、皮尔逊、鲍莱、友尔、戈塞特、费雪等人的研究和实践，数理统计学发展成为一门完整、系统的新学科。

自19世纪末叶以来，欧洲自然科学飞速发展，促进了数理统计学的发展。进化论和能量守恒定律的出现促进了描述统计的完善，也是描述统计学派发展的顶峰。20世纪20年代以后，在细胞学的发展推动下，统计学迈进了推断统计的新阶段，20世纪50年代是推断统计学派发展最迅速的时期。这期间有影响的理论和大师很多，如19世纪英国的戈赛特(William Sealy Gosset，1876—1937)的t分布理论；20世纪20年代英国的费雪(R. A. Fisher，1890—1962)的F分布理论；20世纪30年代波兰的尼曼(Jerzy Splawa Ney man，1894—1981)等人的假设检验理论及置信区间估计等理论;20 世纪 40 年代美国的瓦尔德(A. Wasld,1902—1950)等学者的统计决策理论、多元分布理论等。到了 20 世纪 50 年代,经过几代大师的努力,推断统计的基本框架已经建成,并逐渐成为 20 世纪的主流统计学。

20 世纪中期至今的几十年中,是统计学全面发展的阶段。由于受计算机和新兴科学的影响,统计学越来越依赖于计算机技术,成为数量分析的方法论科学。这一时期统计学的研究和应用范围越来越广,使得在现代统计学史中很难找到权威性的代表人物。当今的统计学家只能限制在有限的专业领域内从事某方面的研究,这是现代统计学的主要特点,如科克伦(W. G. Cochran,1909—1980)的实验设计理论、安得森(Th. W. Anderson)的复变数分析等。

4. 社会统计学派

社会统计学派产生于 19 世纪末期,首创者是德国人克尼斯(Kniex),主要代表人物有梅尔和恩格尔,认为统计学的研究对象是社会现象,研究方法是大量观察法,提出统计学是一门实质性的社会科学。十月革命胜利后,苏联的大多数统计学家受社会统计学派的影响,主张统计学是一门实质性的社会科学。1954 年 3 月,由苏联科学院、中央统计局、教育部联合召开了统计科学讨论会,并把统计学定义为"统计学是在质与量的密切联系中研究大量社会现象的数量方面,研究社会发展规律在具体地点及时间条件下的数量表现的社会科学"。此后,这一定义对我国及东欧的社会主义国家产生很大影响,在这些国家中形成了以马克思政治经济学为理论基础的社会经济统计学派。

在我国,由于长期受封建社会的束缚,一直未能建立自己的统计理论。直到辛亥革命后,统计学界积极汲取西方统计思想,逐步形成了数理统计和社会统计两个学派。新中国成立之初,由于受苏联统计思想的影响,理论界长期认为只有社会经济统计学才是唯一的统计学,数理统计学则是数学的分支,即应用数学的组成部分,数理统计方法是"数学游戏"。此后,随着理论界思想的进一步解放,一些学者认为社会经济统计不过是统计工作经验的总结与概括,是对社会经济现象的描述,不是科学,只有数理统计学才是真正意义上的统计学(1978 年峨眉山会议之前)。改革开放后,经过长期、广泛的认识和探索,我国统计学学科建设取得了重大突破,峨眉山会议之后,两大学派经过较长时间的争论,认为社会经济统计学和数理统计学都属于方法论科学的人渐渐多了起来,特别是 1993 年年底,贺铿、袁卫等学者提出了"大统计"理念后,再次引发了新一轮关于统计学科性质的大讨论。1996 年 10 月,中国统计学会、中国数理统计学会、中国现场统计学会联合举办全国统计科学研讨会。会议达成了中国统计各学科、统计各学派之间相互借鉴、相互融合、共同发展的共识,确立了统计学科体系的基本框架,肯定了统计学是包括社会经济统计学和数理统计学在内的一般方法论性质的科学,为我国统计学的发展奠定了坚实的基础。

目前,统计学已经形成了由若干个分支组成的庞大的学科体系,已经长成了一棵枝繁叶茂的参天大树,统计学的整体结构如图 1-1 所示。

(二) 统计学的定义

统计学作为一门学科也就 300 多年的历史,而关于统计学概念的解释,目前尚无统一的结论,如《不列颠百科全书》的定义,"统计学是收集、分析、表述和解释数据的科学"。统计学的英文是"statistics"。以单数形式出现时,表示一门科学即统计学;以复数形式出现时,表示统计数据或统计资料。《中国百科全书·数学卷》的定义,"统计学是一门科学,它研究怎样以有效

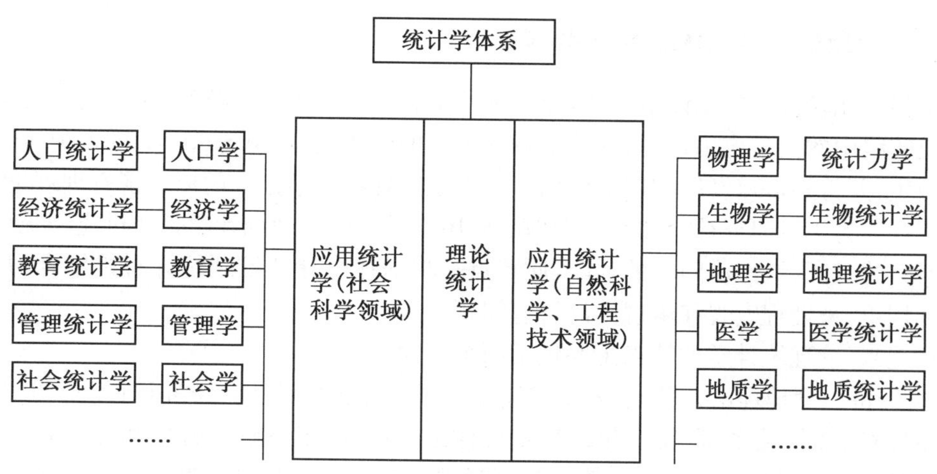

图 1-1　统计学的整体结构

的方式收集、整理、分析带随机性的数据,并在此基础上对所研究的问题作出统计性推断,直至对可作出的决策提供依据或建议,等等”。从现有文献看,对统计学的定义有很多,原因在于对统计学常采用描述性的定义方法,加之统计学自身一直在不断地发展着,并且在认识上还存在不少的分歧。在此,本教材立足统计学的通用方法论性质,把统计学定义为:研究客观现象总体数量特征、数量关系、数量规律的一门方法论科学,属于定量认识方法的科学,其目的在于探索客观现象内在的数量规律性。而在各种实践活动和科学研究领域中经常出现的“统计”一词,不同的人或在不同的场合,对其理解是有差异的。比较公认的看法是,“统计”一词有三种含义,即统计活动、统计资料和统计学。

1. 统计活动

统计活动又称统计工作,是指收集、整理和分析统计数据并探索数据的内在数量规律性的活动过程。

2. 统计资料

统计资料或称统计数据,即统计活动过程所获得的各种数字资料和其他资料的总称。表现为各种反映社会经济现象数量特征的原始记录、统计台账、统计表、统计图、统计分析报告、政府统计公报、统计年鉴等各种数字和文字资料。

3. 统计学

统计学是指阐述统计工作基本理论和基本方法的科学,是对统计工作实践的理论概括和经验总结。它以现象总体的数量方面为研究对象,阐明统计设计、统计调查、统计整理和统计分析的理论与方法,是一门方法论科学。

统计工作、统计资料和统计学之间有着密切联系。统计工作与统计资料之间是过程和成果之间的关系,统计资料是统计工作的直接成果。就统计工作和统计学的关系来说,统计工作属于实践的范畴,统计学属于理论的范畴,统计学是统计工作实践的理论概括和科学总结,它来源于统计实践,又高于统计实践,反过来再指导统计实践。统计工作的现代化与统计科学研究的支持是分不开的。

二、管理统计学的性质和特点

根据目前比较公认的统计学体系，管理统计学属于应用统计学范畴，正是由于统计学在管理研究及实践中的大量应用，作为统计学分支之一的管理统计学(Statistics for Management)才应运而生，并得到迅速发展和广泛应用。可以说管理统计学是一门以经济管理理论为基础，以一般统计学为工具研究社会和经济管理的应用科学。即管理统计学是通过应用统计学方法和理论研究管理问题、经济问题的，其本质特点是将描述统计和推断统计有机结合，并融合经济与管理理论，来处理宏观和微观经济管理问题。

概括起来，管理统计学的特点主要包括两个方面。

1. 以经济与管理理论为基础，采用描述和推断的方法来对社会经济和管理现象中研究对象的数量特征、数量关系、发展变化趋势及规律进行研究，最终解决管理和经济问题的学科。描述统计是通过大量数据资料的搜集、整理和分析，对总体数据的分布特征进行描述，进而形成对总体内在的数量规律性的认识。推断统计是根据实际工作中所搜集到的统计资料绝大部分都是样本资料这一特点，利用这些样本资料所提供的信息，进一步对总体的数量规律性做出科学的推论。

2. 属于应用性的方法论科学，以统计学的理论和方法为基础，不断吸收信息论、控制论、系统论和决策论等方面的研究成果，使统计职能从反映和监督拓展到推断、预测和决策。这说明管理统计学是认识社会经济现象的有力武器，除了要应用一般的统计方法外，还必须以有关管理和经济的理论为指导，是解决管理和经济问题的重要工具。

三、管理统计学的研究对象和内容

1. 管理统计学的研究对象

通过管理统计学的特点可以看出，管理统计学的研究对象是社会经济和管理现象的数量特征、数量关系、发展变化趋势及规律，概括起来其研究对象具有以下特点。

(1) 总体性。管理统计研究社会经济和管理现象的数量方面，不是指个别现象的数量特征，而是指由许多个别现象所构成的总体的数量特征，是通过对许多具有同质性的个别现象所组成的总体进行大量观察和综合分析，来反映现象总体的数量特征，揭示社会经济和管理现象的一般状况。管理统计学研究对象的总体性特点，是由社会经济和管理现象的特点和管理统计学研究的目的决定的。由于社会经济和管理现象错综复杂，个别现象所处的时间、地点和条件不同，表现出明显的偶然性和不确定性，难以说明现象总体的本质和规律。所以，只有以现象的总体作为研究对象，即以构成总体的全部或足够多的单位作为研究对象时，才能消除偶然性因素的影响，从而正确地揭示现象的本质和规律性。

(2) 数量性。管理统计学研究的是大量社会经济现象总体的数量方面的特征，包括社会经济现象的数量多少，各种现象之间的数量关系，事物质与量互变的界限和规律性三个方面，可以说“数字是统计的语言”。但必须注意，它所研究的事物的量是从社会现象的定性认识开始，以质的规定性为基础的。

(3) 具体性。管理统计学研究的数量不是抽象的量，而是有一定质的规定性的数量。这是由于社会经济现象中的事物都是具体的，都是在一定的地点、时间、条件下发生的，所以其量的表现就必然带有特定场合和特定历史的痕迹，离开具体地点、时间和条件，是无法说明社会经济和管理现象的本质及其运行规律的。

2. 管理统计学的研究内容

由于社会经济现象的数量特征是多方面的，其相互联系的变量关系具有不确定性和随机性，因而管理统计学可从描述统计和推断统计两方面对现象总体数量特征和数量关系进行研究。管理统计学研究的主要内容有以下几点。

（1）以社会经济现象静态信息为依据，应用统计分组和变量数列，采取总量指标、相对指标、平均指标、离散趋势的指标，通过现象总体的频数分布、极差、绝对总量、相对程度以及集中离散趋势等对现象总体数量特征进行描述。

（2）根据社会经济现象动态统计信息，采用动态比较、动态平均、长期趋势分析、季节波动分析等方法，对现象总体的发展变化情况、长期变动趋势及季节变化等进行统计分析与预测，为统计决策和控制提供数量依据。

（3）对社会经济现象中大量随机变量间的交互统计信息，采用相关回归分析，刻画现象变量间的相关程度，并利用数学表达式建立回归方程进行统计预测。

（4）根据实际现象变量的概率分布、大数定律和中心极限定理，运用抽样推断原理，按照一定的方法用样本统计量去推算统计总体参数，并进行假设检验、方差分析和非参数估计等。

（5）依据经济、管理对象的个体特征，通过聚类分析方法对社会经济现象进行分类，采用主成分分析和因子分析筛选综合优化现实经济管理中设计的指标体系，为科学决策提供数量依据。

四、管理统计学的主要发展阶段

随着19世纪末到20世纪初泰罗的科学管理理论和法约尔的一般管理理论的提出，管理学得到很大的发展，统计学思想融入管理成为必然，应用统计原理与方法来解决社会经济及管理问题成为趋势，推动了管理统计学的产生与发展。概括起来管理统计学的发展大致可以分为三个阶段。

1. 萌芽阶段

20世纪初至40年代末，统计学开始被用来解决社会经济管理活动中的某些问题，但是应用领域不够广，而且比较零散，使用的方法主要是初级统计分析方法。处理和计算统计数据主要依靠手工或机械式计算机。其中具有代表性的事件是，1917年，美国国防部运用统计学方法解决急用军用品的规格和尺寸设计问题。军用品的规格和尺寸因个体不同而不同，具有随机性。通过抽样调查，发现军人军衣和军鞋尺寸的分布都类似正态分布，根据这样的分布规律设计的军衣和军鞋，其规格符合了大部分军人的需要。从此，运用统计学方法解决管理问题开始引起人们的重视。1924年，美国贝尔电话实验室研究人员休哈特将统计方法应用于产品质量管理，发明了产品质量控制图，有效地解决了产品生产过程中的质量控制问题。此后，管理统计学被广泛地应用于解决各种经济管理问题。

2. 形成阶段

20世纪50年代初至60年代末，统计学成为管理科学的重要学科之一，被广泛地用来解决社会经济管理活动中存在的问题，应用领域涉及行政管理和商业管理等诸多方面，并且同管理理论相结合，形成了统计应用专题，如财务报表分析、投资决策等；使用的方法不仅涉及初级统计学，而且涉及高级统计学和决策论。另外，自从1945年第一台大型数字电子计算机

ENIAC在美国宾州大学问世后，电子计算机不但被广泛地应用于科学研究的数据处理，而且被广泛地应用于经济管理和其他方面的数据处理，成为数据处理的主要工具。在此期间具有代表性的事件是，1953年创立的国际通用的国民收入账户（A System of National Accountsand Supporting Tables，国民账户体系及辅助表）及1968年创立的以国民收入账户为主，包括了投入产出表、资金循环表、国民资产负债表、国际收支表的新SNA体系。20世纪60年代初，美国著名管理统计学家戴明提出的企业管理PDCA和费根堡的全面质量管理也促进了管理统计学的发展。

3. 发展阶段

20世纪70年代初至今，随着计算机技术的飞速发展，在硬件方面，高集成度、高处理速度，多CPU并行的计算机已逐渐普及；在软件方面，出现了以SAS，SPSS，Splus等系统的统计软件包。软件包的商业化、社会化又进一步提高了人们处理和计算统计数据的速度，使管理统计学在社会经济管理活动中发挥了更大的作用。在统计理论方面，20世纪70年代可以认为是规范化线性模型的时代，20世纪80年代的前期侧重于渐进理论的研究，20世纪90年代对"复杂性"研究较为瞩目，特别是对马尔可夫链蒙特卡罗理论（Markov chain Monte Carlo）的研究对建立可实际应用的统计模型开辟了广阔的前景。20世纪90年代以来，随着信息科学的发展，统计学的应用环境发生了很大的变化，统计学受到了信息科学发展的影响，出现了许多依靠以往的统计学理论所不能解决的新问题，如对于非常庞大的数据集，怎样进行筛选和提炼有效信息，如何对各种数据进行有效的检索处理等，都是难度很大甚至是不能解决的问题。近年来，为适应实际的需要，统计学与计算机科学相结合又发展出一门数据挖掘（Datamining）技术，用以解决上述问题。也就是说，根据研究对象的不同，数据处理及数据采集挖掘的方法也呈现出多样化，统计分析方法也相对复杂化和专业化。因而，统计学的应用不仅要不断提高理论统计学的基本素质，还要注重掌握经济学的理论、金融交易制度及金融理论、管理科学的理论与计算机的技术方法。统计理论与应用的紧密结合显得比以往任何一个时期都更为迫切、更加重要。从现实角度看，可以说管理统计在现实生活中无处不在，管理统计在许多领域（小到个人、企业和任何组织分析问题、做出预测和决策，大到国家把握社会经济运行状况、研究宏观运行规律、制定相关的政策等）都有广泛的应用。

第二节　管理统计学的研究过程和方法

一、管理统计学的研究过程

管理统计学是对现象从"定性——定量——定性"的分析过程，其研究的完整过程包括统计设计、统计调查、统计整理、统计分析四个阶段。

1. 统计设计

根据所要研究问题的性质，在有关经济管理学科理论的指导下，制定统计标志、统计指标、指标体系和统计分类，给出统一定义、标准；制定出收集、整理和分析数据的方案，包括统计资料搜集方法的设计、统计表的设计、统计分组的设计等；制定工作进度，统计工作各个部门和各个阶段的协调与联系、统计力量的组织与安排，等等。统计设计是管理统计学研究问题的前期工程，统计设计的最终结果表现为各种标准、规定、制度、方案和办法，如统计分类标准、目录、统计指标体系、统计报表制度、统计调查方案、普查办法、统计整理或汇总方案，等等。统计设计质量直接关系到整个统计研究的质量，统计设计不仅要以统计学的一般理论和方法作为指导，还要求设计者对所要研究的经济管理问题本身具有深刻的认识和相关的学科知识。例如，要设计一套能够较好地评价企业经营业绩和竞争力状况的统计指标体系与方案，仅有一般的统计方法知识是不够的，设计者还必须具有企业经营管理相关的知识和理论素养。

2. 统计调查

经过统计设计，形成方案之后，就可以开始进入统计调查阶段。统计调查就是根据管理统计研究任务的要求，采用各种调查组织形式和调查方法，有计划有组织地向调查单位收集数据资料的过程。通过统计调查取得丰富的数据资料，增强了人们对研究对象的感性认识。统计调查是认识事物的起点，同时也是进行统计整理和统计分析的基础。统计调查是统计认识活动由定性认识过渡到定量认识的阶段，这个阶段所搜集的资料是否客观、周密、系统、准确、完整、及时，不仅直接影响到统计整理和统计分析能否顺利进行，而且关系到整个统计研究工作质量的好坏。因此，统计调查是整个统计研究的基础。

3. 统计整理

统计整理就是根据一定的目的和任务，将统计调查所得的大量数据资料进行科学分组和综合汇总，使之系统化、条理化的过程。统计调查所取得的反映调查单位的数据资料是零散的、杂乱的、不系统的，根据这样的资料，人们难以从总体上分析和认识社会现象的数量特征和变化规律。统计整理是将对总体单位特征的认识过渡到对总体数量特征的认识的桥梁和纽带，它既是统计调查的继续，又是统计分析的必要前提，只有通过统计整理，才能使零散的资料系统化、条理化，成为能说明现象总体特征的综合数据资料。在统计研究过程中，统计整理处于中间环节，起着承上启下的作用。

4. 统计分析

统计分析就是根据管理统计研究目的，运用各种分析方法，对已经进行了初步加工整理的资料进一步深入地分析研究，以揭示研究现象数量方面的内在联系及其发展规律。经过统计调查和统计整理，人们取得了从静态与动态、从结构与功能等方面反映总体的数据资料，实现了从对个体认识到总体认识的过渡，为实现对客观总体的简单描述到数量规律性及科学推论奠定了基础。由于分析的任务和要求不同，采用的统计分析方法也不同，常用的主要有：综合指标法、动态分析法、指数法、相关与回归分析法、聚类分析、主成分分析与因子分析等。经过统计分析，通过对总体的观察研究，概括出个体的共性、数量规律性与差异性，准确反映客观事物的发展趋势和规律性，从而充分发挥统计的信息、咨询和监督功能，为社会经济管理决策服务。

从认识论的角度来说，统计设计属于对社会经济管理现象进行的定性认识。统计调查和统计整理，是实现对事物个体特征过渡到对总体数量特征认识的关键环节，属于定量认识的范畴。统计分析则是运用统计方法对资料进行比较、判断、推理和评价，揭示社会经济管理现象的本质和规律性的重要阶段。统计设计、统计调查、统计整理和统计分析的有机统一，体现了管理统计研究要在质与量的辩证统一中研究社会经济现象总体数量特征的原则要求。

二、管理统计学的研究方法

研究方法在科学研究活动中是一个非常重要的问题，方法正确，事半功倍；方法不正确，事倍功半。管理统计学在研究大量社会经济管理现象总体数量特征的过程中，需要综合使用多种统计研究方法，概括起来主要包括大量观察法、统计分组法、综合指标法、统计模型法和归纳推断法等。

1. 大量观察法

所谓大量观察法，是对所要研究的社会经济现象总体的全部或足够多的单位进行观察，以反映总体数量特征的方法。

大量观察法的数学依据是大数定律。大数定律是关于随机事件和随机变量分布规律的描述，其基本含义是，随机事件在大量重复性试验中的频率一般总是稳定在它的概率附近；随机变量在多次观测中所得到的平均数也总会稳定在它的期望值附近。通过大量观察法可以消除偶然的次要因素的影响，显现现象总体的统计规律性。

2. 统计分组法

根据统计研究目的和所研究现象总体的特点，按照一定的标志，把所研究的现象总体划分为两个或两个以上组成部分（或组）的统计研究方法称为统计分组法。

社会经济现象是十分复杂的，具有多种多样的类型。从数量方面认识事物不能离开对事物的质的分析，将所研究的现象总体区分为不同性质的组成部分是对统计数据进行加工整理和深入分析的前提。例如，要研究工业行业结构及其对国民经济的影响，就必须先把工业区分为冶金、电力、煤炭、石油、化工、机械、建材、食品、纺织、造纸等若干部门，然后分别调查和分析各个部门的产量、固定资产、能源消耗、资金占用、利润及职工工资总额等方面的情况；要研究企业员工薪酬水平情况，就应选择员工薪酬作为分组标志进行分组。

统计分组法在整个统计研究过程中具有重要意义，贯穿于统计研究全过程。统计调查离不开分组，在对统计资料的加工整理过程中，统计分组更是关键的环节。统计指标和指标体系是统计分析的基本工具，在统计分析中综合指标的应用更是建立在统计分组的基础之上。

3. 综合指标法

所谓综合指标法，是指利用综合指标对现象总体的数量特征和数量关系进行描述、研究和分析的方法。如前所述，管理统计研究对象的基本特点之一是数量性，即研究社会经济现象总体的数量表现、数量关系和质量互变的数量界限和规律性。而对大量社会经济现象总体数量特征的研究当然离不开统计指标和指标体系。所以，综合指标法理所当然地成为统计研究的基本方法之一。在统计实践中，广泛应用着总量指标、相对指标、平均指标等综合指标，分别从静态和动态上综合反映和分析现象总体的规模、水平、结构、比例和依存关系等数量特征和数量关系。

综合指标和统计分组是密切联系、相互依存的。统计分组如果没有相应的统计指标来反映现象的规模水平，就不能揭示现象总体的数量特征；而综合指标如果没有科学的统计分组就无法划分事物变化的数量界限，导致这一指标掩盖现象的矛盾，成为笼统的指标。所以在研究社会经济现象的数量关系时，必须科学地进行分组，合理地设置统计指标，统计指标体系和统计分组体系应该相适应。综合指标法和统计分组法是结合起来应用的。

4. 统计模型法

统计模型法是根据一定的经济理论和假定条件，用数学方程去模拟现实经济现象数量关系的一种研究方法。利用这种方法可以对社会经济现象和过程中存在的数量关系进行描述，并利用模型对社会经济现象的变化进行数量上的评估和预测。统计模型法是统计研究方法系统化和精确化发展的产物,它把客观存在的总体内部结构、各因素的相互关系,通过一定的数学形式有机地结合起来,大大提高了统计的分析认识能力。

5. 归纳推断法

在统计研究过程中,常常从总体中各单位的特征入手,通过逻辑推理得出总体的某种信息。这种从个别到一般,从矛盾的特殊性到矛盾的普遍性,从事实到概括的推理方法,称为归纳推断法。这种方法可以使我们从具体的事实得出一般的知识,扩大知识领域,增长新的知识。归纳推断法既可以用于总体数量特征的估计,也可以用于对总体某些假设的检验。从某种意义上说,统计所观察的资料都是一种样本资料,因而归纳推断法也就广泛地应用于统计研究的许多领域,如建立统计模型存在模型参数的估计和检验问题,根据时间序列进行预测也存在原序列的估计和检验问题。因此,可以说归纳推断法是现代统计学最基本的方法之一。

第三节 管理统计学的几个基本概念

一、统计总体和总体单位

统计总体(简称为总体)是指客观存在的、具有某一共同性质的许多个别事物组成的整体。构成总体的这些具有某一共同性质的个别事物称为总体单位。根据研究目的的不同,总体单位可以是人、物、企业或机构,等等。例如,研究某市工业企业生产设备的利用状况,则统计总体为该市工业企业的所有生产设备,总体单位为工业企业的每一台生产设备。又如,研究全国高新技术企业生产发展情况,则全国所有高新技术企业就构成了统计总体,每一个高新技术企业就是总体单位。全国高新技术企业之所以能够构成一个总体,作为统计研究的对象,是因为每个高新技术企业都是客观存在的,且具有某种共同性质,即它们都是在从事高新技术产品生产经营并向社会提供高新技术产品和服务的企业。明确界定了这一研究对象,统计设计、统计调查、统计整理和统计分析都要围绕这一对象来进行,就可以具体研究全国高新技术企业的从业人数、技术装备情况、产品产量、资金规模、研发效益等一系列问题。需要注意的问题是,在统计研究过程中,统计研究的目的和任务居于支配和主导地位,是我们考虑一切问题的出发点。一方面,统计总体取决于统计研究的目的和任务,有什么样的研究目的就要求有什么样的统计总体与之相适应;另一方面,统计研究方法、步骤等也要体现统计研究的目的要求。

统计总体的基本特征主要有同质性、大量性、变异性。

(1) 同质性。同质性是构成统计总体的前提,所谓同质性是指构成统计总体的各个单位必须在某些方面或者至少在一个方面具备某种共同的性质。同质性是构成统计总体的必要条件,如果违反同质性将不同质的单位混合在一起进行研究,不仅没有实际意义,甚至会产生虚假和歪曲的分析结论。同时,同质性也是相对的,是有层次的,它是依据一定的研究目的而确定的,研究目的不同,同质性的意义也就不同。

(2) 大量性。大量性是指构成统计总体的单位比较多,即总体单位要足够多,实际研究中,研究目的不同,统计总体也不一样,总体中所包含的总体单位的数量也各不相同,一个统计总体究竟包含多少总体单位,最终取决于统计研究的目的。统计总体具有大量性的特点,这是由统计研究对象决定的。如前所述,管理统计学的研究对象是大量社会经济管理现象总体的数量特征,统计研究的大量观察法表明，只有观察足够多的个体，在对大量现象的综合汇总中，才能互相抵消偶然因素的影响作用，显现出统计规律性。大量性也是相对的，它与统计研究目的、客观现象的现存规模以及总体各单位的差异程度等紧密相关。总之，应该将多个具有某种共同性质的单位组合成一个完整的整体，作为统计研究的具体对象才能揭示现象的内在规律性。

(3) 变异性。变异性指的是总体单位之间存在的差别或不同。例如，企业员工的文化程度具体表现为高中、大专、本科、硕士，等等，企业从业人员数可以表现为 120 人、152 人、1 500 人、2 200 人，等等。从统计研究的角度来说，变异性是指统计研究的前提，有变异才有统计。

根据构成统计总体的单位数是否有限，统计总体可分为有限总体和无限总体。有限总体是指构成总体的总体单位数是有限的，可以计算出来的，即总体中的总体单位数可以计数或穷尽的总体。例如，一个企业的全体职工、一个国家的全部企业等都是有限总体，对于有限总体既可以进行全面调查，也可以进行非全面调查。无限总体是指总体的单位数是无限的，即总体中的单位数是一个无穷大量，或者准确地度量它的单位数是不经济或没有必要的。例如，对连续流水作业的产品进行检验，这类总体就属于无限总体。对于无限总体则只能抽取一部分单位进行非全面调查，比较常见的是通过抽样调查推断总体数量特征。

此外，总体和总体单位的关系不是一成不变的，随着研究目的的变动，两者可以相互转化。在一定研究目的下，一个事物可以作为总体而存在，然而当研究目的发生变化后，这个事物可能就成为总体单位了。例如，研究我国电子工业的发展情况，那么电子工业行业的所有企业就是一个统计总体，每个企业就是一个总体单位；研究一个企业的生产经营情况，那么这个企业就构成了统计总体；如果要研究整个国民经济的发展情况，国民经济所有行业组成统计总体，而其中的电子工业行业又变成总体单位了。

二、标志和变量

1. 标志与标志表现

大多数情况下，统计研究都是从对总体单位的观察开始，逐步过渡到对总体数量特征的认识的。那么应该如何认识总体单位？通常借助标志这个概念，所谓标志，指的是说明总体单位共同具有的属性或者特征的名称，总体单位是标志的直接承担者，标志是依附于总体单位的。例如，一个企业作为总体单位，那么说明企业属性或者特征的如“所有制类型”就是标志。标志表现是标志特征在总体各单位的具体体现，表现为文字和数值（又称为标志值）两种形式。根据标志的具体表现不同，标志可区分为品质标志和数量标志两种。品质标志用以表明总体单位属性方面（质的方面）的特征，只能用文字来表现；数量标志用以表明总体单位数量方面的特征，可以用数值来表示。例如，企业作为总体单位，其所有制类型为品质标志，而“从业人员数”、“工资总额”“生产能力”、“年产量”、“销售收入”、“利润总额”等则为数量标志。

2. 变异与变量

所谓变异，指的是总体各单位之间在某一标志上具有不同标志表现的现象。根据标志的变异情况不同，标志可区分为不变标志和可变标志。当各个总体单位在某一标志上的具体表现都相同时，则为不变标志。不变标志体现的是总体的同质性，组成一个总体的各个总体单位至少应有一个不变标志，不变标志是使许多个别单位组合成为总体的前提。可变标志是指标志表现在总体各个单位上不相同或不完全相同的那些标志，可变标志体现了总体变异性这一特点。一般来说，组成总体的各个总体单位具有许多可变标志，而这些可变标志是统计研究的基础。

统计上把可变的数量标志为变量，将变量的具体表现，即可变的数量标志的不同取值，称为变量值或标志值。统计研究正是运用一定的统计方法，通过对不同类型的变量及变量值加以处理来揭示总体的数量特征及规律性的。

变量按其取值的连续性可分为离散型变量和连续型变量两种。连续型变量的取值是连续不断的，相邻两值之间可以作无限分割，它是用测量或计算的方法取得数值的具体表现。例如，钢产量、产品成本、固定资产价值等都属于连续型变量。离散型变量的数值均以整数位断开，不能取小数，只能用计数的方法取得。例如，企业数、从业人员数、设备台数等。现实应用中也有个别虽然是连续型变量，但通常作离散型变量处理，如员工的年龄等。

变量按其性质，可分为确定性变量和随机变量。前者是指变量值的变动受某种决定性因素制约的变量，如产品销售收入、工业增加值等；后者是指在变量值的变动中，不存在起决定性作用因素影响的变量，变量值的变动是随机的，但其变动不是完全没有规律，一般随机变量也是围绕某个值上下变动的，比如利率变动就是个随机变量。

三、统计指标和指标体系

(一) 统计指标

1. 统计指标的涵义及特点

统计指标(简称指标)是表明客观现象总体数量特征的综合概念。指标是依附于统计总体的，单就指标本身而言，其构成主要有两部分：一是指标名称，表明指标质的规定性；二是指标数值，表明指标量的规定性。由于社会经济现象中的事物都是在一定的地点、时间、条件下发生的，都是具体的，其量的表现就必然带有特定场合和特定历史阶段的痕迹。因此，一个完整的统计指标除了包括指标名称、指标数值外，还应包括计量单位、指标的时间范围、指标的空间范围及指标的计算方法等方面的要素。在现实统计中，在进行统计指标理论设计时，主要是制订和规范指标名称、计量单位、计算方法三个要素，而进行具体的统计调查和数据整理时，还应体现指标的时间限制、空间限制、指标具体数值这三个要素。

需要说明的是，统计上把所有的统计指标也称作变量，即可变的数量标志和所有的统计指标都属于变量。变量的具体表现称为变量值，可变的数量标志的标志表现和指标数值都是变量值。统计指标具有三个特点：一是可量性，指的是统计指标是反映客观现象总体的数量特征的，是用数值来表现的，没有不能用数值来表现的统计指标；二是综合性，指的是统计指标是在对总体各单位的差异进行抽象后得出的，反映的是现象总体的综合数量特征；三是具体性，统计指标不是抽象的概念和数字，是现象总体在一定时间、地点、条件下的数量特征的具体表现。

2. 统计指标与标志的区别和联系

统计指标与标志既有区别又有联系。

两者的区别主要表现在：一是说明的对象不同，统计指标是说明总体数量特征的，而标志则是反映总体单位特征的；二是表现形式不同，统计指标都是用数值表示的，没有不能用数值表示的统计指标，而标志中的数量标志用数值表示，品质标志用文字表示；三是统计指标具有综合性特点，是对总体单位特征差异进行综合后得到的，而标志不具备综合性特征。

两者的联系主要表现在三个方面。一是在很多情况下，指标名称与标志是一致的，标志是计算统计指标的基础。比如，研究某地区工业企业生产经营情况，设计工业增加值这个指标，对于每一个企业而言，与设计工业增加值这个标志，两者是同一概念，经济内容是相同的。二是具有汇总关系。许多指标的数值是由总体各单位的数量标志值汇总而来的，比如前述，将每个企业的工业增加值这个标志的标志值进行加总得到所有企业的工业增加值这个统计指标。三是具有变换关系。前述的统计总体与总体单位，随着研究目的和范围的不同，总体和总体单位可以相互转化，相应的指标和标志也存在这样的变换关系。当研究目的变化，范围缩小，原来的总体单位变成新研究的总体时，原来的标志就变成了指标。反之，当研究范围扩大，所研究的总体变成总体单位时，原来的指标就变成了标志。

3. 统计指标的分类

根据研究需要，统计指标可以从多种角度进行分类，比较常用的分类有以下几种。

按指标所反映的总体数量特点和内容不同，指标可分为数量指标与质量指标。数量指标是反映总体范围、总体规模、总体水平的统计指标，用以表示事物的外延量大小，其数值形式表现为绝对数，并且有实物的或货币的计量单位，如企业总数、投资总额、固定资产总值、总销售收入等，数量指标的数值大小随总体范围的大小而增减变动。质量指标是反映总体内部数量关系或总体各单位一般水平的统计指标，用以表示事物的内涵量状况，质量指标是反映总体内部结构、比例及相互数量关系或发展变化的指标，通常用相对数或平均数的形式表现，其计量单位为无名数或复名数，如劳动生产率、流通费用率、销售收入的增长率等，其指标数值大小与总体范围的大小没有直接的联系。

按统计指标的作用和功能不同，指标可分为描述指标、分析评价指标及预警决策指标。描述指标是反映社会经济现象的现实状况、变化过程和运行结果的统计指标，是人们对客观现象进行认识的基础，是统计信息的主体部分，如反映生产经营条件及经营成果的有设备台数、职工人数、生产总值、总销售收入、利润总额等。分析评价指标是用于对社会经济行为的结果进行比较、评估、考核，以检查其工作质量和社会经济效益的统计指标，如设备利用率、资金周转率、劳动生产率等。而预警决策指标是对社会经济活动管理过程中的关键点进行监测，通过与正常值的比较而发出警示的统计指标，是在前两类指标基础上再次筛选出的用于进行过程预警、控制及决策的指标，如宏观经济管理中的通货膨胀率、失业率、物价指数、社会积累率，微观经济管理中的资金利用率、成本利润率、工资利润率等。

按其数量对比关系的不同，统计指标可分为总量指标、相对指标和平均指标三类。这是管理统计学上常用的指标，也是最重要的分类。总量指标又称绝对指标或绝对数，是反映总体的规模和现象发展结果的指标，其表现形式为绝对数，一般用以反映总体的总规模、总水平和工作总量。相对指标又称相对数，是两个有联系的统计指标对比而形成的比率。其表现形式为相对数，一般用来反映总体的内部结构、现象间的数量对比关系和相对水平等。平均指标又称平均数，是指总体中某一数量标志的一般水平。其表现形式为平均数，一般用来反映总体内某一数量标志值的集中趋势等。

4. 统计指标体系

社会经济现象是一个复杂的总体，各类现象之间存在着相互依存、相互影响的关系。一个统计指标往往只能反映复杂现象总体某一方面的特征，要了解客观现象在各个方面及其发展变化的全过程，仅靠单个的统计指标是不行的，必须建立和运用统计指标体系。所谓统计指标体系，是指若干个反映社会经济现象数量特征的相对独立又相互联系的统计指标所组成的整体，用以说明客观现象各方面相互依存和相互制约的关系。例如，人们借助于产品产量、净产值、劳动生产率、产品质量、消耗、成本、销售收入等统计指标构成的体系来全面、准确地评价企业的生产经营情况。构成指标体系的各指标间，有的是互补关系、有的是因果联系。

由于社会经济现象相互联系的多样性和人们认识问题的多视角性，反映现象总体的统计指标体系可以从不同的角度进行分类。比如，按社会经济现象内在联系的不同特点，统计指标体系的形成分为两种类型：一是数学式联系的指标体系，如商品销售额＝商品销售量×商品销售价格，期初库存量＋本期购进量＝本期销售量＋期末库存量等；二是框架式联系的指标体系。按照反映内容的不同，可以分为基本统计指标体系和专题统计指标体系两大类。基本统计指标体系反映国民经济和社会发展及其各个组成部分的基本情况，分为反映整个国民经济和社会发展的统计指标体系、各地区和各部门的统计指标体系以及基层统计指标体系三个层次。专题统计指标体系是针对某一特定的经济或社会问题而制定的专项统计指标体系。具体确定统计指标体系时应根据统计研究的目的选择运用或结合运用，以便充分发挥统计的整体功能。

第一章小结与阅读资料

思考与练习

一、思考题

1. 统计一词的含义有哪些？其相互关系如何？
2. 管理统计学的研究过程有哪些？有哪些研究方法？
3. 举例说明总体、总体单位、标志、指标之间的关系。

二、单项选择题

1. 最早使用统计学这一学术用语的是(　　)。
   A. 政治算术学派　B. 国势学派　C. 社会统计学派　D. 数理统计学派
2. “统计”一词的基本含义是(　　)。
   A. 统计调查、统计整理、统计分析　B. 统计设计、统计分组、统计计算
   C. 统计方法、统计分析、统计预测　D. 统计学、统计工作、统计资料
3. 统计总体的基本特征是(　　)。
   A. 同质性、大量性、差异性　B. 数量性、大量性、差异性
   C. 数量性、综合性、具体性　D. 同质性、大量性、可比性
4. 调查某地区 1 000 家工业企业生产经营情况，则总体单位是(　　)。
   A. 1 000 家工业企业　B. 1 000 家工业企业的生产经营情况
   C. 每一家工业企业　D. 每一家工业企业的生产经营
5. 要了解某市工业企业生产设备情况，则统计总体是(　　)。
   A. 该市的全部工业企业　B. 该市每一个工业企业
   C. 该市工业企业的某一台设备　D. 该市工业企业的全部生产设备
6. 下列属于品质标志的是(　　)。

A. 年龄　　B. 性别　　C. 体重　　D. 工资

7. 要考察全国工业企业的情况时，以下标志属于不变标志的有(　　)。

A. 产业分类　　B. 职工人数　　C. 劳动生产率　　D. 所有制

8. 变量是(　　)。

A. 可变的质量指标　　B. 可变的数量指标和标志

C. 可变的品质标志　　D. 可变的数量标志

9. 下列属于数量指标的是(　　)。

A. 工业增加值　　B. 资金利润率

C. 产品单位成本　　D. 工人劳动生产率

10. 下列属于质量指标的是(　　)。

A. 商品销售额　　B. 生产总成本

C. 人均工资　　D. 工资总额

三、多项选择题

1. 下列属于数量标志的有(　　)。

A. 所有制性质　　B. 职工人数　　C. 利润总额

D. 年工资总额　　E. 产品合格率

2. 变量按其是否连续可分为(　　)。

A. 确定性变量　　B. 随机性变量　　C. 连续型变量

D. 离散型变量　　E. 常量

3. 统计研究的基本方法包括(　　)。

A. 大量观察法　　B. 统计分组法

C. 综合指标法　　D. 统计模型法

E. 归纳推断法

4. 下列属于连续型变量的是(　　)。

A. 国民生产总值　　B. 某市工业劳动生产率

C. 某地区出生人口总数　　D. 某地区人均收入

E. 某地区企业数

5. 下列属于离散型变量的有(　　)。

A. 粮食产量　　B. 机器台数　　C. 耕地面积

D. 从业人数　　E. 产品产量

四、分析题

某年某市统计部门提供的一份统计分析报告中有如下内容：“我市有工业企业 12 000 个，员工总人数 100 万人，工业总产值 3 200 亿元，人均实现产值 32 万元。其中，A 公司实现工业总产值 39 000 万元，职工人数 1 000 人，人均实现产值 39 万元。”

根据上述资料，回答下列问题：

(1) 该报告所反映的统计总体、总体单位分别是什么？

(2) 报告中涉及的统计标志有哪些？分别说明其性质。

(3) 报告中涉及的统计指标有哪些？

第二章　统计数据的收集

【学习目标】

1. 了解统计数据的计量尺度、类型及来源；
2. 掌握统计调查方案的基本内容；
3. 掌握统计调查的组织形式。

引导案例

第三次全国经济普查结果显示，五年来我国高技术制造业规模不断扩大，研发投入大幅度增加，创新能力稳步提高，新产品销售收入比重逐步上升。一是产业规模不断扩大。企业数量平稳增长。截至2013年底，我国规模以上高技术制造业共有企业26 894家，比2008年增加1 077家；占规模以上制造业企业数的比重为7.8%，比2008年提高1.3个百分点。企业就业规模扩大。2013年我国高技术制造业从业人员1 293.7万人，比2008年增长36.9%；占全部制造业企业的比重为15.1%，比2008年提高2.9个百分点。主营业务收入较快增长。2013年我国高技术制造业实现主营业务收入116 048.9亿元，比2008年增长108.2%；占全部制造业企业的比重为12.8%，比2008年提高0.8个百分点。二是经济效益较快增长。2013年我国高技术制造业实现利润总额7 233.7亿元，比2008年增长165.5%，增幅比其他制造业平均水平高出11.5个百分点；高技术制造业利润总额占全部制造业的比重为13.1%，比2008年提高0.5个百分点。高技术制造业利润总额与主营业务收入之比为6.2%，比2008年提高1.3个百分点，比其他制造业平均水平高0.1个百分点。三是创新能力稳步提高。研发投入较快增长。2013年我国规模以上高技术制造业投入研发经费2034.3亿元，比2008年增长178.2%，增幅比其他制造业平均水平高8.7个百分点。高技术制造业研发经费与主营业务收入之比为1.75%，比2008年提高0.44个百分点，比其他制造业平均水平高1个百分点。产出水平稳步提升。2013年我国高技术制造业申请发明专利7.4万件，比2008年增长179%；实现新产品销售收入3.1万亿元，比2008年增长127%。

（资料来源：国家统计局，国务院第三次全国经济普查办公室 2014-12-16，http://www.stats.gov.cn/tjsj/zxfb/201412/t20141216_653666.html）

引例思考：国家统计局是如何对高技术制造业进行调查获得这些数据的？

第一节　统计数据概述

统计数据是对总体单位或统计总体特征计量的结果，对总体单位或统计总体相关特征进行有效的测度是统计研究的基础，了解统计数据的计量尺度、分类、来源等方面内容是迅速获取有用信息以及提高统计认识研究水平与质量的前提。

一、统计数据的计量尺度

计量尺度是指对计量对象测度时采用的具体标准，在统计调查和试验中，测量是获得数据的基础性工作。依据对事物计量的精确程度，可将所采用的计量尺度由低级到高级、由粗略到精确分为四个层次，即定类尺度、定序尺度、定距尺度和定比尺度。

1. 定类尺度

定类尺度，亦称分类尺度、列名尺度或类别尺度。它是最粗略、计量精度及测度层次最低的一种计量尺度。在管理统计中，定类尺度采用的测度标准就是品质标志，按照品质标志可对研究对象进行平行的分类或分组，使同类同质，异类异质。例如，按照性别将员工分为男、女两类；按照经济成分可以将企业分为国有、集体、私有等。这里的“性别”和“经济成分”就是定类尺度，其特点是只能测度事物间的不同类别，它实际上就是按照某种标准对客观事物进行的一种平行分类，各类之间的关系平等，不必区分优劣或大小，即利用名类尺度只可测度事物之间的类别差，而不能了解各类之间的其他差别。定类尺度计量的结果表现为某种类别，但为了便于统计处理，如为了计算和识别，也可用不同数字或编码表示不同类别。比如，用 1 表示男，0 表示女；用 1 表示国有，2 表示集体，3 表示私营，等等。这些数字只是不同类别的代码，并不意味着它区分了大小，更不能进行相应的数学运算。在采用定类尺度进行分类或分组时应做到穷尽，并且类别间两两互不重叠，对其进行分析的统计量主要是计算每一类别出现的频率或百分比。定类尺度只能对事物做最基本的测度，是其他计量尺度的基础。

2. 定序尺度

定序尺度，亦称顺序尺度、等级尺度、序数尺度或顺位尺度，比定类尺度的测度层次高，测度结果要精确一些。在管理统计中，定序尺度采用的测度标准也是品质标志，但与定类尺度不同的是，它除具有定类尺度所具有的性质和特征外，各类之间还可以比较大小，即具有次序的可传递性特征，也即利用定序尺度不仅能将事物分成不同的类别，还可确定这些类别的等级差别或序列差别。例如，产品等级就是对产品质量好坏的一种次序测度，它可以将产品分为特等品、一等品、二等品等。又如顾客满意度也是对产品或服务满意程度的顺序测度，可以分为非常满意、满意、比较满意、不太满意、不满意等。很显然，这种计量尺度的测度结果不仅可以区分各个类别，还可以对各类别进行排序和比较。但须注意，定序尺度可以测度类别之间的顺序，却不能测量出类别之间的准确差值，一般也无法使用加、减、乘、除等数学运算方法，但可以运用“大于”或“小于”等进行比较。定序尺度的统计量不仅可以用频率进行分析，而且可以大致计算出总体的众数、中位数、四分位数以及十分位数，等等。

3. 定距尺度

定距尺度，亦称区间尺度、间隔尺度、距尺度等，是指能测度事物类别或次序之间间距的一种计量尺度。在管理统计中，定距尺度采用的测度标准是数量标志，这是一种不仅可以将事物区分为不同类别，对这些类别进行排序，还能较准确地度量类别之间数量差距的计量尺度。定距尺度通常使用自然或物理单位作为度量单位，如员工绩效考核测评分数用“百分制”度量，温度用摄氏或华氏的“度”来度量等。定距尺度的计量结果表现为数值，其计量结果没有绝对零点，即测度结果为0时表现为一种水平状态，而不表示“没有”或“不存在”，因此，测度数值可以进行加、减法运算，但不能进行乘、除法运算。定距尺度是最高级别的测量尺度，所有常用的统计方法包括参数方法和非参数方法，都可以用于定距资料的分析研究。

4. 定比尺度

定比尺度，亦称为比率尺度、比尺度，计量结果也表示为数值，跟定距尺度属同一层次，有时对两者可不作区分。在管理统计中，定距尺度采用的测度标准也是数量标志，但这种数量标志不仅能测度各类别的大小和多少，还有一个绝对零点，这个绝对零点是它跟定距尺度的明显差别，就是说，定距尺度中没有绝对零点，即使其计量值为“0”，这个“0”也是有客观内容的数值，即“0”水平，而不表示“没有”或“不存在”。例如，某地区的温度为0℃，这表示一种温度的水平，并不是说没有温度。而定比尺度中的“0”是绝对零点，表示“没有”或“不存在”。例如，一个人的体重为“0”公斤，表示这个人不存在；一个产品的产量为“0”，表示没有这种产品。现实中，大多数场合人们使用的都是定比尺度，它与定距尺度属于同一等级，其区别仅在于定距尺度没有绝对零点，而定比尺度有绝对固定的、非任意确定的零点，两个数据进行对比结果有意义。因此，定比尺度可解释为，具有定距尺度所有的性质特征，并且有一个绝对零点的测量尺度，比如收入、产量、重量、体积、距离等。定比尺度测度的数据可以进行加、减、乘、除法运算。

上述四种计量尺度对事物的计量层次是由低级到高级、由粗略到精确，逐步递进的。高层次的计量尺度可以计量低层次计量尺度能够计量的事物，但不能反过来。显然，可以很容易地将高层次计量尺度的计量结果转化为低层次计量尺度的计量结果，例如，根据工业企业的从业人员、营业收入可以将企业划分为大、中、小、微型企业就属于此。

二、统计数据的类型

1. 按计量尺度分

统计数据是采用某种计量尺度对事物进行计量的结果，但采用不同的计量尺度会得到不同类型的统计数据，因此，按照所采用的计量尺度不同，可以将统计数据分为定类数据、定序数据、定距数据和定比数据。从上述四种计量尺度计量的结果来看，可以大体上将统计数据分为两种类型：定性数据和定量数据。定性数据（又称品质数据）是说明事物的品质特征表现的具体类别，不能用数值表示，由于这类数据由定类尺度和定序尺度计量形成，故又可细分为定类数据和定序数据。定量数据（又称数量数据或数值型数据）是说明现象数量特征表现的，能够甚至必须用数值来表现，由于这类数据由定距尺度和定比尺度计量形成，故又可细分为定距数据和定比数据。对不同类型的数据，可采用不同的统计方法来处理和分析，比如，对定性数据一般只采用分组法计算分析各组的频数或频率，而对定量数据则可用更多的统计方法去处理，计算、分析更多的统计指标或统计量。

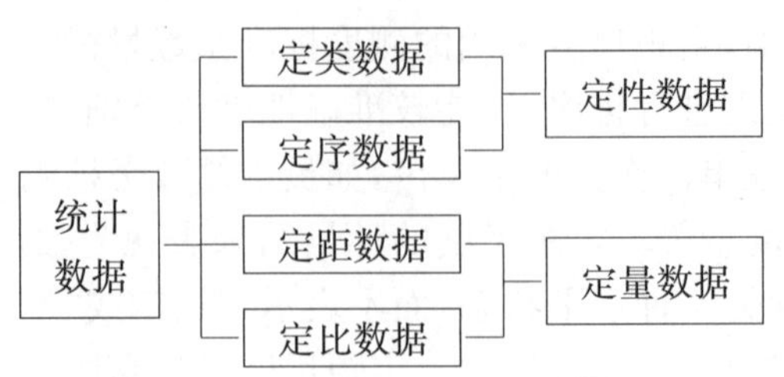

图 2－1 统计数据分类图

2. 按数据的收集方法分

按数据的收集方法分类，可将统计数据分为观测数据和实验数据。观测数据是指通过调查或观测而收集到的数据，这类数据是在没有对事物进行人为控制的情况下而得到的，社会经济管理现象的统计数据几乎都是观测数据。实验数据是在实验中控制实验对象而收集到的数据，自然科学领域的大多数据都是试验数据，如医药研究试验数据等。

3. 按数据的来源分

按照数据的来源可以把数据分为原始数据（一手数据、初级数据、直接数据）和次级数据（二手数据、间接数据）。原始数据指的是来源于直接的调查和科学试验的数据；次级数据指的是来源于别人调查和科学试验的数据。次级数据对使用者来说既经济又方便，但使用时应注意统计数据的含义、计算口径和计算方法，以避免误用或滥用。同时，在引用次级数据时，应注明数据的来源，一方面体现严谨性，另一方面体现对他人劳动的尊重。

次级数据的常见表现形式有三种，包括横截面数据、时间序列和面板数据。

（1）横截面数据

横截面数据是指在同一时间条件下（同一时点或时期），观测对总体及其中不同单位的同一组变量而得到的数据。例如，2014 年全国及部分地区主要工业产品产量数据，见表2－1。

表 2－1 2014 年全国及部分地区主要工业产品产量

地 区	发电量（亿千瓦小时）	生 铁（万吨）	钢 材（万吨）	水 泥（万吨）	农用化肥（万吨）	汽 车（万辆）	布（亿米）
全 国	**56 496**	**71 160**	**112 557**	**247 614**	**6 887**	**2 373**	**894**
天 津	625.5	2 182.5	7 303.9	957.9	16.0	51.2	2.3
河 北	2 499.9	16 932.6	23 995.2	10 677.4	203.1	97.8	66.1
辽 宁	1 647.8	6 167.7	6 946.0	5 807.6	71.9	112.1	6.7
吉 林	771.7	1 132.8	1 412.2	3 702.7	17.9	237.4	0.4
黑龙江	881.3	456.7	483.5	3 702.6	48.4	10.8	0.1
上 海	792.3	1 643.3	2 309.1	686.0	1.5	247.4	1.4
江 苏	4 347.1	7 080.1	13 255.2	19 439.1	230.7	125.7	91.3
浙 江	2 885.3	1 140.3	4171.0	12 390.0	35.7	30.9	250.7
安 徽	2 033.9	1 998.6	3 265.7	12 921.0	299.7	93.4	12.7
福 建	1 873.4	907.7	3 019.6	7 760.9	48.9	18.1	74.3
江 西	873.3	2 075.3	2 611.1	9 831.2	135.8	46.2	9.9

（续表）

地区	发电量（亿千瓦小时）	生铁（万吨）	钢材（万吨）	水泥（万吨）	农用化肥（万吨）	汽车（万辆）	布（亿米）
山东	3 691.1	6 719.1	8 939.4	16 496.3	555.0	103.0	128.1
河南	2 729.9	2 779.6	4 704.1	17 080.7	491.7	40.9	32.3
湖北	2 382.3	2 437.6	3 429.0	11 418.1	1 206.0	174.5	84.0
湖南	1 313.7	1 780.7	1 989.3	12 060.1	113.6	29.5	3.9
广东	3 948.4	1 082.4	3 447.1	14 783.4	58.4	216.8	43.6
广西	1 310.0	1 231.7	3 262.6	10 706.5	111.5	209.2	0.5
重庆	675.8	444.6	1 322.0	6 688.8	215.2	231.4	6.9
四川	3 079.4	1 931.4	2 935.2	14 612.7	453.6	32.4	20.3
陕西	1 620.8	884.0	1 683.9	9 129.7	179.2	37.5	6.7
新疆	2 090.9	1 337.5	1 489.5	4 974.6	323.6	1.1	0.6

资料来源:《中国统计年鉴(2015)》。

（2）时间序列

时间序列指在不同时间对同一单位观测同一组变量的变化过程而得到的数据。例如，江苏省 2000—2014 年规模以上工业企业主要经济指标数据，如表 2－2 所示。

表 2－2 江苏省 2000—2014 年规模以上工业企业主要经济指标 单位:亿元

年份	企业单位数（个）	工业总产值	主营业务收入	利润总额	利税总额	产成品
2000	18 309	10 452.87	9 971.01	370.03	833.65	666.81
2001	19 684	11 747.83	11 247.52	419.85	942.60	707.66
2002	21 476	13 865.86	13 534.77	554.21	1 128.57	734.00
2003	23 862	18 034.60	18 019.97	793.98	1 474.09	845.99
2004	27 123	24 836.47	24 492.28	1 111.42	1 939.56	1 164.41
2005	32 224	32 707.09	32 098.48	1 384.64	2 387.07	1 298.38
2006	36 319	41 410.40	41 015.28	1 906.91	3 168.41	1 527.95
2007	41 841	53 316.38	52 594.30	2 765.77	4 423.16	1 916.52
2008	45 818	67 798.68	66 481.84	3 972.93	6 574.69	2 484.95
2009	60 817	73 200.03	71 724.90	4 099.58	6 794.67	2 676.61
2010	64 136	92 056.48	91 077.41	5 970.56	9 316.01	3 042.05
2011	43 368	107 680.68	107 030.09	7 074.44	11 038.45	3 655.22
2012	45 859	120 124.91	119 286.78	7 250.20	11 934.34	3 986.09
2013	48 787	134 080.91	133 605.91	8 379.50	13 820.68	4 214.89
2014	48 708	143 016.94	141 955.99	9 057.17	14 943.69	4 525.64

资料来源:《江苏省统计年鉴(2015)》。

(3) 面板数据

面板数据(也称纵列数据),有时间和截面两个维度,指在不同时间不同单位对同一变量进行调查所得到的结果,是横截面数据和时间序列混合起来的数据,这类数据按两个维度排列时,是排在一个平面上,与只有一个维度的数据排在一条线上有着明显的不同,整个表格像是一个面板,所以被称作"面板数据"。例如,表 2-3 给出的是广东省各市规模以上工业企业单位数。

表 2-3　广东省各市规模以上工业企业单位数

单位:个

全省及市别	年份							
	2000	2005	2009	2010	2011	2012	2013	2014
全　省	19 695	35 157	52 217	53 418	38 304	37 811	41 205	41 154
广　州	4 531	5 240	7 023	6 969	4 438	4 373	4 811	4 767
深　圳	1 834	5 214	8 413	8 249	5 692	5 835	6 523	6 355
珠　海	771	992	1 386	1 347	893	927	1 054	1 008
汕　头	794	1 490	2 403	2 580	1 877	1 880	1 845	1 808
佛　山	2 180	5 148	7 807	7 684	6 318	5 950	6 163	5 883
韶　关	406	392	515	559	408	482	556	622
河　源	148	226	411	440	361	383	436	513
梅　州	371	392	489	521	340	326	368	396
惠　州	689	1 243	1 870	1 853	1 428	1 430	1 702	1 815
汕　尾	94	179	347	452	243	257	251	246
东　莞	1 663	4 504	5 801	5 899	4 243	4 526	5 361	5 377
中　山	1 074	3 291	5 036	5 063	3 170	3 192	2 973	2 963
江　门	1 599	2 365	3 246	3 246	2 766	1 851	2 007	1 961
阳　江	250	498	604	596	521	527	569	564
湛　江	458	578	832	850	651	695	772	789
茂　名	447	590	737	792	628	675	844	850
肇　庆	981	684	1 065	1 131	1 054	1 046	1 086	1 083
清　远	304	426	770	813	635	497	514	580
潮　州	326	727	1 140	1 245	726	768	865	871
揭　阳	455	714	1 833	2 525	1 511	1 731	1 884	1 971
云　浮	320	264	489	604	401	460	621	732

注:本表统计口径从 2011 年起从年主营业务收入 500 万元及以上调整为 2 000 万元及以上。资料来源:《广东省统计年鉴(2015)》。

三、数据的获取途径

数据的来源不同，获得数据的途径也不相同，原始数据来源于直接的调查和科学试验，次级数据来源于别人调查和科学试验的数据，其获取途径主要是公开出版的统计数据，这种数据既可以从报纸、图书、杂志、统计年鉴、网络等渠道获得，也可以从调查公司或数据库公司购买。近年来，互联网已经成为数据来源的重要渠道，几乎所有的政府机构和大公司都有自己的网站并提供公共访问端口，访问者可以从中获得有用的数据，对使用者来说这些都可以称为次级数据。本章主要介绍原始数据的获取途径，概括起来主要包括询问调查和观察实验两大类。

1. 询问调查

询问调查是调查者与被调查者直接或间接接触以获得数据的一种方法。具体主要包括报告法(凭证法)、采访法、邮寄调查、电话调查、网络调查等。

(1) 报告法(凭证法)

报告法又称凭证法，是指要求被调查者以原始记录、台账和核算资料为依据，向有关部门提供统计数据的方法，如报表制度等。目前我国企、事业单位向上级填报统计报表，就是报告法。报告法具有统一项目、统一表式、统一要求和统一上报程序的特点。

(2) 采访法

采访法又称面访调查、派员调查，是指由调查人员向被调查者提问，根据被调查者的答复来收集资料的方法。这又可分为标准式访问和非标准式访问两种。标准式访问又称结构式访问，是按照调查人员事先设计好的，有固定格式的标准化问卷或表格，依次提问，并由受访者做出回答，其优点是能够对调查过程加以控制，从而获得比较可靠的调查结果。非标准式访问又称非结构式访问，它事先不制作统一的问卷或表格，没有统一的提问顺序，调查人员只是给一个题目或提纲，由调查人员和受访者自由交谈，从中获得所需资料。具体实施时可以分为个别访问和开调查会两种。个别访问是指由调查人员向被调查者逐一询问来收集资料。开调查会是指邀请了解情况的人参加座谈会，以此来收集资料。

(3) 邮寄调查

邮寄调查是通过邮寄、宣传媒体以及专门场所等将调查表或问卷送至被调查者手中，由被调查者填写，然后将调查表寄回或投放到收集点的一种调查方法。这是一种标准化调查，其特点是，调查人员和受调查者没有直接的语言交流，信息的传递完全依赖于调查表。邮寄调查在统计部门进行的统计报表及市场调查机构进行的问卷调查中经常使用。

(4) 电话调查

电话调查是调查人员利用电话与受访者进行语言交流，从而获得信息的一种调查方法。该方法具有时效快，费用低等特点，随着电话的普及，电话调查也越来越广泛。电话调查可以按照事先设计好的问卷进行，也可以针对某一专门问题进行电话采访。电话调查所提问题要明确，且数量不宜过多。

(5) 网络调查

网络调查是利用 Internet 进行调查，以网络为工具进行数据资料搜集、整理、分析的一种新型的调查方法，它融网络技术和传统调查方法于一体，是传统调查方法在新的信息传播媒介上的应用。网上调查有两种形式：一是利用互联网采用问卷方式直接收集一手资料；二是利用互联网的媒体功能，从互联网上收集二手资料。

2. 观察与实验

观察与实验是指调查人员通过直接的观察或实验获得数据的一种方法。

（1）直接观察法

直接观察法是指调查人员深入现场，利用感觉器官或设置一定的仪器，边观察边记录的收集数据信息的方法，比如对调查对象直接进行点数、测定和计量而取得数据资料的方法。如为了及时了解农作物产量而进行的实割实测、脱粒、晾晒、过秤计量，又如为了解工业企业期末的在制品存量，调查人员进入生产现场进行观察、计数、测量等。

（2）实验法

实验法是在所设定的特殊实验场所、特殊状态下，对调查对象进行实验以取得所需资料的一种调查方法，是一种特殊的观察调查方法。根据场所不同，实验法可分为在室内进行的室内实验法和在市场或外部进行的市场实验法。室内实验法，如用于广告认知的实验等。例如，在同日的同种报纸上，版面大小相同，分别刊登 A、B 两种广告，然后将其散发给读者，以测定其反应结果。市场实验法可用于消费者需求调查等，例如，企业让消费者免费使用一种新产品，以得到消费者对新产品看法的资料。

随着社会、经济和科技的发展，政府、企业和个人对各类数据信息的需求与日俱增，于是出现了大量的信息中心、数据工厂、简报中心、市场调查公司、电话呼叫中心（Call Center）、媒体研究公司等专业调研机构。数据调查的手段也不断更新，如卫星遥感、计算机辅助电话调查（CATI）、计算机辅助面访调查（CAPI）、搭车调查（OMNIBUS）、网络调查（NI）和各种检测记录仪器的问世，使今天的统计数据更加准确、及时和完整，进一步提高了数据调查的速度和质量，降低了数据调查的费用支出。

第二节　统计调查方案设计

一、统计调查的概念及要求

现实中的数据收集常常是通过统计调查进行的。所谓统计调查，是根据统计任务的要求，运用科学的调查方法，有计划、有组织地向客观实际收集各项数据资料的过程。统计调查的基本任务是取得反映社会经济现象总体全部或部分单位以数字资料为主体的信息。需要说明的是，统计数据包括原始数据与次级数据，而由于次级数据的最初来源仍然是原始数据，因此，本章所介绍的统计调查中的各项数据指的是原始数据，可以说统计调查既是对现象总体认识的开始，也是进行数据资料整理和分析的基础环节，是统计整理和分析的前提。统计调查工作完成得好，就能准确、及时、全面、系统地占有丰富的统计资料，那么就为统计整理和分析打好了坚实的基础，从而有利于正确认识被研究现象的本质及其规律性；反之则影响整个统计研究任务的完成。

为了更好地完成统计研究的任务，发挥统计调查的作用，保证统计整理和分析结果的可靠性和真实性，统计调查应该满足准确性、及时性、全面性和经济性这四个方面的基本要求。准确性是指收集的数据资料要符合客观实际情况，是真实可靠的，调查误差较小，这是统计调查最基本的要求，是保证统计资料质量的首要环节，是做出科学结论的保证。及时性是指统计资料的时效性，要求在规定时间取得资料，及时收集所需要的统计资料，能够提高资料的使用价值，如果统计资料提供得不及时，即使统计资料准确可靠亦可能失去其价值。值得注意的是，统计调查的准确性和及时性是辩证统一的关系，两者相辅相成，不能顾此失彼，要求在实际调查时应做到“准中求快，快中求准”，既不能强调准确性而不顾及时性要求，也不能强调及时性而忽视准确性。全面性，即完整性，是指在规定时间内取得所需要调查的全部调查单位的全部资料，毫无遗漏地收集取得按要求规定的调查资料，不能随意增加或减少。如果统计资料残缺不全，就不可能反映所研究对象的全貌和正确认识社会经济现象总体的特征，最终也就难以对社会经济现象的规律性做出准确的判断，甚至会得出错误的结论。经济性是指以尽量少的投入获得符合要求的统计资料，统计调查中，必然涉及人力、物力、财力和时间的耗费，即需要付出一定的调查成本，统计调查也要讲究经济效益，在保证调查资料符合一定要求的条件下，力求以最小成本取得需要的统计资料，在实际工作中，统计调查应兼顾质量与经济。

二、统计调查方案的基本内容

为了能够顺利获取符合要求的数据，在实施统计调查之前，应当明确“由何人主持调查及向谁调查？何时开始调查？在何地进行调查？调查的内容是什么？如何进行调查？”五个问题，即统计学家通常所说的“4W1H”（Who、When、Where、What、How）。而统计调查方案是保证统计调查有条不紊地顺利进行的前提，也是准确、及时、系统地取得调查资料的重要的组织保证。

所谓统计调查方案，是指根据统计调查的目的和任务，按照调查对象的特点，对统计调查工作各方面和各环节所作的全面部署和安排。现实调查中，由于统计研究对象、研究任务等方面的差异，在设计具体的统计调查方案时，其包括的具体内容也有差别，但概括起来应包括以下几方面基本内容。

（一）确定调查目的

确定调查目的，是设计任何一项统计调查方案首先要解决的问题，调查目的要符合客观实际，明确而具体，调查目的说明的内容主要是：为什么调查，要解决什么样的问题，调查具有什么样的社会经济意义等。只有在调查目的明确之后，才能确定向谁调查，调查什么及采用什么方法进行调查。因此，调查目的是行动的指南，决定着被调查者、调查内容和方法。调查目的的表述应简明扼要，比如我国第三次经济普查，其调查目的为“摸清我国各类单位的基本情况，全面调查我国第二产业和第三产业的发展规模及布局，系统了解我国产业组织、产业结构的现状以及各主要生产要素的构成，进一步查实服务业、战略性新兴产业、文化产业等相关产业以及小微企业的发展状况，全面更新覆盖国民经济各行业的基本单位名录库、基础信息数据库和统计电子地理信息系统，为加强和改善宏观调控，加快经济结构战略性调整，科学制定中长期发展规划，提供全面系统、真实可靠的统计信息支持”。

（二）确定调查对象、调查单位和填报单位

调查对象是指需要调查的那些社会经济现象的总体，是根据调查目的所确定的研究事物的全体，可以理解为统计总体这一概念在调查阶段的另一种称法。调查单位是指调查对象中所要调查的具体单位，即总体单位在统计调查阶段的具体化。

在设计统计调查方案时，要根据调查目的，对研究对象进行科学分析的基础上，根据研究目的科学地规定调查对象的含义及范围，只有调查对象的含义确切，界限清楚，才能避免登记

的重复或遗漏,从而保证统计资料的准确。确定调查对象,是说明向谁调查的问题。例如,调查目的是研究某地区工业企业的生产经营情况时,则调查对象就是该地区所有工业企业;如果调查目的是研究某地区工业企业从业人员情况时,则调查对象就是该地区工业企业所有从业人员。调查单位,是需要进行登记的标志(调查项目)的承担者,即标志是依附于调查单位的,比如前述两个例子中的调查单位分别是该地区每一家工业企业及工业企业的每一位从业人员。

填报单位也称报告单位,它是提交调查资料的单位,负责汇报调查内容、提交统计资料,一般是在行政管理或经济管理中具有一定独立性的单位,如国家机关、企事业单位、单位内部的分支机构等。根据调查目的,调查单位与填报单位有时一致,有时不一致。调查单位可以是人、社会组织,也可以是物、时间、空间或行为,但填报单位只能是人或社会组织。物、时间、空间或行为不能成为报告单位。如对工业企业调查,每个工业企业既是调查单位又是填报单位;而在人口普查时,调查单位是总体中的每个人,填报单位则是户(包括家庭户和集体户)。

(三) 确定调查项目和调查表

所谓调查项目,指的是要调查的具体内容,是说明调查单位属性或者特征的名称,即标志这一概念在调查阶段的具体化。调查项目是依附于调查单位(总体单位)的,其具体表现即统计调查所得的原始数据资料。在设计调查项目时,调查项目的涵义必须要明确具体,既要考虑调查任务的需要,又要考虑各调查项目是否切实可行,是否能够取得原始数据资料,调查项目要少而精,必要的内容不能遗漏,不必要的或不可能得到的资料不要列入调查项目中,调查项目应尽可能做到项目之间相互关联,彼此衔接,能够使取得的资料相互对照,以便于相互核对和分析,了解现象发生变化的原因,条件和后果,便于检查所收集到的数据的准确性、完整性。比如第三次经济普查对联网直报单位设计了单位基本属性、组织结构情况、从业人员及工资总额、财务状况、生产经营情况、能源和水消费情况、科技情况和信息化情况等调查项目。

调查项目设计好后还需借助调查表来表现调查项目,设计调查表的目的是保证统计资料的规范化和标准化,调查表是指将调查项目按照一定的顺序排列起来形成的一种表式,是收集原始资料的基本工具,且便于填写或汇总整理。根据调查表所容纳的调查单位多少,有单一表和一览表两种形式。单一表是指一份表格中只填写一个调查单位情况,可以容纳较多的调查项目。一览表是指一份表格中填写许多调查单位情况,在调查项目较少时采用的一种表格。为了正确填写调查表,调查表应该附有填表说明和调查项目解释,如调查项目含义、计算方法、分类目录、统计编码等。

(四) 明确调查时间和调查期限

为了保证统计数据的准确性与及时性,设计调查方案时必须明确两个时间概念。一是调查时间,指的是调查资料所属时间。如果所调查的是时期现象,就要明确规定调查资料的起止时间;如果是时点现象,就要明确调查资料的标准时点。二是调查期限,指的是进行调查工作的期限,包括收集资料和报送资料的整个工作所需要的时间。比如,第三次经济普查中明确规定了标准时点为 2013 年 12 月 31 日,时期为 2013 年 1 月 1 日—2013 年 12 月 31 日,登记和数据采集工作从 2014 年 1 月 1 日—2014 年 3 月 31 日。按照前两个的时间界限收集相关调查项目数据,保证了数据资料的时间统一性。最后一个时间要求说明调查工作的期限是三个月,是统计调查及时性要求的体现。

（五）制定调查的组织工作计划

为了保证整个统计调查工作顺利进行，在调查方案设计时除了上述几项基本内容外，还需制定调查的组织工作计划，包括调查领导机构的确定、调查工作规划和流程、确定调查的组织形式并选择收集资料的方法、调查经费的来源和开支办法、调查人员的选择和培训、调查前的准备工作（如宣传教育、文件印刷等）、资料报送方法、检验方法等，这是顺利、有效地进行统计调查的保证。

第三节　统计调查的组织形式

一、统计调查的分类

统计调查可以从不同角度进行分类，主要有以下几种分类。

1. 按调查对象包括的范围不同，统计调查分为全面调查和非全面调查

全面调查是指对调查对象中的所有单位进行逐一地、无一遗漏地登记或观察的一种调查方法，包括普查和全面统计报表。

非全面调查是指只对调查对象中的一部分单位进行登记或观察的一种调查方法，包括非全面统计报表、抽样调查、重点调查和典型调查。

对于有限总体，根据需要可以进行全面调查或者非全面调查，无限总体只能采用非全面调查。

2. 按调查的组织形式不同，统计调查可分为统计报表制度和专门调查

统计报表制度是指根据统计法规的规定，国家统计系统和专业部门按照规定的表格形式，统一的指标内容，定期取得系统、全面的统计资料而采用的一种搜集资料的方式，这种统计调查组织形式有着统一的报送程序和报送时间，自上而下统一部署，自下而上逐级提供统计资料，其目的在于掌握经常变动的、对国民经济有重大意义的统计资料。

专门调查也称专项调查，是指为了了解和研究某些专门问题而专门组织的调查。包括普查、抽样调查、重点调查和典型调查等。专门调查既可以是全面调查，如普查；也可以是非全面调查，如重点调查、典型调查、抽样调查等。专项调查在我国统计调查方法体系中占有重要地位，可以满足各级政府部门制定各项方针、政策和工作对统计资料的需要。

3. 按调查登记时间是否连续，统计调查可分为经常性调查和一次性调查

经常性调查也称连续调查，是指随着调查对象的变化进行连续不断的登记或观察，以了解事物在一定时期内发生、发展的全过程。这种调查在社会经济管理中有着应用广泛，如工业产品产量调查、产品销售收入调查等。

一次性调查又称不连续调查或者间断调查，是指间隔一段相当长的时间对调查对象某一时刻的资料进行一次性登记，以反映事物在一定时点上的发展水平（状态），是不连续的调查，如人口现象，可隔一段较长时间进行一次普查。

二、统计调查组织形式

根据前文阐述，统计调查按组织形式不同，可分为统计报表制度和专门调查，不同的组织

形式适应不同的社会经济现象，但由于现实的复杂性，在一些大型的社会经济调查中也可以是多种组织形式结合应用。

（一）统计报表制度

统计报表制度是按照国家有关法规规定，由国家或上级部门规定统一的指标、统一的表式、统一的报送程序和报送时间，自上而下统一布置，自下而上逐级填报的一种调查组织方式，统计报表制度适用于调查反映国民经济活动基本情况，以及各级业务部门为了解本系统内所有单位的生产技术水平和经营管理发展情况。在我国政府统计工作中统计报表制度是获取统计数据的主要统计调查组织方式，是我国取得国民经济和社会发展情况基本统计资料的一种重要手段。

1. 统计报表制度的特点

统计报表制度经过几十年的改进和完善，目前已形成了一套比较完备的统计报告制度，与其他统计调查组织形式相比，统计报表有统一性、时效性、全面性、资料的相对可靠性(建立在原始记录和核算数字基础之上)、连续性等特点。统计报表制度可以提供国民经济和社会发展及基层企事业单位基本情况的统计资料，由基层单位和下级主管机关定期向上级机关和国家报告，可以满足各级管理层次的需要。

2. 统计报表制度的种类

(1) 按调查范围不同，分为全面和非全面统计报表制度。全面统计报表制度要求调查对象中的每一个单位都要填报，我国目前大多数报表制度都属于全面统计报表制度。非全面统计报表制度只要求调查对象中的一部分单位填报，如部分服务业统计报表制度。

(2) 按报表内容和实施范围不同，可分为国民经济基本统计报表制度和专门统计报表制度。基本统计报表制度是由国家统计部门统一制订颁发，用来收集反映全国性的经济和社会基本情况的统计报表制度。专门统计报表制度是各业务部门用来收集本部门的业务数据资料以满足本专业部门管理工作需要的统计报表制度，它是基本统计报表制度的必要补充。

(3) 按报送周期长短不同，分为日报、旬报、月报、季报、半年报和年报。报送周期短的，时效性要求很高，一般只限于填报少量的重要指标。报送周期长的报表，设置的指标项目较多，内容比较全面。

(4) 按填报单位不同，统计报表可分为基层报表和综合报表。现实统计调查中，基层报表主要由基层企、事业单位填报，它所提供的原始资料是统计的基础资料。综合报表是由主管部门根据基层报表逐级汇总填报的统计报表，汇总后得到各级基本统计指标。填报基层报表的单位称为基层填报单位，填报综合统计报表的单位称为综合单位。

(5) 按报送方式不同，统计报表可分为电讯和书面报表。电讯报表又可分为电报、电话报、传真报等。日报和旬报要求迅速上报，通常采用电讯方式报送。月报、季报、半年报和年报，除月报中的少数用电讯报告外，一般都以书面的方式报送，报送手段可采用邮局邮寄或电子信箱传递。

3. 统计报表制度的资料来源

统计报表的资料来源于基层单位的原始记录，从原始记录到统计报表，中间还要经过统计台账和企业内部报表的中间环节。原始记录是基层单位通过一定的表格形式，对生产、经营活动的过程和成果所作的第一手的数字或文字记载，是未经加工整理的原始资料。统计台账是基层单位根据填报统计报表和满足本单位经营管理需要而设置的一种系统积累统计资料的表册。企业内部报表是根据原始记录和统计台账，在企业内逐级汇总、定期编制，用于企业内部管理和对外上报的报表。因此，建立和健全原始记录、统计台账和企业内部报表，是保证统计报表质量的前提条件。

（二）专门调查

专门组织是指为了了解和研究某些专门问题而专门组织的调查。包括普查、抽样调查、重点调查和典型调查等。

1. 普查

普查是为了某种特定目的而专门组织的一次性的全面调查。普查是一种重要的调查组织形式，通过普查可以摸清一个国家基本的国情、国力以作为国家制定政策的重要依据，或取得许多专门问题的详细资料，为解决专项问题提供信息，是其他调查方式不可替代的。现实统计中关于社会经济发展的基本数据资料可以通过定期统计报表收集全面的基本统计资料，但它不能代替普查。有关国情、国力的重要的全面的数据资料需要通过普查加以收集，为政府制定规划、方针政策提供依据。

普查大多是在全国范围内进行的，用来了解那些不能够或不适宜用其他方式收集的统计资料，一般主要用来调查属于一定时点的社会经济现象的总量，如人口普查中的人口总数、结构、经济普查中的企业总数、资产总额等。当然，普查也可以用来反映一定时期的现象的总量，如经济普查中调查企业的营业收入等。普查属于非经常性开展的全面调查，普查收集的是一定时间上某种调查对象较全面较精确的统计资料，涉及面广，指标多，工作量大，时间性强，且需要动用大量的人力、物力和财力，因此不宜经常进行，而是每间隔一段较长的时间举行一次。随着我国统计调查方法体系的逐步完善，同类普查逐步实现周期化，如我国人口普查自 1990 年第四次人口普查开始，每间隔 10 年，逢末尾数字“0”的年份进行一次；逢“7”的年份进行第一产业普查；逢“5”的年份进行工业普查；逢“3”的年份进行第三产业普查；逢“1”和“6”的年份进行基本单位普查。随着社会经济的发展，部分普查进行了合并。2004 年我国举行了第一次经济普查，它是基本单位普查、第二产业普查和第三产业普查合并而成的，每 5 年进行一次，目前我国经济普查是在尾数逢“3”、“8”的年份进行，农业普查是在尾数逢“6”的年份进行。

普查需要确定普查的标准时间。如第三次全国经济普查的标准时点是 2013 年 12 月 31 日 24 时，时期资料为 2013 年度；第三次全国农业普查的普查标准时间为 2016 年 12 月 31 日，时期资料为 2016 年度资料。同一种普查在调查项目设计方面注意不能任意改变，以免影响综合汇总，每次调查项目的规定也应力求一致，避免降低普查资料的质量。同时普查的登记工作应在整个普查范围内同时进行调查，以便在方法上、步调上一致，避免资料的收集时间过长，以保证普查资料的时效性、准确性。同时，为了取得准确的统计资料，普查对集中领导和统一行动的要求最高。

普查取得数据资料的方法可采用直接观察法或采访法、报告法等。普查的组织形式，可以按取得数据资料来源的不同分为两种：一种是通过建立专门的普查机构，配备一定数量的普查人员，对调查单位直接进行登记。例如，人口普查、工业普查等，都属于这种普查形式。另一种是利用调查单位的原始资料和核算资料，颁发调查表，由调查登记单位填报。如新中国成立以来历次物资库存普查都属于这种普查形式。这种形式比第一种简便，适用于内容较单一、涉及范围较小的情况，特别是为了满足某种紧迫需要而进行的“快速普查”，即由登记单位将填报的表格越过一些中间环节直接报送到最高一级机构集中汇总。但是，即使是后一种方式，也仍需组建普查的领导机构，配备一定的专门人员，组织领导普查的全面工作。

2. 重点调查

重点调查是指在全部调查对象中，选择一部分重点单位进行的非全面调查，通过对重点单位的调查了解调查对象的基本情况。所谓的重点单位，是从现象的量的角度进行分析选择的，重点单位是指全部调查单位中的一小部分单位，但是，它们的某一主要标志的标志总量在总体标志总量中却占有较大比重。因此，通过对这些重点单位的相关标志进行调查，就可以在数量方面了解总体在该标志总量方面的基本情况。重点调查可以节省大量的人力、物力和财力，并能使调查工作做得更加细致、及时。比如要了解全国钢铁生产的基本情况，可以调查首钢、宝钢、马钢、鞍钢、武钢等几个大型钢铁企业，虽然在全国的钢铁企业中只是少数，但它们的钢铁产量却占了全国钢铁产量的大部分，对这几个重点企业进行调查，就可以了解我国钢铁生产的基本情况。又如，要了解全国棉花生产的基本情况，可以调查新疆、山东、河北、湖北、安徽等几个重点单位，就可以了解我国棉花生产的基本情况等等。但需注意，尽管重点单位的标志总量在总体标志总量中占较大比重，掌握了它们的情况，就基本掌握了总体特征，但是这些情况毕竟不能完整地反映总体总量，而且重点调查的资料亦不具备推断总体总量的条件，因此，重点调查只是为了获得反映总体基本情况的统计资料，不宜从数量上对总体进行推断。

重点调查的关键是确定重点单位，应根据调查任务来确定重点单位。重点单位的选择要客观，不应带有主观因素，一般来说，选出的单位应尽可能少，而其标志值在总体标志总量中所占比重应尽可能大。另外，选中的单位，管理应比较健全，统计力量应比较扎实，统计数据资料基础也应比较可靠，这样才能准确、及时地取得资料。重点调查由于调查单位少，因此比全面调查省时、省力，能以较少的代价及时收集到总体的基本情况、基本趋势，对于及时了解基本情况、掌握基本趋势和指导全局有着重要作用。同时，重点调查的组织也较灵活，既可以组织专门调查，也可以运用统计报表形式进行调查；既可进行一次性调查，也可进行经常性调查。

需要注意的是，重点调查有一定的适用范围，只有当调查任务只要求掌握基本情况，而且调查对象中又确实存在重点单位时才可以开展重点调查；重点单位的选择要有相对的观念，即要用发展变化的眼光看问题。一个单位在某一问题上是重点，在另一问题上不一定是重点；在某一调查总体中是重点，在另一调查总体中不一定是重点；在这个时期是重点，在另一个时期不一定是重点。因此，对不同问题的重点调查，或者同一问题不同时期的重点调查，要随着情况的变化而随时调整重点单位。

3. 典型调查

典型调查是根据调查的目的和要求，在对调查对象进行全面分析的基础上，从全部调查单位中有意识的选择一个或几个有代表性的单位进行深入细致调查的一种调查组织形式。典型调查属于非全面调查，当调查对象中存在有代表性的单位，又希望对调查对象有深入的了解，并达到以点带面效果的，可采用典型调查方法。其调查目的是通过对典型单位的深入细致的调查来描述或揭示事物的本质或规律，调查方法机动灵活，省时、省力，有利于提高调查效率。例如，要研究工业企业的投入产出效率问题，可以在同行业中选择一个或几个投入产出效率高的典型企业进行深入细致的调查，从中找出效率高的原因和经验。典型调查既可以收集有关数据资料，又可以掌握具体、生动的情况，研究事物发生、发展过程和结果，有利于探索事物发展变化的规律性。

开展典型调查的关键是选择典型单位，而典型单位的选择是建立在调查人员对调查对象及调查单位主观分析判断的基础上的，因此要求调查者必须根据调查目的和任务，在对事物或现象总体情况初步了解的基础上，进行全面分析，综合比较，从事物的总体上和相互关系中分析现象及其发展趋势，选出具有代表性的典型单位，在实际调查工作中可以根据不同的研究目的和要求，有三种典型单位的确定方法可供选择。

(1)“解剖麻雀”法，也称“个别选典”法。当调查对象内部各单位差别较小时，可通过“解剖麻雀”了解总体的一般情况，进而认识调查对象的内部构成、一般水平和发展规律。

(2)“划类选典”法。“划类选典”法适用于调查对象内部各单位差异较大的情况。其实施步骤主要包括：首先分析了解调查对象的基本情况，并根据调查目的将调查对象划分为若干不同类型，然后从各类型中选出具有代表性的单位进行调查。这种方法既可用于分析调查对象内部各类型特征及各类型间的差异和联系，也可以综合各种类型对调查对象情况做出大致的估计。

(3)“抓两头”法，也称“抓两头，带中间”法，此法首先对调查对象进行分析，确定先进单位和落后单位，然后从中分别选择典型进行调查的方法。例如，当调查目的是总结成功经验或找出失败的教训时，就可采用此法选典，通过总结“两头”的经验、教训，带动“中间”发展。

典型调查主要用于分析出现的新情况和新问题，寻找其发生原因、变化趋势等事物的本质和规律性，以寻求加以解决的对策和措施，达到以点带面的效果，还可以分析事物的不同类型，研究其差别和相互关系。在有些情况下，可以弥补其他调查方法的不足，为数据资料补充丰富的典型情况，可用典型调查估算总体数字或验证全面调查数字的真实性。需注意，利用典型调查可以对总体数量作出推断，但无法估计其误差，推断结果只是一个近似值。

4. 抽样调查

抽样调查是按照随机原则，从调查对象中抽取一部分单位组成样本，通过对样本进行调查，并根据样本的调查结果，从数量方面对总体指标进行推断的一种非全面调查方法。抽样调查虽然是一种专门组织的非全面调查，但它的目的却是取得反映调查对象总体的统计资料，所以，在一定意义上说，它可以起到全面调查的作用。抽样调查在社会经济生活中有广泛应用，对于需要了解调查对象总体情况，但在实际操作时不可能或时间、人力、物力上不允许进行全面调查的情况下，都可采取抽样调查方法。例如，我国进行的1%人口抽样调查、大中城市物价调查、商品检验等。这部分内容将在后面章节中专门讲述，此处从略。

(三) 多种调查方式的结合应用

我国原有的统计调查方法体系是以全面调查为主的，是按照高度集中的计划经济体制和分级管理的要求建立起来的。随着我国社会主义市场经济的发展，我国的三资企业、私营经济、个体经济等多种经济成分迅速发展，统计调查对象日趋复杂，经济结构多样化，以上介绍的统计调查方式方法，各有不同的特点和作用，只用其中一种很难完成统计调查的全部任务，只有将各种调查方式方法综合运用，才能收到理想的调查效果，才能既可以掌握全面基本的统计资料，又可收集到重点的、典型的资料；既可以观察到事物数量变化的情况，又有助于深入研究事物发展变化的规律。因此，改革开放以来，我国统计调查方法体系在逐步改革完善，概括起来，在20世纪90年代之前，我国统计调查方法体系是以全面统计报表制度为主，抽样调查等其他手段为辅开展统计调查，抽样调查还没有运用到企事业单位，这种调查方法体系是与当时的计划经济体制相适应的，较好地满足了当时政府计划管理对统计资料的需要。到了90年代中后期，我国新统计调查方法体系逐步建立。国家统计局在总结统计调查实践经验的基础上，按照社会主义市场经济发展的要求，借鉴国际上的成功经验，于1994年在全国统计工作会议提出要建立以必要的周期性普查为基础，经常性的抽样调查为主体，同时辅之以重点调查、科学推算和少量的全面报表综合运用的统计调查方法体系。至此，周期性普查制度得到了贯彻实施，在农产量调查、城乡住户调查、企业调查以及价格调查等广泛采用了抽样调查的方式，抽样调查应用的范围逐渐扩大，其主体地位逐渐显现出来。进入21世纪以来，新统计调查方法体系进一步完善，2003年年底，国家决定对普查制度进行重大改革，把原来的基本单位普查、工业普查和第三产业普查合并在一起，并增加建筑业普查，形成经济普查，规定每隔5年开展一次。抽样调查的技术在这一阶段也得到了不断改进。总体上我国统计调查方法体系的改革主要表现在三个方面：一是建立周期性的普查制度，通过建立科学合理的周期性普查制度，收集反映国情国力的最重要、最基本的数据资料；二是日常调查广泛使用抽样调查技术，用部分单位的数据资料来推断总体的数量特征；三是适当采用统计报表制度掌握全面情况，同时发挥重点调查、典型调查和其他科学推算方法的作用，更广泛、更深入、更具体地掌握实际情况。

三、统计调查误差与控制

统计调查是统计研究的基础环节，统计调查所获得的资料是统计整理与分析的基础。准确、可靠的统计调查资料，既为统计整理、统计分析与研究提供准确和可靠的基础，同时也是整个统计工作质量的保证。因此，应采取有效措施保证取得准确的统计调查资料，防止可能发生的各种统计调查误差，并努力使误差缩小到最低限度。

1. 统计调查误差和种类

统计调查误差是指统计调查结果所得的统计数据与调查单位或总体实际表现的差异。根据统计调查误差产生的原因，可以将调查误差分为两类：一种是登记性误差，一种是代表性误差。登记性误差又叫调查性误差，指由于错误的判断事实或者错误的登记事实所产生的误差，是由于调查过程中各有关环节的主观失误造成的，主要包括计量错误、计算错误、抄录错误、逐级上报过程中的汇总错误、填报单位所报不实或填报单位有意瞒报或虚报，以及调查方案的规定不明确等，无论是全面调查还是非全面调查都可能产生此类误差。代表性误差是指用部分调查单位的统计资料计算得出的指标值（样本指标或统计量）来推断总体指标值（总体参数）所产生的调查误差。代表性误差主要有两种。一种是系统偏差，简称偏差，它是由于从总体中抽选调查单位没有遵守随机原则而造成的，如调查者有意选择较好或较差的单位进行调查，因降低样本的代表性而产生的误差。另一种是抽样误差，是指由于随机抽样的偶然因素使样本各单位的结构不足以代表总体各单位的结构，从而引起的抽样指标与总体指标之间的绝对差异。显然，登记性误差和偏差都属于主观原因导致的，是可以防止或避免的，而抽样误差则是抽样调查所固有的，是客观存在的，不可避免或消除的，只能通过一些条件加以控制，即通过合理的抽样设计，将其控制在一定的范围之内，从而达到人们所要求的抽样推断或估计的精确度。也正是因为抽样误差可以计算和控制，才使得抽样调查在整个调查体系中占据主导地位。

2. 统计调查误差的控制

为了保证调查工作质量，取得准确的统计调查资料，必须采取各种措施，防止可能发生的调查误差，将其降低到最低限度。

（1）登记性误差的控制。首先，做好统计基础工作，建立健全原始记录、统计台账、班组核算等制度，使统计资料的来源准确可靠，同时根据需要可以建立统计机构，配备必要的统计人员。其次，要制定科学的统计调查方案，设计调查问卷，详细说明调查项目、指标含义和计算方法，使调查或填报人员能够明确执行，不至于产生误解。最后，做好调查方案的落实工作，包括加强调查人员的宣传教育和业务培训，使调查人员能严格执行统计制度，理解调查方案中的各项内容，准确把握填表要求及指标的口径和范围。同时，要加强统计调查过程中对数据填报质量的审核与检查。

(2) 代表性误差的控制。代表性误差主要是在非全面调查中产生的统计调查误差。对于重点调查和典型调查，在调查前要进行全方位的深入研究，广泛征求各有关方面的意见，使选出的调查单位具有较高的代表性。对于抽样调查，在严格遵守随机原则的基础上，通过调整样本容量、改进抽样调查的组织形式等方法，达到控制抽样误差的目的。

第二章小结与阅读资料

思考与练习

一、思考题

1. 什么是统计数据？有哪些类型？
2. 什么是统计调查，有哪些分类？
3. 统计调查方案的基本内容有哪些？
4. 什么是调查对象、调查单位和填报单位？填报单位和调查单位有什么不同？
5. 什么是抽样调查？什么是重点调查？什么是典型调查？各有什么特点？
6. 什么是调查误差？产生调查误差的原因有哪些？

二、单项选择题

1. 某企业对其客户进行满意度调查，将客户的满意度分为“非常满意、满意、比较满意、不太满意、不满意”，这里“满意、不太满意、不满意”是(　　)。

A. 定类数据　　B. 定序数据　　C. 定距数据　　D. 定比数据

2. 下列表述正确的是(　　)。

A. 定类数据包含了定序数据的全部信息
B. 定序数据包含了定类数据和定距数据的全部信息
C. 定序数据与定类数据是平行的
D. 定比数据包含了定类数据、定序数据和定距数据的全部信息

3. 对工业企业生产设备进行普查，每一家工业企业是(　　)。

A. 调查对象　　B. 调查单位　　C. 填报单位　　D. 调查项目

4. 下列调查中，调查单位与填报单位一致的是(　　)。

A. 企业产品质量状况调查　　B. 人口普查
C. 企业生产设备调查　　D. 工业企业经营状况调查

5. 某公司为了解其产品销售情况，对占该公司产品销售额70%的九家销售商进行调查，

这种调查方式属于(　　)。

A. 普查　　B. 抽样调查　　C. 重点调查　　D. 统计报表

6. 经济普查中规定标准时间是为了(　　)。

A. 确定调查对象和调查单位　　B. 避免资料的重复和遗漏

C. 使不同时间的资料具有可比性　　D. 便于登记资料

7. 对无限总体进行调查,最有效、最可行的方式通常为(　　)。

A. 全面调查　　B. 抽样调查　　C. 重点调查　　D. 典型调查

8. 对一批电子元器件的质量进行调查,应该采用(　　)。

A. 普查　　B. 重点调查　　C. 典型调查　　D. 抽样调查

9. 某企业为了解库存产品情况,派调查人员到现场进行观察与计数,这种收集资料的方法是(　　)。

A. 采访法　　B. 报告法　　C. 直接观察法　　D. 实验法

10. 我国现行统计调查方法体系中的"主体"是(　　)。

A. 周期性普查　　B. 经常性抽样调查

C. 必要的统计报表　　D. 重点调查及科学推算

三、多项选择题

1. 统计调查方案基本内容主要包括(　　)。

A. 确定调查目的

B. 确定调查对象、调查单位和填报单位

C. 确定调查项目和调查表

D. 确定调查时间和制订调查的组织工作计划

E. 确定调查资料的使用范围

2. 我国统计调查的方法有(　　)。

A. 统计报表　　B. 普查　　C. 抽样调查

D. 重点调查　　E. 典型调查

3. 抽样调查(　　)。

A. 是一种全面调查　　B. 是一种非全面调查

C. 应采用随机原则抽取样本　　D. 只有抽样误差

E. 抽样误差可以消除

4. 我国人口普查中(　　)。

A. 全国所有人是调查对象　　B. 全国人口数是调查对象

C. 每个人是填报单位　　D. 每个人是调查单位

E. 每户是填报单位

5. 普查一般属于(　　)。

A. 全面调查　　B. 非全面调查　　C. 专门调查

D. 经常性调查　　E. 一次性调查

第三章 统计数据的整理与显示

【学习目标】

1. 了解统计数据整理在整个统计研究中的地位和作用；
2. 理解统计数据整理的基本步骤、内容与技术；
3. 掌握统计分组理论和分布数列的编制方法；
4. 掌握统计表的编制要求及统计图的绘制方法。

引导案例

第二章主要分析了如何根据研究目的通过统计调查收集研究所需要的数据。但第二章所分析的统计调查所收集的数据主要是指原始数据，这些数据是大量的、零散的、杂乱无章，原始数据是难以反映所研究现象总体的数量特征的，比如，某企业为了检验其工人完成生产任务情况，管理者会根据工人实际完成的工作量与计划工作量(劳动定额)进行对比，获得若干个工人劳动定额完成百分数数据，如何从这些数据中获得能够反映工人任务完成效果的信息呢？假设某名工人知道自己劳动定额完成百分数是105，又如何知道自己在企业中的位置？要获得这些有用的信息，需要借助一些方法来帮助我们整理分析数据，最常见的数据整理方法就是对工人劳动定额完成百分数进行分组，可以有以下几种形式。

(1) 80～89　90～99　100～110　111～120……
(2) 60～75　75～90　90～105　105～120……
(3) 80 以下　81～90　91～100　101～110……
(4) 80 以下　80～90　90～100　100～110……

引例思考：上述分组情况是否合理？是否存在问题？

第一节 统计数据整理概述

一、统计数据整理的概念与意义

在统计调查阶段，通过运用一定的统计调查方式方法，我们搜集了大量的统计数据，通过统计调查获取的数据资料根据来源不同，可分为原始数据资料(初级数据资料)和次级数据资料两种。第二章所介绍的统计调查，一般指原始数据的调查，获得的原始数据资料是反映一个个具体调查单位的资料，是零散的、杂乱的、缺乏系统性的，无法反映所研究总体的内部结构、相互联系及规律性，不能反映社会经济现象总体的综合数量特征，也不能使我们达到对社会经济现象总体数量特征的认识,更不能从量的方面反映事物发展变化的规律性。如果统计调查收集的是次级数据资料,相比所收集的原始数据资料,次级数据资料的收集具有快捷方便且节省费用的特点,但从统计研究角度看,次级数据资料同样需要进一步加工才能满足研究目的的需要。因此,无论是哪种类型的数据资料,通常是无法直接满足研究需要的,为完成统计研究的任务,无论收集的是原始数据资料(或称初级数据资料)还是次级数据资料,都需要经过统计整理这个环节,对统计调查获得的数据资料运用科学的方法进行加工处理,将它们转化为总体资料,便于我们进一步理解和分析,从而发现经济社会现象的数量特征和规律性。

统计数据整理(简称统计整理),是指根据统计研究的目的和要求,将统计调查所得的原始数据进行科学的分类、加工和汇总,或对已经加工的次级数据资料进行再加工,使其系统化、条理化、科学化,为统计分析做好数据资料准备的工作过程。所以,统计数据资料的整理不仅包括对原始数据资料的整理,也包括对次级数据资料的整理,本章主要介绍对原始数据资料的整理。从管理统计学研究的全过程角度看,统计整理是统计研究的第三阶段。一方面它是统计调查的继续和深化,是从对现象的感性认识过渡到理性认识的开始,另一方面也是统计分析的基础和前提。可见,统计整理在整个统计工作中起着承前启后、承上启下的重要作用,统计整理工作质量的优劣,直接关系到对现象准确的数量描述和数量分析,其结果能否真实地反映客观实际,决定着统计资料的科学价值,也会影响到统计分析的准确性和真实性。

二、统计数据整理的程序

统计数据整理是根据统计研究的目的和任务进行的,是为统计研究提供系统化、条理化的统计数据的工作过程。统计整理是一项细致的、科学性很强的工作,需要有组织、有计划地进行,概括起来统计整理的程序主要有以下几点。

1. 制定统计数据整理方案

统计数据整理方案是开展统计数据整理的依据,正确地制定统计整理方案,是保证统计整理有计划、有组织地进行的首要步骤,主要包括两方面的内容:一是确定统计数据资料的整理方法,包括审核方法、分组方法、汇总方法等,要在对所研究的社会经济现象进行深刻分析的基础上,抓住最基本、最能说明问题本质特征的标志进行统计分组;二是确定用哪些具体的统计指标来说明总体的数量特征、数量规律。

2. 统计数据的审核与筛选

统计数据的审核是指对调查阶段取得的数据资料的审核,它关系到整个统计研究工作的质量,根据统计调查的要求,对统计数据资料进行准确度、及时性和全面性的审核,以便发现问题并及时改正。不同来源的统计数据,在审核的内容和方法上也有所不同,对于直接调查取得的原始数据主要从完整性和准确性两个方面去审核。完整性审核主要检查所有的调查项目或指标是否填写齐全,应调查的单位或个体是否有遗漏。准确性审核主要检查数据是否真实反映客观实际情况,内容是否符合实际,检查数据是否有错误,计算是否正确等。其中,准确性审核费时费力、难度较大,其主要审核内容是登记性误差,是审核的重点,可采取抽样复查、逻辑检查和计算检查等方法审核。对于间接取得的次级数据的审核,除了从完整性和准确性两个方面进行审核外,还应着重审核数据的适用性和时效性,弄清楚数据的来源、数据的口径以及有关的背景材料;尽可能使用最新的数据,确定数据是否符合分析研究的需要。统计数据筛选主要包括两个方面内容:一是将某些不符合要求的数据或有明显错误的数据予以剔除;二是将符合条件的数据筛选出来，不符合特定条件的数据予以剔除。

3. 统计分组与分布数列的编制

由于社会经济现象的数量特征是多方面的且彼此之间互相关联，在对数据资料进行进一步加工整理时需按其性质和特点，选择最基本的、最能说明问题本质特征的标志对所研究总体进行统计分组，并设计统计指标，按照一定的组织方式和方法对经过审核与筛选环节获得的准确有效数据进行分组、编码、汇总和计算，进而编制分布数列。必须指出，统计分组是统计整理的核心内容，在统计分组的基础上，通过归类分组，计算出各组指标和总体综合指标，才能形成分布数列。

4. 整理结果的审核与显示

对整理好的统计数据，即形成的分布数列还需再次进行审核，统计数据资料汇总后的审核是检查汇总工作质量的最后一环，检查核实汇总过程中可能产生的差错。具体审核时可利用会计、统计、业务三种核算资料对统计数据进行审核，对每一个指标值重新计算查验，利用指标间的关联进行审核等，经过再次审核无误的汇总资料，可以采用统计表或统计图形式加以展示，简明扼要地表明现象的数量特征和数量关系。

第二节　统计分组

一、统计分组概念及作用

1. 统计分组的概念

统计分组是统计数据整理的基本方法也是最关键的环节，所谓统计分组，是指根据统计研究的需要以及所研究现象内在的特点，按照一定的标志将统计总体划分成若干组成部分的一种统计方法。总体的各个组成部分称为“组”，统计分组的目的是使同一组内的各单位性质相同，不同组的单位性质相异，即把同质总体中的性质相同的单位合在一起，性质不同的单位区分开，使各组内的数据资料具有相对一致性，各组间的数据资料存在差异性。人们之所以能够对统计总体进行分组，是由统计总体所具有的“差异性”特点决定的，统计分组的基本要求，就是使各组内部保持同质性、各组之间呈现出质的差异性。通过统计分组可以进一步运用各种统计方法研究现象的数量表现和数量关系，从而正确地认识事物的本质及其规律。比如在工业企业总体中，我们可以按照工业企业的营业收入将企业划分为大型企业、中型企业、小型企业和微型企业四个组，每一组内的企业规模相近，各组之间企业的规模差异又较大。由此可见，统计分组的实质是在统计总体内部进行的一种分类，对总体而言，统计分组是“分”的过程，即通过统计分组将总体分为性质不同的若干组成部分，而对总体单位而言，统计分组则是“合”的过程，即通过统计分组，将性质相同的总体单位合并到一组，将性质不同的总体单位区别开，通过统计分组可以揭示总体内在的数量结构、分布状况及总体之间的数量依存关系。

2. 统计分组的原则

统计分组必须遵循科学性原则、完备性原则和互斥性原则。

科学性原则是指统计分组必须符合研究需要及所研究现象的内在特点，选择最能说明现象本质特征的标志作为分组标志。比如对企业总体进行分组，如果研究目的是了解我国企业公有经济和非公有经济的控股情况，那么对企业实收资本按出资人的经济成分进行分组，遵循了科学性原则，才能通过分组反映所研究问题的本质特征，才能通过进一步的计算分析得出正确的结论。

完备性原则，也称穷尽原则，是指总体中的每一个单位都能归属某一个组，或者说所有的单位都能归纳到各个分组中，不会造成遗漏。例如，对居民按文化程度分组，若仅分为大学文化程度、中学文化程度、小学文化程度三组，就不符合“穷举”性原则，因为居民中可能还有大学以上文化程度，以及文盲半文盲者。

互斥性原则，也称不相容原则，即在特定的分组标志下所分的组能使总体中每一个单位只能归属于某一组，而不能同时或可能归属于几个组，互斥性原则的目的是避免重复统计。

3. 统计分组的作用

统计分组是最基本的统计数据整理方法之一，在数据整理和统计分析中广泛使用分组，并且是数据整理和统计分析的基础步骤。概括起来，统计分组在统计研究中的重要作用表现在以下三个方面。

（1）可以划分现象的类型，体现现象质的差别

现实中的社会经济现象类型复杂多样，通过统计分组可以划分现象的各种不同类型，体现现象不同类型表现出的质的差别，在区分事物性质的过程中，划分社会经济类型是极其重要的，可以进一步研究不同类型不同的发展规律，比如为了反映我国经济中所有制成分的构成情况，综合加工和计算各主要经济总量指标（如产值、销售收入、国内生产总值等）的经济成分，为宏观决策和管理提供依据，统计部门将经济成分分为公有经济与非公有经济两大类，其中公有经济包括国有经济和集体经济；非公有经济包括私有经济、港澳台经济和外商经济。

如表3－1，2013年末，全国共有第二产业和第三产业的企业法人单位820.8万个，其中，内资企业占97.5%，港、澳、台商投资企业占1.2%，外商投资企业占1.3%，表明我国第二产业和第三产业的企业法人单位是以内资企业为主体的性质特征。

表3－1　2013年末按登记注册类型分组的企业法人单位分布表

	企业法人单位（万个）
合　计	**820.8**
内资企业	800.6
国有企业	11.3
集体企业	13.1
股份合作企业	6.5
联营企业	2.0
有限责任公司	149.4
股份有限公司	12.3
私营企业	560.4
其他企业	45.6
港、澳、台商投资企业	9.7
外商投资企业	10.6

资料来源：中华人民共和国国家统计局，国务院第三次全国经济普查领导小组办公室《第三次全国经济普查主要数据公报（第一号）》。

(2) 可以揭示现象内部结构,分析总体结构特征

统计分组不仅划分了社会经济现象包括的多种类型,体现其性质上的差异,而且各组在总体中所占比重也不一样,这种分组还可以直接反映一定社会经济结构的特点,各组比重大小不同,说明它们在总体中所处地位不同,对总体分布特征的影响也不同,其中比重大的,决定着总体的性质或结构类型。比如,我国根据社会生产活动历史发展的顺序将国民经济产业划分为三个不同的部分:第一产业,指产品直接取自自然界的部门,它包括农业(含种植业、林业、牧业、副业、渔业);第二产业,是指对初级产品进行再加工的部门,它包括工业(含采掘业、制造业、自来水、电力、蒸气、热水、煤气)和建筑业;第三产业,指为生产和消费提供各种服务的部门,即除了第一、第二产业以外的其他各部门,它包括流通部门和服务部门。表 3－2 是我国 2015 年按三次产业分组的国内生产总值(GDP)构成情况表,根据表 3－2,在 2015 年我国 GDP 总量中,第一产业占 9.0%,第二产业占 40.5%,第三产业占 50.5%,三个组的比重反映了我国三次产业的内部构成情况,同时也说明第三产业在国民经济的主体地位得到显现,从产业结构角度分析,我国已经进入工业化后期阶段。

表 3－2　2015 年我国国内生产总值构成情况

	国内生产总值(亿元)	比重(%)
第一产业	60 863	9.0
第二产业	274 278	40.5
第三产业	341 567	50.5
合计	676 708	100.00

资料来源:国家统计局《中华人民共和国 2015 年国民经济和社会发展统计公报》。

(3) 可以分析现象之间的依存关系

现实中的社会经济现象不是孤立存在的,相互之间存在着广泛的相互联系、相互依存和相互制约关系,但联系的方向和程度有所差别,研究现象之间依存关系的统计方法很多,分组分析法是最基本的方法,当研究目的在于分析同一总体两个变量的依存关系时,可以将其中一个变量作为分组标志,以观察另一变量相应的变动情况。比如,企业的投入与产出之间有一定的联系,一般来说,投入越多,产出也越多,这是正向的依存关系,可以对企业总体按投入进行分组,观察产出的变动情况;又如企业的产品产量与单位成本之间也有一定的联系,某种程度上表现为一种负向的依存关系,可以对企业总体按产品数量进行分组,观察单位成本的变动情况。可以通过分组分析法观察现象之间的依存关系,然后在此基础上应用其他方法进一步深入分析。例如,调查某地区 20 家企业的注册资本和年营业收入之间的关系,如表 3－3 所示。

表 3－3　某地区 20 家企业的注册资本和年营业收入的关系

注册资本(万元)	企业数	平均年营业收入(万元)
100～200	2	2 160
200～300	5	2 700
300～400	9	3 780

（续表）

注册资本(万元)	企业数	平均年营业收入(万元)
400～500	3	5 040
500～600	1	5 760
合计	20	3 636

表 3-3 中的分组资料反映了注册资本和年营业收入之间的依存关系，一般来讲，随着注册资本的增加，年营业收入也在增加。

需要注意的是，统计分组的上述三方面作用并不是相互孤立的，而是相辅相成，相互补充，共同发挥作用的。

二、统计分组的种类

统计分组的种类主要从三个角度划分：

1. 按统计分组的作用不同，可以将统计分组分为类型分组、结构分组和分析分组

类型分组的作用主要是区分社会经济现象类型，比如法人单位按注册类型分为内资企业，港、澳、台商投资企业和外商投资企业三种类型；结构分组主要用来研究总体内部结构关系的，比如国内生产总值按三次产业分组；分析分组主要用来揭示现象之间的依存关系的，比如上文中的企业按注册资本分组，分析注册资本与年营业收入之间的依存关系。

2. 按分组标志数量的不同，统计分组可分为简单分组和复合分组

如果对现象总体选择一个分组标志进行分组，此为简单分组，比如对人口按性别分组，对企业按营业收入分组等，这种分组只反映总体某一个方面的类型或结构特征；如果对现象总体选择两个或者两个以上的分组标志，并且层叠在一起，此为复合分组，比如对企业总体先按规模大小分组，在此基础上再按经济成分进行分组，这种分组不仅可以深入分析总体内部的类型和结构特征，而且也能显现总体内部的不同结构关系，能分析研究特定问题，但也需注意，复合分组的分组标志不宜选择过多，分组标志过多容易造成所分的组较多，总体单位在各组间的分布过于分散，难以反映现象总体的内部结构特征。

3. 按分组标志的性质不同，统计分组可分为品质标志分组和数量标志分组

如果分组标志为品质标志，此分组可称为品质标志分组(或称属性分组)。一般地，对于采用定类尺度或者定序尺度计量的定性数据，常采用品质分组，比如人口按性别分组，企业按经济类型分组等。品质分组一般来说概念比较明确，分组也相对稳定。

如果分组标志为数量标志，此分组可称数量标志分组(或称变量分组)，对于采用定距尺度或者定比尺度计量的定量数据，常采用变量分组。例如，企业按固定资产价值分组、工人按工龄分组等。按数量标志分组，可以反映现象总体内部各组成部分的数量界限，从量的角度分析总体内部各类型和结构特征。

三、分组标志的选择及各组界限的确定

(一) 分组标志的选择

分组标志是对现象进行总体分组的标准或依据，选择分组标志是统计分组的首要问题，也是关键问题，不同的分组标志形成了不同的分组，科学、正确地选择分组标志有助于准确描述

总体数量特征及其变化规律，实现统计研究的目的和任务。因此，选择分组标志是统计分组的核心问题，概括起来选择分组标志应遵循以下原则：

1. 根据研究问题的目的与任务选择分组标志

研究问题的目的与任务不同，分组所依据的标志也不同。对于每一个现象总体，其特征是多方面的，比如工业企业这样的总体，存在许多特征，如注册类型、产业类型、营业收入、从业人员、资产总额等诸多标志，但对工业企业究竟选择什么样的标志作为分组标志，就要根据研究问题的目的与任务进行选择，应选择最能反映研究目的与任务的标志作为分组标志。比如分组目的是研究企业规模大小差异的，可以选用从业人员、资产总额作为分组标志；如果目的是要了解某个地区经济的产业结构，就要选择企业的产业类型作为分组标志等等。只有根据研究问题的目的与任务来选择分组标志，分组的结果才能反映总体的性质特征，才能符合我们的研究需要。

2. 选择最能反映现象本质特征的标志作为分组标志

由于社会经济现象具有多方面特征，在同一研究目的与任务下，可能存在多个可供选择的分组标志，分组时应注意选择最能说明现象本质特征的标志。比如，研究企业规模问题，可供选择的标志有很多，如注册资本、资产总额、从业人员、产品产量、营业收入、产值等等若干标志，这时我们应该根据不同类型企业特征，抓住最能反映此类企业规模特征的标志，如第一产业的企业选择营业收入作为分组标志；从事批发零售业的企业选择营业收入、从业人员作为分组标志等，可真实反映各种规模企业的本质差异，使我们对所研究的对象有一个准确的认识。

3. 根据现象所处的具体历史条件选择分组标志

随着时间的推移，社会经济现象不断发展变化，在不同的历史阶段，社会经济现象表现出来的特征也不相同，需要研究者通过准确理解研究目的、把握研究对象的特征，才能选择合适的分组标志，分组标志的选择要根据现象所处的具体历史条件而变化。比如，在生产力水平较低的情况下，研究建筑企业规模，一般以从业人数作为分组标志。然而，随着生产力水平的提高，从业人数已不能全面准确地说明企业规模的大小，目前建筑业企业以营业收入和资产总额作为划分企业规模大小的分组标志。

（二）各组界限的确定

根据研究需要选择分组标志后，接着就需要对所研究现象总体进行分组，分组时必须明确各组的界限，若各组界限不清，就不能正确地根据总体中各个单位的具体特征进行按组归类，因此，准确确定各组界限是统计分组的基本问题。

根据前文统计分组的分类，根据分组标志的不同特征，统计分组方法有按品质标志分组方法和按数量标志分组方法之分，不同的分组标志形成不同的组，相应的各组界限也有差别。

1. 分组标志为品质标志时各组界限的确定

按品质标志分组，有些分组比较简单，分组标志一经确定，品质标志的一个具体表现即形成一个组，组的名称和组数也随之确定，所分的组与组之间的界限容易确定，比如人口按性别分为男女两个组，形成的组界限明确，不存在模糊不清、模棱两可的情况，根据总体单位的特征表现，能明确确定总体单位归入哪一组。有些分组比较复杂，即对现象总体选择一个品质标志分组后，难以明确划分各组的界限，不同的研究者可能有不同的分组结论，总体中的某些单位应该归入哪一组，容易产生理解上的差别，在实际统计中，这种复杂的品质标志分组通常称为分类，如果是在全国范围内开展相关统计，为了保证各种分类的统一性和完整性，一般有国家统一的分类目录，比如国家统计局发布的《国民经济行业分类》《生产性服务业分类》《战略性新兴产业分类》等。

2. 分组标志为数量标志时各组界限的确定

按数量标志分组(也称变量分组)就是在数量标志的标志值变异范围内，将总体划分为性质不同的若干组成部分，变量分组应体现现象本身所具有的内在结构，反映现象的本质和规律，对于以定距尺度或定比尺度计量的数据采用变量分组，此过程涉及总体应分为多少组，各组的界限如何确定等问题，应科学、恰当的确定组数和组限。

(1) 单项式分组

单项式分组是指一个变量值作为一组，需要将总体中各单位变量值的所有状态一一列举，此类分组适用于分组标志为离散型变量，且变量值的变化幅度比较小的情况，例如，企业从业人员总体按其家庭人口数分组，可分为 1 人、2 人、3 人、4 人、5 人、6 人六个组；单项式分组一般适用于离散型变量，但在一些特定问题研究中，分组标志为连续型变量，也可进行单项式分组，比如学龄前儿童按年龄分组，分为 1 岁、2 岁、3 岁、4 岁、5 岁、6 岁等几个组。

(2) 组距式分组

组距式分组就是将变量值依次划分为若干区间，每段区间包含许多变量值，一段区间形成一个组，区间的长度称为组距。此类分组适用于分组标志为连续型变量或变量值变化幅度较大的离散型变量。在组距式分组中，每一组变量值中的最大值称为上限，最小值称为下限，组距为上下限之间的距离。在组限的表示上有两种形式:间断式组限与重叠式组限，凡是上下组的组限不相连的，称为间断组距式分组，间断组距式分组适用于离散型变量。例如，某地区企业按从业人员数(人)分组，可分为“99 以下、100～199、200～299、300～399，400 以上”5 组，其中每个组既有上限也有下限的，称为闭口组，缺少下限或者上限的组称为开口组，在编制组距数列时，为避免出现空白组，同时又能使个别特别大或特别小的变量值不至于无法归组，往往在首末两组使用“××以下”或“××以上”这样不确定组限的开口组方式表示；凡是上下组的组限是相连的，称为重叠式组限或不间断组距式分组，重叠组距式分组适用于连续型变量，由于连续型变量的可能取值无法一一列举出来，即在任何两个数值之间都可能存在无穷多的其他数值，如果采用间断式组限，各组的组限不相连，很有可能造成遗漏，因此采用重叠式组限。例如，企业按产值(万元)分组，分为“500 以下，500～1 000，1 000～1 500，1 500～2 000，2 000 以上”五组。在重叠式组限中，由于组限是重叠的，为了体现统计分组的“穷尽、互斥”原则以及各单位归组时不重不漏，在给各单位具体归组时采取“上限不在内”原则，也就是说凡是总体某单位的变量值刚好是相邻两组的界限值时，则把这一单位归入作为下限值的那一组内，比如上例，某企业产值为 1 000 万，则将之归在“1 000～1 500”这组，这样就能保证各单位归组时既不重复也不遗漏，满足分组要求。需要说明的是，对于分组标志是离散型变量的，根据需要也可以采用重叠式组限，如上述某地区企业按从业人员数(人)分组，也可分为“100 以下、100～200、200～300、300～400，400 以上”5 组，在给总体各单位具体归组时同样采取“上限不在内”原则。

在组距式分组中，根据各组距是否相等，把组距式分组分为等距分组和异距分组。等距分组就是各组组距相等，如果变量值分布比较均匀，一般可采取等距分组。异距分组就是各组组距不全相等，主要适用于以下几种情况。一是变量值分布很不均匀，存在明显偏斜的情况下，如大城市的百货商店销售额从5万元至5 000万元，可采取不等距分组，如“5～50万元，50～500万元，500～5 000万元”等。若用等距分组，即使组距为100万元，也须分50组，这显然是不合适的。二是变量值按一定比例发展变化的场合，比如钢铁厂高炉按容积(立方米)的异距分组为“100以下、100～200、200～400、400～800、800～1 600、1 600以上”，其组距间隔等比为2。三是特殊研究需要，比如研究社会负担情况，将人口按年龄分组，分为“14岁以下，15～64岁，65岁以上”三组就是异距分组。在对现象采用组距式分组时究竟是采取等距还是异距分组，一般情况下并没有严格的规定，有些特定分组有较为明确的划分方法，如上述社会负担问题研究，又如国家统计局公布的大中小微型企业的划分等，大多数情况下，研究者可以根据研究的具体需要及分组标志的特点来确定。

在组距式分组中还涉及组距、组中值的计算。组距是上下限之间的距离。对于间断式组限，每组组距大小的计算，采用如下公式：组距＝本组上限－前组上限，或：组距＝本组下限－前组下限，又或：组距＝本组上限－本组下限＋1；对于重叠式组限，组距计算公式为：组距＝本组上限－本组下限。对于开口组的组距，可参考相邻组的组距近似确定为本组的组距。

组中值，指一个组的上下限之间的中点数值，组中值不是组平均数，但用来代表组的一般水平，在计算平均指标或进行其他统计分析时，常以组中值来代表各组变量值的一般水平，当各组变量值均匀分布时，组中值能较好地代表各组变量值的一般水平，因此，分组时应尽可能使组内各单位变量值分布均匀。

组中值的计算公式为：

$$\text{组中值}=\frac{\text{上限}+\text{下限}}{2}$$

对于开口组的组中值，可参考相邻组的组距近似确定。

缺下限的开口组组中值的公式为：

$$\text{组中值}=\text{上限}-\frac{\text{相邻组的组距}}{2}$$

缺上限的开口组组中值的公式为：

$$\text{组中值}=\text{下限}+\frac{\text{相邻组的组距}}{2}$$

第三节　次数分布

一、次数分布的概念

在统计分组的基础上，将总体的所有单位按组归类整理，并按一定顺序排列，形成总体中各个单位在各组间的分布，称为次数分布或频数分布。由于次数分布表现为一个数列，故又称分布数列或分配数列，次数分布由两个要素构成：一是总体按某标志所分的组；二是各组所分布的单位数。可用两种形式表示，一种表现为绝对数，称为次数或频数，即各组的单位数；另一种表现为相对数，称为频率，是各组频数与总体单位数(各组频数之和)之比，各组频率都是介于 0 和 1 之间的一个分数，各组的频率总和等于 1(或 100%)。通过次数分布的编制可以反映总体中各个单位在各组间的分布状态和分布特征。

例如，2014 年，我国大陆 31 个省、自治区、直辖市的法人中，企业法人 10 617 154 个，占法人总数的 77.49%；事业法人 828 440 个，占法人总数的 6.05%；机关法人 259 357 个，占法人总数的 1.89%；社会团体 294 691 个，占法人总数的 2.15%；其他 1 701 798 个，占法人总数的 12.42%。具体见表 3－4。

表 3－4　2014 年我国大陆法人的机构类型分布表

法人按机构类型分	法人单位数(个)	比重(%)
企业法人	10 617 154	77.49
事业法人	828 440	6.05
机关法人	259 357	1.89
社会团体	294 691	2.15
其他	1 701 798	12.42
合计	13 701 440	100.00
⇧	⇧	⇧
各组名称	次数或频数	比率或频率

资料来源：中华人民共和国国家统计局，《中国统计年鉴(2015)》。

根据分组标志不同，分布数列分为品质分布数列和变量分布数列两种。按品质标志分组编制的分布数列叫作品质分布数列或属性分布数列，简称为品质数列。品质数列由组的名称和各组的次数两个要素构成，如表 3－4 所示，对于品质分布数列来说，如果分组标志选择恰当，就会比较明确地表现出事物性质的差异，各组的划分也就容易解决。因而，品质数列一般比较稳定，通常能够准确地反映总体的分布特征。

按数量标志分组编制的分布数列称为变量分布数列，简称变量数列。任何一个变量数列都由各组变量值和各组的次数两个要素构成。例如，某生产班组有工人 30 人，根据生产某种产品的日产量分组编制变量数列，如表 3－5 所示。

表 3－5　某生产班组工人按日产量分组表

按日产量(件)分组	工人数(人)	比重(%)
18	3	10.00
19	6	20.00
20	12	40.00
21	7	23.33
22	2	6.67
合计	30	100.0
⇧	⇧	⇧
各组名称	次数或频数	比率或频率

对于变量数列来说，大多数情况下由于现象性质的数量差异并没有很明确的界限，不同的研究者存在研究角度、主观认识等方面的差异，这就决定了不同的分组界限，因此，按同一数量标志分组则有可能出现多种分布数列，本节主要探讨变量数列的编制。

二、变量数列的编制

由于变量分组方法分为单项式分组和组距式分组，因此形成的变量数列有两种：单项式数列与组距数列，下面分别讨论。

（一）单项式数列的编制

如果分组标志为离散型变量，且变量变动范围不大的情况下，可进行单项式分组，在此基础上形成的分配数列称为单项式数列，如表 3－5 所示。单项式数列编制较为简单，概括起来其编制主要分两步：第一，选择分组标志，进行分组；第二，统计汇总。

统计汇总是统计数据资料汇总的简称，数据资料的汇总主要是针对统计调查所取得的原始数据。现实中通过统计调查收集的原始数据，其中很大部分以问卷或调查表格形式存在，往往分散、不系统，不易表现出总体的数量特征。因此，必须根据事先设计好的汇总（或整理）方案进行统计汇总，统计汇总是一项十分复杂的工作，选择恰当的统计汇总组织形式及汇总技术，对提高汇总速度，保证汇总质量具有重要意义。

（1）统计汇总的组织形式主要有三种：集中汇总、逐级汇总、综合汇总。

集中汇总是将全部统计调查数据集中到布置收集数据的一个机构或最高统计机构进行一次汇总，故又称超级汇总。这种组织形式的优点是可以缩短汇总时间，减少汇总差错。缺点是原始资料如有差错不能就地及时更正，汇总结果有时不能及时满足各地区、各部门管理决策的需要。

逐级汇总是指按照一定的统计管理制度，依照统一的汇总表，自下而上地对调查资料逐级进行汇总。现行的统计报表制度一般都用这种方式汇总。这种组织形式的优点是，能够满足各个地区、各部门对统计资料的需要，同时便于就地审核和订正原始资料。缺点是，费时较长，影响统计资料的时效性，而且汇总环节多，发生差错的概率比较大。

综合汇总是集中汇总和逐级汇总结合使用的一种组织形式，对于各地区和各级都需要的基本资料实行逐级汇总，对要在全国范围内进行加工的资料或本部门、本系统的全面资料实行集中汇总。例如，我国人口普查就曾采用这种数据汇总方式。几个主要分组和指标采取逐级汇总方式，很快就得出汇总结果；同时，全部普查资料则由各省、市、自治区集中汇总，然后由中央一次汇总得出全国的资料。

（2）按照统计汇总采用的计算工具的不同，统计汇总技术主要有手工汇总和计算机汇总两种。

手工汇总，指利用算盘或小型计算器进行的汇总，手工汇总适合于总体单位数量和调查项目较少的调查研究，它是目前我国基层统计汇总中普遍使用的方法。手工汇总中通常使用的方法有划记法、过录法、折叠法和卡片法四种。划记法是在汇总表上以点线符号（如“正”等）表示各组总体单位数的方法，划记法通常只在总体单位数不多，只要求汇总单位数，不要汇总标志值的情况下使用。过录法是先将原始资料过录在事先设计好的整理表上，然后计算出各组和总体的单位数或标志值的合计数，再将计算结果填到统计表上，这种方式既可以汇总单位数，又可汇总标志值，而且便于核对检查，在总体单位数不多、分组简单的情况下，采用过录法比较适宜。折叠法是将调查表中需要汇总的同一横行或纵栏的数值预先折好，一张一张地重叠起来，进行汇总计算，然后将汇总结果填入统计表，这种方法避免了过录，简便易行，省时省力，也不需要设计汇总表，所以实际工作中经常使用。卡片法是把每个调查单位的有关资料摘录到一张卡片上，利用卡片进行分组和汇总。在总体单位数多、复合分组时，卡片法是手工汇总中较好的方法。若调查资料不多，采用卡片法就很不经济。需要说明的是，手工汇总是最原始、最传统的汇总方式，在总体单位数量和调查项目较多的调查研究中，手工汇总花费时间长，而且容易出错，随着计算机的产生与发展，手工汇总方式渐渐地缩小了适用范围。但是，我国许多地区的基层单位和生产一线统计工作中仍在使用，目前尚不能完全被计算机汇总所取代。

计算机汇总，是20世纪中叶发展起来的进行统计资料汇总的方式，是在手工处理的基础上发展起来的，其处理过程与手工处理大致相同，但具有手工处理所不可比拟的优点，极大地提高了统计资料汇总、加工的速度和质量。一般而言，对于普通的、中小规模的统计调查，利用计算机及Excel、SPSS、SAS等统计软件的功能，通过编码、数据录入、检查与修正、运行相关命令即可方便快捷地完成汇总任务。而对于大型、特大型(全国范围)的统计调查，或者是有特定要求的调研工作，则需要开发相应的专业软件及程序来进行汇总分析，其汇总步骤包括编程、编码、数据录入、检查录入、运行程序等。

3. 编制统计表或绘制统计图

通过编制统计表或绘制统计图说明数据资料经过整理汇总环节所形成的分布数列，如表3－5就是用统计表说明的单项式数列。

(二) 组距数列的编制

如果分组标志为连续型变量或者离散型变量且变量变动范围较大的情况下，可进行组距式分组，在此基础上形成的分配数列称为组距数列，组距数列编制的主要步骤如下。

(1) 计算全距；

(2) 确定组数、组距；

(3) 确定组限；

(4) 分组归类汇总形成分布数列；

(5) 编制统计表或绘制统计图描述分布数列。

【例3－1】 某企业对新入职的40名员工进行培训，培训后对其生产技能进行测试，测试成绩(采用百分制分数描述)如下：

95	82	70	80	73	66	57	74	80	70
93	70	52	72	62	54	74	76	60	62
75	71	68	97	53	84	84	86	87	74
76	67	50	84	65	72	81	65	82	78

对上述原始数据进行整理，可采取如下步骤编制组距数列：

首先，计算全距。全距(R)＝最大变量值－最小变量值，此例中全距为：$R=97-50=47$；

其次，确定组数、组距。一般情况下组数的多少并无规则可言，必须凭借经验和所研究问题的性质做出判断。组数的多少直接关系到组距的大小，组数少，组距就大；组数多，组距小，两者是此消彼长的关系，分组时应综合考虑组数与组距的关系，同时也应考虑总体单位数的多少，数据变异程度大、总体单位数较多时则组数可以适当多些，反之则可适当少些。在实际分组时，可以参考美国学者斯特杰斯（H. A. Sturges）提出的经验公式来确定组数 K，即：

$$K=1+\frac{\lg N}{\lg 2} \tag{3-1}$$

或者也可表达为：$k=1+3.222\lg N$，组数确定下来后，在等距分组的情况下，组距可采用如下公式确定：

$$d=\frac{R}{k}=\frac{x_{\max}-x_{\min}}{1+3.222\lg N} \tag{3-2}$$

式中：k 为组数；N 为总体单位数；d 为组距；R 为全距，即最大变量值 $x_{\max}$ 与最小变量值 $x_{\min}$ 之差。

需要说明的是，斯特杰斯经验公式只是参考，实际分组时需根据现象内在特点及研究需要综合确定组数及组距。本例中，根据斯特杰斯经验公式可分六个组，由于数据变动比较均匀，可以考虑进行等距分组，使用公式 3－2，可以算得组距为 7.8，实际确定组数及组距时，上述计算结果还可根据研究现象的特点进行适当调整，比如此例，一般组距不取小数，常见的取 5 的整数倍，因此，本例组距可以取 10，同时组数进行相应调整，调整为 5。

第三，确定各组组限。确定组限时需注意以下几点：一是根据分组标志类型确定选择间断式组限或者重叠式组限，如果是离散型变量，间断式组限或者重叠式组限均可；如果是连续型变量一般需采用重叠式组限；此例中的测试成绩为连续型变量，故采用重叠式组限。二是分组时各组数量界限必须能反映事物质的差别，突出质的差异性。当数据中含有特殊数量界限时，即存在作为质的分界限的标志值时，须以这个标志值为组限。如此例中的 60 分是个特殊界限，达到 60 为合格，小于 60 为不合格，在确定各组组限时需加以体现。前述引导案例中，对工人按劳动定额完成百分数分组，这个分组标志也有特殊数量界限（100），达到 100 表示完成劳动定额，小于 100 表示未完成劳动定额，在确定各组界限时需注意。三是最小组的下限要比最小变量值稍小点，即要小于或者等于最小变量值，最大组的上限要比最大变量值稍大些，即要大于或者等于最大变量值。实践中，组限常取 5 的整数倍。根据上述分析，此例中各组组限可表示为：50～60，60～70，70～80，80～90，90～100；或者，最小组与最大组也可用开口组形式表示，即 60 以下，60～70，70～80，80～90，90 以上。

第四，分组归类汇总形成分布数列。采用前述的数据汇总技术汇总每组的单位数（次数或频数），并计算频率，计算公式如下：

$$\text{频率}=\frac{f_i}{\sum f_i}=\frac{f_i}{N} \tag{3-3}$$

频率具有两个性质：一是任何频率都是介于 0 和 1 之间的一个分数，一般以百分比表示，$0\leqslant f_i/\sum f_i\leqslant 1$；二是各组频率之和为 1 或 100%，即 $\sum\frac{f_i}{\sum f_i}=1$。

对于异距分组，由于各组频数的多少还受到组距不同的影响，各组的频数可能会随着组距的扩大而增加，随着组距的缩小而减少。为消除异距分组所造成的这种影响，须计算频数密度（或称次数密度）。频数密度的计算公式如下：

$$频数密度=频数/组距$$
$$频率密度=频率/组距 \quad (3-4)$$

各组频数密度与各组组距乘积之和等于总体单位数，各组频率密度与各组组距乘积之和等于1。

第五，编制统计表描述整理结果，如表3-6所示。

表3-6　某企业新入职员工测试成绩分组表

按测试成绩分组(分)	频数(f_i)(人)	频率($f_i/\sum f_i$)(%)
60以下	5	12.5
60～70	8	20.0
70～80	14	35.0
80～90	10	25.0
90以上	3	7.5
合计	40	100.0

三、累计频数与累计频率

在实际的分析研究中，为了更简便地概括总体各单位的分布特征，有时还需要编制累计频数数列和累计频率数列。累计频数(或频率)可以是向上累计频数(或频率)，也可以是向下累计频数(或频率)。向上累计频数(或频率)分布，其累计方法为：将各组频数(或频率)由变量值小的组向变量值大的组累计，表明累计到该组上限以下各组的总次数(或所占的总比重)；向下累计是指将各组频数(或频率)由变量值大的组向变量值小的组累计，表明累计到该组下限以上各组的总次数(或所占的总比重)。例如，表3-7是某企业40个企业新入职员工测试成绩分布情况表，表第4列和第6列分别为向上累计频数和累计频率，比如第4列的数字13表示测试成绩在70分以下的员工数累计为13人，而对应的第6列的32.5%表示测试成绩在70分以下的员工在40名员工中占的比例为32.5%。表第5列和第7列分别为向下累计频数和累计频率，比如第5列的数字35表示测试成绩在60分以上的员工数累计为35人，而对应的第7列的87.5%表示测试成绩在60分以上的员工在40名员工中占的比例为87.5%。

表3-7　某企业新入职员工测试成绩分布情况

按测试成绩(分)分组	频数(人)	频率(%)	累计频数		累计频率(%)	
			向上累计	向下累计	向上累计	向下累计
60以下	5	12.5	5	40	12.5	100.0
60～70	8	20.0	13	35	32.5	87.5
70～80	14	35.0	27	27	67.5	67.5
80～90	10	25.0	37	13	92.5	32.5
90以上	3	7.5	40	3	100.0	7.5
合计	40	100.0	—	—	—	—

累计频数(或累计频率)分布具有以下两个特点:开始累计的第一组,其累计频数等于第一组本身的频数(或累计频率等于第一组本身的频率);最后一组累计频数等于总体单位数(或最后一组的累计频率等于 1 或 100%)。

第四节　统计表与统计图

经过统计整理后的统计数据,需要采用适当的方式加以展示,概括起来,展示方式主要有统计表或统计图。统计表结构清楚、条理分明,能把杂乱的数据有条理地组织在一张简明的表格内,可以节省大量的文字叙述,便于数据资料对比分析与积累;统计图鲜明、形象、直观,能够清晰地展示数据之间的相互关系。正确地使用统计表和统计图是做好统计整理与分析的最基本技能。

一、统计表

(一) 统计表的定义和结构

统计表是用于展示统计数据的基本工具,统计表可分为广义统计表和狭义统计表两种,广义统计表包括统计研究各阶段中所用的一切表格,具体指在数据的收集、整理、描述和分析过程中所使用的统计表。狭义统计表是指经过统计整理后,将汇总结果按一定顺序排列在由横行、纵列交叉结合而成的表格中。本节主要指狭义统计表,是统计数据整理结果展示的基本工具,能有条理地、清楚地显示统计数据资料,并能直观地反映统计总体及内部构成的数量特征。

统计表的结构,根据使用者的要求和统计数据本身的特点,可以绘制形式多样的统计表,从表格形式来看,比较常见的统计表主要有总标题、行标题、列标题、数字资料和附加等部分要素构成。统计表的一般结构如表 3-8 所示,总标题是统计表的名称,通常置于表的正上方中间处,它简明扼要地说明全表的基本内容。行标题通常置于表的左端,是横行的名称,通常为总体及总体所分的各组名称,表示统计研究的对象。列标题通常置于表的右上端,是各列的名称,通常是说明总体及各组特征的指标名称。行标题与列标题的位置依据统计资料和列表的具体情况,根据需要可以互换。表的其余部分是具体的数字资料。附加通常放在统计表的下方,主要内容包括资料来源、指标的注解和必要的说明等内容。

统计表从内容上看包括主词栏和宾词栏两部分,主词栏是统计表所要说明的总体及其分组,通常在表的左方列示;宾词栏是统计表用来说明总体及所分组数量特征的各个统计指标,通常在表的右方列示,如表 3-8 所示。实际编制时根据需要,主宾词位置可变换,并可在统计表的下方加上表外附加,主要包括:补充资料、注解、资料来源、填表单位、填表人以及填表日期等。

表 3-8 2015 年年末全部金融机构本外币存贷款情况表←总标题

指　标	年末数(亿元)	比上年末增长(%)
各项存款余额	1 397 752	12.4
其中:住户存款	551 929	8.9
其中:人民币	546 078	8.7
非金融企业存款	455 209	13.7
各项贷款余额	993 460	13.4
其中:境内短期贷款	366 684	7.3
境内中长期贷款	53 8924	14.2

列标题　行标题　数字资料　主词栏　宾词栏

资料来源:国家统计局《中华人民共和国 2015 年国民经济和社会发展统计公报》。

(二) 统计表的分类

1. 根据主词是否分组及分组的程度,分为简单表、分组表和复合表

(1) 简单表。

主词未经任何分组的统计表称为简单表,也称一览表,如表 3-9。

表 3-9 2015 年主要商品出口数量、金额及其增长速度

商品名称	单位	数量	比上年增长(%)	金额(亿元)	比上年增长(%)
煤(包括褐煤)	万吨	533	−7.1	31	−27.7
钢材	万吨	11 240	19.9	3 890	−10.6
纺织纱线、织物及制品	—	—	—	6 796	−1.3
服装及衣着附件	—	—	—	10 819	−5.5
鞋类	万吨	447	−8.4	3 319	−3.9
家具及其零件	—	—	—	3 277	2.6
自动数据处理设备及其部件	万台	171 508	−10.6	9 461	−15.2
手持或车载无线电话	万台	134 342	2.4	7 711	8.8
集装箱	万个	272	−10.1	475	−14.2
液晶显示板	万个	229 344	−6.4	1 923	−1.5
汽车	万辆	72	−19.4	696	−9.5

资料来源:国家统计局《中华人民共和国 2015 年国民经济和社会发展统计公报》。

(2) 分组表。

主词只按一个标志进行分组形成的统计表,称为分组表,如表 3-7。利用分组表可以较为深入地分析现象的内部结构和现象之间的相互依存关系。

(3) 复合表。

主词按两个或两个以上标志进行分组的统计表，也称为复合分组表。如表 3－8 是复合表，表中的各项存款余额先按住户存款、非金融企业存款进行第一次分组，对住户存款再按币种类型进行再次分组(表中仅列示人民币，为了简洁，未列示其他币种)。

2. 按宾词的排列方式，可分为宾词简单排列、分组平行排列和分组层叠排列三种

(1) 宾词简单排列。

宾词不进行任何分组，按一定顺序排列在统计表上，如表 3－8、表 3－9 所示宾词。

(2) 宾词分组平行排列。

宾词栏中各分组标志彼此分开，平行排列，如表 3－10。

表 3－10 某公司各部门员工性别和工龄分组表

部门名称	性别			文化程度			
	男	女	合计	5 年以下	5～10 年	10 年以上	合计
	1	2	3	4	5	6	7
人事部							
财务部							
…							

(3) 宾词分组层叠排列

宾词栏指标按两个或以上标志分组，且各种分组层叠在一起，如表 3－11。

表 3－11 某公司各部门员工性别和工龄分组表

部门名称	5 年以下			5～10 年			10 年以上			全部人员		
	男	女	合计	男	女	合计	男	女	合计	男	女	合计
	1	2	3	4	5	6	7	8	9	10	11	12
人事部												
财务部												
…												

(三) 统计表的设计

由于统计数据的特点以及使用者目的不同，具体设计统计表的形式和结构会存在有较大差异，但设计上的基本要求则是一致的，统计表设计总的要求是：简练、明确、实用、美观，便于比较。统计表具体设计时应注意以下几个方面。

1. 统计表的线条设计

统计表应设计成由纵横交叉线条组成的长方形表格，表格的左右两端一般不画线，采用"开口式"，长与宽之间保持适当的比例，表的上下端应以粗线绘制，表内纵横以细线绘制，列标题之间一般用竖线隔开，而行标题之间通常不必用横线隔开，总之，表中尽量少用横竖线，使统计表看起来简洁、明确。

2. 标题设计

统计表的总标题、行标题、列标题文字表达应简明扼要，行标题、列标题、数字资料的位置应安排合理。现实使用中，由于强调的问题不同，行标题和列标题可以互换，但应使统计表的横竖长度比例适当，避免出现过宽或过长的表格形式，如果表中的行标题、列标题内容较多时，可以对行标题、列标题进行编号，一般行标题采用英文字母顺序编号，如 A、B、C 等，列标题采用阿拉伯数字编号，如表 3-10、3-11。

3. 合计栏的设置

统计表各纵列若需合计时，一般应将合计列在最前一行或最后一行；各横行若需合计时，一般应将合计列在最前一列或最后一列。

4. 数字资料填写

统计表中数字应该填写整齐，对准位数，同一列应精确到小数点后同一位。当数字小到可忽略而不计时，可写上“0”；当缺某项数字资料时，可用符号“…”表示；不应有数字时用符号“—”表示，一张填好的统计表不应出现空白单元格。如果表中的全部数据都是同一计量单位，可放在表的右上角标明，如果表中各行的指标数值计量单位不同，可在行标题后添一列计量单位，如果各列标题计量单位不同，可在列标题中注明计量单位(如表 3-9)。

5. 注解或说明

为了保证统计资料的科学性和严肃性，必要时，还可在统计表下加上注解或说明，特别要注意注明资料来源，以表示对他人劳动成果的尊重，方便使用者查阅使用。

二、统计图

统计图是统计数据另一种常用的表达方式，是将所研究对象的特征、内部结构等相互关联的数量关系用点、线、面、形等绘制成几何图形或其他图形加以展示。通过绘制的简明图形，可以简洁直观地展示统计数据，更迅速、更有效地传递信息，认识客观事物的状态、形成、发展趋势或分布状况等，帮助我们从众多的数据中发现规律，给人明确和深刻的印象。统计图一般包括图形、图号、图目、图注等要素，不同类型的统计数据需要借助不同的统计图来展示。

(一) 展示定性数据的统计图-条形图、饼图和圆环图

1. 条形图(柱形图)

条形图是用宽度相同的条形的高度或长短来表示各类别数据的图形，有单式条形图、复式条形图等形式，主要用于反映定序、定类尺度数据或者离散型定量数据的频数分布，这些数据的特征是各类别在坐标轴上不连续，绘制时，各类别可以放在纵轴(称为条形图)，也可以放在横轴(称为柱形图，Excel 的条形图是水平条形图，柱形图为竖直条形图)，都可以用来表示一组或几组分类相关的数值，在条形图或柱形图中，各条或柱的宽度、各条或柱间的距离彼此均等，条的长度或柱的高度与代表的变量值成比例，它可用于不同现象的比较，也可用于同一现象不同时间的比较。根据表 3-4 的数据绘制竖直条形图，如图 3-1 所示，横轴表示各组别(各机构类型法人)，纵轴表示各组频数(法人数)。

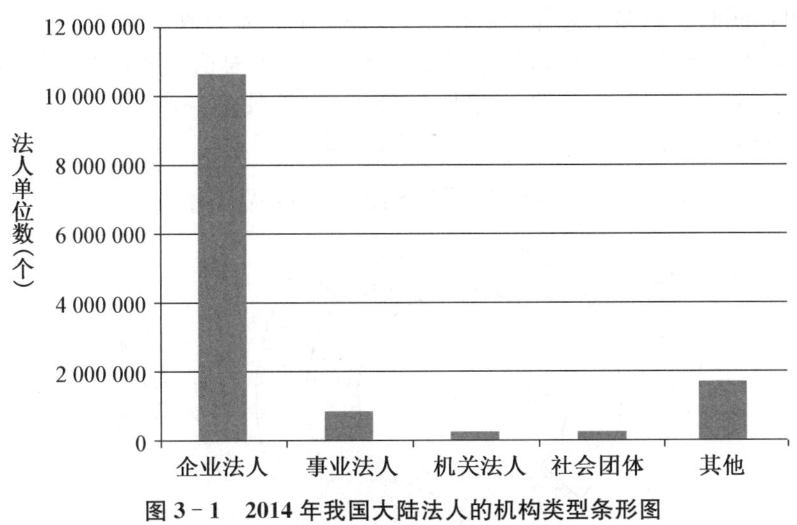

图 3-1 2014 年我国大陆法人的机构类型条形图

2. 饼图(圆形图)

饼图也称圆形图,是用圆形及圆内扇形的角度来表示各组数值大小的图形,主要用于表示总体中各组成部分所占的比例,一般地,饼图中的每一块"小饼"代表一个组,其面积大小代表该组在总体中所占的比例,比例越大,则"小饼"的面积越大,所有"小饼"加在一起就构成一个完整的圆饼,即表示各组的频率之和为 1,此图形对于研究结构性问题十分有用。绘制圆形图时,总体中各部分所占的百分比用圆内的各个扇形角度表示,这些扇形的中心角度,是按各部分数据百分比占 360°的相应比例确定的。图 3-2 为根据表 3-4 的数据绘制的饼图,从图中可以了解到各类型的法人单位所占份额,其中企业法人所占比重最大,占 77.49%。饼图适用于任何分组数据,但更多地应用于定类和定序尺度的数据。

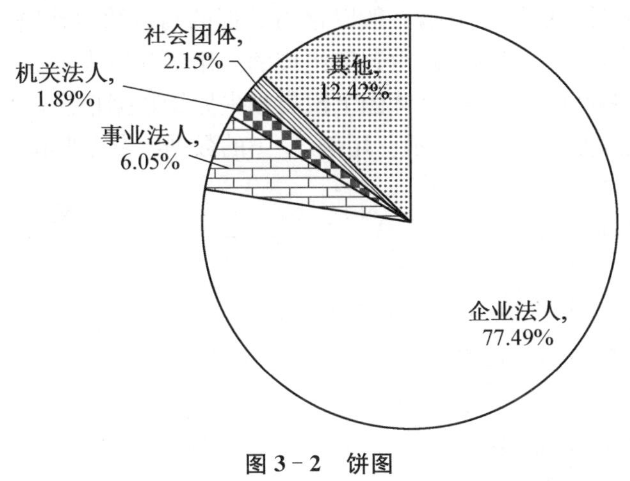

图 3-2 饼图

3. 圆环图

圆环图是用一圆环来展示总体各组数据的,主要用于展示定类尺度和定序尺度计量的数据。与饼图相比,环形图中间有一个"空洞",总体中的每一部分数据用圆环中的一段表示。圆环图与饼图类似,但又有区别:饼图只能显示一个总体各部分所占的比例,圆环图既可以绘制一个总体，也可以同时绘制多个总体的数据系列，每一个总体的数据系列为一个环。圆环图可用于多个总体的结构比较研究，例如某年甲乙两县地区生产总值构成情况分别为：甲县第一产业占 18.4%，第二产业占 45.1%，第三产业占 36.5%；乙县第一产业占 14.2%，第二产业占 46.2%，第三产业占 39.6%。可用图 3－3 展示上述数据。

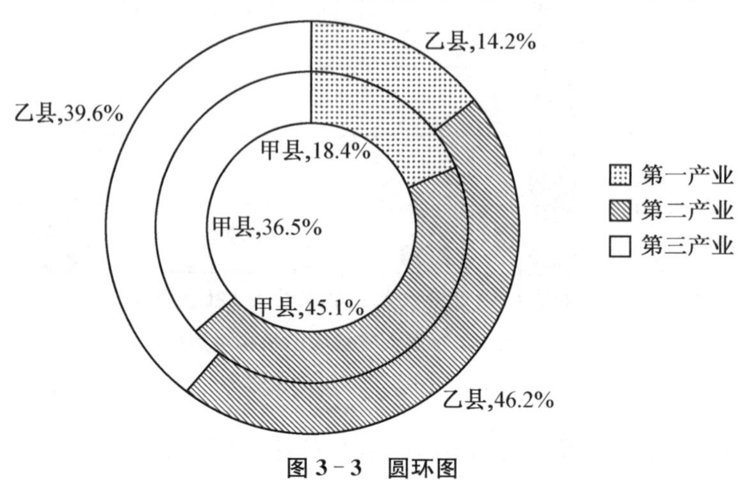

图 3－3　圆环图

（二）展示定量数据的统计图

1. 展示原始数据的统计图-茎叶图、箱线图

（1）茎叶图。

茎叶图又称“枝叶图”，用于展示未分组的原始数据的分布，绘制思路是将数据按位数进行比较，将数据中大小基本不变或变化不大的位作为一个主干（茎），将变化大的位的数作为分枝（叶），列在主干的后面，这样就可以清楚地看到每个主干后面的几个数，每个数具体是多少。具体绘制时由“茎”和“叶”两部分构成，一般以该组数据的高位数值作“树茎”，低位数字作“树叶”，树叶上只保留一位数字，其图形是由数字组成的。用茎叶图表示数据有两个优点：一是所有数据信息都可以从茎叶图中得到，茎叶图上没有损失原始数据信息；二是茎叶图中的数据可以随时记录，随时添加，方便记录与表示。用例 3－1 的数据绘制茎叶图，如图 3－4 所示。

（茎）	（叶）	数据个数
9	5 3 7	3
8	2 0 4 4 4 1 6 0 7 2	10
7	5 6 0 1 0 2 3 2 4 4 6 0 4 8	14
6	7 8 2 5 6 5 0 2	8
5	2 0 3 4 7	5

图 3－4　茎叶图

（2）箱线图。

箱线图用于展示未分组的原始数据的分布。箱线图由一组数据的 5 个特征值绘制而成，它由一个箱子和两条线段组成。其绘制方法是：首先，找出一组数据的 5 个特征值，即最大值、最小值、中位数 M_e 和两个四分位数（下四分位数 Q_L 和上四分位数 Q_U）；其次，连接两个四分（位）数画出箱子，再将两个极值点与箱子相连接。例如，一组数据中的最大值为 237，最小值为 141，中位数为 182，下四分位数为 170.25 和上四分位数为 197，绘制箱线图，如图 3－5 所示。

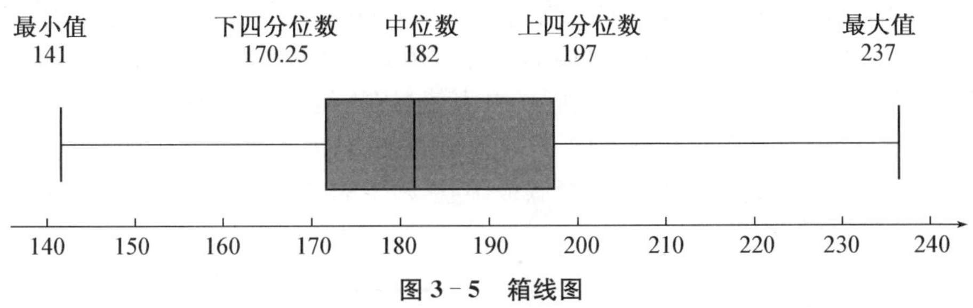

图 3－5　箱线图

2. 展示变量分组数据的统计图-直方图、折线图、曲线图

（1）直方图。

直方图是在直角坐标系中用矩形的宽度和高度来表示次数分布的图形，绘制直方图时，横轴表示各组组限，纵轴表示频数或频率，依据各组组距的宽度和频数（频率）的高度形成了一个矩形，即直方图。直方图与条形图（柱形图）的区别主要有：一是条形图是用条形的长度（横置时）表示各类别频数的多少，其宽度（表示类别）则是固定的，而直方图是矩形的高度表示每一组的频数或百分比，宽度则表示各组的组距，其高度与宽度均有意义；二是对于直方图的各矩形通常是连续排列，条形图则是分开排列；三是条形图主要用于展示定性数据，直方图则主要用于展示定量数据。

以表 3－6 的数据绘制直方图如图 3－6 所示。

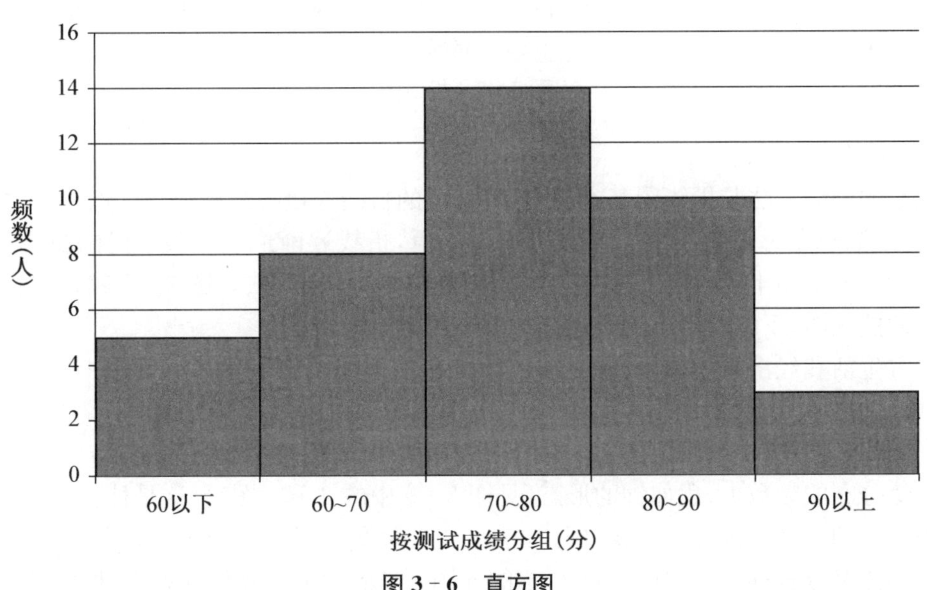

图 3－6　直方图

茎叶图类似于横置的直方图，但又有区别：直方图可观察一组数据的分布状况，但没有给出具体的数值；而茎叶图既能给出数据的分布状况，又能给出每一个原始数值，保留了原始数

据的信息。一般而言,当观察值比较少时,采用茎叶图比较方便,而当观察值比较多时,采用直方图比较方便。

(2) 折线图。

折线图也称频数多边形图,是以线段的起伏表示变量分布的特征的,可以直观地表现数据分布的变动规律,可以根据单项式数列来绘制,也可以用组距数列来绘制。绘制时,横轴表示变量值,纵轴表示频数或频率,组距数列中的各分组用其组中值作为代表值,具体绘制时,也可以在直方图的基础上,把直方图顶部的中点(组中值)用折线连接起来,再把原来的直方图抹掉,折线图的两个终点要与横轴相交。图 3-7 是根据表 3-6 数据绘制的折线图,该图可以直观地反映出员工测试成绩分布的特征,测试成绩在 70～80 分的人数最多,高于 80 分和低于 70 分的员工人数逐渐下降。

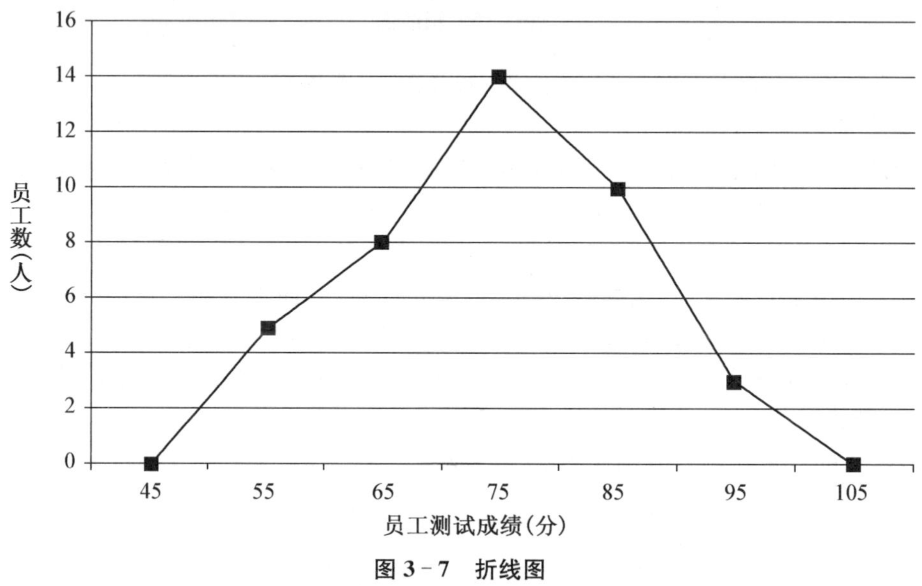

图 3-7　折线图

(3) 曲线图。

曲线图的绘制方法与折线图基本相同,用平滑的折线连接各组次数坐标点,当变量数列的组距越小,组数越多时,所绘出的折线图就会越光滑,折线逐渐形成一条平滑的曲线。曲线图在管理统计学中应用十分广泛,是描述数据分布规律的有效方法。图 3-8 就是根据表 3-6 数据绘制的曲线图,反映了员工测试成绩的分布规律。

在日常生活和经济管理中,较常见的次数分布曲线主要有三种,即钟形曲线、J 形曲线和 U 形曲线。

钟形曲线,其分布特征可以表述为“中间大,两头小”,即中间的变量值分布频数多,靠近两边的变量值分布的频数少,犹如钟的形态(见图 3-9 中的 a、b、c 图)。这是社会经济现象数量特征表现最多的一种频数分布曲线,例如,企业员工的收入、产量、人的身高、体重、农作物产量分布等。具体又分三种,一种如图 3-9 中的 a 图形,分布特征为左右对称,称为正态分布曲线;第二种如图 3-9 中的 b 图,分布特征为向右延伸,为右偏分布;第三种如图 3-9 中的 c 图,分布特征为向左延伸,为左偏分布。

J 形曲线,包括正 J 形和倒 J 形分布(见图 3-9 中的 d、e 图),正 J 形分布特征可以表述

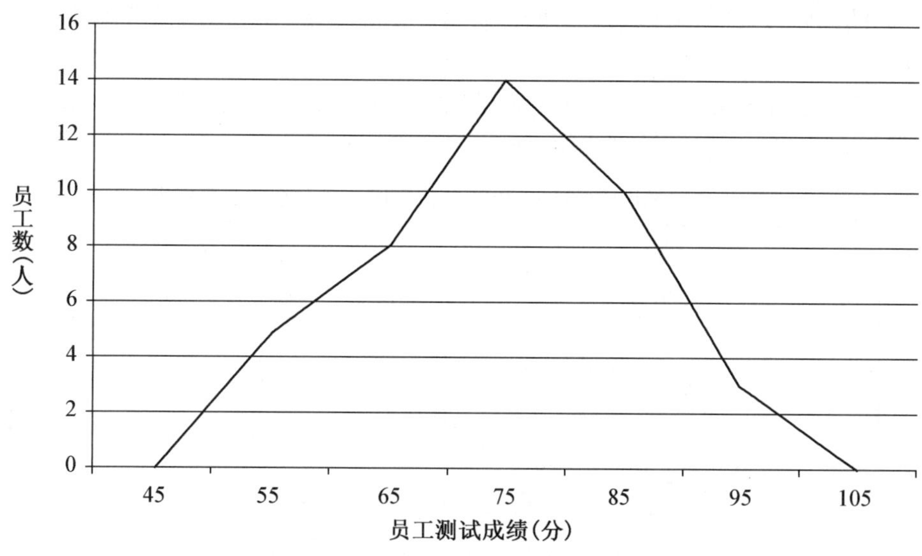

图 3-8　员工测试成绩频数分布曲线图

为:随着变量值的增大,分布的次数随之增多;倒 J 形分布特征可以表述为:随着变量值的增大,分布的次数随之减少。比较常见的例子是西方经济学中的供给曲线和需求曲线。供给曲线如图 3-9 中的 d 图,随着价格的增加,供给量在不断增加;需求曲线如图 3-9 中的 e 图,随着价格的增加,需求量在不断减少。

U 形曲线,又称生命曲线或浴盆曲线,其分布特征可以表述为"中间小,两头大",即中间的变量值分布频数少,靠近两边的变量值分布的频数多,犹如字母 U 的形态,比较常见的如人口死亡率、闲暇时间按年龄分组等近似服从 U 形曲线分布。

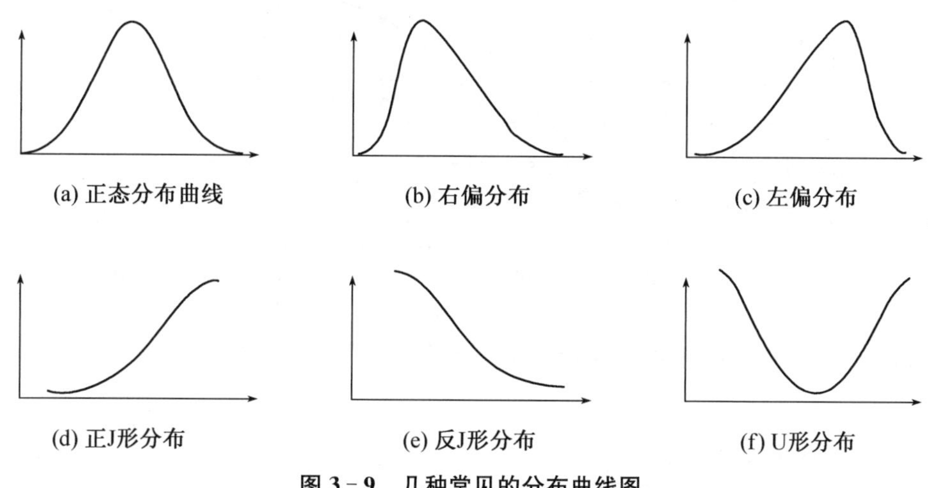

图 3-9　几种常见的分布曲线图

3. 展示时间序列的统计图—线图

时间序列是次级数据资料的一种常见形式,由两部分数据组成:一是时间数据,二是对应时间的指标值。时间序列可以用线图或条形图(柱形图)展示,一般将时间绘在横轴,指标数据绘在纵轴,图形的长宽比例要适当,一般情况下,纵轴数据下端应从"0"开始,以便于比较。数据与“0”之间的间距过大时,可以采取折断的符号将纵轴折断。条形图参考前述,现以线图为例加以说明。

【例 3-2】 已知某地区 2006—2014 年规模以上工业企业的利润总额(亿元)和利税总额(亿元)数据如表 3-12 所示。绘制线图,如图 3-10 所示。

表 3-12 某地区 2006—2014 年规模以上工业企业主要指标

年份	利润总额(亿元)	利税总额(亿元)
2006	1 906.91	3 168.41
2007	2 765.77	4 423.16
2008	3 972.93	6 574.69
2009	4 099.58	6 794.67
2010	5 970.56	9 316.01
2011	7 074.44	11 038.45
2012	7 250.20	11 934.34
2013	8 379.50	13 820.68
2014	9 057.17	14 943.69

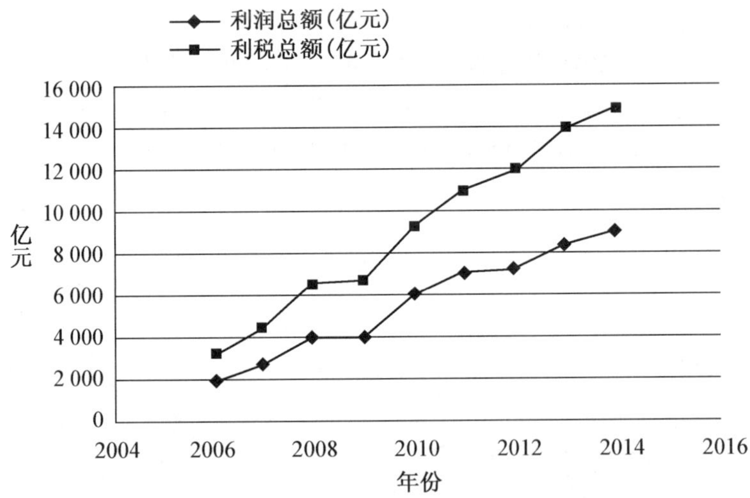

图 3-10 某地区 2006—2014 年规模以上工业企业主要指标线图

4. 展示多元数据的统计图—雷达图

在展示或对比多个变量的数值总和时可采用雷达图,可用于研究多个样本之间的相似程度。其绘制要求是:假定各变量的取值具有相同的正负号,总的绝对值与图形所围成的区域成正比。设有 n 组样本 $S_1, S_2, \cdots S_n$,每个样本测得 K 个变量 X_1, X_2, X_K,要绘制这 K 个变量的雷达图,其具体绘制步骤为:首先画一个圆,然后将圆 K 等分,得到 K 个点,令这 K 个点分别对应 K 个变量,再将这 K 个点与圆心连线,得到 K 个辐射状的半径,这 K 个半径分别作为 K 个变量的坐标轴,每个变量值的大小由半径上的点到圆心的距离表示。其次再将同一样本的

值在 K 个坐标上的点连线。这样，n 个样本形成的 n 个多边形就是一个雷达图。

【例 3－3】 2014 年某省城乡居民家庭人均生活消费支出中各项构成(%)数据如表 3－13 所示，绘制雷达图，如图 3－11 所示。

表 3－13　2014 年某省城乡居民家庭人均生活消费支出构成(%)

项目	城镇居民	农村居民
食品烟酒	28.51	31.41
衣着	7.47	6.42
居住	21.73	20.87
生活用品及服务	5.69	6.08
交通通信	14.93	15.13
教育文化娱乐	12.09	10.28
医疗保健	6.89	7.15
其他用品和服务	2.69	2.66

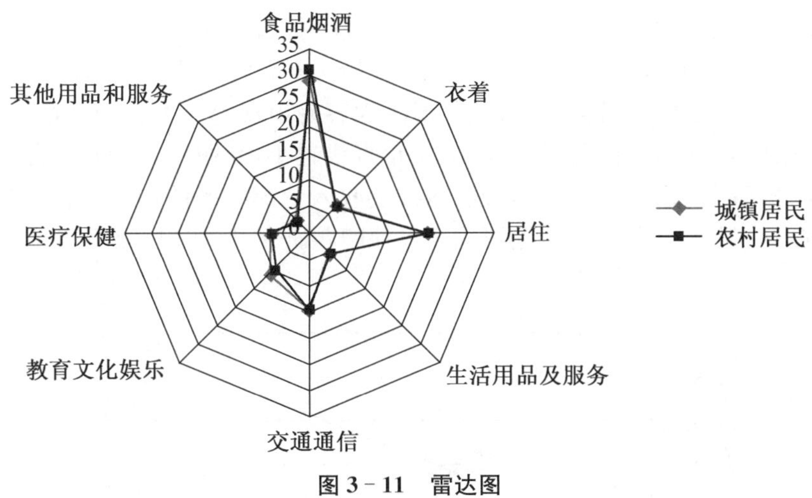

图 3－11　雷达图

5. 其他常见统计图

(1) K 线图

K 线图又被称为蜡烛图，由于用这种方法绘制出来的图表形状颇似一根根蜡烛，加上这些蜡烛有黑白之分，因而也叫阴阳线图表。据说起源于日本德川幕府时代，被当时日本米市的商人用来记录米市的行情与价格波动，后因其标画方法具有独到之处，因而在股市及期货市场被广泛引用。它是以每个交易日(或每个分析周期)的开盘价、最高价、最低价、和收盘价绘制而成，K 线的结构可分为上影线、下影线及中间实体三部分。一根 K 线记录的是股票价格变动情况，可以用不同时间(一分钟、一天、一周、一月等)的价格数据来绘 k 线图，绘图周期可以根据需要灵活选择，如图 3－12 是上证指数周 K 线图。k 线是一种特殊的市场语言，不同的形态有不同的含义，将买卖双方力量的增减与转变过程及实战结果用图形表示出来，经过百多年的使用与改进，K线理论被投资人广泛接受。

图 3-12 上证指数周 K 线图

（2）洛伦茨曲线

洛伦兹曲线主要用于研究国民收入在国民之间的分配问题，借助洛伦兹曲线可以比较和分析一个国家在不同时代或者不同国家在同一时代的财富分配均衡情况，该曲线作为一个总结收入和财富分配信息的便利的图形方法得到广泛应用(如图 3-13)。在收入分配完全平均的情况下，它是一条45度角直线；在国民收入分配绝对不平均的情况下，则构成正方形的底边和右边。由于现实社会中的实际收入分配状况不太容易出现上述两种极端情况，因此洛伦茨曲线一般为一条向下弯曲的曲线，其偏离45度角直线越小，表明该社会收入分配状况的均衡化程度越高，其偏离45度角直线越大，表明该社会收入分配状况的均衡化程度越低。除了用于研究社会收入分配外，洛伦兹曲线还可用于其他问题研究，比如用来研究生产要素在企业间的分配等问题。

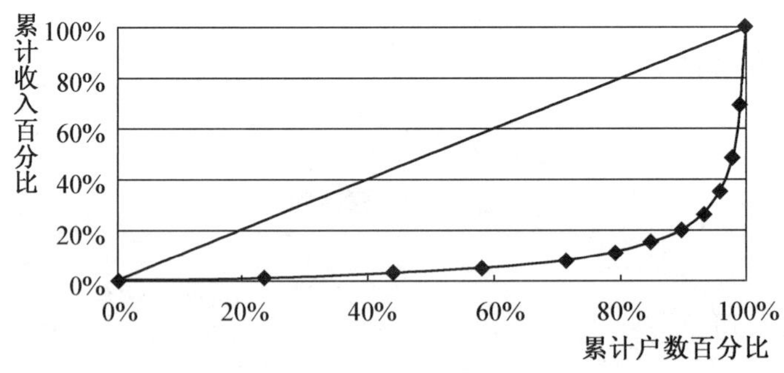

图 3-13 洛伦茨曲线

（3）人口年龄金字塔

人口金字塔图，是用图形来展示人口年龄和性别的分布情形，以年龄为纵轴，以人口数为横轴，按左侧为男、右侧为女绘制图形，其形状如金字塔。金字塔底部代表低年龄组人口，金字塔上部代表高年龄组人口(图 3-14 为 2010 年上海的人口年龄金字塔)。人口金字塔可分为三种类型：年轻型、成年型和年老型，它们的形状各不相同。年轻型：塔顶尖、塔底宽。成年型：塔顶、塔底宽度基本一致，在塔尖处才逐渐收缩。年老型：塔顶宽，塔底窄。从人口年龄结构对今后人口增长速度影响的角度，又可将人口金字塔分为增长型、静止型和缩减型，分别与年轻型、成年型和年老型相对应。人口金字塔图可以反映过去人口的情况，目前人口的结构，以及今后人口可能出现的趋势。

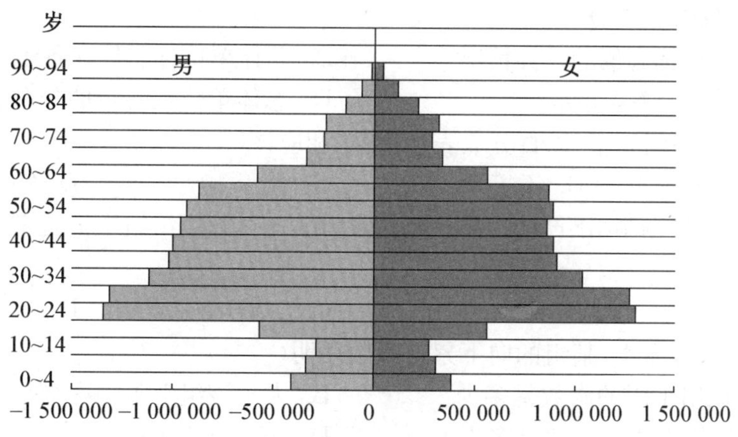

图 3-14　2010 年上海的人口年龄金字塔

第三章小结与阅读资料

思考与练习

一、思考题

1. 什么是统计整理？统计整理有哪些基本步骤？
2. 什么是统计分组？有哪些分类？
3. 什么情况编制单项式数列？什么情况下编制组距式数列？
4. 变量数列的编制步骤？
5. 什么是次数分布？有哪些构成要素？
6. 统计表的编制有哪些基本要求？统计图有哪些？各用来展示哪类数据资料？

二、单项选择题

1. 统计分组的关键问题是(　　)。
   A. 确定组距和组数　　B. 确定全距和组距
   C. 确定组距和组中值　　D. 确定分组标志和划分各组界限
2. 下列属于按品质标志分组的有(　　)。
   A. 企业按经济类型分组　　B. 企业按资金占用额分组
   C. 企业按职工人数分组　　D. 企业按工业总产值分组
3. 企业按营业收入分组(　　)。
   A. 只能使用单项式分组
   B. 只能使用组距式分组

C. 可以单项式分组,也可以用组距式分组

D. 无法分组

4. 分布数列反映(　　)。

A. 总体单位标志值的差异情况　　B. 总体单位标志值在各组的分布状况

C. 总体单位的差异情况　　D. 总体单位在各组的分布状况

5. 变量数列中各组频率(以百分数表示)的总和应该(　　)。

A. 等于 100%　　B. 不等于 100%　　C. 大于 100%　　D. 小于 100%

6. 对某连续变量编制组距数列,第一组上限为 5 000,第二组组中值是 7 500,则第一组组中值为(　　)。

A. 2 000　　B. 2 500　　C. 5 000　　D. 3 000

7. 在累计次数分布中,某组的向下累计次数表明(　　)。

A. 大于该组下限的次数是多少　　B. 大于该组上限的次数是多少

C. 小于该组下限的次数是多少　　D. 小于该组上限的次数是多少

8. 与直方图比较,茎叶图(　　)。

A. 更适合描述分类数据　　B. 不能很好反映数据的分布特征

C. 没有保留原始数据的信息　　D. 保留了原始数据的信息

9. 下列图形中最适合描述一组定量数据分布特征的是(　　)。

A. 条形图　　B. 饼图　　C. 直方图　　D. 线图

10. 下列图形中最适合描述定性变量结构状况的是(　　)。

A. 折线图　　B. 雷达图　　C. 饼图　　D. 直方图

三、多项选择题

1. 下列分组属于数量标志分组的有(　　)。

A. 企业按员工人数分组　　B. 企业产业类型分组　　C. 企业按资产总额分组

D. 企业按利润率分组　　E. 企业按劳动生产率分组

2. 下面的数列属于(　　)。

工龄(年)	人数	比重(%)
1～5	36	27.69
5～10	82	63.08
10 以上	12	9.23
合　计	130	100.00

A. 品质数列　　B. 变量数列　　C. 等距数列

D. 异距数列　　E. 开口数列

3. 分组标志为离散型变量,则(　　)。

A. 相邻组的组限可以重合,也可不重合

B. 组距可相等也可不等

C. 首尾两组一定得采用开口组限

D. 首尾两组一定得采用闭口组限

E. 只能用组距数列

4. 在组距数列中,组中值(　　)。

A. 是组平均数

B. 用来代表各组标志值的平均水平

C. 上限和下限之间的中点数值

D. 在开放式分组中无法确定

E. 在开放式分组中,可以参照相邻组的组距来确定

5. 社会经济现象常见的次数分布类型主要有(　　)。

A. 钟型分布　　B. U型分布　　C. J型分布

D. S型分布　　E. 洛伦兹分布

四、计算题

1. 某快递公司为了了解客户对其服务的满意程度,随机抽取了60名客户构成一个样本进行调查。满意程度分别表示为:A. 很满意,B. 比较满意,C. 一般,D. 不满意,E. 很不满意。调查结果如下:

B	A	C	B	A	D	B	C	C	D
D	A	E	B	D	A	A	A	C	A
A	A	C	B	A	D	B	A	A	D
D	B	A	E	B	E	B	B	A	A
A	B	C	A	B	C	C	B	C	D
C	C	A	C	E	E	D	A	C	B

要求:

(1) 指出上面的数据属于什么类型。

(2) 编制分布数列,并用统计表描述。

(3) 绘制条形图与饼图,反映评价等级的分布。

2. 为了了解一批电子元器件的质量,从这批电子元器件中随机抽取40只进行测试其使用时间(小时),得到如下结果:

1 068	1 098	851	1 073	851	961	953	974
912	1 024	995	907	1 039	1 038	995	953
1 056	978	1 010	934	852	1 006	984	949
948	958	957	961	950	966	982	1 003
902	969	1 022	1 031	1 051	998	1 009	940

要求:

(1) 以组距为50进行等距分组,编制变量数列(包括累计频数、累计频率数列),并用统计表描述;

(2) 根据编制的变量数列,绘制直方图与折线图,说明数据的分布特点。

第四章 统计数据特征的描述

【学习目标】

1. 了解总量指标和相对指标的概念及作用，掌握总量指标的种类、相对指标的种类及应用；

2. 了解集中趋势的描述方法，理解平均指标的概念，掌握算术平均数、调和平均数、几何平均数、众数、中位数的计算方法及应用；

3. 了解离散程度的描述方法，理解标志变异指标的概念，理解全距、四分位差、异众比率、平均差的概念及计算方法，掌握标准差、离散系数的计算方法及应用；

4. 了解偏态与峰度的描述方法，理解偏态与峰度的概念及相关指标的计算方法。

引导案例

通过统计数据可以达到对现象总体基本情况的认识，如根据2015年我国科技经费投入统计公报（http://www.stats.gov.cn/tjsj/zxfb/201611/t20161111_1427139.html）可以知道：2015年，全国研究与试验发展（R&D）经费支出14169.9亿元，比上年增加1 154.3亿元，增长8.9%；R&D经费投入强度（与国内生产总值之比）为2.07%，比上年提高0.05个百分点。按R&D人员（全时工作量）计算的人均经费支出为37.7万元，比上年增加2.6万元。分活动类型看，全国基础研究经费支出716.1亿元，比上年增长16.7%；应用研究经费支出1 528.7亿元，增长9.3%；试验发展经费支出11 925.1亿元，增长8.4%。基础研究、应用研究和试验发展经费支出所占比重分别为5.1%、10.8%和84.1%。分活动主体看，各类企业经费支出10 881.3亿元，比上年增长8.2%；政府属研究机构经费支出2 136.5亿元，增长10.9%；高等学校经费支出998.6亿元，增长11.2%。企业、政府属研究机构、高等学校经费支出所占比重分别为76.8%、15.1%和7.0%。分产业部门看，R&D经费支出超过500亿元的行业大类有7个，这7个行业的经费支出占全部规模以上工业企业R&D经费支出的比重为60.8%；R&D经费支出在100亿元以上且投入强度（与主营业务收入之比）超过规模以上工业企业平均水平的行业大类有9个。分地区看，R&D经费支出超过千亿元的省（市）有5个，分别为江苏（占12.7%）、广东（占12.7%）、山东（占10.1%）、北京（占9.8%）和浙江（占7.1%）。R&D经费投入强度（与地区生产总值之比）超过全国平均水平的省（市）有8个，分别为北京、上海、天津、江苏、广东、浙江、山东和陕西。

引例思考：这些数据描述了2015年我国R&D经费支出方面哪些特征？这些数据是如何计算的？这些涉及本章所研究的统计数据特征的具体描述方法。

第一节　总量指标和相对指标

一、总量指标

(一) 总量指标的概念与作用

总量指标又称数量指标、绝对指标、绝对数，它是反映社会经济现象总体在一定时间、地点和条件下的总规模、总水平或工作总量的一个综合概念。总量指标是统计整理阶段的直接结果，通过对社会经济现象总体统计调查获得原始资料再经过统计分组和汇总等统计整理环节后得到相应的总量指标，为统计研究进入统计分析阶段提供可靠的数据基础。

总量指标是最基本的统计分析指标，其数值随着统计范围的大小而增加或减少，总量指标在国民经济和社会管理中应用非常广泛，是统计分析的基础，在统计研究中具有重要作用，其作用主要表现在以下几方面。

1. 通过总量指标可以了解社会经济现象总体的基本情况

总量指标是人们对客观事物认识的起点，借助总量指标可以认识一个国家、一个地区、一个部门或一个单位的基本情况，如认识我国基本国情时，可以借助全国总人口、国土面积、国内生产总值、全年财政收入等总量指标，通过这些总量指标可以了解我国人口、土地、经济活动等方面的基本情况。又如对一个企业或单位进行认识时，也可借助总量指标了解人力、财力、物力等方面的基本情况。

2. 总量指标是编制计划、实行管理的主要依据

在现实经济管理工作中，制定政策、编制计划、实行科学管理的基础之一为总量指标，如某工业企业确定年度经营目标时，通常以全年工业增加值、工业总产值、利润额等总量指标表示，总量指标既可以用来作为制定政策、制定计划和实行科学管理的基本依据，也可以用来检查政策、计划执行情况，反映社会经济活动绝对效果，同时还可以通过编制的总量指标时间序列反映客观事物发展变化的过程、结果和趋势，如我国历年的人口数序列，可以揭示我国人口总数的变化情况。

3. 总量指标是计算相对指标和平均指标的基础

统计分析中总量指标是最基本的分析指标，是计算相对指标和平均指标的基础，相对指标与平均指标是它的派生指标，比如根据企业产值与员工人数，可以计算员工劳动生产率，因此总量指标设计是否科学、计算是否正确将直接影响到相对指标与平均指标的准确性。

(二) 总量指标的种类

1. 按其反映总体内容的不同，总量指标可分为总体单位总量和总体标志总量

总体单位总量表示总体本身规模的大小，是指一个总体中所包含的总体单位数目多少，是总体内所有单位的个数。总体标志总量是指总体中各单位某一数量标志的标志值的总和。对于一个确定的统计总体，其总体单位总量是唯一确定的，其总体标志总量可随着研究标志的不同计算不同的标志总量，不是唯一的。总体单位是标志的直接承担者，标志总量不会独立于单位总量而存在，因此一个总量指标究竟属于总体单位总量还是总体标志总量，其划分往往是相对的，应根据研究目的和对象而定，在一个特定的总体内，只存在一个单位总量，而可以同时并

存多个标志总量，构成一个总量指标体系。

总体单位总量和总体标志总量并不是固定不变的，二者随研究目的不同而变化。例如，研究某市工业企业的生产经营状况，那么该市全部工业企业是总体，每一家工业企业是总体单位，则该市工业企业数就是总体单位总量，而工业企业从业人员总数、工资总额、工业增加值、固定资产价值等就是总体标志总量。如果研究对象是全市工业企业从业人员的状况，则工业企业从业人员总数就是总体单位总量，而从业人员工资总额就是总体标志总量。显然，全部企业从业人员数这一总量指标，相对"全部工业企业"总体而言是总体标志总量，但相对"全部工业企业从业人员"总体而言则成了总体单位总量。

2. 按其反映时间状况的不同，分为时期指标和时点指标

时期指标(也称时期数)是反映某种社会经济现象在一段时间发展变化结果的总数量，在经济数量分析中通常也称为流量，如产品产量、商品销售量、国民生产总值等。时点指标(也称时点数)是反映社会经济现象在某一时间(瞬间)状况上的总数量，在经济数量分析中通常也称为存量，如人口数、学校数、设备台数、商品库存量等。时期指标与相关的时点指标往往有密切的内在联系，时期指标变化的结果形成了新的时点指标，如期末商品库存量＝期初商品库存量＋本期商品购进量－本期商品销售量，这里的期末商品库存量(时点指标)是在期初商品库存量(时点指标)的基础上，由于本期商品购进量、本期商品销售量(时期指标)变化的结果。

时期指标与时点指标的主要区别点：

(1) 时期指标具有可加性，不同时间上的时期指标相加后表示另一更长时期的总量指标；而时点指标不具有可加性，不同时点上的两个时点指标相加不具有实际意义。

(2) 时期指标的大小与所属时期的长短直接相关，一般情况下，时期指标所包含的时期越长，其数值则越大；而时点指标大小与登记时间的间隔长短无直接关系，时点指标仅仅反映社会经济现象在某一瞬间上的数量，每隔多长时间登记一次对时点指标没有直接影响。

(3) 时期指标必须通过连续观察登记获得，时期指标的大小取决于整个时期内所有时间上的发展状况，只有通过连续观察登记得到的时期指标才会准确；而时点指标是间断计数的，时点指标的获得不需要进行连续观察登记，有些时点指标(如人口数等)实际上是不可能进行连续观察登记的。

(三) 总量指标的计量单位

1. 实物单位

实物单位是根据事物的自然属性和特点而采用的计量单位，包括自然单位、度量衡单位、标准实物单位、多重单位与复合单位。

自然单位，是指按照被研究现象的自然状况来度量其数量的一种计量单位。如人口以"人"为单位，汽车以"辆"为单位，牲畜以"头"为单位等。

度量衡单位，是指按照度量衡制度的统一规定来确定的计量单位。如铁路、公路长度以"公里"为单位，房屋建筑面积用"平方米"为单位，粮食、钢铁、原煤等以"公斤"或"吨"为单位等。

标准实物单位，是按照统一折算的标准来度量被研究现象数量的一种计量单位。如各种不同发热量的能源折合为 7 000 大卡/公斤的标准煤计算；统计拖拉机台数时，以 15 牵引马力为 1 个标准台等。标准实物量可以更客观地反映各种产品的使用价值量。

多重单位与复合单位，多重单位是采用两种或两种以上的计量单位同时度量事物的数量，

如电动机以“千瓦/台”、拖拉机以“马力/台”、船舶以“吨/马力/艘”、高炉生产能力以“吨/(立方米·座·年)”等为计量单位。复合单位是两个单位以乘积的形式构成的单位，如货物周转量以“吨公里”为计量单位，发电量以“千瓦时”为计量单位等。

实物单位计量的总量指标最大的特点是它直接反映产品的使用价值或现象的具体内容，给人以明确的使用价值概念，能具体表明事物的规模和水平，但其综合性能较差，不同使用价值的实物量不能简单加总。

2. 货币单位

货币单位是以货币作为价值尺度来计量的总量指标，如工资总额、商品销售额、国民生产总值、国民收入等都是以货币单位(“元”、“万元”、“亿元”等)计量的。使用货币单位计量可以把不能直接相加的不同商品或货物的数量变为可以加总，用以综合说明具有不同使用价值的总量。货币单位计量的总量指标具有最广泛的综合性和概括能力，可以表示现象的总规模和总水平，但它脱离了物质内容，一般可以与实物单位结合应用。

3. 劳动量单位

劳动量单位是用劳动时间表示的计量单位，也是一种复合单位，是工人数与劳动时间的乘积，如“工时”、“工日”等。一个人工作一小时就叫一个“工时”，一个工人工作一个工作日叫一个“工日”。劳动量单位一般用来计算劳动总消耗量，也可计量劳动的总成果，以劳动量单位计量的总量指标是编制和检查企业生产作业计划和实行劳动定额管理的重要依据。

(四) 总量指标的计算及应用

总量指标的计算及应用应注意以下几点：

1. 正确确定总量指标的含义、构成内容、计算范围

总量指标在计算方法上比较简单，但在计算内容上却是相当复杂，这就涉及如何在质与量的统一中，反映一定历史条件下社会经济现象的规模和水平。因此，总量指标的计算并不是一个单纯技术性的加总问题，而必须正确规定总量指标所表示的各种社会经济现象的概念、构成内容和计算范围，确定计算方法，然后才能进行计算汇总，以取得正确反映社会经济现象的总量资料。例如，要正确计算工资总额，必须先明确工资的实质和构成；要计算国民经济各部门职工人数，不仅要明确职工的概念和范围，而且要从理论上先确定国民经济部门的分类，才能得出按部门分类的职工人数。

2. 使用统一计量单位

由于实际统计中，总量指标统计涉及的总体往往比较大，在以实物量作为计量单位的总量指标统计中，应注意不同的实物单位代表了不同的社会经济现象，计量单位不统一容易造成统计上的错漏，因此，一方面涉及全国范围的实物量总量指标一般应根据全国统一的指标目录中的计量单位进行计量，另一方面，在汇总以实物量作为计量单位的总量指标时应注意现象的同类性，只有同类现象其实物量累加汇总才有现实意义。

3. 选择恰当的计算方法

总量指标的计算方法主要有两种。

(1) 直接计量法

直接计量法是指直接通过对总体所有单位、变量值进行全面调查登记、采用直接计数、点数或测量等方法，逐步计算汇总得出相关总量指标。如人口普查、经济普查中的总量指标，都是采用这种直接计量法取得的。

(2) 推算和估算法

在实际中对于不能直接计算或不必直接计算总体的总量指标的情况下，还可以采用推算和估算的方法取得有关的总量指标。

推算法有因素关系推算法、比例关系推算法和平衡关系推算法。因素关系推算法是根据社会经济现象的因果关系利用已知的因素资料估算未知的有关资料。如：

工业总产值＝工业产品产量×出厂价格

比例关系推算法是根据已知的某一时期、某一地区或某一单位的某种指标与其相关指标的比例关系，推算另一时期、另一地区或另一单位的指标；或者根据总体组成部分的比例关系，推算总体资料。

平衡关系推算法是根据社会经济现象之间的平衡关系，利用已知指标推算未知的总量指标。如：

期末固定资产价值＝期初固定资产价值＋本期固定资产增加价值－本期固定资产减少价值

估算法是运用抽样推断的方法估算总量指标。比如根据农作物的抽样调查资料推算农作物总产量，根据产品合格率的抽样调查资料推算合格品数量等。

二、相对指标

(一) 相对指标的概念和作用

在统计分析中仅通过总量指标对社会经济现象进行分析是不够全面的，要深入了解社会经济现象，还需要对社会经济现象总体的组成和各部分之间的数量关系进行分析、比较，这就必须计算相对指标。相对指标又称相对数，它是指两个有联系的现象数量的比率，用以反映社会经济现象发展的程度、结构、强度、普遍程度或比例关系。相对指标就是应用对比的方法，来反映社会经济现象中某些相关事物间数量联系程度，其数值有两种表现形式：无名数和有名数。无名数是一种抽象化的数值，多以系数、倍数、成数、百分数或千分数表示。有名数主要用来表示强度相对指标，以表明事物的密度、强度和普遍程度等，例如，人均粮食产量用“公斤/人”表示，人口密度用“人/平方公里”表示等。

在统计分析中，相对指标的作用主要体现在以下三个方面。

1. 相对指标可以使人们清楚了解现象的相对水平和普遍程度

相对指标通过数量之间的对比，可以表明事物相关程度、发展程度，反映现象之间的相互联系程度，说明总体现象的质量、经济效益和经济实力情况，可以弥补总量指标的不足，例如，在国际比较时，除了用国内生产总值等总量指标进行比较外，还可以通过人均国内生产总值、人口密度等相对指标比较说明现象数量相互关系程度。

2. 相对指标可以使无法直接对比的现象找到可以对比的基础

在统计分析中用相对指标把现象的绝对差异抽象化，可使我们能够更清楚地认识现象之间的数量关系，利用相对指标可使原来不能直接对比的数量关系变为可比，有利于对所研究的事物进行比较分析。如不同类型的企业由于生产规模、要素条件等方面不同，用资产额、总产值、增加值、利润额等总量指标直接比较评价是不合理的，但可采用一些相对指标，如资金利润率、资金产值率等进行比较，可对企业生产经营成果做出合理评价。

3. 说明现象总体内在的结构特征，为深入分析事物的性质提供依据

通过相对指标，可以分析社会经济现象总体内部的结构特征，比如对某地区工业化进程进

行研究时，可以通过计算该地区三次产业的产出结构，即第一、二、三产业的产出比例，以及劳动力在第一、二、三产业间的就业结构等方面的相对指标说明该地区在工业化进程中所处的阶段。

（二）相对指标的种类及计算方法

相对指标是两个相互联系现象的数量对比，根据不同的统计分析目的，在相对指标计算中可以采取不同的比较标准（即对比的基础），从而形成不同的相对指标。相对指标一般有六种形式，即结构相对指标、比例相对指标、比较相对指标、强度相对指标、动态相对指标和计划完成程度相对指标。

1. 结构相对指标

在分析所研究社会经济现象总体时，不仅要分析其总量指标，而且要揭示总体内部的组成数量表现，亦即要对总体内部的结构进行数量分析，这就需要计算结构相对指标。结构相对指标（也称结构相对数）是在对总体分组的基础上，以总体总量作为比较标准，求出各组总量占总体总量的比重，从而反映总体内部组成情况的综合指标。具体可以用各组（或部分）的单位数与总体单位数对比，或者以各组（或部分）的标志总量与总体标志总量对比，通过对比反映总体内部结构和现象的类型，其数值表现形式一般为百分数、成数或系数，用公式表示如下：

$$\text{结构相对指标}=\frac{\text{总体某部分或组的数值}}{\text{总体全部数值}}\times 100\% \qquad (4-1)$$

概括地说，结构相对指标就是部分与全体对比得出的比重或比率，由于对比的基础是同一总体的总数值，所以各部分（或组）所占比重之和应当等于100%或1。

结构相对指标在社会经济统计中有广泛应用，它的主要作用为：

（1）可以说明在一定的时间、地点和条件下，总体内部的结构特征

例如，从表4-1中可以看出，各注册登记类型企业在我国工业企业数、资产总计、主营业务收入以及利润总额构成中的特点。内资企业在工业企业数方面占了85.40%，但在资产总计等指标方面所占比重均未超过80%，外商投资企业在工业企业数方面只占了7.87%，但在资产总计等指标方面所占比重均超过12%，说明内资企业与其他注册类型企业在发展质量方面尚存在差距。

表4-1　2014年我国各登记注册类型规模以上工业企业主要经济指标构成

按登记注册类型分	占工业企业数的百分数(%)	占资产总计的百分数(%)	占主营业务收入的百分数(%)	占利润总额的百分数(%)
总计	100.00	100.00	100.00	100.00
内资企业	85.40	79.29	77.18	75.68
港澳台商投资企业	6.73	8.20	8.56	8.70
外商投资企业	7.87	12.51	14.26	15.62

资料来源：《中国统计年鉴2015》。

（2）根据不同时间的结构相对指标，分析事物性质的发展趋势及演变规律

计算不同时间的结构相对指标，可以揭示社会经济现象发展变化的趋势、分析经济结构的演变规律。根据表4-2，可以看出不同年份的我国三次产业在国内生产总值中所占的比重的

变化趋势，总体上呈现第一产业所占比重逐步下降、第二产业所占比重总体稳定、第三产业所占比重稳步上升的趋势，这是伴随经济发展、工业化程度加快的必然结果。

表 4－2　我国主要年份国内生产总值构成

年　份	国内生产总值（100%）	第一产业所占比重（%）	第二产业所占比重（%）	第三产业所占比重（%）
1980	100	29.9	47.9	22.2
1985	100	28.1	42.6	29.3
1990	100	26.7	40.9	32.4
1995	100	19.7	46.7	33.7
2000	100	14.7	45.4	39.8
2005	100	11.7	46.9	41.4
2006	100	10.7	47.4	41.9
2007	100	10.4	46.7	42.9
2008	100	10.3	46.8	42.9
2009	100	9.9	45.7	44.4
2010	100	9.6	46.2	44.2
2011	100	9.5	46.1	44.3
2012	100	9.5	45.0	45.5
2013	100	9.4	43.7	46.9
2014	100	9.2	42.7	48.1

资料来源：《中国统计年鉴 2015》。

2. 比例相对指标

比例相对指标（也称比例相对数）是反映总体内部各个组成部分之间的比例关系和均衡状况的综合指标。它是同一总体中某一部分数值与另一部分数值静态对比的结果，通过总体中不同部分数量的对比，用以分析总体范围内各个局部、各个分组间的比例关系和协调平衡状况。比例相对指标计算公式为：

$$比例相对指标=\frac{总体中某一部分数值}{总体中另一部分数值}\times 100\% \qquad (4-2)$$

比例相对指标的数值，一般用百分数或几比几的形式表示。常见的比例形式有两种，一是将作为比较基础的数值抽象化为 1、10、100 或 1 000，看被比较的数值是多少。例如，2016 年统计公报显示，2015 年末我国内地总人口为 137 462 万人，男性为 70 414 万人，女性为 67 048 万人，男女性别比为 105.02∶100，也可用百分数表示为 105.02%。二是可以用连比形式表示总体中若干个组的比例关系，统计分析中，有时可以先将总体全部数值抽象化为 100，求得各部分数值在总体中所占百分数，然后将各部分的百分数连比得到比例相对指标。如对国内生产总值内部比例关系分析时比较常见的分析方法是：计算第一、二、三次产业的比例，如2015年我国GDP抽象为100，三次产业增加值比例为9.0∶40.5∶50.5等。

通过比例相对指标可以反映总体内部各部分之间的比例关系，有助于我们认识客观事物是否符合按比例协调发展的要求，并可参照有关标准判断比例关系是否合理，如在宏观经济管理中，可以通过比例相对指标分析研究整个国民经济和社会发展各组成部分之间是否协调均衡。

3. 比较相对指标

比较相对指标是将不同地区、单位或企业之间的同类指标数值作静态对比而得出的综合指标，表明同类事物在不同空间条件下的差异程度或相对状态，用以说明某一同类现象在同一时间内不同空间发展的不平衡程度，以表明同类事物在不同条件下的数量对比关系。比较相对指标可以用百分数、倍数或系数表示。其计算公式为：

$$\text{比较相对指标}=\frac{\text{甲地区（单位或企业）某类指标数值}}{\text{乙地区（单位或企业）同类指标数值}}\times 100\% \qquad (4-3)$$

计算比较相对指标时，通常用来对比的两个性质相同的指标数值为总量指标，但在实际应用中其表现形式不一定仅限于总量指标，也可以是相对指标或平均指标，如两个地区之间社会经济发展水平差距的比较，可以是总量指标比较，如用地区生产总值进行比较，也可以用相对指标比较，如用人均地区生产总值进行比较。

比较相对指标计算时应注意对比指标的可比性，应根据资料的特点及研究目的选择比较基数。现实统计分析中，作为比较基数的分母可取不同的对象，一般有两种情况。一是比较标准是一般对象，如公式4-3，这时分子分母位置可以互换。二是比较标准（基数）典型化，如：如在企业经营管理中，对比的基数可以是各项技术经济指标、国家规定的标准、同类企业的先进水平或世界先进水平等，通过对比找出差距，为提高企业的经营管理水平提供依据，这时，计算公式中分子与分母的位置不能互换。

4. 强度相对指标

强度相对指标（也称强度相对数），是指在同一空间，如同一地区或单位内，两个性质不同但有一定联系的总量指标对比后得出的相对指标，用来分析不同事物之间的数量对比关系，表明某一现象在另一现象中发展的强度、密度和普遍程度。其计算公式为：

$$\text{强度相对指标}=\frac{\text{某一总量指标}}{\text{另一有联系而性质不同的总量指标}} \qquad (4-4)$$

例如，我国国土面积为960万平方公里，根据2015年末我国内地总人口137 462万人计算，我国人口密度为143.19人/平方公里。

强度相对指标有正指标、逆指标之分。强度相对指标值愈大说明现象愈好的，即为正指标，反之则为逆指标，如按全国人口数计算的人均国内生产总值、人均钢产量、人均粮食产量等为正指标，其数值越大，表示一个国家的经济发展程度越高，经济实力越强。又如万元产值能耗、商品流通费用率、人口死亡率等则为逆指标。

由于强度相对指标是两个性质不同但有联系的总量指标之比，所以在多数情况下，是由分子与分母原有单位组成的双重单位表示的，但有少数的强度相对指标因其分子与分母的计量单位相同，可以用百分数或千分数表示其数值。例如：

$$人口自然增长率=\frac{年内出生人口数-年内死亡人口数}{年平均人口数}\times 1\,000‰$$
$$=\frac{年内人口自然增长数}{年平均人口数}\times 1\,000‰$$
$$=人口出生率(‰)-人口死亡率(‰)$$

有些强度相对指标分子和分母可以互换，如反映社会服务行业的负担情况或保证程度的强度相对指标，其分子和分母可以互换，即可以采用正算法计算正指标，用倒算法计算逆指标。例如：

$$商业网点密度(正指标)=\frac{零售商业机构数(个)}{地区人口数(千人)}$$
$$商业网点密度(逆指标)=\frac{地区人口数(千人)}{零售商业机构数(个)}$$

5. 动态相对指标

动态相对指标又称动态相对数、发展速度，是同一空间同类现象数值在不同时间状态下对比的结果，表明同类事物的报告期(被研究的时期，又称本期、现期、计算期)水平与基期(作为比较基准的时期)水平对比发展变化的相对程度。其数值表现形式一般为百分数或倍数，计算公式如下：

$$动态相对指标=\frac{报告期水平}{基期水平}\times 100\% \quad (4-5)$$

例如，某商业企业报告期商品销售额为20 000万元，基期为18 000万元，则商品销售额的动态相对指标为111.11%，它说明报告期商品销售额与基期相比发展变化的相对程度。

动态相对指标在统计分析中应用很广，本书将在第七章时间序列分析中详加论述。

6. 计划完成程度相对指标

计划完成程度相对指标(也称计划完成相对数)，是用来检查、监督计划执行情况的一个分析指标，它通过现象在某一段时间内的实际完成数与计划数对比，观察计划执行、完成情况，一般用百分数来表示。如果计划数为正指标性质，则计划完成程度相对指标计算结果大于100%为超额完成计划，小于100%为没有完成计划，如果计划数为逆指标性质，其计算结果含义相反。计划完成程度相对指标基本计算公式为：

$$计划完成程度相对指标=\frac{实际完成数}{计划数}\times 100\% \quad (4-6)$$

由于现实中计划执行期有长有短，计划数制定时可以采用总量指标、相对指标、平均指标等多种形式，因此计算计划完成程度相对指标的具体方法也不尽相同，具体可分以下几种情况。

(1) 计划数为总量指标形式

短期计划执行情况检查时，可直接用上述计算公式。

【例4-1】 某企业某月计划生产产品10 000件，实际生产了10 800件，则产量计划完成程度为：

$$计划完成程度相对指标=\frac{实际完成数}{计划数}\times 100\%=\frac{10\,800}{10\,000}\times 100\%=108\%$$

计算结果表明，该企业超额8%完成产品生产计划，实际产量比计划产量增加了800件。

对于中长期计划的执行、完成情况检查，可以根据下达的计划数的性质，分别采用水平法和累计法进行检查。

① 水平法

如果下达的计划数为计划期末期应达到的水平，则检查计划完成程度时用水平法，具体可根据计划末期(最后一年)实际达到的水平与计划规定的同期应达到的水平进行比较，计算计划完成相对指标来确定全期是否完成计划。其计算公式如下：

$$\text{计划完成程度相对指标}=\frac{\text{中长期计划末期实际达到的水平}}{\text{中长期计划末期计划达到的水平}}\times 100\% \qquad (4-7)$$

【例 4－2】 某企业按五年计划规定，最后一年的产量应达到 50 万件，实际执行情况如表 4－3 所示。

表 4－3　某企业五年计划完成情况表　　单位:万件

年份	第一年	第二年	第三年	第四年				第五年			
				一季	二季	三季	四季	一季	二季	三季	四季
产量	30	35	39	9	10	11	12	13	14	15	16

则该企业产量五年计划完成程度相对指标为：

$$\text{计划完成程度相对指标}=\frac{13+14+15+16}{50}\times 100\%=116\%$$

计算结果表明，该企业超额 16%完成产量五年计划。

对于中长期计划，如果超额完成计划，还可进一步分析提前多长时间完成计划，采用水平法检查的，在计划执行期，只要在连续一年时间(可以跨年度)内实际完成水平达到最后一年计划水平，就表明完成了计划，剩下的时间就是提前完成计划的时间。在本例中，根据该企业五年计划的实际执行情况分析，从第四年第三季度开始到第五年第二季度结束，在这连续一年的时间里实际产量达到了计划期最后一年 50 万件的计划产量水平，完成了五年计划，则第五年第三、四季度为提前完成计划的时间，即提前了两个季度完成了计划。

② 累计法

如果下达的计划数为整个计划期各期计划数的累计，则检查计划完成程度时用累计法，就是将整个计划期间实际完成的累计数与计划期的计划累计数相比较，来分析计划完成程度。计算公式如下：

$$\text{计划完成程度相对指标}=\frac{\text{中长期计划期的实际累计数}}{\text{中长期计划期的计划累计数}}\times 100\% \qquad (4-8)$$

【例 4－3】 某地区五年计划规定，计划五年期间固定资产累计投资总额为 180 亿元，实际各年投资情况如表 4－4 所示。

表 4－4　某地区五年计划期间固定资产投资完成情况　　单位:亿元

年　份	第一年	第二年	第三年	第四年	第五年			
					一季	二季	三季	四季
固定资产实际投资额	30	35	38	42	11	12	12	10

则该地区五年计划期固定资产投资的计划完成程度相对指标为：

$$\text{计划完成程度相对指标}=\frac{30+35+38+42+11+12+12+10}{180}\times 100\%=105.56\%$$

计算结果表明，该地区超额5.56%完成五年固定资产投资计划。

采用累计法分析，如果是超额完成计划，还需计算提前完成计划的时间，具体判断完成计划的方法是：根据中长期计划实际执行情况，从第一期实际数开始对各期的实际执行数进行累加，当累计完成数达到计划累计数时，表明完成了计划，剩余的离计划期末的时间就是提前完成计划的时间。如本例，从第一年开始累加，累加到第五年的第三季度为止，固定资产实际累计投资额达到五年计划累计额，则剩余的一个季度就是提前完成计划的时间。

(2) 计划数为相对指标形式

在制定的计划中也有用提高或者降低的幅度来表达的，如产值增长百分之几，单位产品成本降低百分之几等，此时应在增加或降低的百分比基础上加上基础水平(100%)进行计算，其计算公式为：

$$计划完成程度相对指标=\frac{实际为上年的百分数}{计划为上年的百分数}\times 100\% \quad (4-9)$$

式中，$实际为上年的百分数=\frac{本年实际水平}{上年实际水平}\times 100\%$

$计划为上年的百分数=\frac{本年计划水平}{上年实际水平}\times 100\%$

【例4-4】 某企业本年某产品产量计划在上年基础上增长12%，同时该种产品单位成本计划在上年基础上降低8%，实际执行结果是：产量增长了15%，单位成本下降了10%，则计划完成程度相对指标为：

$$产品产量计划完成程度相对指标=\frac{100\%+15\%}{100\%+12\%}\times 100\%=102.68\%$$

$$单位成本计划完成程度相对指标=\frac{100\%-10\%}{100\%-8\%}\times 100\%=97.83\%$$

计算结果表明，产量计划完成程度大于100%，说明超额完成计划，超了2.68%。而单位成本计划完成程度小于100%，说明实际成本比计划成本有所降低，也超额完成了成本降低计划，超了2.17%。

(3) 计划数为平均指标形式

计划数为平均数形式时，采用计划完成程度相对指标基本计算公式计算即可。

【例4-5】 某企业某种产品计划单位成本为500元，其工人劳动生产率计划达到60 000元/人，实际执行结果是，该产品实际单位成本为480元，工人实际劳动生产率为66 000元/人，则产品单位成本与工人劳动生产率计划完成程度相对指标分别为：

$$产品单位成本计划完成程度相对数=\frac{实际完成数}{计划数}\times 100\%=\frac{480}{500}\times 100\%=96\%$$

$$工人劳动生产率计划完成程度相对数=\frac{实际完成数}{计划数}\times 100\%=\frac{66\,000}{60\,000}\times 100\%=110\%$$

由于单位产品成本属于逆指标性质，工人劳动生产率为正指标性质，因此，单位成本计划完成相对指标计算结果小于100%表明超额完成计划，单位成本计划超额完成4%，工人劳动生产率计划超额完成10%。

(三) 正确计算相对指标的原则

相对指标是统计中常用的基本数量分析方法之一，上述六种相对指标从不同的角度出发，运用不同的对比方法，通过静态的或动态的比较，对总体各部分之间、不同总体之间的数量关系进行了分析。为了更好地发挥相对指标在统计分析中的作用，在计算和应用相对指标时应该遵循以下的原则。

1. 可比性原则

保持所对比的两个现象数量的可比性是正确计算及运用相对指标的基本原则，可比性是指对比的现象数量在含义、范围、计算方法、计量单位、数据资料所属的时间、空间等方面具有可比性，如两个地区人均地区生产总值的比较，在人均地区生产总值计算中涉及地区生产总值的计算方法、计量单位、人口的计算范围等，只有两个对比的指标数值具备了可比性，相对指标的计算才有实际意义。又如在实际统计中，如果因行政区划、组织机构、隶属关系的变更，或因统计制度方法的改变等导致不同时期的统计数据不能直接对比的，应对相关数据进行调整；对于由于不同时期价格的变动导致的价值量数据不可比的，可以通过不变价格等方式进行换算，以消除价格影响保持对比现象数量的可比性。

2. 多种相对指标综合应用的原则

不同的相对指标计算时所依据的数据资料不同，说明的是不同的现象数量对比关系，在对现象总体进行分析研究时，借助某一相对指标，只能了解某一侧面情况，要达到对现象总体全面而深入的认识，了解现象及其发展过程的规律性，应该根据统计研究的目的，综合运用各种相对指标进行分析。例如，要全面了解某工业企业的生产经营情况，可以通过多种相对指标的计算分析来说明。如通过计划完成相对指标的计算来了解企业各项计划的完成执行情况，通过结构相对指标、比例相对指标的计算了解企业产品产量、产值的结构情况与比例关系，通过动态相对指标、强度相对指标的计算了解企业的发展变化规律、生产效率等。通过这些相对指标的结合运用，比较、分析现象变动中的相互关系，可以更好地阐明现象的发展变化情况。

3. 相对指标与总量指标结合应用的原则

相对指标是用抽象化的比值来表明现象之间数量对比关系程度的，不能反映现象在绝对量方面的差别，绝大多数的相对指标是两个有关的总量指标对比的结果，因此，一般情况下，在对现象进行分析时仅依据相对指标而离开形成对比关系的总量指标，是不能对所研究的现象作全面深入分析的。比如我们在分析说明区域经济发展水平时就不仅仅只通过经济增长率、人均主要产品产量等相对指标进行说明，还须通过经济总量、主要产品产量、人口数等总量指标进行分析说明，这样才能对现象有个全面认识，正如马克思在 1865 年就明确指出："如果一个人每星期的工资是 2 先令，后来他的工资提高到 4 先令，那么工资水平就提高了 100%，若从工资水平的提高来看，这可以说是很了不起的，尽管实际工资的数额，每星期 4 先令，仍然少得可怜，难以温饱。所以不应当陶醉于动听的工资水平提高的百分比，必须经常这样问：原来的工资数是多少？"

第二节　平均指标

一、平均指标的含义

平均指标是用来测度数据集中趋势的。所谓集中趋势，是指一组数据向某一中心值靠拢的倾向，测度集中趋势也就是寻找数据一般水平的代表值或中心值。描述数据的集中趋势，主要是计算各种平均指标,平均指标,也称平均数,是表示同类社会经济现象在一定的时间、地点、条件下所达到的一般水平的代表值,如平均工资、平均价格、平均单位成本、平均亩产量等,是集中趋势的最重要测度值。

(一) 平均指标的特点

1. 反映集中趋势

测度一组数据的集中趋势主要方法就是计算各种平均指标。从上一章研究的次数分布来看,绝大多数的社会经济现象的分布属于钟型分布,所计算的各种平均指标总是趋向分布的中间状态,说明大多数的变量值是集中在平均指标周围的,也即可以通过平均指标测定分布数列中各变量值分布的集中趋势。

2. 平均指标是抽象值

平均指标是通过将总体各单位变量值之间的差异抽象化,从而说明总体的一般水平,反映出总体的综合特征。例如,某企业工人的平均日产量为 33 件,但是工人之间的日产量是有差异,有些比 33 件多,有些比 33 件少,平均指标的计算就是把工人日产量之间的差异抽象了,这个抽象值也可能是任一单位都不具备的。

3. 平均指标是代表值

平均指标是一个代表值,表示被研究总体某一数量特征的一般水平。例如,某企业员工的工资水平有高有低,有的员工月工资3 600 元,有的员工月工资 4 200 元,有的员工月工资 3 970 元,有的职工月工资 3 150 元,等等。若根据该企业每个员工月工资额综合计算出员工月平均工资为 3 620 元,则 3 620 元就是一个代表值,它代表了该企业员工月工资的一般水平。

4. 所计算总体的同质性

计算平均指标的基础是所研究总体各单位的同质性,即平均指标只能就同类现象计算,也就是计算平均指标的各单位必须具有同类性质,这是计算平均指标的前提。社会经济现象总体的同质性是计算和应用平均指标的基本要求,只有对同质总体计算的平均指标才能如实反映客观实际,才是总体数量特征的综合反映,如果总体单位是异质的,其计算的平均指标只能是"虚构"的平均指标,不能反映总体的一般水平,甚至会得出错误的结论。

(二) 平均指标的作用

统计研究中广泛应用平均指标分析说明社会经济现象总体的数量特征,概括起来平均指标在统计研究中的作用可以归纳为以下几点:

1. 利用平均指标可以比较同类现象在不同单位发展水平的差异

通过平均指标可以消除因总体范围不同而带来的总体数量差异,使不能直接对比的现象找到可以对比的基础,平均指标可以用来对同类现象在不同单位、部门、地区之间进行比较,以说明生产水平的高低或经济效果的好坏。例如,要比较不同类型的企业员工收入水平的差距,用企业员工的工资总额对比是不能准确说明问题的,因为员工工资总额不仅受员工工资水平的影响,还受员工人数的影响,此时可以通过计算平均指标即平均工资,消除总体规模大小的影响进行准确分析比较。

2. 利用平均指标可分析研究事物之间的依存关系

比如要研究同类企业产品产量与单位成本之间的依存关系,可以借助于平均指标进行,具体可以将企业按产品产量分组,在此基础上计算各组的平均单位成本,来分析研究产品产量与单位成本之间的依存关系。又如研究居民家庭收入水平与家庭消费支出水平之间的依存关系，可以将居民家庭按收入水平分组，在此基础上计算各组的平均消费支出，就可以反映出家庭收入与家庭消费支出之间的依存关系了。

3. 利用平均指标可以比较同类现象在不同时间上的发展变化趋势

通过同一总体在不同时间上的平均指标可以反映该总体的数量发展变化趋势。例如，研究某企业员工工资水平的发展变化趋势，用工资总额往往说明不了问题，因为不同时期的员工人数不同，如果用员工的平均工资进行动态对比分析，则可正确反映员工工资水平的变动趋势和规律。

4. 利用平均指标作为企业管理的依据，并可进行数量上的推算

由于平均指标反映了现象数量分布的集中趋势，能代表现象总体的一般水平，因此，在企业管理中，平均指标可以作为管理的数量标准或参考，如可以根据平均指标制定工人生产定额、原材料消耗定额等。此外，在抽样推断中，平均指标也发挥了重要作用，由样本平均数推断总体平均数是参数估计中的重要内容，平均数是抽样推断的基础之一。

平均指标主要包括数值平均数和位置平均数。数值平均数是指根据全部数据计算出来的平均数，主要有算术平均数、调和平均数与几何平均数；位置平均数是根据数据的大小顺序或出现频数的多少确定的集中趋势的代表值，主要有众数与中位数。

二、数值平均数

（一）算术平均数

算术平均数，也称均值，是对全部数据进行算术平均，是集中趋势的最主要测度值，是计算平均指标最常用的方法，它的基本计算形式是：总体标志总量除以总体单位总量。算术平均数主要适用于定距数据和定比数据，不适用于定类数据和定序数据。在这里应注意算术平均数与强度相对指标的区别，强度相对指标往往带有平均性质，如按人口计算的主要产品产量，用吨（千克）/人表示；按全国人口计算的人均国内生产总值用元/人表示等，但不属于平均数，其与平均数的区别主要表现在：一是含义不同，强度相对指标是两个有联系而性质不同的总量指标对比而形成，说明的是某一现象在另一现象中发展的强度、密度或普遍程度，而算术平均数反映的是同质总体各单位标志值的一般水平，说明现象发展的一般水平，是反映数据分布集中趋势的；二是计算方法不同，强度相对指标与算术平均数，虽然都是两个有联系的总量指标之比，但是，强度相对指标分子与分母的联系，只表现为一种社会经济关系，而平均数是在一个同质总体内标志总量和单位总量的比例关系，其分子的数值与分母的数值必须是同一总体，分子与分母的联系是一种内在的联系，即分子是分母（总体单位）所具有的标志，对比结果是对总体各单位某一变量值的平均。

在具体的数据分析中，根据掌握的数据资料的不同，算术平均数有两种计算形式：简单算术平均数和加权算术平均数。

1. 简单算术平均数

简单算术平均数适用于未分组的统计数据资料，如果已知各单位标志值和总体单位数，可采用简单算术平均数方法计算，其计算公式为：

$$\bar{x}=\frac{x_1+x_2+\cdots+x_n}{n}=\frac{\sum_{i=1}^{n}x_i}{n} \tag{4-10}$$

式中，$\bar{x}$ 为算术平均数，$\sum$ 为求和符号，x_i 为各个变量值，$\sum_{i=1}^{n}x_i$ 为变量值合计（即总体标

志总量)，n 为总体单位总量。

例如，某生产班组五名工人的月产量分别是：1 600 件，1 500 件，1 800 件，1 400 件，1 460 件，则工人的平均月产量为：

$$\bar{x}=\frac{\sum_{i=1}^{n}x_i}{n}=\frac{1\,600+1\,500+1\,800+1\,400+1\,460}{5}=1\,552(\text{件})$$

由于算术平均数受极端数值的影响很明显，为了消除极端数值的影响，在实际应用中还可以计算截尾平均数，截尾平均数就是将所有数据中的最大值和最小值去掉(如果有多个最大值，则只去掉其中一个最大值；如果有多个最小值，则只去掉其中一个最小值)，然后对剩余数据计算算术平均数。截尾平均数的计算公式可以表示为：

$$\frac{\sum_{i=1}^{n}x_i-\max\{x_1,x_2\cdots x_n\}-\min\{x_1,x_2\cdots x_n\}}{n-2}$$

在实际应用中，截尾平均数常用于计算一些体育、文娱等比赛项目中选手的得分，由于评委给选手评分时，不可避免地会出现过高或过低的评分，这些极端值的出现通常是由于评委疏忽，或者欣赏兴趣特别，甚至在个别情况下有意褒贬所造成的，因此，计算选手得分时，可通过截尾平均数来消除极端值的影响，去掉最高分和最低分，目的是为了去除极端值，减少极端值对正确评分的影响。

2. 加权算术平均数

如果数据资料经过统计整理环节，形成了变量数列，在已知各组变量值和变量值出现的次数情况下，可采用加权算术平均数计算。其计算公式为：

$$\bar{x}=\frac{x_1f_1+x_2f_2+\cdots+x_nf_n}{f_1+f_2+\cdots+f_n}=\frac{\sum_{i=1}^{n}x_if_i}{\sum_{i=1}^{n}f_i} \tag{4-11}$$

式中，$\bar{x}$ 为算术平均数，x_i 为各组变量值(或者组中值)，f_i 为权数(一般表现为各组次数)，$\sum$ 是求和符号，$\sum_{i=1}^{n}x_if_i$ 表示各组标志总量的合计(即总体标志总量)，$\sum_{i=1}^{n}f_i$ 表示各组次数合计(即总体单位总量)。

【例 4-6】 某车间有 50 名工人，按日产量分组形成的次数分布如表 4-5 所示，试计算该车间工人平均日产量。

表 4-5 某车间按日产量分组的次数分布及平均日产量计算表

工人按日产量(件)分组 x_i	各组工人数 f_i	各组标志总量 x_if_i
15	4	60
25	12	300
35	18	630
45	10	450
55	6	330
合计	50	1 770

该车间工人平均日产量为：$\bar{x}=\dfrac{\sum\limits_{i=1}^{n}x_if_i}{\sum\limits_{i=1}^{n}f_i}=\dfrac{1\,770}{50}=35.4$(件)

在加权算术平均数的计算公式中，各组次数具有权衡各组变量值轻重的作用，因此把它称为权数，某一组的次数越大，即权数大，则该组的变量值对算术平均数的影响就越大，反之则越小。加权算术平均数在应用时应注意以下几点。

(1) 变量值的确定

如果经过整理后的变量数列为单项式数列，x_i 为各组变量值代入公式中计算即可。如果数据资料整理后为组距数列，则 x_i 用各组组中值表示，由于组中值不是组平均数，但又作为一个组的代表值代入公式计算算术平均数，因此，所计算的结果为近似值。

(2) 权数的确定

在加权算术平均数的计算公式中，权数除了用绝对数形式(即各组次数、也称频数)表示外，还可以用相对数形式即频率表示，此时加权算术平均数可以变形成如下形式：

$$\bar{x}=\frac{x_1f_1+x_2f_2+\cdots+x_nf_n}{f_1+f_2+\cdots+f_n}=x_1\frac{f_1}{\sum\limits_{i=1}^{n}f_i}+x_2\frac{f_2}{\sum\limits_{i=1}^{n}f_i}+\cdots+x_n\frac{f_n}{\sum\limits_{i=1}^{n}f_i}=\sum_{i=1}^{n}x_i\frac{f_i}{\sum\limits_{i=1}^{n}f_i}\tag{4-12}$$

【例 4-7】 某企业工人按月产量水平进行分组形成的次数分布如表 4-6 所示，试计算该企业工人月平均产量。

表 4-6　某企业工人按月产量分组的次数分布及月平均产量计算表

工人按月产量(件)分组	各组工人所占比重(%) $f_i/\sum\limits_{i=1}^{n}f_i$	组中值 x_i	$x_i\dfrac{f_i}{\sum\limits_{i=1}^{n}f_i}$
1 000～1 500	10	1 250	125
1 500～2 000	30	1 750	525
2 000～2 500	45	2 250	1 012.5
2 500～3 000	10	2 750	275
3 000 以上	5	3 250	162.5
合计	100	—	2 100

根据表 4-6，可以计算出该企业工人月平均产量为：

$$\bar{x}=\sum_{i=1}^{n}x_i\frac{f_i}{\sum\limits_{i=1}^{n}f_i}=125+525+1\,012.5+275+162.5=2\,100(\text{件})$$

加权算术平均数的大小受两个因素的影响：一是各组变量值的大小，二是各组变量值出现的次数或比重。在分组数列的条件下，当各组标志值出现的次数或各组次数所占比重均相等时，权数就失去了权衡轻重的作用，这时用加权算术平均数计算的结果与用简单算术平均数计算的结果相同，当各组的权数相等时，加权算术平均数就等于简单算术平均数，因此可以把简单算术平均数理解为加权算术平均数的特例。

一般情况下，加权算术平均数中的权数，指的就是变量值出现的次数或各组次数占总次数的比重。但在实际应用加权算术平均数时也有特例，如果分组标志为相对数或平均数时，即对相对数或平均数求平均时，需注意权数的选择，此时，变量数列中的次数往往不再是合适的权数，应根据相对数或平均数的定义选择合适的权数。

【例4－8】 某集团所属的生产同种产品的12家企业按产品单位成本分组形成的分布数列如表4－7所示，试计算该产品的平均单位成本。

表4－7　12家企业按产品单位成本分组及平均单位成本计算表

按产品单位成本(元/件)分组	企业数(个)	产量(万件)f_i	组中值 x_i	总成本(万元) x_if_i
10～12	3	35	11	385
12～14	7	80	13	1 040
14～16	2	15	15	225
合计	12	130	—	1 650

根据分布数列的构成要素分析，各组企业数为分布数列的次数，但由于分组标志为平均数，此时若选择企业数作为权数，代入加权算术平均数的计算公式后不符合平均单位成本（总成本/总产量）的定义，因此，变量数列中的次数不再是合适的权数，应以各组产量作为权数代入公式进行计算，根据表4－7数据计算该产品的平均单位成本为：

$$\bar{x}=\frac{\sum_{i=1}^{n}x_if_i}{\sum_{i=1}^{n}f_i}=\frac{1\,650}{130}\approx 12.69(\text{元}/\text{件})$$

3. 算术平均数的数学性质

算术平均数有两个重要数学性质。

(1) 各变量值与其算术平均数的离差的代数和等于零

$$\sum_{i=1}^{n}(x_i-\bar{x})=0(\text{简单形式})；\sum_{i=1}^{n}(x_i-\bar{x})f_i=0(\text{加权形式})$$

现以简单算术平均数为例证明如下：

$$\sum_{i=1}^{n}(x_i-\bar{x})=\sum_{i=1}^{n}x_i-\sum_{i=1}^{n}\bar{x}=\sum_{i=1}^{n}x_i-n\bar{x}=\sum_{i=1}^{n}x_i-n\frac{\sum_{i=1}^{n}x_i}{n}=0$$

(2) 各变量值与其算术平均数的离差的平方和为最小值

$$\sum_{i=1}^{n}(x_i-\bar{x})^2=\text{最小值}(\text{简单形式})；\sum_{i=1}^{n}(x_i-\bar{x})^2f_i=\text{最小值}(\text{加权形式})$$

现以简单算术平均数为例证明如下：

假设存在任一常数，各变量值与其离差平方和为最小，这任一常数表示为$\bar{x}+c$，则：

$$\sum_{i=1}^{n}(x_i-\bar{x}-c)^2=\sum_{i=1}^{n}\left[(x_i-\bar{x})^2-2c\sum_{i=1}^{n}(x_i-\bar{x})+\sum_{i=1}^{n}c^2\right]$$
$$=\sum_{i=1}^{n}(x_i-\bar{x})^2+nc^2\geqslant\sum_{i=1}^{n}(x_i-\bar{x})^2$$

只有当 c 取零时，此离差平方和为最小值，即各变量值与其算术平均数的离差的平方和为最小值。

4. 算术平均数的特点

(1) 算术平均数适合用代数方法运算，因此运用比较广泛；

(2) 易受极端变量值的影响，且受极大值的影响大于受极小值的影响；

(3) 当组距数列中有开口组时，由于组中点不易确定，组中值代表性不高，使$\bar{x}$的代表性不很可靠。

(二) 调和平均数

调和平均数是各个变量值倒数的算术平均数的倒数，又称为倒数平均数。调和平均数有独立的计算形式，但在实际应用中，调和平均数常常被作为算术平均数的变形来使用。在计算平均数，如果采用算术平均数的定义形式(总体标志总量比总体单位总量)计算，但由于缺乏总体的单位数资料，不能直接采用算术平均数计算，这时就可采用调和平均数计算。调和平均数也有简单调和平均数和加权调和平均数两种形式。

1. 简单调和平均数

如果各组标志总量相等，则采用简单调和平均数形式计算，计算公式为：

$$\overline{x_H}=\frac{m+m+\cdots+m}{\frac{m}{x_1}+\frac{m}{x_2}+\cdots+\frac{m}{x_n}}=\frac{nm}{m\sum_{i=1}^{n}\frac{1}{x_i}}=\frac{n}{\sum_{i=1}^{n}\frac{1}{x_i}} \tag{4-13}$$

式中，$\overline{x_H}$为调和平均数，x_i 为变量值，m 表示权数。

例如，某菜市场某种蔬菜早、中、晚市每公斤价格分别为：1.80 元，1.50 元，1.20 元，若早、中、晚市均采购 20 元，试计算三次采购的平均价格。平均价格的计算公式应为总采购额与总采购量对比，此例中分子项采购额已知，且三次采购金额相等，分母项采购量未知，则三次采购的平均单价可采用简单调和平均数计算，为：

$$\overline{x_H}=\frac{m+m+\cdots+m}{\frac{m}{x_1}+\frac{m}{x_2}+\cdots+\frac{m}{x_n}}=\frac{20+20+20}{\frac{20}{1.80}+\frac{20}{1.50}+\frac{20}{1.20}}\approx1.46(\text{元})$$

或者：$\overline{x_H}=\frac{n}{\sum_{i=1}^{n}\frac{1}{x_i}}=\frac{3}{\frac{1}{1.80}+\frac{1}{1.50}+\frac{1}{1.20}}\approx1.46(\text{元})$

2. 加权调和平均数

如果各组标志总量不等，则采用加权调和平均数形式计算，计算公式为：

$$\overline{x_H}=\frac{m_1+m_2+\cdots+m_n}{\frac{m_1}{x_1}+\frac{m_2}{x_2}+\cdots+\frac{m_n}{x_n}}=\frac{\sum_{i=1}^{n}m_i}{\sum_{i=1}^{n}\frac{m_i}{x_i}} \tag{4-14}$$

式中，$\overline{x_H}$为调和平均数；x_i 为变量值；m_i 为权数。

【例 4-9】 某集团有下属企业 18 家，上半年按工人劳动生产率分组的企业数以及企业产值资料如表 4－8 所示，试计算该集团工人平均劳动生产率。

表 4－8　某集团某月下属企业工人劳动生产率分组情况及计算表

按工人劳动生产率（万元/人）分组	企业数（个）	产值（万元）m_i	组中值（%）x_i	工人数（人）$\frac{m_i}{x_i}$
9～10	2	3 040	9.5	320
10～11	10	22 050	10.5	2 100
11～12	5	17 250	11.5	1 500
12 以上	1	2 875	12.5	230
合计	18	45 215	—	4 150

根据表 4－8，计算该集团上半年工人平均劳动生产率为：

$$\overline{x_H}=\frac{\sum_{i=1}^{n}m_i}{\sum_{i=1}^{n}\frac{m_i}{x_i}}=\frac{45\ 215}{4\ 150}\approx 10.90(\text{万元}/\text{人})$$

注意本例计算中权数的选择。资料中“企业数”是次数，但并不是合适的权数。因为本例中的工人劳动生产率是按产值/工人数计算的，和企业数没有直接关系，所以它不能作为权数进行平均数的计算。本例应以“产值”为权数，用加权调和平均数计算。

加权算术平均数与加权调和平均数是计算平均数时常用的两种算法。加权算术平均数中的权数一般情况下是资料已经分组形成分布数列的情况下变量值的次数。而加权调和平均数的权数是直接给定的标志总量。在实际统计中，经常因为无法直接得到被平均变量值的相应次数的资料而采用调和平均数形式来计算，这种情况下调和平均数的计算结果与加权算术平均数的计算结果相同。

3. 调和平均数的特点

（1）如果数列中有一标志值等于零，则无法计算$\overline{x_H}$；

（2）它作为一种数值平均数，受所有标志值的影响；

（3）较之算术平均数，$\overline{x_H}$受极端值的影响要小，$\overline{x_H}$适用范围较小。

（三）几何平均数

一般情况下，总体标志总量是各个变量值汇总的结果，但在实际社会经济现象中，有些情况下变量值与总体标志总量之间不是加的关系而是乘积关系，这时不合适采用算术平均数或调和平均数计算，应采用几何平均数计算，几何平均数是变量值的连乘积开变量值的项数次方，多用于计算平均比率和平均速度，如平均利率、平均发展速度、平均合格率等。具体计算形式有两种：简单几何平均数与加权几何平均数。

1. 简单几何平均数

简单几何平均数是 n 个变量值连乘积的 n 次方根，计算公式如下：

$$\overline{x_G}=\sqrt[n]{x_1\cdot x_2\cdots x_n}=\sqrt[n]{\prod_{i=1}^{n}x_i} \qquad (4-15)$$

式中，$\overline{x_G}$ 为几何平均数，x_i 为各个变量值，$\prod$ 为连乘符号。

例如，某企业一批产品生产经过三道工序，三道工序的合格率分别是98%、99%、96%，试求三道工序的平均合格率。由于经过三道工序后的总合格率与各道工序的合格率之间是连乘积关系，即总合格率等于三道工序合格率的连乘积，因此，计算三道工序的平均合格率时应采用简单几何平均法进行计算，三道工序的平均合格率为：

$$\overline{x_G}=\sqrt[n]{x_1x_2\cdots x_n}=\sqrt[3]{98\%\times 99\%\times 96\%}\approx 97.66\%$$

2. 加权几何平均数

如果各个变量值出现的次数不等，则可采用加权几何平均数公式进行计算，其计算公式为：

$$\overline{x_G}=\sqrt[f_1+f_2+\cdots+f_n]{x_1^{f_1}\cdot x_2^{f_2}\cdot\cdots x_n^{f_n}}=\sqrt[\sum_{i=1}^{n}f_i]{\prod_{i=1}^{n}x_i^{f_i}} \qquad (4-16)$$

例如，某地区储蓄年利率(按复利计算)情况为：3.5%持续1.5年，3.2%持续2.5年，2.8%持续1年。试计算该地区5年内储蓄的平均年利率。由于三种年利率的持续时间长度不等，因此应采用加权几何平均数计算该地区储蓄平均年利率：

$$\begin{aligned}\overline{x_G}&=\sqrt[f_1+f_2+\cdots+f_n]{x_1^{f_1}\cdot x_2^{f_2}\cdot\cdots\cdot x_n^{f_n}}\\&=\sqrt[1.5+2.5+1]{1.035^{1.5}\times 1.032^{2.5}\times 1.028^{1}}\\&\approx 1.0321\end{aligned}$$

则该地区平均储蓄年利率为3.21%。

与算术平均数相比，几何平均数应用范围较窄，它有如下特点。

(1) 它适用于反映特定现象的平均水平，即现象的标志值总量不是各单位标志值的总和，而是各单位标志值的连乘积的情形，对于这类社会经济现象，不能采用算术平均数反映其一般水平，而需采用几何平均数。

(2) $\overline{x_G}$受极端值影响较$\bar{x}$和$\bar{x}_H$小。

(3) 如果数列中有一个标志值等于零或负值，则无法计算$\overline{x_G}$。

三、位置平均数

数值平均数是根据所有变量值计算的平均数，而位置平均数是根据变量值所处的特殊位置确定的平均数，具体有众数与中位数两种。

(一) 众数

众数是指一组数据中出现次数最多的变量值，用M_o表示。有时众数在一组数中有几个，在单位数不多或一个无明显集中趋势的资料中，众数的测定没有意义。由于数值平均数是根据所有变量值计算的，易受极端值影响且采用此方法算出来的平均数可能是任一单位都不具备的，在实际应用时受到一定限制，比如计算商场所销售鞋子尺码的平均数，采用众数更具有代表性以及实用价值。众数的计算分两种情况。

1. 资料未经整理或单项式数列

如果数据资料未经整理或者是单项式数列确定众数比较简单，对于未经整理的数据资料，只需找到数据中哪个变量值出现的次数最多即可确定众数了，即众数就是出现次数最多的那个变量值；对于单项式数列只需找出数列中次数出现最多的那个组，对应的标志值就是众数。

2. 组距数列

根据组距式数列确定众数时，首先要保证各组组距必须相等，其次根据次数分布情况，确定众数所在组，次数最多的组就是众数所在组，最后利用下限或上限公式计算众数的近似值，公式如下：

下限公式：
$$M_o = L + \frac{f - f_{-1}}{f - f_{-1} + f - f_{+1}} \times d \qquad (4-17)$$

上限公式：
$$M_o = U - \frac{f - f_{+1}}{f - f_{-1} + f - f_{+1}} \times d \qquad (4-18)$$

式中，M_o 为众数，L 为众数所在组的下限，U 为众数所在组的上限，f 为众数所在组的次数，f_{-1} 为众数所在组前一组的次数，f_{+1} 为众数所在组后一组的次数，d 为众数所在组的组距。

若用 Δ_1 表示 $f - f_{-1}$，用 Δ_2 表示 $f - f_{+1}$，则公式形式可以更简单些。

下限公式可表示为：
$$M_o = L + \frac{\Delta_1}{\Delta_1 + \Delta_2} \times d$$

上限公式可表示为：
$$M_o = U - \frac{\Delta_2}{\Delta_1 + \Delta_2} \times d$$

【例 4－10】 调查某地 100 户家庭，按人均月消费支出分组形成的分配数列如表 4－9 所示，试计算人均月消费支出的众数。

表 4－9　家庭按人均月消费支出分组形成的分配数列

按人均月消费支出(元)分组	家庭数(户)
800 以下	4
800～1 000	10
1 000～1 200	15
1 200～1 400	32
1 400～1 600	22
1 600～1 800	9
1 800～2 000	5
2 000 以上	3
合　计	100

根据次数分布情况判断，次数最多为 32，对应的人均月消费支出为 1 200～1 400，众数即在此组，采用下限公式计算众数为：

$$M_o = L + \frac{f - f_{-1}}{f - f_{-1} + f - f_{+1}} \times d = 1\,200 + \frac{32 - 15}{32 - 15 + 32 - 22} \times 200 \approx 1\,325.93(\text{元})$$

或者采用上限公式计算众数为：

$$M_o = U - \frac{f - f_{+1}}{f - f_{-1} + f - f_{+1}} \times d = 1\,400 - \frac{32 - 22}{32 - 15 + 32 - 22} \times 200 \approx 1\,325.93(\text{元})$$

从次数分布角度看，众数是具有明显集中趋势点的数值，一组数据分布的最高点所对应的数值即为众数。如果数据的分布没有明显的集中趋势或最高峰点，众数也可能不存在；如果有两个最高峰点,可以有两个众数。

3. 众数的特点

(1) 众数是根据总体分布中变量值出现的频繁程度确定的,是一个位置平均数,不受各单位变量值的影响,且不受极端值和开口数列的影响,从而增强了对数列一般水平的代表性。

(2) 众数是一个不容易确定的平均指标,当分布数列没有明显的集中趋势而趋均匀分布时,则无众数可言;当变量数列是不等距分组时,众数的位置也不好确定。

(二) 中位数

中位数是指一组数据按大小顺序排列后,处于中间位置的那个变量值,用 Me 表示。中位数作为集中趋势的代表值,表示在全部的变量值中有一半的变量值比中位数小,另一半的变量值比中位数大,由于中位数不受极端值的影响,因此在实际中有较广泛的应用,在有些场合中比数值平均数更具备代表性。比如,根据人口年龄中位数对一个国家或地区人口年龄构成类型进行分析,如国际上通常用年龄中位数作为划分人口年龄构成类型的标准:年龄中位数在 20 岁以下为年轻型人口;年龄中位数在 20～30 岁之间为成年型人口;年龄中位数在 30 岁以上为老年型人口。此外还可分别计算男、女性人口的年龄中位数以及其他各种年龄中位数等等。有资料显示,我国 2005 年全部人口年龄中位数为 32.26 岁,男性人口年龄中位数为 31.87 岁,女性人口年龄中位数为 32.67 岁。又如,分析了解某地区居民收入情况,可以通过收入中位数来代表居民收入的一般水平。

中位数的确定分两种情况。

1. 资料未经整理

对未分组数据计算中位数时,可先对数据进行排序,然后确定中位数的位置。

具体确定中位数的方法是:设有 n 个数据,进行有序排列后,中位数的位置为$\frac{n+1}{2}$,如果数据为奇数项,则中位数为中间一项的数据;如果数据为偶数项,中位数为中间两项数据的简单算术平均数。

如对 7 名工人进行技能测试,得分分别为 76,83,92,89,68,95,73,确定工人得分中位数。首先将数据有序排列,分别为 68,73,76,83,89,92,95,其次确定中位数位置为$\frac{7+1}{2}=4$,则中位数为 83。又如观察 6 名销售员,某月的销售额分别是 20,23,32,45,36,28 万元,确定销售额的中位数。首先将数据有序排列,分别为 20,23,28,32,36,45,其次确定中位数的位置$\frac{6+1}{2}=3.5$,中位数为第三位(28)与第四位(32)两个数据的简单算术平均数,即中位数为$\frac{28+32}{2}=30$ 万元。

2. 资料经过整理

数据资料经过统计整理后通常形成单项式数列或者组距数列,如果是单项式数列,可先根据$\frac{\sum_{i=1}^{n} f_i+1}{2}$确定中位数所在的位置,然后通过累计频数(向上累计)确定中位数所在组后即可确定中位数的具体值了。

【例 4-11】 某车间 30 名工人某天按日产量分组资料如表 4-10 所示,试确定工人日产量的中位数。

表 4-10　车间工人按日产量分组表

按日产量(件)分组	工人数(人)	向上累计次数	向下累计次数
12	3	3	30
13	5	8	27
15	10	18	22
18	6	24	12
20	4	28	6
23	2	30	2
合计	30	—	—

由中位数的位置计算公式可知，中位数的位置为：$\dfrac{\sum_{i=1}^{n} f_i + 1}{2} = \dfrac{30+1}{2} = 15.5$，中位数应该是在第 15 位数据与第 16 位数据之间，取两者的简单算术平均数。根据表 4-10，采用向上累计计算的累计次数，第一组与第二组的累计次数均小于 15.5，第三组的累计次数为 18，大于 15.5，因此中位数在第三组，进一步可以判断第 15 位数据与第 16 位数据都为 15，因此，该单项式数列中位数为 15。采用向下累计次数也可以确定中位数。

对于组距数列计算中位数时，同样，先根据公式 $\dfrac{\sum_{i=1}^{n} f_i + 1}{2}$ 确定中位数所在的位置，然后用累计频数(向上累计)确定中位数所在组后，采用下限或上限公式计算中位数的近似值：

下限公式：
$$M_e = L + \frac{\dfrac{\sum_{i=1}^{n} f_i}{2} - S_{m-1}}{f_m} \times d \tag{4-19}$$

或者上限公式：
$$M_e = U - \frac{\dfrac{\sum_{i=1}^{n} f_i}{2} - S_{m+1}}{f_m} \times d \tag{4-20}$$

式中，M_e 为中位数，L 为中位数所在组的下限，U 为中位数所在组的上限，f_i 为各组次数，f_m 为中位数所在组次数，s_{m-1} 为中位数所在组之前各组次数的累计数，s_{m+1} 为中位数所在组之后各组次数的累计数，d 为中位数所在组的组距。

【例 4-12】 某企业 50 名工人，按某月产量分组形成的分配数列如下表 4-11 所示，试确定工人月产量的中位数。

表 4-11　工人按月产量分组表

工人按月产量(件)分组	工人数(人)	向上累计次数	向下累计次数
1 500 以下	8	8	50
1 500～2 000	13	21	42

(续表)

工人按月产量(件)分组	工人数(人)	向上累计次数	向下累计次数
2 000～2 500	20	41	29
2 500～3 000	6	47	9
3 000 以上	3	50	3
合计	50	—	—

由中位数的位置计算公式可知，中位数的位置为：$\frac{\sum_{i=1}^{n} f_i + 1}{2} = \frac{50+1}{2} = 25.5$，中位数应该是在第 25 位数据与第 26 位数据之间，取两者的简单算术平均数。但由于该数列为组距数列，无法判断第 25 位数据与第 26 位数据的具体值，只能根据中位数的下限公式或者上限公式作近似计算。具体计算如下：首先根据中位数的位置公式以及累计次数确定中位数所在组，根据表 4－10，采用向上累计计算的累计次数，第一组与第二组的累计次数均小于 25.5，第三组的累计次数为 41，大于 25.5，因此中位数在第三组，采用下限公式计算中位数：

$$M_e = L + \frac{\frac{\sum_{i=1}^{n} f_i}{2} - S_{m-1}}{f_m} \times d = 2\,000 + \frac{\frac{50}{2} - 21}{20} \times 500 = 2\,100(\text{件})$$

如果采用向下累计次数确定中位数所在组后，可采用上限公式计算中位数：

$$M_e = U - \frac{\frac{\sum_{i=1}^{n} f_i}{2} - S_{m+1}}{f_m} \times d = 2\,500 - \frac{\frac{50}{2} - 9}{20} \times 500 = 2\,100(\text{件})$$

2. 中位数的特点

(1) 中位数是一个位置平均值，其数值大小不受极端数值影响，因此具有稳健性特点。

(2) 中位数的另一个特征是：各变量值与中位数的离差绝对值之和最小，即：

$$\sum_{i=1}^{n} |x_i - M_e| = \min \text{ 或者 } \sum_{i=1}^{n} |x_i - M_e| f_i = \min$$

利用中位数的这一性质，能解决实际中的一些线路安排问题，如铺设通信线路，可用中位数来决定总控制室的位置，使其到各分点的距离之和为最短，从而节省原材料及费用。

(3) 对于某些不具有数学特点或者不能用数字观测的现象，可以用中位数确定其一般水平。

四、几种平均数的比较

(一) 算术平均数、调和平均数与几何平均数

如果不研究算术平均数、调和平均数与几何平均数的实际应用条件，仅从数学角度去分析三者之间的数量关系，针对同样的数据资料，同时采用这三种算法计算平均数，可以证明，三者

之间的数量关系为：$\overline{x_H} \leqslant \overline{x_G} \leqslant \bar{x}$，当且仅当所有变量值都相等时三者相等。

证明如下：

设有两个变量值 x_1, x_2，因为 $(\sqrt{x_1}-\sqrt{x_2})^2 = x_1 + x_2 - 2\sqrt{x_1 x_2} \geqslant 0$

所以 $\frac{x_1+x_2}{2} \geqslant \sqrt{x_1 x_2}$，即 $\bar{x} \geqslant \overline{x_G}$

又因为 $\frac{x_1+x_2}{2} \geqslant \sqrt{x_1 x_2} = \frac{x_1 x_2}{\sqrt{x_1 x_2}}$；即 $\frac{x_1+x_2}{2} \geqslant \frac{x_1 x_2}{\sqrt{x_1 x_2}}$；

两边同时乘以 $\frac{2\sqrt{x_1 x_2}}{x_1+x_2}$ 得到：$\sqrt{x_1 x_2} \geqslant \frac{2x_1 x_2}{x_1+x_2} = \frac{2}{\frac{1}{x_1}+\frac{1}{x_2}}$；即 $\overline{x_G} \geqslant \overline{x_H}$

因此 $\bar{x} \geqslant \overline{x_G} \geqslant \overline{x_H}$

若有 6 个数据：26、28、32、36、40、45，则可分别计算出：

$$\bar{x} = \frac{\sum_{i=1}^{n} x_i}{n} = \frac{26+28+32+36+40+45}{6} = 34.5$$

$$\overline{x_H} = \frac{n}{\sum_{i=1}^{n} \frac{1}{x_i}} = \frac{6}{\frac{1}{26}+\frac{1}{28}+\frac{1}{32}+\frac{1}{36}+\frac{1}{40}+\frac{1}{45}} \approx 33.25$$

$$\overline{x_G} = \sqrt[n]{x_1 x_2 \cdots x_n} = \sqrt[6]{26 \times 28 \times 32 \times 36 \times 40 \times 45} \approx 33.87$$

可见 $\bar{x} \geqslant \overline{x_G} \geqslant \overline{x_H}$。

（二）算术平均数、众数和中位数

算术平均数是根据所有变量值计算的集中趋势值，众数与中位数是根据数据分布形状以及变量值所处的位置确定的集中趋势值，作为集中趋势的代表值，这三种平均数的不同计算特点决定了在实际应用中应根据研究目的与数据特征来选择恰当的集中趋势测度值。在实际应用中可以把这三种平均数结合起来，通过比较三者之间的数量关系分析变量分布的特征。

1. 变量完全对称分布

在变量呈现完全对称分布，即正态分布时，算术平均数、众数和中位数三者相等，即 $\bar{x} = M_e = M_o$，如图 4 - 1 所示。

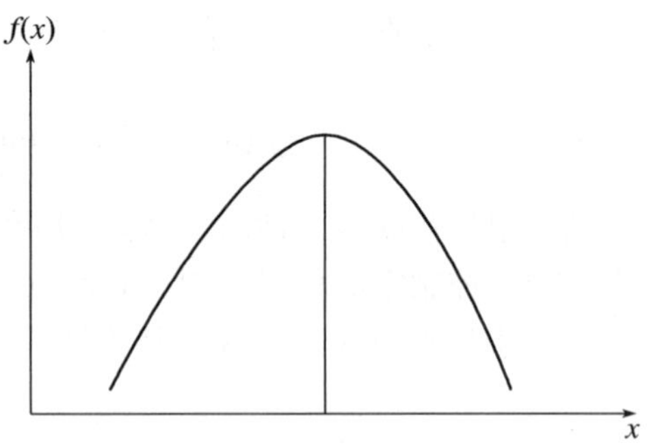

图 4 - 1　正态分布 $\bar{x} = M_e = M_o$

2. 变量不完全对称分布

当变量呈现不完全对称分布，即偏态分布时，算术平均数、众数和中位数三者存在差异，由于算术平均数容易受到极端值的影响，所以存在极大值，即变量分布表现为右偏分布时，$\bar{x} > M_e > M_o$，如图 4 - 2 所示。如果存在极小值，则变量分布表现为左偏分布，$\bar{x} < M_e < M_o$，如图 4 - 3 所示。

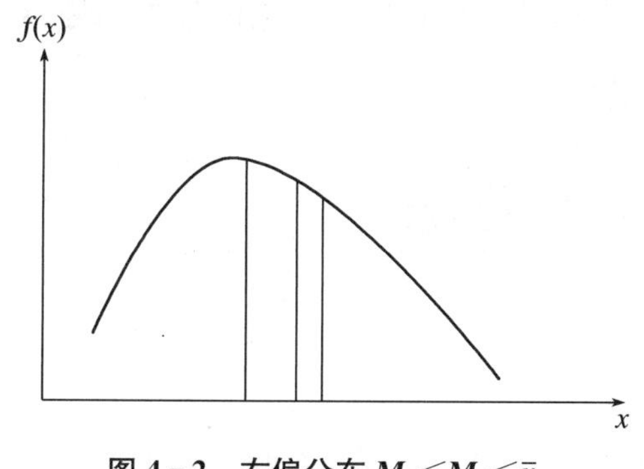

图 4-2　右偏分布 $M_o < M_e < \bar{x}$

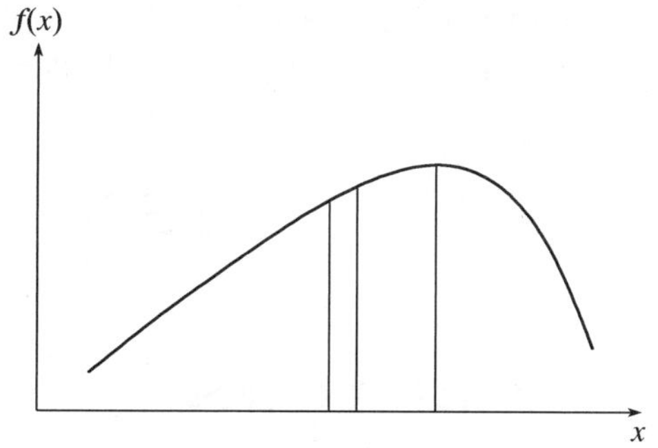

图 4-3　左偏分布 $\bar{x} < M_e < M_o$

以例 4-12，表 4-11 中的数据为例，可以计算出 50 名工人月产量的算术平均数为：

$$\bar{x} = \frac{\sum_{i=1}^{n} x_i f_i}{f_i} = \frac{1\,250 \times 8 + 1\,750 \times 13 + 2\,250 \times 20 + 2\,750 \times 6 + 3\,250 \times 3}{50} = 2\,080\ \text{件}$$

众数为：

$$M_o = L + \frac{f - f_{-1}}{f - f_{-1} + f - f_{+1}} \times d = 2\,000 + \frac{20 - 13}{20 - 13 + 20 - 6} \times 500 \approx 2\,166.67\ \text{件}$$

$\bar{x} < M_e < M_o$，50 名工人月产量分布表现为左偏分布。

3. 轻微偏态分布情况下算术平均数、众数、中位数之间的数量关系

英国统计学家卡尔·皮尔逊经过观测研究认为，在变量呈现轻微偏态分布情况下，算术平均数、众数和中位数三者存在一定的数量关系，表现为众数与算术平均数之差约等于中位数与算术平均数之差的三倍，即：$M_o - \bar{x} = 3(M_e - \bar{x})$。

根据皮尔逊的经验公式，在轻微偏态的次数分布中，如果知道算术平均数、众数和中位数三者中的两者，就可以根据三者之间的这一数量关系推算出未知平均数的近似值。

4. 算术平均数、众数和中位数的应用特点

算术平均数、众数和中位数都是用来测度数据分布集中趋势的，但由于计算方法不用，因此在具体应用时应注意以下特点。

(1) 算术平均数的应用特点

算术平均数是根据所有数据计算的，只适用于定距或定比尺度的数据，由于其包含了全部数据的信息，具有良好的数学性质，当数据分布呈现为对称分布或者接近对称分布时，算术平均数能较好地反映数据分布的集中趋势，代表性较好，但对于分布呈现偏态时，由于算术平均数受极端值影响较大，因此其代表性较差。

(2) 众数的应用特点

众数是一组数据的峰值，是根据数据的特殊位置确定的，当数据分布集中趋势明显且表现为一定的偏态时，众数在反映数据分布的集中趋势、代表性方面比算术平均数要好。众数的适用范围比较广泛，适用于定类、定序、定距、定比数据，众数不受极端值的影响。

(3) 中位数的应用特点

中位数是一组数据中间位置上的代表值，不受极端值影响，当数据分布呈现偏态时中位数比算术平均数更具有代表性，其应用范围较广，适用于定序、定距、定比数据。

一般情况下，对于接近正态分布的数据，通常是用算术平均数反映数据的集中趋势，对于偏态分布则采用众数或中位数描述数据分布的集中趋势。

第三节　标志变异指标

一、离散程度的含义

所谓离散程度是指各变量值离开中心值或代表值的程度。变量分布既有集中趋势，也有离中趋势，平均指标主要用来测度集中趋势的，但客观上变量值之间存在着差异，而平均指标将这种差异抽象化，反映的是该变量所达到的一般水平，平均指标掩盖了其差异，有时这种差异可能很大，在分析时必须反映这些差异才能对变量分布有更清晰准确的认识。比如，对甲乙两个班组的各 5 名工人进行技能测试，得到的分值如下。甲班组工人得分分别为：95，85，60，65，70；乙班组得分分别为：80，70，76，75，74。可以计算出两个班组的技能得分算术平均数均为 75，从集中趋势分析，这两个班组的均值没有差异，但从变量值分布的离散程度看，显然乙班组分布比较均匀，变量值围绕平均数上下波动，但波动幅度明显较小，此例可看出，平均数掩盖了各变量值的差异程度，因此在分析实际问题时，不仅要反映变量分布的集中趋势，还要反映离中趋势，通过离中趋势把各变量值之间的差异程度反映出来，对离散程度的描述主要是为了反映变量分布中各变量值远离中心值或代表值的情况，以便更清晰地描述变量分布的特征。

离散程度的描述主要体现三个方面的作用。

（一）反映各变量值的离中趋势

平均数是反映各变量值集中趋势的，各个变量值围绕平均数进行波动，比如，每个员工的工资总是围绕平均工资波动的，离散程度的测度主要是分析变量值远离平均数程度的，即反映变量值离中趋势的，离散程度越大，说明各变量值远离平均数的程度越大，反之则相反。

（二）可以说明平均指标的代表程度

平均指标是用于描述变量值集中趋势和一般水平的，作为总体各单位数量特征的代表值，其代表性的高低随着变量值的离散程度不同而有所差别，如果离散程度弱，则说明平均数的集中趋势明显，平均数代表性好，反之相反；离散程度的描述一般应与平均数结合运用，两者从不同的角度共同反映变量分布特征。

（三）可以测定现象变动的均衡性或稳定性

通过离散程度的测度可用以说明现象变动的均匀性与稳定性，如研究城镇居民居住水平时，可以通过离散程度的测度反映各类居民居住水平的差异程度，如果现象数量变动比较均衡或稳定，则离散程度不明显，反之，离散程度较强。

二、离散程度的描述方法

描述数据分布离散程度的指标称为标志变异指标，主要种类有全距、四分位差、异众比率、平均差、标准差、离散系数等。

（一）全距

全距(R)，也称极差，是一组数据的最大值与最小值之差。全距愈大则说明变量值离散程度愈大，反之则愈小。全距是测度变量值离散程度最简单的方法，其计算公式可以写为：

$$R=x_{\max}-x_{\min}$$

如有7名工人，某天所加工的产品数量分别为26，25，33，42，37，30，29件，则工人日产量的全距为：$R=x_{\max}-x_{\min}=42-25=17$件。

对于组距数列，全距可以用最大组的上限减去最小组的下限进行近似计算，此时全距是个近似值。

全距比较直观，容易理解，在实际中有一定的应用，比如在企业生产中，产品质量性能等方面数量特征往往有合理的波动范围，可以通过全距的计算分析生产的稳定性，但由于全距在计算中只考虑极端值，只反映极大值与极小值的差距，对中间变量值的差异没有全面反映，因此在测度离散程度时比较粗略，不能全面反映变量值的离中趋势及平均数的代表性。

（二）四分位差

将一组数据由小到大有序排列后，平均分为四等分，需要三个分割点，分别用Q_1、Q_2、Q_3表示，三个分割点Q_1、Q_2、Q_3的位置可以分别根据$\frac{n+1}{4}$、$\frac{n+1}{2}$、$\frac{3(n+1)}{4}$确定，这三个分割点对应的数值称之为四分位数，其中第二个分位数Q_2为中位数。所谓四分位差就是指数列第三个分割点与第一个分割点之差，用公式可表示为：

$$Q_D=Q_3-Q_1$$

四分位差代表了第一个四分位数Q_1到第三个四分位数Q_3之间的距离，如果把这个距离分成两半，则一半代表了$Q1$到$Q2$(即中位数)的距离，另一半代表了$Q2$(即中位数)与$Q3$的距离。如有9名工人，某天所加工的产品数量分别为25，26，28，29，30，31，32，34，37件，则Q_1的位置为$\frac{n+1}{4}=\frac{9+1}{4}=2.5$，对应的$Q_1$值为$\frac{26+28}{2}=27$；$Q_3$的位置为$\frac{3(n+1)}{4}=\frac{3\times(9+1)}{4}=7.5$，对应的$Q_3$值为$\frac{32+34}{2}=33$；则四分位差为：

$Q_D=Q_3-Q_1=33-27=6$(件)

实际上，四分位差就是用一组数据中舍弃数据中最高与最低的各1/4的剩余数据的全距来说明数据的离散程度的，反映的是集中在数列中间的50%的数据的集中程度，四分位差愈小说明数据的集中趋势愈明显，离散程度愈小，反之则相反。对于组距式数列可以参考相关公式近似计算四分位差。四分位差主要用于描述定序数据的离散程度，也可以描述数值型数据的离散程度，但不适合于定类数据。

（三）异众比率

异众比率(V_r)，又称离异比率或变差比，是指非众数组的次数占总次数的比率，异众比率主要用于衡量众数对一组数据的代表程度，异众比率越大，说明非众数组的频数占总频数的比重越大，数据分布的集中趋势越不明显，离散程度越大，众数的代表性就越差；异众比率越小，说明非众数组的频数占总频数的比重越小，数据分布的集中趋势越加明显，离散程度越小，众数的代表性越好。计算公式如下：

$$V_r=1-\frac{f_{m_o}}{\sum_{i=1}^{n}f_i} \qquad (4-21)$$

式中，V_r 为异众比率，f_{m_o} 为众数所在组次数，$\sum_{i=1}^{n} f_i$ 为各组次数合计。

【例 4-13】 某车间工人按日产量分组形成的单项式数列如表 4-12 所示，试计算异众比率。

表 4-12 车间工人按日产量分组表

按日产量(件)分组	工人数(人)
30	2
32	6
34	10
36	5
40	4
46	3
合计	30

则异众比率为：$V_r = 1 - \frac{f_{m_o}}{\sum_{i=1}^{n} f_i} = 1 - \frac{10}{30} \approx 0.67$

(四) 平均差

平均差(AD)是各变量值与其算术平均数离差的绝对值的算术平均数，反映的是各变量值对其算术平均数的平均差异程度。由于各变量值与其算术平均数的离差的代数和为零，平均差采用对离差取绝对值的方法消除离差的正负抵消的影响，平均差愈大说明各变量值与算术平均数的差异愈大，变量值的离散程度愈大，集中趋势愈不明显，平均数的代表性愈差。反之则相反。根据数据资料的不同，平均差的计算有简单和加权两种形式。

1. 简单形式

对于未分组数据计算平均差，采用简单形式计算，其计算公式为：

$$A.D = \frac{\sum_{i=1}^{n} |x_i - \bar{x}|}{n} \tag{4-22}$$

【例 4-14】 某班组 5 名工人，某月产量分别为 320，380，430，470，520 件，这 5 名工人月产量平均差的计算如表 4-13 所示。

表 4-13 5 名工人月产量平均差计算表

月产量(件)x_i	离差 $x_i - \bar{x}$	$\lvert x_i - \bar{x} \rvert$
320	−104	104
380	−44	44
430	6	6
470	46	46
520	96	96
2 120	—	296

平均月产量为：$\bar{x}=\dfrac{\sum_{i=1}^{n}x_i}{n}=\dfrac{2\,120}{5}=424$(件)

月产量的平均差为：$A.D=\dfrac{\sum_{i=1}^{n}|x_i-\bar{x}|}{n}=\dfrac{296}{5}=59.2$(件)

计算结果表明每个工人月产量与平均产量之间平均相差 59.2 件。

2. 加权形式

对于经过分组形成的变量数列则采用加权形式计算平均差，其计算公式为：

$$A.D=\frac{\sum_{i=1}^{n}|x_i-\bar{x}|f_i}{\sum_{i=1}^{n}f_i} \tag{4-23}$$

【例 4-15】 某车间 30 名工人，按月产量(件)分组形成的分布数列如表 4-14 所示，试计算工人月产量的平均差。

表 4-14　工人按月产量分组及平均差计算表

按月产量(件)分组 x_i	各组工人数 f_i	$x_i f_i$	离差 $x_i-\bar{x}$	$\|x_i-\bar{x}\|f_i$
360	3	1 080	−102.67	308.01
420	7	2 940	−42.67	298.69
480	15	7 200	17.33	260.00
520	4	2 080	57.33	229.33
580	1	580	117.33	117.33
合计	30	13 880	—	1 213.37

根据表 4-14 数据计算，平均月产量为：$\bar{x}=\dfrac{\sum_{i=1}^{n}x_i f_i}{\sum_{i=1}^{n}f_i}=\dfrac{13\,880}{30}\approx 462.67$(件)

月产量的平均差为：$A.D=\dfrac{\sum_{i=1}^{n}|x_i-\bar{x}|f_i}{\sum_{i=1}^{n}f_i}=\dfrac{1\,213.37}{30}\approx 40.45$(件)

计算结果表明每个工人月产量与平均月产量之间平均相差 40.45 件。

平均差以算术平均数为中心，反映了每个数据与算术平均数的平均离差程度，它能全面准确地反映一组数据的离散状况。但由于平均差采用对离差取绝对值的方法消除离差的正负抵消的影响，不符合代数运算特点，不利于数据的进一步处理，因此在实际中应用较少。

(五) 标准差

标准差(σ)是总体中各单位变量值与算术平均数的离差平方的算术平均数的平方根，又称为均方差，均方根差。标准差的平方即为方差，方差是各变量值与其算术平均数离差平方的平均数，标准差是方差的平方根。标准差是测定变量值离散程度最主要的指标，标准差的实质与平均差基本相同，考虑到所有变量值的变异情况，只是在数学处理方法上与平均差不同，平均差是用取绝对值的方法消除离差的正负号，然后用算术平均的方法求出平均离差；而标准差是用平方的方法消除离差的正负号，然后对离差的平方计算算术平均数，并开方求出标准差。由于标准差的量纲与算术平均数一致，因此在反映变量值离中趋势时，标准差应用比较广泛，标准差愈大说明各变量值与算术平均数的差异愈大，变量值的离中程度愈强，集中趋势愈不明显，平均数的代表性愈差。反之则相反。根据掌握的资料不同，标准差的计算也有简单和加权两种形式，计算公式如下：

1. 简单形式

未分组数据标准差计算公式为：

$$\sigma = \sqrt{\frac{\sum_{i=1}^{n}(x_i - \bar{x})^2}{n}} \tag{4-24}$$

【例 4-16】 某班组 6 名工人，某日所加工产品的产量分别为 32，36，38，40，48，52 件，这 6 名工人日产量标准差的计算如表 4-15 所示：

表 4-15　6 名工人日产量标准差计算表

日产量(件)x_i	离差 $x_i - \bar{x}$	$(x_i - \bar{x})^2$
32	−9	81
36	−5	25
38	−3	9
40	−1	1
48	7	49
52	11	121
246	—	286

6 名工人平均日产量为：$\bar{x} = \frac{\sum_{i=1}^{n} x_i}{n} = \frac{246}{6} = 41$(件)

工人日产量的标准差为：$\sigma = \sqrt{\frac{\sum_{i=1}^{n}(x_i - \bar{x})^2}{n}} = \sqrt{\frac{286}{6}} \approx 6.90$(件)

计算结果表明每个工人日产量与平均日产量之间平均相差 6.90 件。

2. 加权形式

根据分组数据计算标准差，应采用加权形式，其计算公式为：

$$\sigma = \sqrt{\frac{\sum_{i=1}^{n}(x_i - \bar{x})^2 f_i}{\sum_{i=1}^{n} f_i}} \tag{4-25}$$

【例 4-17】 某车间 36 名工人，按日产量分组如表表 4-16 所示，试计算 36 名工人日产量的标准差。

表 4-16　工人按日产量分组及标准差计算表

按日产量(件)分组	组中值 x_i	各组工人数 f_i	$x_i f_i$	离差 $x_i-\bar{x}$	$(x_i-\bar{x})^2 f_i$
20～30	25	2	50	−19.17	734.72
30～40	35	10	350	−9.17	840.28
40～50	45	16	720	0.83	11.11
50～60	55	5	275	10.83	586.81
60～70	65	3	195	20.83	1 302.08
合计	—	36	1 590	—	3 475.00

根据表 4-16 数据，36 名工人的平均日产量为：

$$\bar{x}=\frac{\sum_{i=1}^{n} x_i f_i}{\sum_{i=1}^{n} f_i}=\frac{1\,590}{36}\approx 44.17(\text{件})$$

36 名工人日产量的标准差为：

$$\sigma=\sqrt{\frac{\sum_{i=1}^{n}(x_i-\bar{x})^2 f_i}{\sum_{i=1}^{n} f_i}}=\sqrt{\frac{3\,475.00}{36}}\approx 9.82(\text{件})$$

计算结果表明每个工人日产量与平均日产量之间平均相差 9.82 件。

3. 标准差的简捷算法

简单形式的简捷算法：

$$\sigma=\sqrt{\frac{\sum_{i=1}^{n}(x_i-\bar{x})^2}{n}}=\sqrt{\frac{\sum_{i=1}^{n} x_i^2-2\bar{x}\sum_{i=1}^{n} x_i+n\bar{x}^2}{n}}=\sqrt{\frac{\sum_{i=1}^{n} x_i^2}{n}-\bar{x}^2}$$

同理可得加权形式的简捷算法：

$$\sigma=\sqrt{\frac{\sum_{i=1}^{n}(x_i-\bar{x})^2 f_i}{\sum_{i=1}^{n} f_i}}=\sqrt{\frac{\sum_{i=1}^{n} x_i^2 f_i}{\sum_{i=1}^{n} f_i}-\bar{x}^2}$$

即标准差为变量值平方的算术平均数与变量值算术平均数的平方之差的平方根。以表 4-16 数据为例，采用简捷算法计算 36 名工人日产量标准差如表 4-17 所示。

表 4－17　工人日产量标准差简捷法计算表

按日产量(件)分组	组中值 x_i	各组工人数 f_i	$x_i f_i$	$x_i^2 f_i$
20～30	25	2	50	1 250
30～40	35	10	350	12 250
40～50	45	16	720	32 400
50～60	55	5	275	15 125
60～70	65	3	195	12 675
合计	—	36	1 590	73 700

36 名工人日产量的标准差为：

$$\sigma=\sqrt{\frac{\sum_{i=1}^{n}x_i^2 f_i}{\sum_{i=1}^{n}f_i}-\bar{x}^2}=\sqrt{\frac{73\,700}{36}-\left(\frac{1\,590}{36}\right)^2}\approx 9.82(\text{件})$$

如果一组数据反映的是总体各单位的数量特征，则根据数据资料是否经过整理分别采用上述简单或加权形式计算标准差。如果是样本数据，为了使样本标准差成为总体标准差的无偏估计量，失去一个自由度(统计学上的自由度是指当以样本的统计量来估计总体的参数时，样本中能自由变化的变量值个数，称为该统计量的自由度。)，即样本标准差计算公式中根号下的分母应是样本容量减 1，即 $n-1$ 或者 $\sum_{i=1}^{n}f_i-1$。

$$\sigma=\sqrt{\frac{\sum_{i=1}^{n}(x_i-\bar{x})^2}{n-1}}(\text{简单形式})$$

或者，

$$\sigma=\sqrt{\frac{\sum_{i=1}^{n}(x_i-\bar{x})^2 f_i}{\sum_{i=1}^{n}f_i-1}}(\text{加权形式})$$

在实际应用中，如果知道是样本数据，但在大样本($n\geqslant30$)情况下，一般也可用总体标准差公式近似计算。

4. 标准差与全距、平均差的比较

在数据分布接近正态分布时，经验表明，全距 R 约为标准差 σ 的 4 至 6 倍。具体表现为：数据较少时，$R\approx4\sigma$；数据较多时，$R\approx6\sigma$。

标准差与平均差的关系为：针对同一资料计算，标准差一般比平均差要大，即 $\sigma\geqslant AD$。

(六) 离散系数

由于全距、四分位差、平均差以及标准差的量纲与平均数一致，其数值的大小不仅受各变量值差异程度的影响，而且受到变量值本身水平高低的影响，因此当所对比的两个变量数列的水平高低不同或者比较不同总体或样本数据的离散程度时，就不能采用全距、四分位差、平均差或标准差进行直接对比分析，必须消除数列水平高低的影响，这时就要计算离散系数，离散系数越小说明平均数代表性越好，反之则相反。它是通过离散程度描述中的全距、四分位差、平均差或标准差与平均数对比得到的，因而有全距系数、四分位差系数、平均差系数和标准差系数。常用的是标准差系数，是一组数据的标准差与其相应的算术平均数之比，是描述数据离散程度的相对数形式，其计算公式为：

$$v_\sigma=\frac{\sigma}{\bar{x}}\times100\% \tag{4-26}$$

【例 4－18】 调查甲、乙两个企业从业人员的月收入情况，数据结果整理、计算，结果如表 4－18 所示，试分析哪个企业的平均月收入更具有代表性？

表 4－18　甲、乙两个企业从业人员的收入情况表

企业	平均月收入(元)	标准差(元)
甲	3 780	369.58
乙	4 500	393.44

如果根据标准差判断，由于甲企业月收入标准差小于乙企业，可以得出甲企业月平均收入更具有代表性，但这样的分析是不全面的，应该进一步计算标准差系数进行分析，可以得出甲乙两个企业月收入的标准差系数分别为：

$$v_{\sigma甲}=\frac{\sigma}{\bar{x}}\times100\%=\frac{369.58}{3\ 780}\times100\%\approx9.78\%$$

$$v_{\sigma乙}=\frac{\sigma}{\bar{x}}\times100\%=\frac{393.44}{4\ 500}\times100\%\approx8.74\%$$

由于 $v_{\sigma甲}>v_{\sigma乙}$，故乙企业的平均月收入更具有代表性。

第四节　偏态与峰度的描述

一、描述偏态与峰度的目的

通过集中趋势与离散程度的测度可以了解数据分布的基本特征，如果知道数据呈现正态分布，那么通过均值与方差就可以确定其具体分布了，但如果数据分布形态未知，就需要全面了解数据分布的形状与特点，此时，不仅需要通过均值与方差等反映数据分布的集中趋势与离散程度，还需要分析数据分布是否对称、偏斜程度以及分布的扁平程度等，这就需要设计相应指标描述偏态与峰度。

二、偏态及其描述

偏态是描述数据分布的偏斜方向和程度的，根据本章第二节内容，同一组数据，可以通过算术平均数、众数、中位数大小的比较大致判断数据的分布类型，当算术平均数、众数和中位数三者相等，即$\bar{x}=M_e=M_o$，数据呈现完全对称分布，即正态分布；当$\bar{x}>M_e>M_o$ 时为右偏分布；当$\bar{x}<M_e<M_o$ 时则为左偏分布。这是通过算术平均数、众数和中位数分析分布的偏斜方

向，如果要进一步定量描述数据分布的偏斜方向和程度，则主要是用偏态系数(skewness)指标来描述，偏态系数的计算方法又多种，常用的有以下两种：

(一) 算术平均数与众数比较法

具体可通过计算算术平均数与众数的距离来描述数据分布的偏斜程度。

$$偏态=\bar{x}-M_o$$

偏态与原有数据计量单位相同，如果比较两组不同量纲的数据，用偏态无法直接比较，此时可以通过标准差对偏态进行无量纲化处理，即计算偏态的相对数形式，称为偏态系数，用SK_p表示，其计算形式为：

$$SK_P=\frac{\bar{x}-M_o}{\sigma} \tag{4-27}$$

一般情况下，偏态的相对数形式取值范围为(−3　3)之间，具体判断标准是：$SK_P>0$时为右偏分布，$SK_P<0$时为左偏分布，$SK_P=0$为对称分布；SK_P的绝对值越趋向于3说明变量分布的偏斜程度越大，越趋向于0说明变量分布越趋向于对称分布。

在计算偏态系数时，如果众数不易计算，可用中位数代替，即：

$$SK_P=\frac{\bar{x}-M_e}{\sigma} \tag{4-28}$$

(二) 动差法

动差又称矩，可用来说明数据次数分布的特征。一般取数据中的a点为中心，所有数据与a之差的k次方的平均数$\frac{\sum_{i=1}^{n}(x_i-a)^k}{n}$称为数据$x_i$关于$a$的$k$阶动差($k$阶矩)。

当$a=0$时，即数据以原点为中心，上式称为原点k阶动差(矩)；

当$a=\bar{x}$时，即数据以算术平均数为中心，上式称为中心k阶动差(矩)；

动差法描述数据分布的偏斜程度一般是以中心3阶动差(矩)进行测定，通过标准差对3阶动差进行无量纲化处理，进而计算偏态系数。根据数据是否经过整理，偏态系数的计算公式有简单形式与加权形式两种。

1. 简单形式

$$SK=\frac{\sum_{i=1}^{n}(x_i-\bar{x})^3}{\sigma^3 n} \tag{4-29}$$

式中，SK为偏态系数，σ^3为标准差的三次方。

2. 加权形式

$$SK=\frac{\sum_{i=1}^{n}(x_i-\bar{x})^3 f_i}{\sigma^3\sum_{i=1}^{n}f_i} \tag{4-30}$$

可以根据计算出的偏态系数的大小、符号方向判断数据分布的偏态情况，具体判断如下：$SK=0$时为对称分布；$SK>0$时为右偏分布；$SK<0$时为左偏分布。

【例4-19】 调查某地60户家庭，按储蓄存款额分组，试用动差法计算偏态系数(如表4-19所示)。

表 4－19　动差法偏态系数计算表

按储蓄存款额（万元）分组	组中值 x_i	各组家庭数（户）f_i	$x_i f_i$	离差 $x_i-\bar{x}$	$(x_i-\bar{x})^2 f_i$	$(x_i-\bar{x})^3 f_i$
10 以下	5	6	30	－18	1 944	－34 992
10—20	15	18	270	－8	1 152	－9 216
20—30	25	21	525	2	84	168
30—40	35	12	420	12	1 728	20 736
40 以上	45	3	135	22	1 452	31 944
合计	—	60	1 380	—	6 360	8 640

60 户家庭的平均储蓄存款额为：$\bar{x}=\dfrac{\sum_{i=1}^{n}x_i f_i}{\sum_{i=1}^{n}f_i}=\dfrac{1\,380}{60}=23$（万元）

60 户家庭储蓄存款额的标准差为：

$$\sigma=\sqrt{\frac{\sum_{i=1}^{n}(x_i-\bar{x})^2 f_i}{\sum_{i=1}^{n}f_i}}=\sqrt{\frac{6\,360}{60}}\approx 10.30\text{（万元）}$$

则偏态系数为：$SK=\dfrac{\sum_{i=1}^{n}(x_i-\bar{x})^3 f_i}{\sigma^3\sum_{i=1}^{n}f_i}=\dfrac{8\,640}{10.30^3\times 60}\approx 0.13$

计算结果说明 60 户家庭储蓄存款额分布为轻微右偏分布。

三、峰度及其描述

峰度（kurtosis）是分布集中趋势高峰的形状，通常是与正态分布曲线相比较来描述数据分布曲线顶端的平峰或尖峰程度。即峰度是用来测度数据分布的曲线与正态分布曲线相比，是尖顶，还是平顶，其尖顶以及平顶的程度如何，如图 4－4 所示。

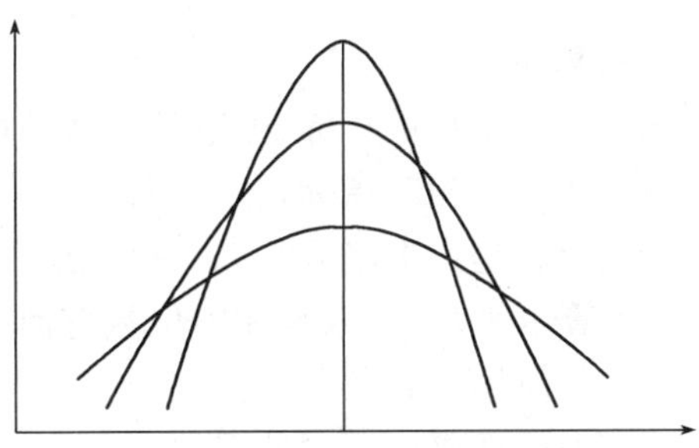

图 4－4　尖顶、正态以及平顶分布图

描述峰度，往往以中心 4 阶动差为基础进行，将 4 阶动差的数值，除以标准差的 4 次方，转化为相对数，就是峰度的描述值，即峰度系数，根据数据资料是否经过整理，其计算公式有简单与加权两种形式。

1. 简单形式

$$K=\frac{\sum_{i=1}^{n}(x_i-\bar{x})^4}{\sigma^4 n} \qquad (4-31)$$

式中，K 为偏态系数，σ^4 为标准差的四次方。

2. 加权形式

$$K=\frac{\sum_{i=1}^{n}(x_i-\bar{x})^4 f_i}{\sigma^4\sum_{i=1}^{n} f_i} \tag{4-32}$$

由于正态分布的峰度系数为 3，因此当 $K>3$ 时为尖峰分布，当 $K<3$ 时为平峰分布。

经验表明，当峰度系数接近于 1.8 时，则数据分布曲线趋向于一条水平线；当峰度系数小于 1.8 时，为 U 型曲线。

【例 4-20】 以表 4-19 数据为例，计算 60 户家庭储蓄存款额的峰度系数为：

$$K=\frac{\sum_{i=1}^{n}(x_i-\bar{x})^4 f_i}{\sigma^4\sum_{i=1}^{n} f_i}=\frac{1\ 655\ 520}{10.30^4\times 60}\approx 2.45$$

所计算的峰度系数小于 3，说明 60 户家庭储蓄存款额为平峰分布。

描述偏态与峰度时应注意，在用动差法计算偏态系数与峰度系数时，对所考察的对象按总体公式测度其方差与标准差。实际应用中，偏态与峰度主要用于检查样本的分布是否正态，从而来判断总体的分布是否接近于正态分布，如果样本的偏态接近于 0 而峰度接近于 3，就可以推断总体的分布是接近于正态分布的。

第四章小结与阅读资料

思考与练习

一、思考题

1. 什么是总量指标，可以从哪些角度分类？
2. 什么是相对指标，有哪些种类？
3. 什么是集中趋势？如何描述集中趋势？
4. 算术平均数、众数和中位数有何关系？
5. 如何描述离散程度？
6. 为什么要计算离散系数？

二、单项选择题

1. 总量指标大小(　　)。

A. 随总体范围扩大而增大　　B. 随总体范围扩大而减小

C. 随总体范围缩小而增大　　D. 与总体范围大小无关

2. 假设计划任务数是五年计划中规定最后一年应达到的水平，计算计划完成程度相对数可采用(　　)。

A. 累计法　　B. 水平法

C. 简单平均法　　D. 加权平均法

3. 某地 2015 年金融业增加值为房地产业增加值的 139.8%，该相对指标为(　　)。

A. 比较相对指标　　B. 结构相对指标

C. 比例相对指标　　D. 强度相对指标

4. 权数对算术平均数的影响作用，实质上取决于(　　)。

A. 作为权数的各组单位数占总体单位数比重的大小

B. 各组标志值占总体标志总量比重的大小

C. 标志值本身的大小

D. 标志值数量的多少

5. 由组距式数列确定众数时，如果众数组相邻两组的次数相等，则(　　)。

A. 众数为零　　B. 众数组的组中值就是众数

C. 众数不能确定　　D. 众数组的组限就是众数

6. 某车间有三个班生产同种产品，5 月份劳动生产率分别为 20、30、40(件/工日)，产量分别为 4 000、5 000、6 000 件，则该车间平均劳动生产率计算式应为(　　)。

A. $\frac{20+30+40}{3}=30$

B. $\frac{20\times 4\,000+30\times 5\,000+40\times 6\,000}{4\,000+5\,000+6\,000}=31.33$

C. $\sqrt[3]{20\times 30\times 40}\approx 28.84$

D. $\frac{4\,000+5\,000+6\,000}{\frac{4\,000}{20}+\frac{5\,000}{30}+\frac{6\,000}{40}}\approx 29.03$

7. 某企业 2015 年管理人员月均收入 6 000 元，生产人员为 4 200 元；2016 年各类人员月均收入水平不变，但管理人员增加 15%，生产人员增加 25%，则两类人员平均的月收入 2016 年比 2015 年(　　)。

A. 提高　　B. 下降　　C. 持平　　D. 无法判断

8. 已知企业员工的平均年龄为 31.2 岁，其中 33 岁的人数最多，则该分布属于(　　)。

A. 正偏　　B. 左偏　　C. 右偏　　D. 正态

9. 分布数列中各组变量值都减少$\frac{1}{3}$，每组次数加 2 倍，中位数(　　)。

A. 减少$\frac{1}{3}$　　B. 增加 2 倍　　C. 增加 3 倍　　D. 不变

10. 已知甲数列的均值为 1 000，标准差为 112；乙数列的均值为 135，标准差为 36。由此可以断言(　　)。

A. 乙数列均值的代表性好于甲数列

B. 甲数列均值的代表性好于乙数列

C. 两数列均值的代表性相同

D. 两数列均值的代表性无法比较

三、多项选择题

1. 下列属于总量指标的是(　　)。

A. 人均国内生产总值　　B. 商业网点密度　　C. 商品库存量
D. 进出口总额　　E. 工资总额

2. 时期指标的特点是数值(　　)。

A. 可以直接相加　　B. 与时期长短无关　　C. 与时期长短有关
D. 可以连续计数　　E. 只能间断计数

3. 下列指标属于相对指标的是(　　)。

A. 某地区平均每人月生活费 2 162 元
B. 某地区人口出生率 16.28‰
C. 某地区粮食总产量 6 000 万吨
D. 某产品产量计划完成程度为 106.72%
E. 某地区全员劳动生产率为 82 960 元/人

4. 下列属于结构相对指标的是(　　)。

A. 大学生占全部学生的比重
B. 某年人均消费额
C. 某年积累额占国民收入的比重
D. 国有企业从业人员占从业人员总数的比重
E. 某工业产品产值比上年增长的百分比

5. 平均指标的种类有(　　)。

A. 算术平均数　　B. 众数　　C. 中位数
D. 调和平均数　　E. 几何平均数

6. 加权算术平均数的大小受哪些因素的影响(　　)。

A. 受各组频率和频数的影响
B. 受各组标志值大小的影响
C. 受各组标志值和权数的共同影响
D. 只受各组标志值大小的影响
E. 只受权数的大小的影响

7. 在什么条件下,加权算术平均数等于简单算术平均数(　　)。

A. 各组次数相等　　B. 各组变量值不等
C. 变量数列为组距数列　　D. 各组次数都为 1
E. 各组次数占总次数的比重相等

8. 数据集中趋势的描述值中,不受极端值影响的是(　　)。

A. 算术平均数　　B. 调和平均数　　C. 中位数
D. 几何平均数　　E. 众数

9. 下列现象应采用调和平均数计算的有(　　)。

A. 已知各组工人月工资和相应的工资总额,求平均工资
B. 已知某企业各车间废品率和废品量,求平均废品率
C. 已知各车间计划完成百分比和计划产量,求平均计划完成百分比

D. 已知各车间工人劳动生产率和产品产量，求平均工人劳动生产率

E. 已知某企业各产品的产量和单位成本，求平均单位成本

10. 下列离散程度描述值中，用无名数表示的有(　　)。

A. 全距　　B. 平均差　　C. 标准差

D. 平均差系数　　E. 标准差系数

四、计算题

1. 某企业按规定，本年单位成本应在上年 1 860 元基础上降低 80 元，实际较上年降低 100 元，试求单位成本降低计划完成程度。同时又知该企业本年劳动生产率计划要求比上年提高 10%，本年实际执行结果比上年提高了 15%，试求劳动生产率计划完成程度。

2. 甲、乙两地区 2014、2015 年有关产品产量、人口数资料如下：

	甲地区		乙地区	
	2014 年	2015 年	2014 年	2015 年
粮食产量(万吨)	3 493.05	3 553.11	3 325.63	3 376.89
钢材产量(万吨)	8 100.54	8 645.67	2 097.26	2 323.20
年末人口(万人)	8 060.33	8 110.73	6 441.75	6 437.55

根据上述资料试计算全部可以计算的相对数，并指出是属于哪一种相对数，并对甲、乙两地区的粮食、钢材生产情况作分析说明。

3. 某公司所属三个企业生产同种产品，某年实际产量、产量计划完成情况及产品优质品率资料如下：

企　业	实际产量(万件)	完成计划(%)	优质品率(%)
甲	18	112	98
乙	27	116	96
丙	45	92	95

试计算：(1) 该公司产量计划完成百分比；

(2) 该公司优质品率。

4. 观察某地两农贸市场，某日某产品不同等级的有关单价及成交资料如下：

等级	单价 (元/千克)	甲市场销售额 (万元)	乙市场销售量 (万千克)
一	26	20.8	1
二	22	13.2	0.8
三	20	20.0	0.6

试计算比较两个市场该产品平均价格的高低，并说明理由。

5. 某产品的生产需经过 11 道工序，根据各工序质量检测情况，经过整理得到如下数据：有 5 道工序不合格率为 1%，3 道工序不合格率为的 2%，2 道工序不合格率为 2.5%，1 道工序

不合格率为3%,求该产品11道工序的平均不合格率。

6. 某车间工人日生产零件分组资料如下：

按日加工零件(个)分组	工人数(人)
40～50	10
50～60	26
60～70	45
70～80	32
80～90	7
合　计	120

要求:(1) 计算日加工零件的众数、中位数和均值；

(2) 说明该数列的分布特征。

7. 某种农作物的两个不同优良品种,分别在5个田块上试种,其播种面积及产量资料如下表所示：

A品种		B品种	
田块面积(亩)	产量(公斤)	田块面积(亩)	产量(公斤)
13	9 000	16	11 500
12	7 950	14	9 880
10	6 250	11	7 460
8	5 400	10	5 820
7	4 200	9	4 820

要求:(1) 分别计算两品种的平均亩产量；

(2) 计算两品种亩产量的标准差和标准差系数；

(3) 假定生产条件相同,确定哪一品种具有较大稳定性与推广价值。

8. 某商业连锁企业有50个门店,某月销售额资料如下,试用动差法计算偏度系数和峰度系数,并说明其偏斜程度和峰度情况。

按月销售额(万元)分组	门店数(个)
100～120	5
120～140	12
140～160	18
160～180	9
180～200	6

第五章　抽样推断

【学习目标】

1. 要求掌握抽样推断中的基本原理和方法，能够利用样本资料推断总体指标；

2. 重点掌握抽样平均误差的计算、简单随机抽样下总体参数的区间估计及简单随机抽样下样本单位数的计算；

3. 了解假设检验的意义、显著性水平及其在假设检验中的作用和假设检验的程序，并能应用假设检验方法解决实际问题；

4. 了解单因素方差分析的基本原理与方法。

引导案例

某食品厂，每 8 小时一班可以生产 8 000 盒糕点。小李作为车间的质检员，负责监控盒内所装糕点的重量。按包装盒上标明的净重，每盒的净重应该是 168 克。但是由于流水线的快速运转，每盒糕点的重量在 168 克上下浮动。如果在包装过程中出现问题，那么盒装糕点的重量就会严重偏离 168 克，不符合生产标准。当然小王可以组织车间工人逐一检查每盒糕点的重量，但是这样需花费大量的时间，而且效率低，成本高。于是小李通过抽样的方法来判断生产过程是否处于正常状态。抽取若干盒糕点组成样本，对样本中的每一盒糕点逐一称重，然后计算得到样本均值$\bar{x}$。通过样本均值等资料，以一定的概率保证程度进一步计算估计全部盒装糕点的净重的均值范围，检查是否符合生产要求(注意：在这一过程中，根据样本计算出的样本均值本身并无多大意义)。然后，小李就可以做出是否继续生产，还是调整或停止生产的判断，供厂长决策参考。当然，小李也可以这样判断：如果总体的真实均值$\bar{x}$为 168 克，那么，随机抽样得到$\bar{x}$的概率有多大，然后根据这个概率做出是继续生产，还是调整或停止生产的判断。

引例思考：科学运用抽样估计的有关知识，会给人们的工作带来极大的帮助。通过本章的学习，想必你一定能学会如何进行统计推断。

第一节　抽样推断概述

一、抽样推断

抽样推断作为一种社会实践，已有几千年的历史，而作为一门科学的理论方法，却是从 1895 年开始的，历经 30 年的激烈争论，于 1925 年后才逐步得到国际社会的广泛公认。其代表人物是挪威的凯尔(Anders Niscolai Kiaer)。他对抽样推断的贡献,无论是在实践方面还是理论方面,就当时的条件而言,都是十分卓越的。正如马来西亚统计学家尤葆生(You Poh Seng)在《抽样理论与实践发展的历史的考察》一文中评价的那样:"凯尔的工作,可以视为统计学史上的一个转折点。他是离开人口普查而用抽样方法收集社会资料的第一人,并为抽样理论奠定了基础。"

从历史发展过程看,抽样推断在国内外被广泛应用于社会问题、经济问题、民意测验及自然科学等各种领域,已成为收集统计资料的最主要的方法之一。

(一) 定义

抽样推断是指依照随机原则,从总体中抽取一部分单位进行调查,并据样本信息对总体某一数量特征作出具有一定可靠程度的估计和推断,以反映总体的数量特征。

(二) 特点

1. 由局部推断全体

抽样调查是以概率论为理论依据,抽取足够多的样本单位,使样本统计量成为总体参数的较好估计量,以达到对整体的规模、水平、结构、比例等数量特征的认识。抽样调查尽管只抽取总体中的一部分单位进行调查,但是调查的目的仍在于对总体数量特征的认识。抽样调查资料如果不进行抽样推断,这种资料就将失去其应有的价值。这里存在着认识上的手段与目的之间、局部与整体之间的矛盾,这种矛盾在现实生活中是大量存在的,如对几只汽车轮胎进行里程试验,能否判断整批轮胎的质量等。如果在方法上不能解决这类问题,那么人们的认识活动就要受到限制,统计科学也很难得到发展。抽样推断原理却很好地解决了这一矛盾,它科学地论证了统计量与相应的总体参数之间存在着内在的联系,这就大大提高了统计分析的认识能力。

显然,抽样调查是以样本指标数值(样本统计量)去推断和估计总体指标数值(总体参数)。因此,抽样调查又称抽样推断或抽样估计。正是抽样调查的这一特点使其与其他非全面调查区别开来。重点调查是通过对一部分重点单位进行调查,从而了解总体的基本情况。典型调查主要任务是通过对典型单位的调查研究,达到对总体本质的认识。

抽样调查和全面调查相比,虽然目的一致,都是为了达到对总体数量特征的认识,但是达到目的的手段和途径完全不同。抽样调查是通过科学推断达到目的,全面调查是通过综合汇总达到目的。

2. 按随机原则抽取调查单位,即随机取样

所谓随机原则,是指在抽取调查单位时,总体中的每一个单位都有同等被抽中的机会。调查单位的确定既不受调查者主观愿望的影响,也不取决于被调查者是否愿意合作,完全排除了个人主观意识的影响,被抽选与否纯粹是偶然事件。这一特点恰恰是与其他非全面调查如重点调查、典型调查的主要区别之一。重点调查和典型调查的调查单位是由调查者有意识地选取的,抽样调查的调查单位选取不受调查者主观意志的影响。

抽样调查为什么要遵守随机原则?首先,只有遵守随机原则才能使被调查总体中的每一个单位有同等机会被抽中或抽不中,当抽取足够多的单位时,样本就能够反映出总体的数量特征,从而增强被抽中单位对总体的代表性。其次,遵守随机原则才能计算抽样误差,并把它控制在一定范围之内,从而达到推断总体的目的。

3. 抽样调查产生的误差，即抽样误差，可以事先计算并加以控制

利用概率论理论可以事先计算出抽样误差，如通过增加样本单位数、改善抽样组织等措施来控制抽样误差，以保证抽样推断的结果达到预期可靠程度的要求。典型调查也能用部分典型单位的指标数值去估计总体指标数值，但是这种估计不能计算误差，也不能说明估计的准确程度和可靠程度。

总之，抽样推断的中心问题是如何根据已知的部分资料来推断总体的情况。例如，通过对1%的日光灯的使用寿命检验的结果，对全部日光灯使用寿命做出推断；根据少数职工生活情况的资料，推算全国职工生活的实际水平等。

（三）研究的主要内容

抽样推断是要借助样本的数量特征，来推断总体的数量特征。具体来讲，其主要内容包括两项：参数估计和假设检验。

1. 参数估计

参数估计是根据随机抽取的部分单位的特性来对总体的分布函数、分布参数或数字特征等进行推测估算的过程。它是统计推断的中心内容，其基本思想是对不同的估计问题构造不同的函数，来反映部分单位与总体之间的主要关系信息，并舍弃无关的次要部分，利用其主要关系来对总体作出推算和分析。

2. 假设检验

假设检验是指根据经验或不成熟的认识，在对总体的有关分布函数、分布参数或数字特征等信息作出某种假设的前提下，为了确定该假设的正确性，从总体中随机抽取部分单位，利用部分与总体间的关系来对所提出的假设作出判断，以决定是否接受该假设的过程。

两者的区别主要在于参数估计是先看样本情况，再考察总体情况；假设检验是先构思总体的情况，再进行抽样和分析样本的资料。例如，要研究某地区居民的平均月收入问题，对于参数估计，由样本算出每月平均收入是3 500元，再计算总体的每月平均收入。而对于假设检验，则假定总体的均值是3 650元，然后根据样本的均值3 500元判断该假设是否正确。

二、抽样推断中的几个基本概念

（一）总体与抽样总体

1. 总体

总体又称全及总体或母体，是指所要调查研究对象的全体，它是由所研究范围内具有某种共同性质的全体单位所组成的集合体。例如，我们要研究某城市职工的生活水平，则该城市全部职工即构成全及总体。我们要研究某乡粮食亩产水平，则该乡的全部粮食播种面积即全及总体。

总体按各单位标志的性质不同，可分为变量总体和属性总体两类。

（1）变量总体是指被研究的标志是数量标志的总体。构成变量总体的各个单位可以用一定的数量标志加以度量。例如，研究居民的收入水平，每户居民的收入就是它的数量标志，反映各户的数量特征。

变量总体可分为无限总体和有限总体两类。无限总体所包含的单位为无限多，因而各单位的变量也就有无限多的取值。这种无限又有两种情况：一种是可列的无限变量，即变量值的大小可以按照顺序一一列举直至无穷；另一种情况则是不可列的无限变量，在任何一个区间内

都有无限多的变量,不可能按顺序一一列举。我们所说的无限总体主要是指后一种。有限总体所包含的单位是有限的,因而它的变量值是有限的,当然可以按顺序一一列举。

(2) 属性总体是指可用文字描述其属性特征的总体。例如,要研究织布厂 100 台织布机的完好情况,这时只能用"完好"和"不完好"等文字作为品质标志来描述各台设备的属性特征。

区分变量总体和属性总体十分重要。由于总体不同,认识这一总体的方法也就不同。

总体单位是构成总体的个别单位或事物。有限的全及总体的单位数一般用 N 来表示。

弄清楚了全及总体,不仅可以明确抽样推断所要研究对象的范围,而且也便于确定抽样框。当然,作为抽样推断对象的总体是唯一确定的。

2. 样本

样本又称抽样总体,指从总体中随机抽取的那部分总体单位所构成的整体,用 n 表示其总体单位数(也称样本容量),当 $n\geqslant 30$,称为大样本;当 $n<30$,称为小样本。一般情况下,为了更好地了解总体的情况,要取大样本。

两者区别是,当研究目的一定,总体是唯一确定的;样本是不能唯一确定的,由抽样的方法所决定的。例如,目的是调查某城市 4 万户职工家庭的生活情况,其总体是该市所有职工家庭 $N=40\ 000$,是唯一的、确定的;其样本从总体中抽取 200 户职工家庭 $n=200$,其中包含的职工家庭是不唯一的。

(二) 总体指标与样本指标

1. 总体指标

根据全及总体各单位标志值或标志属性计算的、反映总体某种属性的综合指标,称为全及指标。全及指标是总体变量的函数,其数值是由总体各单位的标志值或标志属性决定的,由于全及总体是唯一确定的,根据全及总体计算的全及指标也是唯一确定的,所以称为参数。

不同性质的总体需要计算不同的全及指标。对于总体中的数量标志,常用的总体参数有总体平均数$\overline{X}$、总体标准差 σ^2 和总体方差 σ。

总体平均数: $$\overline{X}=\frac{\sum X}{N}\quad \overline{X}=\frac{\sum XF}{\sum F}\text{(分组资料)}$$

总体方差: $$\sigma^2=\frac{\sum(X-\overline{X})^2}{N}\quad \sigma^2=\frac{\sum(X-\overline{X})^2F}{\sum F}\text{(分组资料)}$$

总体标准差: $$\sigma=\sqrt{\frac{\sum(X-\overline{X})^2}{N}}\quad \sigma=\sqrt{\frac{\sum(X-\overline{X})^2F}{\sum F}}\text{(分组资料)}$$

对于属性总体,由于各单位标志不能用数量来表示,只能用一定的文字来加以描述,所以,就应计算结构相对指标,称为总体成数。总体成数常以符号 P 表示总体中具有某种性质的单位数在总体全部单位数中所占的比重,以 Q 表示总体中不具有某种性质的单位数在总体中所占的比重。

设总体 N 个单位中,有 N_1 个单位具有某种性质,N_0 个单位不具有某种性质,$N_1+N_0=N$,则总体成数为:

$$P=\frac{N_1}{N}$$

$$Q=\frac{N_0}{N}=\frac{N-N_1}{N}=1-P$$

如果属性标志表现只有是非两种，如产品质量标志表现为合格品和不合格品，性别标志表现为男性和女性，则可以把“是”的标志表示为1，而“非”的标志表示为0。那么成数 P 就可以视为(0,1)分布的平均数，并可以求相应的方差和标准差。

$$\overline{X}_P=\frac{0\times N_0+1\times N_1}{N}=\frac{N_1}{N}=P$$

$$\sigma_P^2=\frac{(0-P)^2N+(1-P)N_1}{N}=\frac{P^2N_0+Q^2N_1}{N}=P^2Q+Q^2P=PQ(P+Q)=PQ$$

那么，总体是非标志标准差为：

$$\sigma=\sqrt{P(1-P)}=\sqrt{PQ}$$

2. 样本指标

根据样本各单位标志值计算的、反映样本属性的指标称为抽样指标。与全及指标相对应的有抽样平均数$\bar{x}$、抽样成数 p、样本标准差 σ_i 和样本方差σ_i^2 等。$\bar{x}$和 p 用小写英文字母表示，用以和全及指标相区别。

样本平均数：$\bar{x}=\frac{\sum x}{n}$(未分组资料)　　　$\bar{x}=\frac{\sum xf}{\sum f}$(分组资料)

样本方差：$\sigma_i^2=\frac{\sum(x-\bar{x})^2}{n}$(未分组资料)　　　$\sigma_i^2=\frac{\sum(x-\bar{x})^2f}{\sum f}$(分组资料)

样本标准差：$\sigma_i=\sqrt{\frac{\sum(x-\bar{x})^2}{n}}$　(未分组资料)　$\sigma_i=\sqrt{\frac{\sum(x-\bar{x})^2f}{\sum f}}$(分组资料)

在属性总体中，设 n 个单位中有 n_1 个单位具有某种属性，n_0 个单位不具有某种属性，$n=n_1+n_0$，p 为样本中具有某种属性的单位数所占的比重，q 表示不具有某种属性的单位数所占的比重，则抽样(样本)成数为：

$$p=\frac{n_1}{n}$$

$$q=\frac{n-n_1}{n}=1-p$$

样本是非标志标准差为：　　$\sigma_i=\sqrt{p(1-p)}$

三、重复抽样与不重复抽样

1. 重复抽样

重复抽样也称回置抽样，是从总体 N 个单位中随机抽取一个容量为 n 的样本，每次从总体中抽取一个单位，并把它看成做一次试验，连续进行 n 次试验构成一个样本。每次随机抽取一个样本单位，记录该单位有关标志表现后，把它放回到全及总体中去，参加下一次抽选，照此下去直到抽选到第 n 个样本单位。因而重复抽样是由 n 次相互独立的连续试验构成的，每次试验是在完全相同的条件下进行的，在各次试验中每个单位被选中的机会都完全相等。

2. 不重复抽样

不重复抽样是任何一个单位一经抽出，就不再放回到全及总体中去参加以后的抽取，也称不重置抽样。其特点是：全及总体的单位逐渐减少；同一个单位只有一次被抽中的机会；每一次抽取不是独立的。

应用上述方法抽取样本时，样本个数（也称样本可能数目）的计算公式如下：

(1) 重复抽样同时考虑顺序时，其样本个数为：N^n；其中，N 是总体的单位数，n 是样本的单位数。

(2) 不重复抽样同时考虑顺序时，其样本个数为：$P_N^n=\dfrac{N!}{(N-n)!}$

(3) 不重复抽样不考虑顺序时，其样本个数为：$C_N^n=\dfrac{N!}{n!\ (N-n)!}$

四、抽样分布

抽样推断这种统计方法是有扎实的理论基础的，那么它的理论基础是什么呢？用样本的信息去推断总体的情况，则它们之间是如何联系起来的呢？这种推断的结果使人信服的程度又如何呢？这就要清楚用于推断的样本统计量的抽样分布。

（一）抽样分布的概念

总体参数虽然是未知的，但它是不会随抽取的样本不同而变化的。相反，样本统计量的值是随着样本的不同而发生变化的。也就是说，样本统计量是一个随机变量，对从总体中抽取的所有的样本而言，应该有一个概率分布。全部可能样本的统计量的数值所构成的概率分布称为抽样分布。实际上，由于不可能也没有必要去将所有可能的样本抽出来，所以，统计量的抽样分布是一种理想分布。它是抽样推断的坚实理论基础。

（二）抽样分布的形成

由于对总体而言，不可能也没有必要去抽出所有可能的样本，但是为了大家有一个比较直观的了解抽样分布的概念，我们没有从理论去证明，而是从一个简单的例子（实际是不会存在的，但结果还是能说明所研究的问题的）来说明抽样分布的形成以及它所能得出的一些结论。

假定某生产小组 5 名工人构成一个总体。他们的月奖金分别为 50，60，70，80，90 元。

1. 总体的参数及分布

对总体而言，每一个数值均出现一次，所以它的分布是一个均匀分布。

总体的均值为：

$$\mu=\frac{\sum X}{N}=\frac{350}{5}=70(\text{元})$$

总体的方差为：

$$\sigma^2=\frac{\sum(X-\mu)^2}{N}=\frac{1\ 000}{5}=200$$

2. 样本统计量及其分布

从总体中按重复抽样同时考虑顺序的方法随机抽取二个总体单位构成一个样本，则样本可能数目为：$N^n=5^2=25$

全部抽样的结果如表 5-1 所示：

表 5-1　所有样本及样本平均值计算表

	50	60	70	80	90
50	(50,50)50	(50,60)55	(50,70)60	(50,80)65	(50,90)70
60	(60,50)55	(60,60)60	(60,70)65	(60,80)70	(60,90)75
70	(70,50)60	(70,60)65	(70,70)70	(70,80)75	(70,90)80
80	(80,50)65	(80,60)70	(80,70)75	(80,80)80	(80,90)85
90	(90,50)70	(90,60)75	(90,70)80	(90,80)85	(90,90)90

对上述 25 个样本的平均值进行统计分组，形成了一个样本平均值的频数分布，如表 5-2 所示，其直方图如图 5-1 所示：

表 5-2　样本平均值的频数分布表

样本平均值 $\bar{x}$	频数 f	频率	$\bar{x}f$	$(\bar{x}-\mu_{\bar{x}})^2 f$
50	1	1/25	50	400
55	2	2/25	110	450
60	3	3/25	180	300
65	4	4/25	260	100
70	5	5/25	350	0
75	4	4/25	300	100
80	3	3/25	240	300
85	2	2/25	170	450
90	1	1/25	90	400
合计	25	1	1 750	2 500

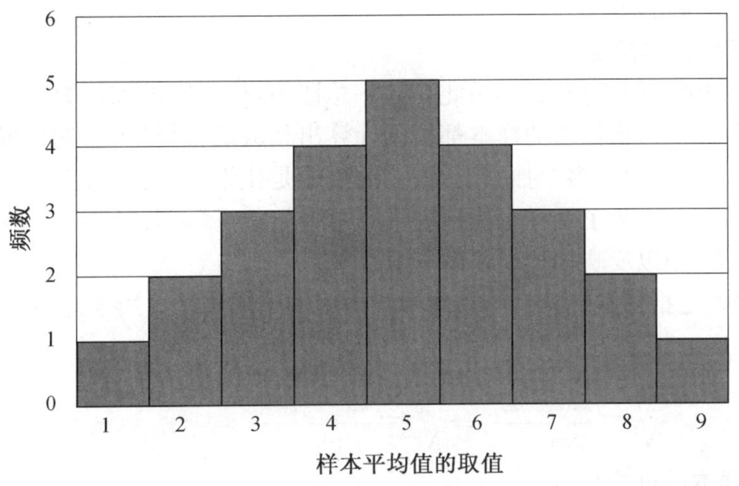

图 5-1　样本平均值的频数分布直方图

样本平均值分布的平均值：

$$\mu_{\bar{x}}=\frac{\sum \bar{x}f}{\sum f}=\frac{1\,750}{25}=70(\text{元})$$

样本平均值分布的方差：

$$\sigma_{\bar{x}}^2=\frac{\sum(\bar{x}-\mu_{\bar{x}})^2 f}{\sum f}=\frac{2\,500}{25}=100$$

3. 一些重要的结论

从上述实例中，得出以下一些能说明抽样分布的结论：

① 总体分布是均匀分布，即每一个标志值均出现一次；而样本分布是一个不均匀分布，即每一个样本的平均值出现的次数是不一样的，但它是一个对称分布。如果总体不是均匀分布而是任意分布，由中心极限定理可知，样本平均值的频数分布在大样本的条件下，仍然近似服从对称分布。(理论上可以证明，这是普遍行为)。

② 样本平均数的抽样分布中样本统计量与总体参数之间的关系(理论上可以证明，这是普遍行为)：

$$\mu_{\bar{x}}=E(\bar{x})=\mu$$

$$\sigma_{\bar{x}}^2=D(\bar{x})=E(\bar{x}^2)=\frac{\sigma^2}{n}$$

以上结论同样适用于样本成数与总体成数之间的关系，但要注意的一点是总体成数服从的是离散型变量的分布，但在大样本的情况下，样本的成数近似服从对称分布。

五、抽样平均误差

为了描述抽样分布中样本统计量的波动程度，引入了抽样平均误差。理论与实践均已证明，用抽样指标来估计全及指标是否可行，关键问题在于如何计算与控制抽样误差。抽样误差大小直接影响抽样效果好坏，如果误差超过了允许的限度，抽样也就失去了价值。所以有必要对抽样误差进行深入讨论。

(一) 抽样平均误差的定义

由于样本是按随机原则抽取的，因此在同一总体中，按相同的抽样数目，可以抽取许多个相同或不同的样本，而每次抽出的样本都可以计算出相应的抽样平数、抽样成数和抽样误差，即从理论上说可以计算出很多个抽样误差，有的可能是正误差，有的可能是负误差；有的可能大些，有的可能小一些。为了用样本指标去推算总体指标，就需要计算抽样误差的平均数，这就是抽样平均误差，用以反映抽样误差的一般水平。

抽样平均误差是指样本统计量与总体参数之间的平均离差。用来描述样本统计量推断总体参数的精确程度。其定义公式如下：

$$\sqrt{\frac{\sum(\bar{x}-\mu)^2}{m}}=\sqrt{\frac{\sum(\bar{x}-\mu_{\bar{x}})^2}{m}}=\sqrt{\sigma_{\bar{x}}^2}=\sigma_{\bar{x}}$$

其中，m 是样本的可能数目。

从定义式可以知道，抽样平均误差本质上就是抽样分布的标准差。它是一个随机变量。它表示用样本统计量推断总体参数的准确程度，即：抽样平均误差愈小，则表示抽样分布愈集中，

$$\sqrt{\frac{\sum(p-P)^2}{m}}=\sqrt{\sigma_p^2}=\sigma_p$$

所取样本的代表性愈好，其代表总体的可靠程度也愈高；反之，则相反。

（二）抽样平均误差的计算

抽样平均误差的上述定义公式中仍包含总体参数，它是未知的，用上述定义公式是无法计算的，通过数学变换可以推出如下公式（其中要点是用总体方差替换）：

1. 重复抽样

$$\sigma_{\bar{x}}=\frac{\sigma}{\sqrt{n}} \qquad \sigma_p=\sqrt{\frac{P(1-P)}{n}}$$

2. 不重复抽样

$$\sigma_{\bar{x}}=\frac{\sigma}{\sqrt{n}}\cdot\sqrt{\frac{N-n}{N-1}} \qquad \sigma_p=\sqrt{\frac{P(1-P)}{n}}\cdot\sqrt{\frac{N-n}{N-1}}$$

式中，$\sqrt{\frac{N-n}{N-1}}$称为修正系数，它总是<1。值得注意的是：

（1）当 $N\gg 1$ 时，它近似为$\sqrt{1-\frac{n}{N}}$；

（2）不重复抽样的误差小于重复抽样的；

（3）当 $n\ll N$ 时，它近似等于 1。

第二节 简单随机抽样的参数估计

一、简单随机抽样概述

（一）定义

简单随机抽样是指按随机原则直接从 N 个总体单位中抽取 n 个单位作为样本。不论是重复还是不重复抽样，都要保证每个单位在抽选中都有相等的中选机会。由于这种抽样组织形式除了抽样框的名单外，不需要利用任何其他信息，故也称为纯随机抽样。

这种方法的优点是使用起来简单易行，它适用于总体单位数不是太多的均匀总体。所谓均匀总体，是指具有某种特征的单位均匀地分布于总体的各部分，即总体各部分是同分布。采用简单随机抽样，在进行抽样调查之前应该先确定总体范围，并对总体进行编号，然后用抽签的方式或根据随机数字表来抽选必要的单位数。简单随机抽样是最符合随机原则的抽样组织形式。

（二）抽签法和随机数字表法

1. 抽签法

即先对每个单位编序号，然后将号码写在结构均匀的签上，掺均匀后从中抽选，直到抽足为止。这种方法简单易行，一般在总体单位数目不多时使用，但是此法在总体较大时受到很大限制。

2. 随机数字表法

随机数字可以借助于计算机获得，也可使用随机数字表，其中随机数字表应用较为普遍。表中的数字是按照完全的随机方法产生的，0～9 中的任何一个（组）数字出现的概率与其他（组）数字出现的概率完全相同。使用随机数字表，也要遵守随机原则。首先将总体单位编号，根据编号的位数确定将要使用随机数码表的列数，然后从任意一列或任意一行的数字开始，由纵向或横向画线取数，遇到属于总体单位编号范围内的数组就确定为样本单位，然后继续往下找即可。若采用不重复抽样法取样，则遇到重复出现的数字（组）就弃之，直到取足要求的单位数为止。

以上两种方法的优点是最基本、最简单的抽样方法，而且严格符合随机原则。其缺点是若总体单位数很多时，编号就很困难，将很难实施抽样。

二、参数估计概述

在许多实际问题中，总体被理解为我们所研究的那个统计指标，它在一定范围内取数值，而且是以一定的概率取各种数值的，从而形成一个概率分布，但是这个概率分布往往是未知的。例如为了制定绿色食品的有关规定，我们需要研究蔬菜中残留农药的分布状况，对这个分布我们知之甚少，以致它属于何种类型我们都不清楚。有时我们可以断定分布的类型，例如在农民收入调查中，根据实际经验和理论分析如概率论中的中心极限定理，我们断定收入服从正态分布，但分布中的参数取何值却是未知的。这就导致统计估计问题。统计估计问题专门研究由样本估计总体的未知分布或分布中的未知参数。

（一）参数估计中基本概念

1. 参数估计

参数估计是指根据样本信息，在合理的精确度内估计出总体参数。它的主要内容是如何用样本统计量去推断总体参数；对产生的误差作出必要说明。

2. 估计量

用来估计总体参数的统计量的名称称为估计量，如样本均值、样本比例、样本方差等都可以是一个估计量。

3. 估计值

估计值是指观察到估计量的一个具体数值。抽取一个样本就得到一个估计值。例如，为了研究某一个专业统计学考试成绩的平均值 θ，这是一个未知的总体参数，从这个专业的全体学生中抽取了一个样本，计算出统计学考试成绩的平均值 $\hat{\theta}=80$ 分，则 $\hat{\theta}$ 是估计量，$\hat{\theta}=80$ 分是一个估计量的具体数值，称为估计值。

（二）优良估计量的标准

估计总体参数，既可用一个统计量，也可用其他统计量。如估计总体平均数，可以用样本平均数，也可以用样本中位数、众数等。应当以哪一种统计量作为总体参数的估计量才是最优的，这就有了评价统计量的优良估计标准问题。我们在这里介绍优良估计的标准，是为了使初学者了解统计学家在选择估计量时所应遵循的准则。

1. 无偏性

无偏性即样本统计量的期望值（平均数）等于被估计的总体参数。也就是说，虽然每一次抽样，所计算的统计量和总体参数的真值可能有误差，误差可正可负、可大可小。但在多次反复的估计中，所有样本统计量取值的平均数应该等于总体参数本身，即样本统计量的估计，平均来说是没有偏差的。即：

$$E(\hat{\theta})=\theta$$

2. 一致性

一致性即指当样本容量充分大时，样本统计量也充分靠近总体参数。也就是说，随着样本容量 n 的无限增加，样本统计量和被估计的总体参数之差的绝对值小于任意小的数，它的可能性也趋近于必然性，或者说实际上是几乎肯定的。

从抽样误差的影响中可以看出，在其他因素不变的情况下，抽样误差与样本容量 n 的平方根成反比变化，样本容量越多则误差就越小，当样本容量接近于总体容量时，抽样误差也就接近于零。也就是说，样本统计量作为总体参数的估计量是符合一致性原则的，即：

$$\lim_{n\to\infty}P\{|\bar{x}-\overline{X}|<\varepsilon\}=1$$

$$\lim_{n\to\infty}P\{|p-P|<\varepsilon\}=1$$

式中，ε 为任意小的数。

3. 有效性

有效性即作为优良估计量的方差应该比其他估计量的方差小。例如，用样本平均数或用总体某一变量值来估计总体平均数，虽然两者都是无偏的，而且在每一次估计中，两种估计量和总体平均数都可能有离差，但是样本平均数更靠近于总体平均数的周围，平均来说其离差比较小。所以对比说来，样本平均数是更为有效的估计量，即：

$$\sigma^2(\bar{x})\leqslant\sigma^2(x)$$

如果样本估计量能满足以上三个条件，称样本统计量是总体参数的最佳无偏一致估计量。在参数估计中常用的几个最佳无偏一致估计量有：$\bar{x}\Rightarrow\mu$，$p\Rightarrow P$，$s_{n-1}^2\Rightarrow\sigma^2$

注意：样本的方差用定义式来计算它不是总体方差的无偏估计量，只有用以下修正公式计算的才满足无偏性。

$$s_{n-1}=\sqrt{\frac{\sum(x-\bar{x})^2}{n-1}}$$

（三）参数估计的类型

参数估计的方法有二种：点估计和区间估计。

1. 点估计

点估计又称定值估计，是利用样本计算出的统计量直接作为总体参数的估计量。

【例 5-1】 某市供电公司随机抽取了 500 户居民，调查每月每户平均用电量为 125.63 度。

用点估计方法得，该市所有居民每月每户平均用电量为 125.63 度。

【例 5-2】 某灯泡厂从一批 10 000 只灯泡中随机抽取 500 只，检验其平均耐用时数。规定灯泡耐用时数在 850 小时以上者为合格品。资料如表 5-3 所示。

表 5-3　500 只灯泡的耐用时数分组及计算表

耐用时数(小时)分组	灯泡数(个)	组中值 x	xf
800～850	37	825	30 525
850～900	129	875	112 825
900～950	185	925	171 125
950～1 000	102	975	99 450
1 000～1 050	40	1 025	41 000
1 050～1 100	7	1 075	7 525
合计	500	—	462 500

则，样本的平均耐用时数为：

$$\bar{x}=\frac{\sum xf}{\sum f}=\frac{462\ 500}{500}=925(\text{小时})$$

样本的成数为：

$$p=\frac{n_1}{n}=\frac{500-37}{500}=92.63\%$$

由点估计的方法得，这批灯泡的平均使用寿命为 925 小时；平均合格品率为 92.63%。

点估计方法的优点是方法简便，计算简单。但是它的缺点是不能说明估计的准确性和可靠性。一般适用仅为推断总体的一般数量特征，而无须进一步分析情况。

2. 区间估计

在参数估计中，虽然点估计可以给出未知参数的一个估计，但不能给出估计的精度。为此人们希望利用样本给出一个范围，要求它以足够大的概率包含待估参数真值。这就是导致区间估计(Interval estimation)问题。

设 θ 是未知参数，$(X_1,X_2,\cdots X_n)$ 是来自总体的样本，构造两个统计量 $\hat{\theta}_1=T_1(X_1,X_2,\cdots X_n)$，$\hat{\theta}_2=T_2(X_1,X_2,\cdots X_n)$，对于给定的 $\alpha(0<\alpha<1)$，若 $\hat{\theta}_1$、$\hat{\theta}_2$ 满足 $P\{\hat{\theta}_1\leqslant\theta\leqslant\hat{\theta}_2\}=1-\alpha$，则称随机区间 $[\hat{\theta}_1,\hat{\theta}_2]$ 是参数 θ 的置信水平(Confidence level)为 $1-\alpha$ 的置信区间(Confidence interval)，$1-\alpha$ 称为 $[\hat{\theta}_1,\hat{\theta}_2]$ 的置信系数，$\hat{\theta}_1$，$\hat{\theta}_2$ 称为置信限(Confidence limit)。

这里有几点需要说明：

(1) 区间 $[\hat{\theta}_1,\hat{\theta}_2]$ 的端点 $\hat{\theta}_1$，$\hat{\theta}_2$ 及长度 $\hat{\theta}_2-\hat{\theta}_1$ 都是样本的函数，从而都是随机变量，因此 $[\hat{\theta}_1,\hat{\theta}_2]$ 是一个随机区间。

(2) $P\{\hat{\theta}_1\leqslant\theta\leqslant\hat{\theta}_2\}=1-\alpha$ 是说随机区间 $[\hat{\theta}_1,\hat{\theta}_2]$ 以 $1-\alpha$ 的概率包含未知参数真值，区间长度 $\hat{\theta}_2-\hat{\theta}_1$ 描述估计的精度，置信水平 $1-\alpha$ 描述了估计的可靠度。

(3) 因为未知参数 θ 是非随机变量，所以不能说 θ 落入区间 $[\hat{\theta}_1,\hat{\theta}_2]$ 的概率是 $1-\alpha$，而应是随机区间 $[\hat{\theta}_1,\hat{\theta}_2]$ 包含 θ 的概率是 $1-\alpha$。

通俗地说，在点估计的基础上，给出总体参数的一个范围称为区间估计。

(四) 总体指标的判断

用抽样指标来估计总体指标，要达到毫无误差，完全准确，一般来说是做不到的，所以在估计总体指标的同时，必须考虑估计误差的大小。当然人们希望误差要小一些，因为误差越大，样本资料的价值就越小，误差超过了一定的限度，样本资料就毫无价值了。例如，对粮食单位面积产量进行抽样调查，如果所抽的粮食每公顷产量的误差超过500千克，就可以断定这种样本资料的价值是不大的。一般说来，粮食平均每公顷产量为7 500千克，增产达到5%的幅度就是好收成，而误差达到500千克，显然，这种统计数字作用不大。所以，在进行抽样估计时，应该根据所研究现象的差异程度和分析的需要，确定可允许的误差范围，只有在这一范围内的估计数字才是有效的。

统计把这种可允许的误差范围，称为抽样极限误差。它等于样本指标可允许变动的上限或下限与总体指标之差的绝对值。极限误差是根据概率论理论，以一定的可靠程度保证抽样误差不超过某一给定的范围。因此，抽样极限误差又称为置信区间。

设：用 $\Delta_{\bar{x}}$ 与 Δ_p 分别表示抽样平均数与抽样成数的抽样极限误差，则有 $\Delta_{\bar{x}}=|\bar{x}-\overline{X}|$，$\Delta_p=|p-P|$

三、一个总体的参数估计

在实际的参数估计中，通常根据研究问题的具体条件采用不同的处理方法。首先要讨论的是比较简单的一个总体情况下的参数估计。

构造一个总体参数置信区间的步骤如下：

（1）从总体中抽取一个样本容量为 n 的样本，并计算其平均数、成数和方差；

（2）根据给定的置信度和样本统计量服从的分布，查相应的分布表，可以得到相应概率度，并计算出抽样平均误差和允许误差；

（3）根据样本统计量的值和允许误差，推断总体参数的可能范围，得到其置信区间。

（一）总体均值的参数估计

对于总体均值的参数估计，由于分布的不同，可以分成以下两种情况。

1. 样本平均值的抽样分布服从正态分布

由于有中心极限定理的理论保证，不管总体服从什么样的分布，在以下几种情况下，样本均值的抽样分布都可以认为服从正态分布：

（1）只要总体的方差已知，不管样本的大小就可以；

（2）如果总体方差未知，只要是大样本（$n>30$）就可以。

【例5-3】 以例5-2的数据来计算这批灯泡平均使用寿命的95%的置信区间，计算数据如表5-4所示。

表5-4　500只灯泡的耐用时数分组及计算表

耐用时数分组	灯泡数(个) f	组中值 x	xf	$(x-\bar{x})^2f$
800～850	37	825	30 525	370 000
850～900	129	875	112 825	322 500
900～950	185	925	171 125	0
950～1 000	102	975	99 450	255 000
1 000～1 050	40	1 025	41 000	400 000
1 050～1 100	7	1 075	7 525	157 500
合计	500	—	462 500	1 505 000

从表 5－4 中可以得到样本的平均值和方差：

$$\bar{x}=\frac{\sum xf}{\sum f}=\frac{462\ 500}{500}=925(\text{小时})$$

$$s^2=\frac{\sum(x-\bar{x})^2 f}{\sum f}=\frac{1\ 505\ 000}{500}=3\ 010$$

$1-\alpha=95\%$，查标准正态分布表得 $Z_{\frac{\alpha}{2}}=1.96$

抽样平均误差为：

$$\sigma_{\bar{x}}=\sqrt{\frac{\sigma^2}{n}}=\sqrt{\frac{s^2}{n}}=\sqrt{\frac{3\ 010}{500}}=2.454(\text{小时})$$

注意：本问题由于总体方差未知，可以用样本的方差代替。

抽样极限误差为：

$\Delta_{\bar{x}}=Z_{\frac{\alpha}{2}}\sigma_{\bar{x}}=1.96\times2.454=4.81$(小时)

总体均值的置信区间为：

$\bar{x}\pm\Delta_{\bar{x}}=925\pm4.81$

即这批灯泡的 95%平均使用寿命的置信区间为(921.2，929.8)。

【例 5－4】 某机床冲洗半成品件的长度服从正态分布，从该批零件中随机抽取 12 件，测得平均长度为 18.12 mm，已知总体方差为 0.119 8。试求该种零件平均长度(置信度为 95%)的置信区间。

$1-\alpha=95\%$，查标准正态分布表得 $Z_{\frac{\alpha}{2}}=1.96$。

抽样平均误差为：

$$\sigma_{\overline{X}}=\sqrt{\frac{\sigma^2}{n}}=\sqrt{\frac{0.119\ 8}{12}}=0.099\ 9(\text{mm})$$

抽样极限误差为：

$\Delta_{\overline{X}}=Z_{\frac{\alpha}{2}}\sigma_{\overline{X}}=1.96\times0.099\ 9=0.195\ 8$(mm)

总体均值的置信区间为：

$\overline{X}\pm\Delta_{\overline{X}}=18.12\pm0.195\ 8$

即该零件长度(置信度为 95%)的置信区间为(17.924 2，18.315 8)。

【例 5－5】 在总体服从正态分布的情况下，从某大学本科生中随机抽取 400 人，调查他们平均每天参加体育锻炼的时间为 40 分钟，样本方差为 64，试以 95%的置信水平估计该校本科生平均每天参加体育锻炼的时间。

$1-\alpha=95\%$，查标准正态分布表得 $Z_{\frac{\alpha}{2}}=1.96$。

抽样平均误差为：

$$\sigma_{\overline{X}}=\sqrt{\frac{\sigma^2}{n}}=\sqrt{\frac{s^2}{n}}=\sqrt{\frac{64}{400}}=0.4(\text{分钟})$$

抽样极限误差为：

$\Delta_{\overline{X}}=Z_{\frac{\alpha}{2}}\sigma_{\overline{X}}=1.96\times0.4=0.784$(分钟)

总体均值的置信区间为：

$\overline{X}\pm\Delta_{\overline{X}}=40\pm0.784$

即该校本科生平均每天参加体育锻炼的时间95%的置信区间为(39.216,40.784)。

2. 样本平均值的抽样分布服从 T 分布

在总体均值的参数估计中,如果正态总体的方差未知,样本又是小样本($n<30$),则样本均值不再服从正态分布,而是服从 T 分布。

T 分布与正态分布的区别与联系,如图5-2所示。

它们相同点是都是对称分布,取值范围都在$(-\infty,+\infty)$;它们的不同点是 T 分布的中心一般比较低,两边较高,不同的样本容量具有不同的 T 分布。它们两者的联系是小样本时两者有很大的区别,但 T 分布比较正确;大样本时基本趋于一致,可用正态分布代替 T 分布。

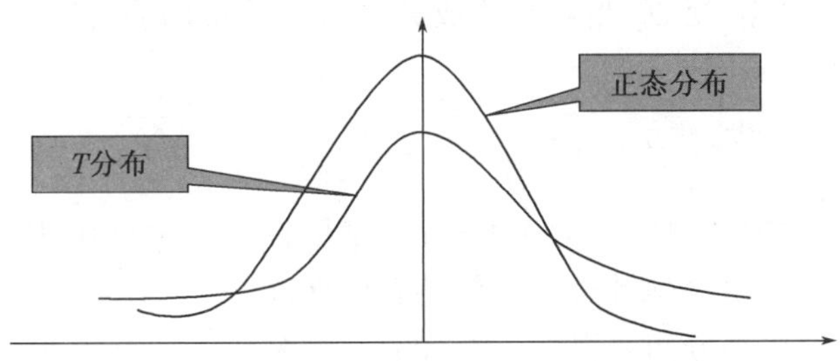

图5-2　T分布与正态分布的区别图

【例5-6】 某种果树产量服从正态分布,随机抽取6棵测得其产量分别为:111,91,102,104,116,110(公斤)。以95%的置信水平估计全部果树的平均产量。

样本的平均值与标准差:

$$\bar{x}=\frac{\sum x}{n}=\frac{111+91+102+104+116+110}{6}=\frac{634}{6}=105.67\text{(公斤)}$$

$$s=\sqrt{\frac{\sum(x-\bar{x})^2}{n-1}}=\sqrt{\frac{(111-105.67)^2+\cdots+(110-105.67)^2}{6-1}}=\sqrt{77.07}=8.78\text{(公斤)}$$

$1-\alpha=95\%$,查 T 分布表得 $t_{\frac{\alpha}{2}}(n-1)=t_{0.025}(5)=2.571$。

注意:T 分布的概率度不仅与置信水平有关,还有自由度$(n-1)$有关。

抽样平均误差和抽样极限误差为:

$$\sigma_{\bar{x}}=\sqrt{\frac{\sigma^2}{n}}=\sqrt{\frac{s^2}{n}}=\frac{8.78}{\sqrt{6}}=3.58\text{(公斤)}$$

总体均值的置信区间为:

$$\Delta_{\bar{x}}=t_{\frac{\alpha}{2}}(n-1)\sigma_{\bar{x}}=2.571\times3.58=9.20\text{(公斤)}$$

$$\bar{x}\pm\Delta_{\bar{x}}=105.67\pm9.20$$

即该种果树产量95%的置信区间为(96.47,114.87)。

问,若该果园的该种果树有10 000棵,则估计一下该果园的总产量是多少?

【例5-7】 在例5-4中,若总体方差未知,但样本容量为12的样本方差为0.011 98,试在0.95的置信度下,求该产品直径的均值置信区间。

$1-\alpha=95\%$,查 T 分布表得 $t_{\frac{\alpha}{2}}(n-1)=t_{0.025}(11)=2.201$。

抽样平均误差为:

$\sigma_{\overline{X}}=\sqrt{\frac{\sigma^2}{n}}=\sqrt{\frac{s^2}{n}}=\sqrt{\frac{0.01198}{12}}=0.0999(\text{mm})$

抽样极限误差为：$\Delta_{\overline{X}}=t_{\frac{\alpha}{2}}(n-1)\sigma_{\overline{X}}=2.201\times0.0999=0.2199(\text{mm})$

总体均值的置信区间为：

$\overline{X}\pm\Delta_{\overline{X}}=18.12\pm0.2199$ 即：该零件长度 95%的置信区间为(17.900 1,18.339 9)

思考：本例的置信区间与例 5-4 中的置信区间有什么区别？

（二）总体成数的区间估计

成数是一个离散型变量，它服从的是伯努利分布，但当抽取的样本是大样本的情况下，样本的成数近似服从正态分布，所以，当对总体成数进行抽样推断时，总是采用大样本($n>30$)，则总体成数的置信区间为：

$$\left\{p-Z_{\frac{\alpha}{2}}\sqrt{\frac{p(1-p)}{n}},p+Z_{\frac{\alpha}{2}}\sqrt{\frac{p(1-p)}{n}}\right\}$$

【例 5-8】 从一个随机样本 $n=400$ 中知道，某城镇居民家庭中夫妻不是双职工的比例是 30%。试以 95%的置信水平估计总体成数的置信区间。

$1-\alpha=95\%$，查标准正态分布表得 $Z_{\frac{\alpha}{2}}=1.96$。

抽样平均误差为：

$$\sigma_p=\sqrt{\frac{P(1-P)}{n}}=\sqrt{\frac{p(1-p)}{n}}=\sqrt{\frac{0.3\times(1-0.3)}{400}}=0.023$$

抽样极限误差为：

$$\Delta_p=Z_{\frac{\alpha}{2}}\sigma_p=1.96\times0.023=0.0451$$

总体成数的置信区间为：

$$p\pm\Delta_p=30\%\pm4.51\%$$

即：该城镇居民家庭中夫妻不是双职工的比例的置信区间为(25.49%,34.51%)。

【例 5-9】 试以例 5-2 的数据求这批灯泡的合格品率和合格品数量的 95.45%的置信区间。

$1-\alpha=95.45\%$，查标准正态分布表得 $Z_{\frac{\alpha}{2}}=2$。

样本的成数为：

$p=\frac{n_1}{n}=\frac{500-37}{500}=92.63\%$

抽样平均误差为：

$\sigma_p=\sqrt{\frac{P(1-P)}{n}}=\sqrt{\frac{p(1-p)}{n}}=\sqrt{\frac{0.9263\times(1-0.9263)}{500}}=0.01169$

抽样极限误差为：

$\Delta_p=Z_{\frac{\alpha}{2}}\sigma_p=2\times0.01169=0.02336$

总体均值的置信区间为：

$p\pm\Delta_p=92.63\%\pm2.34\%$

即：该批灯泡的合格品率的置信区间为(90.29%,94.97%)。

当 $N=100000$ 时，其合格品的灯泡数量的置信区间为：

$90290\leqslant Q\leqslant94970$

（三）总体方差的区间估计

数理统计证明，对于容量为 n 的正态总体样本方差 S^2，若总体方差为 σ^2，则 $\frac{(n-1)S^2}{\sigma^2}$ 服从自由度为 $n-1$ 的 χ^2 分布。对给定的置信水平 $1-\alpha$，查 χ^2 分布表可得 $\frac{\alpha}{2}$ 分位点 $\chi^2_{\frac{\alpha}{2}}(n-1)$ 和 $1-\frac{\alpha}{2}$ 分位点 $\chi^2_{1-\frac{\alpha}{2}}(n-1)$，使得 $P\left\{\chi^2_{1-\frac{\alpha}{2}}(n-1)\leqslant\frac{(n-1)S^2}{\sigma^2}\leqslant\chi^2_{\frac{\alpha}{2}}(n-1)\right\}=1-\alpha$

从而有

$$P\left\{\frac{(n-1)S^2}{\chi^2_{\frac{\alpha}{2}}(n-1)}\leqslant\sigma^2\leqslant\frac{(n-1)S^2}{\chi^2_{1-\frac{\alpha}{2}}(n-1)}\right\}=1-\alpha$$

取

$$\hat{\sigma}_1^2=\frac{(n-1)S^2}{X^2_{\frac{\alpha}{2}}(n-1)},\qquad \hat{\sigma}_2^2=\frac{(n-1)S^2}{X^2_{1-\frac{\alpha}{2}}(n-1)}$$

则 $[\hat{\sigma}_1^2,\hat{\sigma}_2^2]$ 即是 σ^2 的置信水平为 $1-\alpha$ 的置信区间。

即
$$\frac{(n-1)S^2}{\chi^2_{\frac{\alpha}{2}}(n-1)}\leqslant\sigma^2\leqslant\frac{(n-1)S^2}{\chi^2_{1-\frac{\alpha}{2}}(n-1)}$$

【例 5－10】 某食品厂从生产的罐头中随机抽取 20 个称其重量，得样本方差 $S^2=1.65^2$（克^2），设罐头重量服从正态分布，试求其方差的置信水平为 90％的置信区间。

$n=20, 1-\alpha=90\%, \frac{\alpha}{2}=0.05, 1-\frac{\alpha}{2}=0.95$

$\chi^2_{0.05}(19)=30.1\ \chi^2_{0.95}(19)=10.12$

$\frac{(n-1)S^2}{\chi^2_{\frac{\alpha}{2}}(n-1)}=\frac{19\times1.65^2}{30.1}=1.72$

$\frac{(n-1)S^2}{\chi^2_{1-\frac{\alpha}{2}}(n-1)}=\frac{19\times1.65^2}{10.12}=5.1$

故总体方差的置信水平为 90％的置信区间为[1.72，5.1]。

四、样本单位数（容量）的确定

抽样调查的优点是经济性，它以较少的人力、物力和时间投入，取得有一定概率保证的统计调查结果。如何保证一定概率（可信程度）情况下，抽取最少的单位数？或者说，样本的单位数多少是如何确定的，既要保持其优点又要达到研究的要求？如果样本单位数过少，则样本的代表性就差，抽样误差就大，抽样推断就失去了实际的意义；如果样本单位数过多，则样本的代表性就好，抽样误差就小，抽样推断就越准确，但人力、物力和时间耗费过多，抽样调查的优点又显示不出来。

（一）样本单位数的计算公式

利用前面的抽样平均误差和极限误差公式，可以得到如下计算公式。

1. 重复抽样的情况下

$$n=\frac{Z^2_{\frac{\alpha}{2}}\sigma^2}{\Delta^2_{\bar{x}}}\qquad n=\frac{Z^2_{\frac{\alpha}{2}}P(1-P)}{\Delta^2_p}$$

2. 不重复抽样的情况下

$$n=\frac{Z_{\frac{\alpha}{2}}^{2}\sigma^{2}}{\Delta_{\bar{x}}^{2}+\frac{Z_{\frac{\alpha}{2}}^{2}\sigma^{2}}{N}}\quad n=\frac{Z_{\frac{\alpha}{2}}^{2}P(1-P)}{\Delta_{p}^{2}+\frac{Z_{\frac{\alpha}{2}}^{2}P(1-P)}{N}}$$

从公式中可知,当 $N\to+\infty$时,二者趋近于一致。

(二)影响样本单位数多少的因素

从样本单位数的计算公式中可以清楚地知道,样本单位数的多少受以下几个因素的影响。

1. 总体方差

当总体的各个单位之间差异很大时,总体方差就大,就要多抽一些,使得样本能更好地反映总体的情况;反之,就可以少抽一些。

2. 可信程度

如果要提高可信程度,也就是增大 Z 的值,就要求多抽一些,使得样本更具有代表性;反之,可以少抽一些。

3. 允许误差

如果降低允许误差,也就是要提高准确度,则要求多抽一些;反之,少抽一些。

4. 抽样的组织方式与抽样方法

不同的抽样的组织方式与抽样方法会影响到样本单位数多少。上述公式中重复与不重复抽样方法已经体现出来了。而抽样组织方式的影响将在下一节里研究。

(三)应用样本单位数的计算公式时应注意的问题

1. 上述公式得到的样本容量是必要的、最低的样本容量,遇到不是整数,不能采取四舍五入的方法,而是采用向上取整的方法。如 $n=50.3$ 或 $n=50.8$,均取 $n=51$。

2. 若总体方差或成数未知时,有三种取代方法。

(1) 抽样调查前,曾作过类似问题的全面调查,可用其总体方差来代替。

(2) 组织试验抽样,在正式抽样调查之前,作两次以上非正式抽样调查,用其样本方差代替。

(3) 在完全缺乏资料的情况下,成数方差可以用 $P=0.25$ 时的方差来代替。

【例 5-11】 某县进行一项家计调查,了解每户家庭月平均生活费。据以往的经验,已知各家庭月生活费的变异系数为 50%,如以 95%的置信水平保证估计结果的相对误差不超过 5%,问应抽多少户家庭?

解:相对误差与绝对误差之间关系为 $R=\frac{\Delta_{\bar{x}}}{\bar{x}}$ 和变异系数 $V_{\sigma}=\frac{\sigma}{\bar{x}}$ 代入公式得:

$$n=\frac{Z_{\frac{\alpha}{2}}^{2}\sigma^{2}}{\Delta_{\bar{x}}^{2}}=\frac{1.96^{2}\times(0.5\bar{x})^{2}}{(0.05\bar{x})^{2}}=384.16\approx385$$

【例 5-12】 某公司为估计某市拥有其产品的家庭数目,进行了一次抽样调查,据销售部门估计该市拥有其产品的家庭约占 10%。

(1) 若要求以 95.45%的把握保证拥有率估计的绝对误差不超过 1%,应抽多少户?

(2) 若其他条件不变,要求其产品拥有估计的相对误差不超过 5%,又应抽多少?

解:(1) 代入公式得:

$$n=\frac{Z_{\frac{\alpha}{2}}^2 P(1-P)}{\Delta_p^2}=\frac{2^2\times 0.1\times(1-0.1)}{0.01^2}=3\ 600(\text{户})$$

(2) 代入公式得：

$$n=\frac{Z_{\frac{\alpha}{2}}^2 P(1-P)}{\Delta_p^2}=\frac{2^2\times 0.1\times(1-0.1)}{(0.05\times 0.1)^2}=14\ 400(\text{户})$$

相对误差与绝对误差之间关系为：$R=\frac{\Delta_p}{p}$

现实中如果对一总体同时进行总体均值和成数的估计，对平均数而言，达到要求的样本容量为 n_1，对成数而言，达到要求的样本容量为 n_2，为了节省时间和经费，如果只允许抽一个样本对总体均值和成数的进行估计，则这个样本容量应确定为 n_1 与 n_2 中大的那个。

第三节　其他常用的抽样组织方式

在实际应用中，常用的抽样组织方式除了上述提到的简单随机抽样(纯随机抽样)以外，还有其他的抽样组织方式，它们是分层抽样、机械抽样、整群抽样和多阶段抽样，讨论它们的总体参数估计，基础是简单随机抽样的参数估计，重点是抽样平均误差的计算公式的变化、样本单位数核算以及抽取的对象。

一、类型抽样

1. 定义

类型抽样又称分类抽样或分层抽样，它是先对总体各单位按某一主要标志进行分组(或分类)，再按随机原则从各组中抽取样本单位构成样本的一种抽样组织方式。

类型抽样是将统计分组法和简单随机抽样结合起来的一种抽样方式。通过分组(类)，可以把总体中标志值比较接近的单位归为一组，使得各组内标志值的差异缩小，各样本单位分布均匀，并保证每组有同等被抽中的机会，进而提高样本的代表性。实践和数理统计都已证明，类型抽样能比简单随机抽样取得更好的调查效果。例如，对居民的家计调查，可以按国民经济部门分组来抽选样本单位；对农作物的单位面积产量调查，可以按不同的自然地理条件分组来抽选样本单位；对某种产品质量进行调查，可以按企业规模分组来抽选样本单位等，这样都能保证样本有较充分的代表性。

2. 类型抽样的方法

类型抽样的样本单位数在各类型之间的分配主要有以下几种方法。

(1) 等数分配类型抽样法

是在各类型组中分配同等的样本单位数的方法。该法只在各类型的总体单位数相等或差异不大时采用。运用这种方法可使综合计算比较简单。

(2) 不等比例类型抽样法

是在各类型组中，根据各组标志的变异程度按不同比例分配样本单位数的方法，也叫最优(佳)分配法。一般地，当各类型组的单位相差悬殊或标志变异程度相差较大时，宜采用该法。对标志变异大或单位数多的组多抽一些，而标志变异小或单位数少的组少抽一些单位。各组的抽选比例与对应的总体中各组单位数所占的比例是不相等的,可根据以下公式确定。

$$\frac{n_i}{n}=\frac{\omega_i\delta_i}{\sum\omega_i\delta_i}$$

式中,δ_i 为第 i 层(组)的标准差;ω_i 为第 i 层(组)单位数占总体数的比重。

(3) 等比例类型抽样法

即按类型的大小以相等的比例确定样本的方法。由于是按有关的主要标志分组,各组的单位数一般不同。类型抽样通常按各组总体单位数占全及总体单位数的一定比例来抽取样本,单位数较多的组应该多取样,反之则少取样,保持各组样本单位数与样本总容量之比等于各组总体单位数与全及总体单位数之比,即

$$\frac{n_1}{N_1}=\frac{n_2}{N_2}=\cdots=\frac{n_k}{N_k}=\frac{n}{N}$$

所以各组的样本单位数 $n_i=\frac{nN_i}{N}\quad(i=1,2,\cdots k)$

3. 相关指标的计算

(1) 样本平均数的计算

第一步,在各组分别取样,可以计算各组抽样平均数。

$$\bar{x}_i=\frac{\sum_{j=1}^{n_i}x_{ij}}{n_i}\quad(i=1,2,\cdots k)$$

第二步,将各组样本平均数以各组样本单位数或总体单位数为权数进行加权平均,即为所求的样本平均数。

$$\bar{x}=\frac{\sum_{i=1}^{k}\bar{x}_iN_i}{N}=\frac{\sum_{i=1}^{k}\bar{x}_in_i}{n}$$

(2) 抽样平均误差的计算

第一步,计算各组内方差。

$$\sigma_i^2=\frac{\sum(X_i-\overline{X})^2}{N_i}\quad(i=1,2,\cdots k)$$

第二步,以各组样本单位数为权数,计算各组内方差的平均数。

$$\overline{\sigma_i^2}=\frac{\sum\sigma_i^2n_i}{n}$$

由于类型抽样是对每一组进行随机抽样,所以不存在组间误差,抽样平均误差取决于各组内方差的平均水平。

第三步,计算抽样平均误差。

重复抽样:

$$\sigma_{\bar{x}}=\sqrt{\frac{\overline{\sigma_i^2}}{n}}$$

$$\sigma_p=\sqrt{\frac{p(1-p)}{n}}$$

不重复抽样：

$$\sigma_{\bar{x}}=\sqrt{\frac{\overline{\sigma_i^2}}{n}\left(1-\frac{n}{N}\right)}$$

$$\sigma_p=\sqrt{\frac{\overline{p(1-p)}}{n}\left(1-\frac{n}{N}\right)}$$

【例 5 - 13】 对某乡全部 4 000 公顷土地按类型抽样，了解该乡平均每公顷产量和全乡小麦总产量。其中有平原地 3 000 公顷，丘陵地 1 000 公顷。采用不重复抽样方法，按 3‰的比例抽取样本单位，调查结果如表 5 - 4 所示。要求在 95%的概率保证下，对全乡小麦平均每公顷产量和总产量进行估计。

表 5 - 4　某乡小麦产量抽样资料

按自然条件分类	全部面积 N_i（公顷）	样本面积 n_i（公顷）	样本每公顷产量 x_i（千克）	样本平均每公顷产量 $\bar{x}_i$（千克）	样本方差 σ_i^2（千克）
平原	3 000	9	6 300，6 300，6 750，6 900，6 975，7 050，7 200，7 350，7 800	6 958	204 722
丘陵	1 000	3	4 500，4 800，5 100	4 800	60 000
合计	4 000	12	—	—	—

样本平均数和组内方差的平均数为：

$$\bar{x}=\frac{\sum_{i=1}^{2}\bar{x}_i n_i}{n}=\frac{6\,958\times 9+4\,800\times 3}{12}=6\,419(\text{千克})$$

$$\overline{\sigma_i^2}=\frac{\sum\sigma_i^2 n_i}{n}=\frac{204\,722\times 9+60\,000\times 3}{12}=168\,542(\text{千克})$$

抽样平均误差为：

$$\sigma_{\bar{x}}=\sqrt{\frac{\overline{\sigma_i^2}}{n}\left(1-\frac{n}{N}\right)}=\sqrt{\frac{168\,542}{12}\times\left(1-\frac{12}{4\,000}\right)}=118.33(\text{千克})$$

全乡平均每公顷产量区间为：

$\mu=\bar{x}\pm z\sigma_{\bar{x}}=6\,419\pm 1.96\times 118.33$

6 187.00（千克）$<\mu<$6 650.93（千克）

全乡总产量区间为：

$4\,000\times 6\,187.07<N\mu<4\,000\times 6\,650.93$

24 748 280（千克）$<N\mu<$26 603 720（千克）

结果表明，以 95%的概率保证，该乡小麦平均每公顷产量在 6 187.07 千克～6 650.93 千克之间；总产量在 24 748 280 千克～26 603 720 千克之间。

通过以上计算可看出，类型抽样的抽样平均误差与组间的方差无关，仅取决于组内方差的平均水平。由于简单随机抽样采用的是总方差，它等于组间方差与组内平均方差之和，所以类型抽样的平均误差一般小于简单随机抽样的平均误差。同时，由于总体方差是唯一确定的数值，因此在类型抽样分组时应该尽可能地扩大组间方差，缩小组内方差，即各组间的差异可以大，而各组内的差异必须小，这样就可以减少抽样误差，提高抽样效果。

二、等距抽样

等距抽样也称系统抽样或机械抽样，它是先将总体各单位按某一标志排队，然后按相等的距离或间隔来抽取样本单位。等距抽样也需要事先对总体结构有一定的了解，利用已有的信息来确定各单位在数列中的位置。在此基础上进行间隔抽样，这样可以保证所取得的样本单位在总体中均匀分布，提高代表性。

由于排队所依据的标志不同，有两种等距抽样方法。一是无关标志排队法，是指排列的标志和单位标志值的大小无关或不起主要的影响作用。例如，调查职工收入水平时，按职工姓氏笔画排队进行抽样。显然职工收入水平与姓氏笔画之间没有必然的联系。二是有关标志排队法。所谓有关标志，是指作为排列顺序的标志和单位标志值的大小有密切的关系。例如，职工家计调查，按职工平均工资排队抽取调查户等。按有关标志排队实质上是运用类型抽样的一些特点，有利于提高样本的代表性。

排队后，需计算出抽样距离，公式为：

$$k=\frac{N}{n}$$

式中，k 代表抽样距离或抽样间隔。首先从 $1-k$ 个单位中随机抽取第一个样本单位，以此作为起点，以后每间隔一个抽样距离 k 抽取一个样本单位，直到抽到最后一个单位为止，正好是 n 个单位数组成样本。若第一点在第 $k/2$ 个单位处，则称为半距中点取样。有时也可采用对称等距取样。应注意，无论何种取样，都不要把抽样的间隔和现象本身的周期性变化相重合，以免出现系统性偏差。例如，某种印染布上有各种各样的花色每隔 10 米会重复出现，为了检验这种印染布上各种花色的着色质量，若抽检的间隔也是 10 米，就会造成在同一花色上反复检验，而对其他的花色则总也检验不到，这就有可能产生“偏误”，从而影响对这种印染布的着色质量做出正确的判断。

用等距抽样的方式抽取单位组成样本，就可直接用简单法计算样本平均数。但等距抽样的平均误差情况比较复杂，它和标志排列的顺序有关。一般地，按无关标志排队等距抽样，由于排队所用标志与研究目的无关，而且是随机起点，其性质近似简单随机抽样，可按不重复条件下简单随机抽样的抽样平均误差公式来近似计算，即：

$$\sigma_{\bar{x}}=\sqrt{\frac{\sigma^2}{n}\left(1-\frac{n}{N}\right)}$$

$$\sigma_p=\sqrt{\frac{p(1-p)}{n}\left(1-\frac{n}{N}\right)}$$

按有关标志排队的等距抽样，其性质又近似类型抽样，只是分类更细，相当于每一类中抽取一个单位，因此其抽样误差可借助类型抽样平均误差的公式计算。同时因为是按有关标志排队，说明已初步掌握了总体各单位标志值的资料，故可直接用总体方差计算，而不必用样本方差代替，即：

$$\sigma_{\bar{x}}=\sqrt{\frac{\overline{\sigma_i^2}}{n}\left(1-\frac{n}{N}\right)}$$

$$\sigma_p=\sqrt{\frac{P(1-P)}{n}\left(1-\frac{n}{N}\right)}$$

三、整群抽样

整群抽样也称集团抽样、区域抽样或分群随机抽样，它是将总体各单位按时间或空间形式划分成若干群，然后用纯随机抽样或机械抽样的方式以群为单位从中抽取若干样本，对中选样本的所有单位进行全面调查的抽样组织形式。例如，对城市居民户的家计调查，不是直接抽取居民户，而是将全市以居委会为基本单位，抽取若干居委会，然后对中选的居委会的全部居民户进行调查。

整群抽样的优点在于组织工作简单，收集资料方便容易，调查费用较少。例如，对某工业产品的质量检验，不便于在流水作业线上一件一件地抽选检查，则可以每隔若干小时抽取一批产品进行检验，这样就方便多了。但是，正因为以群为单位进行抽选，抽选单位比较集中，显著地影响了在总体中各单位分布的均匀性，与其他抽样方式相比，抽样误差比较大，如果要得到与简单随机抽样相同的精确度，整群抽样就要调查相对较多的样本单位。一般地，在缺乏总体抽样框的情况下，宜采用整群抽样方式。

整群抽样是群的划分要满足两个条件：一是群与群之间没有单位重叠；二是总体中每一个单位都必须属于某一群，即要使总体单位无遗漏。一般来说，群的划分多是自然形成的，当然也有人为划分的。

设将总体的全部单位数 N 划分为 R 群组成样本，每群包含 M 个单位，则有 $N=RM$。M_i 是第 i 群包含的基本单位。现从总体 R 个群中随机抽取 r 个群组成样本，并对选中的 r 个群的所有 $M(M=\sum_{i=1}^{r}M_i)$ 个单位进行调查，则：

第 i 群样本的平均数为　$\bar{x}_i=\frac{\sum_{j=1}^{M}x_{ij}}{M}\quad(i=1,2,\cdots r)$；

全部样本的平均数为　$\bar{x}=\frac{\sum_{i=1}^{r}\bar{x}_i}{r}$。

从上式可以看出，整群抽样实质上是以群代替总体单位，以群平均数代替总体单位标志值之后的简单不重复随机抽样。因此，样本平均数的抽样平均误差可以按这一方法来计算。

$$\sigma_{\bar{x}}=\sqrt{\frac{\sigma_i^2}{r}\times\frac{R-r}{R-1}}$$

其中，σ_i^2 为平均数的群间方差，用公式表示为：

$$\sigma_i^2=\frac{\sum(\overline{X}_i-\overline{X})^2}{R}\text{ 或 }\sigma_i^2=\frac{\sum(\bar{x}_i-\bar{x})^2}{r}$$

【例 5－14】　设某化肥厂日夜连续生产，每分钟产量为 100 袋。现在采用整群抽样来检验一昼夜生产的化肥每袋的重量和包装的一等品率。以 144 分钟为一个间隔，每次抽取一分钟的产量，共抽取 10 分钟的产量进行分批检验，其平均每袋重量为 49.5 千克，其群间方差为 2.65 千克。一等品包装的比重为 85%，其群间方差为 0.5%。要求用 95.45%的概率估计该厂 24 小时化肥产量每袋平均重量和一等品率的范围。

第一步，根据已知条件，确定 R 和 r。

$$R=\frac{60\times24}{1}=1\,440，r=\frac{1\,440}{144}=10$$

第二步，进行抽样平均数的推断。

$$\sigma_{\bar{x}}=\sqrt{\frac{\sigma_i^2}{r}\times\frac{R-r}{R-1}}=\sqrt{\frac{2.65}{10}\times\frac{1\,440-10}{1\,440-1}}=0.515(\text{千克})$$

$$\mu=\bar{x}\pm z\sigma_{\bar{x}}=49.5\pm2\times0.515=49.5\pm1.03$$

即 $\mu=48.47\sim50.53$(千克)。

结果说明，以 95.45%的概率保证，估计该厂化肥的平均每袋重量在 48.47 千克～50.53 千克之间。

第三步，进行抽样成数的推断。

$$\sigma_p=\sqrt{\frac{\delta_p^2}{r}\times\frac{R-r}{R-1}}=\sqrt{\frac{0.5\%}{10}\times\frac{1\,440-10}{1\,440-1}}=2.255\%$$

$$P=p\pm z\sigma_p=85\%\pm2\times2.255\%=85\%\pm4.515\%$$

即 P 在 80.49%～89.51%之间。

从以上分析可知，整群抽样和类型抽样虽然都要对总体各单位进行分组，但对分组所起的作用却是完全不同的。类型抽样分组的作用在于尽量扩大组间的差异程度，达到缩小组内方差提高抽样效果的目的；整群抽样分组的作用在于尽量扩大群内的差异程度，从而达到缩小群间方差提高抽样效果的目的。

四、多阶段抽样

抽样调查中，如果抽出的样本单位直接就是总体单位，叫单阶段抽样，如简单随机抽样、等距抽样、类型抽样等。如果先将总体进行分组，从中随机抽出一些组，然后再从中选的组中随机抽取总体，叫两阶段抽样。如整群抽样就是第二阶段抽样比为 100%的一种特殊的两阶段抽样。如果将总体进行多层次分组，然后依次在各层中随机抽组，直到抽取总体单位，称为多阶段抽样。如我国农产品产量调查就是采用多阶段抽样调查，第一阶段从省抽县，第二阶段从中选县抽乡，第三阶段从中选乡抽村，再从中选的村中抽地块，最后从中选的地块中抽具体的样本单位，并以样本单位测得的实际资料来推算平均亩产和总产。又如，我国职工家计调查，第一阶段先抽调查城市，第二阶段从中选城市的各部分中抽选调查单位，第三阶段再从单位中抽选职工，确定具体的调查户，调查各户每月实际的生活费收支情况。

在实际工作中，当总体单位很多、分布广泛，又几乎不可能从总体中直接抽取总体单位时，常采用多阶段抽样。其优点是，第一，便于组织抽样。它可以按现有的行政区划或地理区域分各阶段的抽样单元，从而简化抽样框的编制。第二，可以获得各阶段单元的调查资料，根据最初级资料可进行逐级抽样推断，得到各级的调查资料。如农产品产量调查，可根据样本推断地块资料，根据地块资料可推断村的资料，然后依次推断乡、乡推县等。第三，多阶段抽样的方式比较灵活，各阶段抽样的组织方式应以前述四种为依据进行选择。一般在初级阶段抽样时多用分层抽样和等距抽样，在次级阶段抽样时多用等距抽样和简单随机抽样。同时，还可以根据各阶段的不同特点，采用不同的抽样比。如方差大的阶段，抽样比大一些，方差小的阶段，抽样比小一些。而且多阶段抽样在简化抽样工作的同时，又因抽样单位的分布较广，而具有较强的代表性。

第四节　假设检验

一、问题的提出

重庆啤酒股份有限公司(以下简称重庆啤酒)于20世纪90年代初斥巨资开始乙肝新药的研发，其股票被视作“生物医药”概念股受到市场热捧。尤其是2010—2011年的两年间，在上证指数大跌1/3的背景下，重庆啤酒股价却从23元左右飙升，最高达83.12元，但公司所研制新药的主要疗效指标的初步统计结果于2011年12月8日披露后，股价连续跌停，12月22日以28.45元报收后停牌。2012年1月10日，重庆啤酒公告详细披露了有关研究结论，复牌后股价又遭遇连续数日下跌，1月19日跌至20.16元。此公告明确告知：“主要疗效指标方面，意向性治疗人群的安慰剂组与600 μg组，及安慰剂组与εPA-44 900 μg组之间，HBeAg/抗HBe血清转换在统计意义上均无差异。”通俗地说，用药与不用药(安慰剂组)以及用药多与少(900 μg组与600 μg组)，都没有明显差异，这意味着该公司研制的乙肝新疫苗无效。有关数据如表5-5所示。

表5-5　乙肝新疫苗的应答率

	统计人数(人)	应答人数(人)	应答率(%)
安慰剂组	117	33	28.2
εPA-44 600 μg组	120	36	30.0
εPA-44 900 μg组	117	34	29.1

注：εPA-44为治疗用(合成肽)乙型肝炎疫苗的简称。

上表数据显示，两个用药组的应答率都高于安慰剂组的应答率，但为什么说“在统计意义上均无差异”？为什么说这个结论表示乙肝新疫苗无效？什么叫“在统计意义上无差异”？如何根据样本数据作出统计意义上有无差异的判断？解答这些问题就需要本节所要介绍的假设检验。

二、假设检验概述

所谓假设检验，就是根据研究目的，对样本所属总体特征提出一个假设，然后用适当方法根据样本所提供的信息,对所提出的假设作出拒绝或不拒绝的结论的过程。也就是对上述提出的原假设与备择假设,通过抽取的一个样本数据来作出判断 H_0 和 H_1 中哪一个是成立的,能够被接受的。

(一) 基本思想

假设检验的基本思想是小概率反证法思想。基本依据是"小概率原理"。所谓小概率原理就是:概率很小的随机事件在一次试验中一般不会发生。根据这一原理,我们从 H_0 出发,在一定的显著性水平 α 下,从总体中抽取一个子样进行检验,在 H_0 成立的条件下,若发现"相应统计量(即随机变量)取到此子样代入统计量后的值"是一个小概率事件,也即小概率事件在一次试验中发生了,这与"小概率原理"矛盾,此时就拒绝 H_0 并接受 H_1;反之,就只有被迫接受 H_0。

(二) 假设检验的程序

1. 提出假设

当我们对总体某些特征未知时,就可以根据历史的、经验的或其他事实,对未知特征提出假设,一般要同时列出原假设和备择假设。

一般有三种形式:

$$H_0:\theta=\theta_0 \qquad H_1:\theta\neq\theta_0$$
$$H_0:\theta\geqslant\theta_0 \qquad H_1:\theta<\theta_0$$
$$H_0:\theta\leqslant\theta_0 \qquad H_1:\theta>\theta_0$$

其中,θ 是总体的参数如 μ,P,σ^2 等,θ_0 是总体参数的真值。第一种形式,称为双侧检验,表示总体参数是否等于总体的真值,不允许大于或小于真值,如罐头包装重量、零件的直径等;后两种形式,称为单侧检验。第二种形式是左侧检验,表示总体的参数允许大于总体的真值,不允许小于总体的真值,如产品的产量是否比原来增长了、效率是否比原来提高了等。第三种形式是右侧检验,表示总体的参数允许小于总体的真值,不允许大于总体的真值,如某个产品的不合格品率是否小于规定的值等。假设的一般规则是:先确定备择假设,再确定原假设;"="总是放在原假设上;研究目的不同,假设的提出也可能不同。

2. 选择显著性水平 α

显著性水平 α 就是指原假设 H_0 是真的,根据样本的信息而作出拒绝 H_0 的概率。也就是拒绝原假设 H_0 所要冒的风险,它的本质就是小概率事件发生的概率,因为当小概率事件发生时就要拒绝 H_0,接受 H_1。

假设检验是围绕对原假设的判断而展开的,而这种判断是根据从总体中抽取一个样本的信息作出,由于样本的随机性,也就决定了这种判断结论的随机性,具体结论如表 5-6 所示。

表 5-6 假设检验的四种结论

决策结果 \ 可能状态	H_0 为真	H_0 为伪
接受 H_0	正确($1-\alpha$)	第二类错误(β)
拒绝 H_0	第一类错误(α)	正确($1-\beta$)

从表 5-6 中可知，由于不同样本提供不同的信息就会作出不同的结论，其中二种结论是正确判断，概率分别为 $1-\alpha$ 和 $1-\beta$，另外两种结论是错误的，当原假设 H_0 是真的而拒绝它称为犯第一类错误(或弃真错误)，概率是 α，它就是前面已经确定的显著水平；当原假设 H_0 是假的而接受它称为犯第二类错误(或取伪错误)，概率是 β。当然，在假设检验中我们不希望犯这两类错误，就是把 α、β 设置的越小越好，实际上是做不到的。理论告诉我们，当 n 一定时，α 越小则 β 越大，说明降低了犯第一类错误却增加了犯第二类错误的概率；反之亦然。

如何来解决这样的难题呢？一般原则是，如果犯第一类错误的后果(可以是损失、收益等)比犯第二类错误的后果严重，就应当把犯第一类错误的概率减少，即规定 α 值小一些；如果犯第二类错误的后果比犯第一类错误的后果严重得多，就应当设法减少第二类错误，把 α 规定得大些。总之，记住一点，这两类错误是无法避免的。如某工厂准备购买一批较便宜的原材料，要是这批原材料的次品率大到 5%以上，就拒绝购买。当假设检验后拒绝购买，就可能会犯第一类错误，失去购买便宜原材料，而出高价购买这种原材料，后果是增加产品生产成本；当假设检验后接受购买，可能会犯第二类错误，购买了不合格原材料，后果是生产的产品次品率上升。对于工厂决策者来说，关键是要清楚避免犯哪一类错误，也就是有必要搞清楚哪一类错误造成的损失小，以降低成本，然后作出正确的决策。又如，在对进口商品的假设检验中，如果把不合格的产品错误地当作合格产品来接收，将会蒙受很大的经济损失，这时，站在进口商的立场上就应当关注犯第二类错误概率，就应该将 α 设大一些。

3. *确定假设检验的样本统计量及其分布*

假设检验的判断依据是有代表性的样本，如何来体现样本的信息呢？就要用到样本的统计量，并且要知道其分布特点。该样本统计量在假设检验中，被称为检验统计量。检验统计量的选择与区间估计中的选择方法是一致的。如用来自方差未知的正态总体的小样本检验总体均值为某值时，就要用服 T 分布的 t 统计量。又如，用来自方差已知的正态总体的样本检验总体均值为某值时，就要用服正态分布的 Z 统计量。

4. *在显著水平 α 下，据检验统计量的分布情况查表得到临界点，将样本空间分为两大部分*

(1) 拒绝域(否定域)：如果检验统计量落入该区域，则拒绝 H_0，而接受 H_1。

(2) 接受域：如果检验统计量落入该区域，则接受 H_0，而拒绝 H_1。

不同的检验类型就会有不同的接受域和拒绝域，以正态分布为例，检验统计量为 Z，如图 5-3、图 5-4、图 5-5 所示。

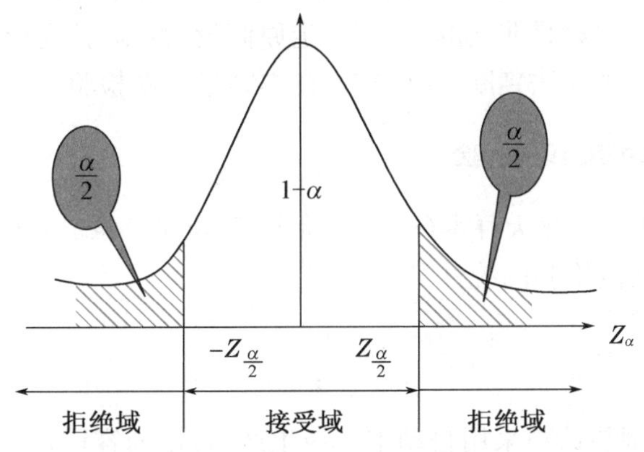

图 5-3　双侧检验的拒绝域与接受域

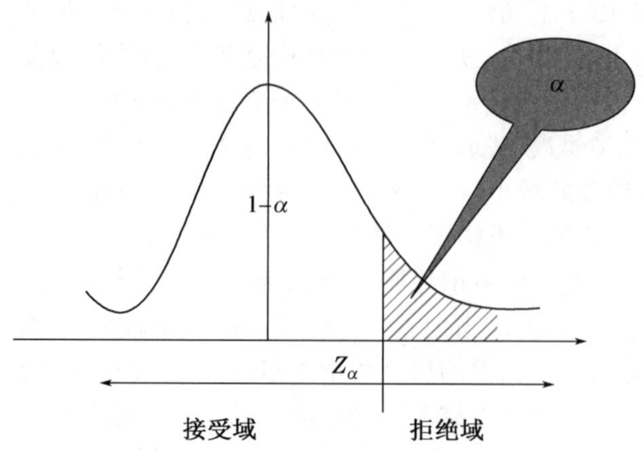

图 5－4　右侧检验的拒绝域与接受域

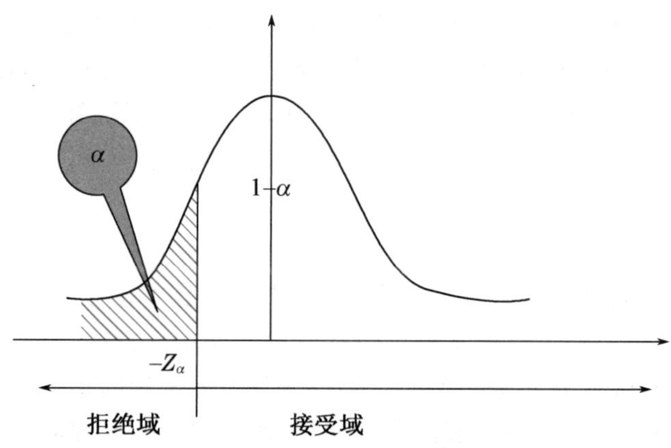

图 5－5　左侧检验的拒绝域与接受域

5. 据样本数据计算检验统计量的值，计算公式为：

$$检验统计量=\frac{样本统计量-被假设参数}{抽样平均误差}$$

6. 决策

比较检验统计量和临界值，决定是否接受原假设。判断规则是，若样本的检验统计量的值落在否定域内，则认为原假设是非真的，应该否定原假设；否则，接受原假设。当样本的检验统计量的值正好为临界值，则无法判断，应该扩大样本容量重新检验。

三、总体均值的假设检验

1. 正态总体或非正态总体大样本（$n>30$）情况下，使用 z 检验统计量

（1）σ^2 已知，总体均值检验的统计量为：

$$z=\frac{\bar{x}-\mu_0}{\sigma/\sqrt{n}}$$

【例 5－15】　一种罐装饮料采用自动生产线生产，每罐的容量是 255 mL，标准差为 5 mL。为检验每罐容量是否符合要求，质检人员在某天生产的饮料中随机抽取了 40 罐进行检验，测

得每罐平均容量为 255.8 mL。取显著性水平 $\alpha=0.05$，检验该天生产的饮料容量是否符合标准要求？

由已知得：$\mu_0=255, \sigma=5, n=40, \bar{x}=255.8, \alpha=0.05$

$$H_0: \mu=255, H_1: \mu\neq 255$$

计算统计量的具体数值，有

$$z=\frac{255.8-255}{5/\sqrt{40}}=1.01$$

根据给定的显著性水平 $\alpha=0.05$，查标准正态分布表，得 $z_{\alpha/2}=z_{0.025}=1.96$。也可以利用 Excel 中的统计函数 normsiv($1-\alpha/2$)计算得到。

由于 $|z|=1.01<z_{\alpha/2}=1.96$，所以，不拒绝原假设。检验结果表明：样本提供的证据不足以推翻原假设，说明该天生产的饮料符合标准要求。

(2) σ^2 未知，可以用样本方差 S^2 来近似代替总体方差，总体均值检验统计量为：

$$z=\frac{\bar{x}-\mu_0}{s/\sqrt{n}}$$

【例 5-16】 一种机床加工的零件尺寸绝对平均误差允许值为 1.35 mm。生产厂家现采用一种新的机床进行加工以期进一步降低误差。为检验新机床加工的零件平均误差与旧机床相比是否有显著降低，从某天生产的零件中随机抽取 50 个进行检验。50 个零件的平均数为 1.215 2，样本标准差是 0.365 749。利用以上数据，检验新机床加工的零件尺寸的平均误差与旧机床相比是否有显著降低？($\alpha=0.01$)

$H_0: \mu\geqslant 1.35; H_1: \mu<1.35$

计算检验统计量的具体数值，

$$z=\frac{1.2152-1.35}{0.365749/\sqrt{50}}=-2.6061$$

根据给定的显著性水平 $\alpha=0.01$，查标准正态分布得 $z_\alpha=z_{0.01}=-2.33$。也可以利用 Excel 中的统计函数 normsiv($1-\alpha$)计算得到。

由于 $z=-2.6061<z_{0.01}=-2.33$，所以拒绝原假设。检验结果表明：新机床加工的零件尺寸的平均误差与旧机床相比有显著降低。

2. 小样本情况下，依照总体方差是否已知来选择合适的统计量

(1) σ^2 已知：即使是在小样本情况下，检验统计量仍服从标准正态分布

检验统计量与检验程序与大样本时完全相同，不再赘述。

(2) σ^2 未知，小样本：需要用样本方差 s^2 代替总体方差 σ^2，此时检验统计量服从自由度为 $n-1$ 的 t 分布，检验统计量为：

$$t=\frac{\bar{x}-\mu_0}{s/\sqrt{n}}$$

小样本情况下一个总体均值的检验方法如表 5-6 所示。

表 5-6 小样本情况下一个总体均值的检验方法

	双侧检验	左侧检验	右侧检验
假设形式	$H_0:\mu=\mu_0$ $H_1:\mu\neq\mu_0$	$H_0:\mu\geqslant\mu_0$ $H_1:\mu<\mu_0$	$H_0:\mu\leqslant\mu_0$ $H_1:\mu>\mu_0$
检验统计量	σ 未知:$t=\dfrac{\bar{x}-\mu_0}{S/\sqrt{n}}$ $\left(\sigma\text{ 已知}:Z=\dfrac{\bar{x}-\mu_0}{\sigma/\sqrt{n}}\right)$		
α 与拒绝域	$\lvert t\rvert>t_{\alpha/2}(n-1)$	$t<-t_{\alpha}(n-1)$	$t>t_{\alpha}(n-1)$
P 值决策准则	$P<\alpha$,拒绝 H_0		

【例 5-17】 一种汽车配件的平均长度要求为 12 cm,高于或低于该标准均被认为是不合格的。汽车生产企业在购进配件时,通常是经过招标,然后对中标的配件提供商提供的样品进行检验,以决定是否购进。现对一个配件提供商的 10 个样本进行了检验,结果如下(单位:cm):

10.8　12.0　11.8　11.9　12.4　11.3　12.2　12.0　12.3

假定该供货商生产的配件长度服从正态分布,在 0.05 的显著性水平下,检验该供货商提供的配件是否符合要求?

$H_0:\mu=12;H_1:\mu\neq12$

依据样本数据计算得:$\bar{x}=11.89,s=0.4932$

由于是小样本,所以采用 t 统计量

$$t=\frac{11.89-12}{0.4932/\sqrt{10}}=-0.7053$$

根据自由度 $n-1=10-1=9$,查 t 分布表得 $t_{\alpha/2}(n-1)=t_{0.025}(9)=2.262$。也可以利用 Excel 中的统计函数 Tiv($\alpha,n-1$)计算得到。

由于$|t|=0.7053<t_{0.025}(9)=2.262$,所以不拒绝原假设,认为该供货商提供的零件符合要求。

四、总体比例的检验

总体比例是指总体中具有某种相同特征的个体所占的比例,通常用字母 π 表示,用 p 表示样本比例。总体比例的检验与上面介绍的总体均值检验基本上是相同的,区别只在于参数和检验统计量的形式不同。总体均值检验的整个程序都可以作为总体比例检验的参考。这里我们只考虑大样本情形下的总体比例检验。

【例 5-18】 一种以休闲和娱乐为主题的杂志,声称其读者群中有 80%为女性。为验证这一说法是否属实,某部门抽取了由 200 人组成的一个随机样本,发现有 146 个女性经常阅读该杂志。分别取显著性水平 $\alpha=0.05$ 和 $\alpha=0.01$,检验该杂志读者群中女性的比例是否为 80%,它们的 P 值各是多少?

$H_0:\pi=80\%;H_1:\pi\neq80\%$。

根据抽样结果计算得 $p=146/200=73\%$,检验统计量为

$$z=\frac{0.73-0.8}{\sqrt{\frac{0.8(1-0.8)}{200}}}=-2.475$$

根据显著性水平 $\alpha=0.05$ 查标准正态分布表得 $z_{\alpha/2}=z_{0.025}=1.96$。

由于 $|z|=2.475>z_{\alpha/2}=1.96$，所以拒绝原假设。在显著性水平为 0.05 的条件下，样本提供的证据表明该杂志的说法并不属实。

根据显著性水平 $\alpha=0.01$ 查标准正态分布表得 $z_{\alpha/2}=z_{0.005}=2.58$。由于 $|z|=2.475<z_{\alpha/2}=2.58$，所以不拒绝原假设。在显著性水平为 0.01 的条件下，样本提供的证据表明该杂志的说法是属实的。

从该例子可以看出，对于同一个检验，不同的显著性水平将会得出不同的结论，这也是自然的。现将大样本情形下的一个总体比例检验方法加以归纳，如表 5－7 所示。

表 5－7　大样本情况下一个总体比例的检验方法

	双侧检验	左侧检验	右侧检验
假设形式	$H_0:\pi=\pi_0$ $H_1:\pi\neq\pi_0$	$H_0:\pi\geqslant\pi_0$； $H_1:\pi<\pi_0$	$H_0:\pi\leqslant\pi_0$； $H_1:\pi>\pi_0$
检验统计量	$z=\frac{p-\pi_0}{\sqrt{\frac{\pi_0(1-\pi_0)}{n}}}$近似服从标准正态分布		
α 与拒绝域	$\lvert z\rvert>z_{\alpha/2}$	$z<-z_\alpha$	$z>z_\alpha$
P 值决策准则	$P<\alpha$，拒绝 H_0		

五、总体方差的检验

总体方差的检验使用的是卡方(χ^2)分布。此外，总体方差的检验，不论样本容量 n 是大是小，都要求总体服从正态分布，这是由检验统计量的抽样分布决定的。

用 σ_0^2 表示假定的总体方差的某一取值，总体方差假设检验的 3 种基本形式如表 5－7 所示。

【例 5－19】 啤酒生产企业采用自动生产线罐装啤酒，每瓶的装瓶量为 640 mL，但由于受某些不可控因素的影响，每瓶的装瓶量会有差异。此时，不仅每瓶的平均装瓶量很重要，装填量的方差 σ^2 同样很重要。如果 σ^2 很大，会出现装填量太多或太少的情况，这样要么生产企业不划算，要么消费者不满意。假定生产标准规定每瓶装填量的标准差不应超过和不应低于 4 mL。企业质检部门抽取了 10 瓶啤酒进行检验，得到的样本标准差为 $s=3.8$ mL。试以 0.10 的显著性水平检验装填量的标准差是否符合要求？

$H_0:\sigma^2=4^2$，$H_1:\sigma^2\neq4^2$

计算检验统计量为

$$\chi^2=\frac{(10-1)\times3.8^2}{4^2}=8.1225$$

根据显著性水平 $\alpha=0.10$ 和自由度$(10-1)=9$，查 χ^2 分布表得

$$\chi^2_{0.10/2}(n-1)=\chi^2_{0.05}(10-1)=16.9190$$

$\chi^2_{1-0.10/2}(n-1)=\chi^2_{0.95}(9-1)=3.325\ 11$

由于 $\chi^2_{0.95}(9)=3.325\ 11<\chi^2=8.122\ 5<\chi^2_{0.05}(9)=16.919\ 0$，所以不拒绝原假设 H_0。样本提供的证据表明装填量的标准差符合要求。

现将一个总体方差检验方法归纳如表 5－8。

表 5－8　一个总体方差检验的方法

	双侧检验	左侧检验	右侧检验
假设形式	$H_0:\sigma^2=\sigma_0^2$； $H_1:\sigma^2\neq\sigma_0^2$	$H_0:\sigma^2\geqslant\sigma_0^2$； $H_1:\sigma^2<\sigma_0^2$	$H_0:\sigma^2\leqslant\sigma_0^2$； $H_1:\sigma^2>\sigma_0^2$
检验统计量	$\chi^2=\dfrac{(n-1)s^2}{\sigma_0^2}$		
α 与拒绝域	$\chi^2>\chi^2_{\alpha/2}(n-1)$ 或 $\chi^2<\chi^2_{1-\alpha/2}(n-1)$	$\chi^2<\chi^2_{1-\alpha/2}(n-1)$	$\chi^2>\chi^2_{\alpha/2}(n-1)$

第五节　单因素方差分析

在实际中，不仅会遇到一个总体均值的假设检验，可以用 Z 检验统计量和 T 检验统计量进行检验，还会遇到多个总体均值的假设检验，那么用什么样的检验统计量？又如何进行假设检验呢？如果两两进行比较不仅十分烦琐，效率也比较低下，而且置信度会下降，犯第Ⅰ类错误的概率也会相应增加。

1923 年，费歇尔（R. A. Fisher）首先提出了“方差分析”方法。此后，它被广泛地应用于心理学、生物学、工程和医药的试验数据分析，成为一种十分重要的统计分析工具。

一、方差分析概述

方差分析是通过试验，观察某一种或多种因素的变化，对试验结果的观察数值是否有显著性影响的一种数理统计方法。如，有几个不同产地的同种原材料，要考察它们对生产同一产品的质量有无显著影响；几位检验员检查同一产品，要了解他们的检验技术有无明显的差异，等等。

（一）方差分析中一些术语

在应用方差分析的时候，会用到如下术语。

1. 试验指标

试验指标是指用于衡量试验效果好坏的特征量。如产品的长度、作物的亩产量、机器的效率、商场的销售收入等。

2. 因素

因素（或因子）是指引起试验指标变动的原因，就是所要检验的对象。如作物的产量是否受品种的影响、商场的销售收入是否受其位置的影响，等等。

3. 水平

水平（或位级）是指所研究的因素在试验中所处的状态。如商场的销售收入是否受其位置的影响，商场所处位置可以是商业区、居民区，这就是商场位置的两个水平。

（二）试验中误差的种类

在试验中，试验的结果会受到各种因素的影响，而产生不同的误差，主要可以分成二大类。

1. 系统误差

系统误差（或称条件误差）就是指由于试验因素变异而引起试验结果的数值差异。它的特点是系统性，只要系统误差存在，它就会使试验结果的观察值产生一贯的显著性差异。

2. 随机误差

随机误差（或称试验误差）就是指由许多不能控制的偶然因素所引起试验结果数值的差异。它的特点是偶然性，它是由许多偶然的因素独立发生作用而综合引起的微小差异。由中心极限定理可知，当试验次数增大时，它会逐渐趋向于零。

（三）方差分析的目的

应用方差分析的目的主要是判别试验中是否存在系统误差，从而说明所考察的因素对试验结果是否产生显著影响。

二、单因素方差分析

在方差分析中，如果只考虑一个因素的影响，称为单因素方差分析①。

（一）问题的提出

【例 5－20】 消费者协会为了了解相关行业服务质量，假定每个企业服务对象、服务内容、企业规模等方面基本相同，分别在零售业、旅游业、航空公司、家电制造业抽取了不同企业作为样本，调查最近一年消费者对各企业投诉次数资料如表 5－9 所示。方差分析的目的是分析不同行业与投诉次数是否有显著差异。

表 5－9　不同行业投诉次数数据表

样本	零售业	旅游业	航空公司	家电制造业
1	57	68	31	44
2	66	39	49	51
3	49	29	21	65
4	40	45	34	77
5	34	56	40	58
6	53	51	—	—
7	44	—	—	—

（二）方差分析的步骤

1. 提出假设

在方差分析中，原假设所描述的是：在按照自变量的值分成的类中，因变量的均值是否相等。因此，检验因素的 k 个水平（总体）的均值是否相等，需要提出如下形式的假设：

$H_0: \mu_1 = \mu_2 = \cdots = \mu_i = \cdots \mu_k$，即自变量对因变量没有显著影响；

① 单因素方差分析应用的条件是，被检验的总体服从正态分布且各总体方差齐性。

$H_1:\mu_1,\mu_2,\cdots,\mu_i,\cdots,\mu_k$ 不全相等，即自变量对因变量有显著影响。

如果原假设成立，则自变量对因变量没有显著影响，也就是说自变量与因变量之间没有关系；如果原假设不成立，则自变量对因变量有显著影响，也就是说自变量与因变量之间有关系。

注意：拒绝原假设时，只表明至少有两个总体的均值不相等，并不意味着所有的总体均值都不相等。

2. 构造检验统计量

(1) 计算因素各水平(总体)的均值。

$$\bar{x}_i = \frac{\sum_{j=1}^{n_i} x_{ij}}{n_i} \quad (i=1,2,\cdots k)$$

其中，n_i 是第 i 个总体样本观测值的个数；x_{ij} 是第 i 个总体的第 j 个观测值。

表 5－10 是样本均值的计算表。

表 5－10　样本均值计算表

	A	B	C	D	E
1	观测值	行业			
2		零售业	旅游业	航空公司	家电制造业
3	1	57	68	31	44
4	2	66	39	49	51
5	3	49	29	21	65
6	4	40	45	34	77
7	5	34	56	40	58
8	6	53	51		
9	7	44			
10	样本均值	49	48	35	59
11	样本容量 (ni)	7	6	5	5
12	总均值	$\bar{\bar{x}}=\frac{57+66+\cdots+77+58}{23}=47.869565$			
13					

根据表 5－10 中的数据计算零售业的样本均值为：

$$\bar{x}_1 = \frac{\sum_{j=1}^{5} x_{ij}}{n_1} = \frac{57+66+49+40+34+53+44}{7} = 49$$

使用 Excel 计算均值，可以使用粘贴函数→统计→AVERAGE。

同理，其他行业计算结果如表 5－10 所示。

(2) 计算全部观测值的总均值

$$\bar{\bar{x}} = \frac{\sum_{i=1}^{k}\sum_{j=1}^{n_i} x_{ij}}{n} = \frac{\sum_{i=1}^{k} n_i \bar{x}_i}{n}，其中，n = n_1 + n_2 + \cdots + n_k。$$

计算结果见表 5－10。

(3) 计算误差平方和，构造检验统计量

为构造检验统计量，共需要计算 3 个误差平方和：总误差平方和、水平项误差平方和、误差项平方和。

① 总误差平方和，简记为 SST。它是全部观测值 x_{ij} 与总均值 $\bar{\bar{x}}$ 之间误差的平方和，反映全部观测值的离散状况。

$$\text{SST}=\sum_{i=1}^{k}\sum_{j=1}^{n_i}(x_{ij}-\bar{\bar{x}})^2$$

本例中，$\bar{\bar{x}}=47.869\ 565$，则：

$$\text{SST}=(57-47.869\ 565)^2+\cdots+(58-47.869\ 565)^2=4\ 164.608\ 696$$

② 水平项误差平方和，简记为 SSA。它是各组平均值$\bar{x}_i$ 与总均值$\bar{\bar{x}}$之间误差的平方和，反映个总体的样本均值之间的差异程度，又叫组间平方和。

$$\text{SSA}=\sum_{i=1}^{k}\sum_{j=1}^{n_i}(\bar{x}_i-\bar{\bar{x}})^2=\sum_{i=1}^{k}n_i(\bar{x}_i-\bar{\bar{x}})^2$$

本例计算得：

$$\begin{aligned}\text{SSA}&=\sum_{i=1}^{4}n_i(\bar{x}_i-\bar{\bar{x}})^2=7\times(49-47.869\ 565)^2+6\times(48-47.869\ 565)^2\\&\quad+5\times(35-47.869\ 565)^2+5\times(59-47.869\ 565)^2=1\ 456.608\ 695\end{aligned}$$

③ 误差项平方和，简记为 SSE。它是每个水平或组的各样本数据与其组平均值之间误差的平方和，反映了每个样本观测值的离散状况，又叫组内平方和或残差平方和。

$$\text{SSE}=\sum_{i=1}^{k}\sum_{j=1}^{n_i}(x_{ij}-\bar{x})^2$$

本例中，先求出每个行业被投诉的次数与其平均数的误差平方和，然后将 4 个行业的误差平方和加总，即为 SSE。

零售业：$\sum_{j=1}^{7}(x_{1j}-\bar{x}_1)^2=(57-49)^2+(66-49)^2+\cdots+(44-49)^2=700$；

旅游业：$\sum_{j=1}^{6}(x_{2j}-\bar{x}_2)^2=(68-48)^2+(39-48)^2+\cdots+(51-48)^2=924$；

航空公司：$\sum_{j=1}^{5}(x_{3j}-\bar{x}_3)^2=(31-35)^2+(49-35)^2+\cdots+(40-35)^2=434$；

家电制造业：$\sum_{j=1}^{5}(x_{4j}-\bar{x}_4)^2=(44-59)^2+(51-59)^2+\cdots+(58-59)^2=650$。

然后将其加总，得：SSE＝700＋924＋434＋650＝2 708。

④ 三者之间的关系：SST＝SSA＋SSE

如果原假设成立，则表明没有系统误差，组间平方和 SSA 除以它的自由度后的均方与组内平方和 SSE 除以它的自由度后的均方差异就不会太大；反之，两者之间的差异就会很大。

SST 的自由度：$n-1$，n 为全部观测值的个数；

SSA 的自由度：$k-1$，k 为因素水平（总体）的个数；

SSE 的自由度：$n-k$。

所以三者的均方分别为：

SST 的均方：$\text{MST}=\dfrac{\text{SST}}{n-1}$；SSA 的均方：$\text{MSA}=\dfrac{\text{SSA}}{k-1}$；SSE 的均方：$\text{MSE}=\dfrac{\text{SSE}}{n-k}$。

所以构造的检验统计量就是：

$$F=\frac{\text{MSA}}{\text{MSE}}\sim F(k-1,n-k)。$$

对于本例，　　$\text{MSA}=\dfrac{\text{SSA}}{k-1}=\dfrac{1\ 456.608\ 696}{4-1}=485.536\ 232$，

$$\mathrm{MSE}=\frac{\mathrm{SSE}}{n-k}=\frac{2\ 708}{23-4}=142.526\ 316$$

$$F=\frac{\mathrm{MSA}}{\mathrm{MSE}}=\frac{485.536\ 232}{142.526\ 316}=3.406\ 643。$$

3. 统计决策

若 $F>F_\alpha$，则拒绝原假设 H_0，即 $\mu_1=\mu_2=\cdots=\mu_i=\cdots=\mu_k$ 的假设不成立，表明类型自变量对因变量有显著影响；$F<F_\alpha$，则不能拒绝原假设 H_0，不能认为类型自变量对因变量有显著影响。对于本例，$F=3.406\ 643$，假定取显著性水平 $\alpha=0.05$，查表得 $F_{0.05}(3,9)=3.13$，由于 $F>F_\alpha$，所以拒绝原假设，可以认为行业对投诉次数有显著影响。

第五章小结与阅读资料

思考与练习

一、思考题

1. 什么叫抽样误差、抽样平均误差、抽样极限误差？它们之间有何关系？
2. 重复抽样与不重复抽样有什么不同？
3. 总体参数的区间估计与假设检验有何联系与区别？
4. 点估计与区间估计有什么区别？
5. 方差分析的本质是什么？

二、单项选择题

1. 当检验统计量的观测值未落入原假设的拒绝域时，表示(　　)。

A. 可以放心地接受原假设　　B. 没有充足的理由否定原假设

C. 没有充足的理由否定备择假设　　D. 备择假设是错误的

2. 在其他条件不变的情况下，增加样本量，犯两类错误的概率会(　　)。

A. 都减小　　B. 都增大　　C. 都不变　　D. 一个增大一个减小

3. 某企业考虑从外地紧急采购一批加工原料，若这批原料的质量达到标准，企业可盈利10万元，但是如果这批原料质量达不到标准，企业将损失25万元。该企业面临判断：H_0：原料质量达标；H_1：原料质量未达标。对这个问题进行假设检验时，下列说法不正确的是(　　)。

A. 拒绝购买达标原料属于犯Ⅰ类错误　　B. 购进未达标原料属于犯Ⅱ类错误

C. 这个检验中只允许犯第一类错误　　D. α 不宜太小

4. 若假设检验为左侧检验，检验统计量为 t，由样本计算的检验统计值为 t_0，则检验的 P 值等于(　　)。

A. $P\{t\leqslant t_0\}$　　B. $P\{t>t_0\}$　　C. $2P\{t<t_0\}$　　D. $1-P\{t<t_0\}$

5. 对总体均值进行检验的假设为 $H_0:\mu=100$，$H_0:\mu\neq100$。由随机样本得到的检验统计量为 $Z=1.8$，则检验的 P 值为(　　)。

A. 0.036　　B. 0.072　　C. 0.928　　D. 0.964

6. 如果某项假设检验的结论在 0.05 的显著性水平下是显著的(即在 0.05 的显著性水平下拒绝了原假设),则错误的说法是(　　)。

A. 检验的 P 值不大于 0.05

B. 在 0.01 的显著性水平下不一定具有显著性

C. 原假设为真的概率小于 0.05

D. 在 0.10 的显著性水平下必定也是显著的

7. 关于检验统计量,下列说法中错误的是(　　)。

A. 检验统计量是样本的函数

B. 检验统计量包含未知总体参数

C. 在原假设成立的前提下检验统计量的分布是明确可知的

D. 检验同一总体参数可以采用多个不同检验统计量

8. 已知总体服从正态分布,现抽取一容量为 15 的样本对总体方差进行假设检验,H_0:$\sigma^2 \geqslant 1$;H_1:$\sigma^2 < 1$。$\alpha = 0.10$,则原假设的拒绝区域为(　　)。

A. (0,23.685)　　B. (0,24.996)　　C. (0,6.571)　　D. (0,7.261)

9. 对两个总体方差相等性进行检验(H_1:$\sigma_1^2 \neq \sigma_2^2$)。检验的 P 值越小说明(　　)。

A. 两样本方差的差别越大　　B. 两总体方差的差别越大

C. 越有信心断定两样本方差有差别　　D. 越有信心断定两总体方差有差别

10. 在方差分析中,组内平方和是指(　　)。

A. 各水平内部的观察值与其均值的离差平方和

B. 各水平总体均值之间的离差平方和

C. 由各水平效应不同所引起的离差平方和

D. 试验条件变化所引起的离差平方的总和

11. 对总体参数进行抽样估计的首要前提是必须(　　)。

A. 事先对总体进行初步分析　　B. 按随机原则抽取样本单位

C. 抽取大量的调查单位　　D. 保证调查资料的准确性、及时性

12. 抽样误差之所以产生是由于(　　)。

A. 破坏了随机抽样的原则　　B. 抽样取的样本不足以完全代表总体

C. 破坏了抽样的系统　　D. 调查人员的素质

13. $X_1, X_2, \cdots X_n$ 是来自总体的随机样本,在下列样本统计量中,总体均值的无偏估计量是(　　)。

A. $\dfrac{X_1+X_2}{2}$　　B. $\dfrac{X_1}{2}$　　C. $\dfrac{X_1+X_2}{3}$　　D. $\dfrac{X_2}{3}$

14. 使用统计量 $t=\dfrac{\overline{X}-\mu}{S/\sqrt{n}}$ 估计总体均值置信区间的条件是(　　)。

A. 总体方差已知　　B. 总体为正态分布且总体方差已知

C. 大样本　　D. 总体为正态分布但总体方差未知

15. 设总体 $X \sim N(\mu, \sigma^2)$,其中 σ^2 未知,则总体均值 μ 的置信区间长度 L 与 $1-\alpha$ 的关系是(　　)。

A. 当 $1-\alpha$ 缩小时，L 缩短　　B. 当 $1-\alpha$ 缩小时，L 增大

C. 当 $1-\alpha$ 缩小时，L 不变　　D. 以上说法都不变

16. 一定置信度下的抽样极限误差是指用样本指标估计总体指标时产生的抽样误差的(　　)。

A. 实际最大值　　B. 实际最小值　　C. 可能范围　　D. 实际范围

17. 如果总体服从正态分布，但总体均值和方差未知，样本量为 n，则用于构造总体方差置信区间的随机变量的分布是(　　)。

A. $N(0,1)$　　B. $N(\mu,\sigma2)$

C. $t(n-1)$　　D. $\chi^2(n-1)$

18. 某企业最近几批产品的优质品率分别为 88%、85%、91%，为了对下一批产品的优质品率进行抽样检验，确定必要的抽样数目时，P 应选(　　)。

A. 85%　　B. $\frac{88\%+85\%+91\%}{3}$

C. 88%　　D. 90%

19. 设总体 $X\sim N(\mu,\sigma^2)$，且 σ^2 已知，现在以置信度 $1-\alpha$ 估计总体均值 μ，下列做法中一定能使估计更精确的是(　　)。

A. 提高置信度 $1-\alpha$，增加样本容量　　B. 提高置信度 $1-\alpha$，减少样本容量

C. 降低置信度 $1-\alpha$，增加样本容量　　D. 降低置信度 $1-\alpha$，减少样本容量

20. 在整群抽样中，影响抽样平均误差的一个重要因素是(　　)。

A. 总方差　　B. 群内方差

C. 群间方差　　D. 各群方差平均数

三、多项选择题

1. 影响抽样极限误差大小的因素有(　　)。

A. 调查人员的素质　　B. 样本容量　　C. 抽样推断的可靠度

D. 抽样组织方式　　E. 总体各单位标志值的差异程度

2. 若 $\hat{\theta}_1,\hat{\theta}_2$ 都是总体参数 θ 的无偏估计量，正确说法是(　　)。

A. $\hat{\theta}_1=\theta,\hat{\theta}_2=\theta$

B. 若 $D(\hat{\theta}_1)\leqslant D(\hat{\theta}_2)$，则 $\hat{\theta}_1$ 比 $\hat{\theta}_2$ 更有效

C. $E(\hat{\theta}_1-\theta)=0,E(\hat{\theta}_2-\theta)=0$

D. a,b 均为常数，且 $a+b=1$，则 $(a\hat{\theta}_1+b\hat{\theta}_2)$ 也是 θ 的无偏估计量

E. $\hat{\theta}_1^2$ 也是 θ^2 的无偏估计量

3. 某批产品共计有 4 000 件，为了了解这批产品的质量，从中随机抽取 200 件进行质量检验，发现其中有 30 件不合格。根据抽样结果进行推断，下列说法正确的有(　　)。

A. $n=200$　　B. $n=30$

C. 总体合格率是一个估计量　　D. 样本合格率是一个统计量

E. 置信度为 68.3%时，估计合格率的允许误差为 2.52%

4. 计算抽样平均误差时，由于总体方差是未知的，通常用下列代替方法(　　)。

A. 大样本条件下，可用未修正样本方差代替

B. 小样本条件下，用样本方差代替

C. 用以前同类调查的总体方差代替

D. 有多个参考数值时，应取其平均数代替

E. 对于成数，有多个参考数值时，应取其中最接近 0.5 的数值来计算

5. 采用重复抽样方法对总体均值作估计，当其他条件不变时(　　)。

A. 极限误差缩小 1/3，必要样本容量为原来的 2.25 倍

B. 极限误差缩小 1/3，必要样本容量增加原来的 2.25 倍

C. 极限误差扩大一倍，必要样本容量为原来的 1/4

D. 总体的方差越大，所需样本容量也大

E. 概率把握度越大，所需样本容量也大

四、计算题

1. 设 $X_1,\cdots X_n$ 是从均值为 μ，方差为 σ^2 的总体中随机抽出的样本，令估计量 $T=\sum_{i=1}^{n}a_iX_i$，要求：

(1) 确定 a_i，使得 T 是 μ 的无偏估计；

(2) 确定 a_i，使 T 是 μ 的无偏并且有效估计。

2. 某企业为员工每人办理了一张信用卡，为了解该企业员工信用卡的使用情况，银行以信用卡卡号大小为序，每隔 50 号抽取一张卡，共抽取出 200 张卡，月消费情况如下：

月消费	人数
1 000 以下	15
1 000～2 000	60
2 000～3 000	85
3 000～4 000	30
4 000 以上	10

以 95.45%的概率分别估计员工信用卡月均消费金额和月消费在 3 000 元以上的员工比例。

3. 对某地区农业劳动力在某个季节的现金收入进行抽样调查，调查人数为 400 人，样本均值为 1 200 元，样本标准差为 200 元。若根据此样本信息构造总体平均收入的一个置信区间为(1 180，1 220)，另一个置信区间为(1 190，1 210)，试问这两个的置信度各有多大?

4. 对某地区农户收入增长情况进行不重复的等比例分层抽样，抽样比例为 3%，按影响收入增长的主要因素将全部农户划分为三类，各类的有关数据如下表。

类别	农户总数(户)	样本均值(元)	样本方差
甲	500	700	3 240
乙	1 000	900	3 800
丙	1 500	1 200	3 090

要求：(1) 对该地区农户收入增长的总体均值进行点估计；

(2) 求抽样平均误差;

(3) 如果对该总体采用的不是等比例分层抽样,而是简单随机抽样,抽取的样本量不变,则抽样平均误差又是多少?

5. 有一种电子元件,要求其使用寿命不得低于 1 000 小时。已知这种元件的使用寿命服从标准差为 100 小时的正态分布。现从一批元件中随机抽查了 25 件,测得平均使用寿命为 972 小时。要求:

(1) 试在 0.05 的显著性水平下,检验这批电子元件是否合格;

(2) 假如上述样本平均寿命是对 50 件样品检查的结果,其他条件不变,判断这批电子元件是否合格。

6. 根据长期正常生产的资料可知,某厂所产维尼纶的纤度服从正态分布,其方差为 0.002 5。现从某日产品中随机抽出 20 根,测得样本方差为 0.004 2。试判断该日纤度的波动与平时有无显著差异(取 $\alpha=0.10$)?

7. 某化肥厂采用自动包装机包装化肥。正常工作状态下,每包重量服从均值为 50 kg、标准差为 0.3 kg 的正态分布。从某日生产的产品中随机抽取 9 包,测得重量分别为:

50.4,50.1,49.5,49.3,50.3,50.2,49.8,50.1,49.2。

要求:分别在下列两种情况下,检验该日自动包装机的工作是否正常(显著性水平为 0.05):(1) 方差稳定不变;(2) 方差有可能不稳定。

8. 某种疾病传统治疗方法的治愈率为 70%。最近研究出一种新疗法。对 200 名患者试用这种新疗法后,治愈了 152 人。试问这一试验数据能否说明新疗法确实比传统方法更加有效? 以 0.10 的显著性水平进行检验。

9. 某企业生产工人分为早班和晚班两个班次。上月质量检验的结果是,从早班抽查产品 100 只,91 只合格;从晚班抽查产品 150 只,128 只合格。可否认为早班和晚班的生产质量有显著差异(显著性水平为 5%)。

10. 某制鞋厂为了比较两种材料制作的鞋跟的质量优劣,随机选择了 10 人,让他们每人试穿一双鞋跟厚度相同的新鞋,其中一只鞋用材料 A 制作,另一个鞋用材料 B 制作,试穿一个月后测量每人所穿的两只鞋的鞋跟厚度,测得数据如下:

试验者编号	1	2	3	4	5	6	7	8	9	10
材料 A	3.8	3.5	4.1	4	3.1	4.7	3.9	4.2	3.7	3.5
材料 B	3.5	3.1	4.3	3.8	3.3	4.5	3.3	3.7	3.5	3.4

设鞋跟厚度服从正态分布,试问 0.05 的显著性水平下,两种材料制作的鞋跟质量有无显著性差别?

第六章　相关分析与回归分析[①]

【学习目标】

1. 了解相关分析的意义、相关的种类、回归分析的意义；

2. 理解回归与相关的区别和联系，熟练掌握相关系数的计算和应用，熟练掌握简单线性回归分析的建模思想、应用和分析方法，并能对实际问题进行分析；

3. 理解多元线性回归分析的建模思想、应用和分析方法；

4. 理解非线性回归分析的建模思想和分析方法。

引导案例

生活常识告诉我们，夏季气温的高低是影响冰点制品销售量的重要因素。一般来讲，气温越高，冰点制品的销售情况就会越好。一家大型冰点制品连锁店的经营者李某为了扩大规模，准备开设新的连锁店。为了避免盲目开店造成不必要的损失，李某请来一家专业调查公司，对准备开店的地区当年夏季冰点制品的销售情况进行了调研。调查公司收集了该地区以往年份夏季连续若干天的观察资料，进而得到每天的最高气温与冰点制品的销售额资料，进行了定性和定量分析。通过对夏季气温与冰点制品销售量的关系的分析，发现两者关系十分密切，遂建立了相应的数学模型，采用回归分析的方法对当年夏季冰点制品的销售额进行了预测。然后，结合气象等其他因素得出十分乐观的结论：建议可以增开连锁店，扩大经营规模。最后，李某根据自己多年经营冰点制品的经验采纳了调查公司的意见，当年收到可观的经济效益。

那么，究竟应如何进行相关与回归分析呢？通过本章的学习，你一定会找到答案的。

第一节　相关分析与回归分析概述

辩证唯物主义告诉我们，物质世界是一个普遍联系的统一整体。无论是社会现象、经济现象，还是自然、生态等现象，都是在相互联系、相互制约中存在并不断发展变化的。一个现象的存在和发展，往往影响其他现象的发生和发展；众多事物此消彼长的变化，又会影响一些事物特定的发展变化；现象整体的发展，受制于整体内部各个因素的彼此关联与变化推动，也受到整体外部环境及相关条件的制约与影响这已是众所周知的事实。相关与回归分析，正是研究和解释现象与现象、事物与事物彼此之间的依存度、关联度和因果关系的统计方法。随着计算机科学的不断普及和发展，在现代管理科学、自然科学，特别是计量经济学和统计学的研究中，

① 世界上所有的模型都只是对现实世界的某种近似，没有完美的模型，所有的模型都命中注定要被修正、改进以至于被替代。——吴喜之

相关与回归分析已经成为越来越重要、内容越来越丰富、方法越来越先进、计算操作越来越简便的现代统计方法。

一、变量之间关系

在社会、经济、自然领域，现象间的普遍联系、相互制约往往表现为变量之间的相互依存的关系，这种依存关系是我们研究现象之间联系的基础。

（一）函数关系与相关关系

函数关系中，现象之间存在着严格的依存关系。即对于某一变量的每一个数值，都有另一个变量的确定的值与之相对应，而且变量间的关系可以用一个确定的数学公式表达出来。例如，圆的面积(S)与半径(r)的函数关系为：$S=\pi r^2$；电流(I)与电压(U)和电阻(R)的关系是 $I=U/R$；产品总成本是产量与单位产品成本的乘积；某农作物总产量等于单位面积产量与种植面积的乘积等。这类现象的变化关系是一种确定性关系，即已知某现象数值，就可求解出另一现象的数值。

相关关系是指变量间确实存在的，但是非严格的依存关系。当一个变量发生变化时，会引起另一种变量的变化，但这种变动关系不是唯一确定的，它可以有多种不同的表现。可以用数学函数形式表示：$y=f(x)+\mu$。如 y 表示农作物的平均亩产量，x 表示施肥量，农作物的平均亩产量和施肥量之间存在着一定的依存关系，平均亩产量不是由施肥量唯一确定的，还与品种、降雨量等其他变量有关系，这里的 μ 即表示影响亩产量，但影响程度较小的所有因素。再如企业中劳动生产率与产品成本之间关系，销售收入与利润之间关系，等等。

（二）函数关系与相关关系区别与联系

函数关系与相关关系的共同点是研究变量之间的相互关系。但也存在着区别，函数关系中变量是自变量与因变量之间的关系，不属于对等关系，它是数学研究的范畴；相关关系中强调的是变量之间相互依存关系，是属于对等关系，它是统计学讨论的问题。在实际研究中，由于存在测算误差等原因，函数关系往往通过相关关系表现出来。而在研究相关关系时，为了找到现象间数量之间的内在联系和表现形式，又常常需要借助于函数关系的形式加以描述。因此，相关关系是相关分析的研究对象，函数关系是相关分析的必要工具。

例如，判断下列变量之间是什么关系？（提示：只需判断现象之间的依存关系是否严格。）

（1）物体体积随温度升高而膨胀，随压力加大而压缩；

（2）测量次数愈多，其平均长度愈接近实际值；

（3）家庭收入愈多，其消费支出也有增长趋势；

（4）秤砣的误差愈大，权衡的误差愈大；

（5）物价愈上涨，商品的需求量愈小；

（6）文化程度愈高，平均寿命也愈长；

（7）圆的半径愈长，圆的周长也愈长；

（8）农作物产量与雨量、施肥量等有密切关系。

（三）相关关系的种类

1. 按相关关系涉及的变量多少来划分，分为单相关和复相关

单相关是指两个变量之间的相关关系，也称一元相关。单相关主要用来研究一个自变量和一个因变量的相关关系。例如，身高与体重、降雨量与单产、机床使用寿命与维修费用等都

是单相关。复相关是指多个自变量与因变量间的相关关系，也称多元相关。复相关主要用来研究一个因变量与多个自变量之间的关系。例如，气温、降雨量、施肥量、播种面积与粮食总产量的相关关系，资金周转率、流通费用、销售量、销售价格与销售利润间的相关关系等均是复相关关系。

2. 按相关的方向分，分为正相关和负相关

正相关是指直线相关中，两个变量的变动方向相同，变量 x 增加，变量 y 随之增加；变量 x 减少，变量 y 随之减少。例如，在一般情况下，身高增加，体重也增加；在一定范围内，施肥量增多，单产也会增多；在正常情况下，居民货币收入增加，商品零售额也增多，商品价格的上涨，供给也会增加等，这些都是正相关。负相关是指在直线相关中，两个变量的变动方向相反，即变量 x 增加，变量 y 随之减少；变量 x 减少，变量 y 随之增加。例如，商品价格上涨，需求会下降；商品价格下降，需求会上升。

3. 按相关的表现形式分，分为线性相关和非线性相关

线性相关是指两个变量间的相关关系大致呈现一条直线，故也称直线相关。其特点是，当一个变量增减 1 个单位时，另一个变量也按一个大致固定的量变化。非线性相关是指两个变量的对应取值在坐标系中大致呈一条曲线，故也称曲线相关，如抛物线、指数曲线、双曲线等。客观现象表现形态为直线或曲线，这是现象本身所固有的，不是人的主观意识所决定的。因此，在实际应用中，要针对现象表现出的不同形式的相关关系，结合具体情况、实际经验及理论分析后加以确定。进行相关分析时，首先要确定相关关系的表现形态。

4. 按照相关的密切程度分，分为完全相关、不完全相关和不相关

当一个变量的值完全由另一个变量的值所决定，即称为完全相关，即前述的函数关系，如 $S=\pi r^2$；两个变量各自独立，互不影响，称为不相关，如股票价格和气温之间，一般是不相关的。介于这二者之间的，称为不完全相关，通常相关分析指对不完全相关现象的分析。

二、相关分析与回归分析

（一）基本概念

相关分析就是通过对大量数字资料的观察，消除偶然因素的影响，探求现象之间相关关系的密切程度和表现形式的一种方法。

回归分析就是将相关的因素进行测定，确定其因果关系，并以数学模型来表现其具体关系式，从而进行各类统计分析的一种方法。

二者的区别首先在于分析的内容不同。相关分析的主要内容是确定现象之间关系呈现的形态或类型、度量关系的密切程度。回归分析则是根据相关关系的具体形态，选择合适的数学模型，来近似地表达现象间的相互依存规律。

其次，二者在研究目的和研究方法上有明显的区别。相关分析的目的在于在研究现象之间关系类型、方向及关系的密切程度；在研究时，变量之间的地位是平等的，即在进行相关分析时，不必要确定哪个是自变量，哪个是因变量且研究的变量可以都是随机变量。而回归分析的研究目的在于确定变量之间相互依存的具体形式，即确定反映现象相互关系的数学方程式，并根据这个方程式由已知量推测未知量，为预测和估算提供一种重要的方法。因此，回归分析必须要确定变量中哪个是自变量，哪个是因变量，且一般来说，回归分析中的自变量是确定性变量，因变量是随机变量。

二者的联系是在研究变量之间依存关系时，相互补充、不可分割的两个方面，相关分析是回归分析的基础，回归分析是建立变量之间相关关系密切程度高的数学模型，表明变量之间具体的数量关系。

（二）回归分析的种类

按照研究变量的多少，可以分为一元回归分析和多元回归分析。一元回归分析也称简单回归分析，是对研究两个变量之间数量关系的分析。这两个变量中，一个自变量，另一个因变量。（请您思考：自变量和因变量的确定是否随意？）多元回归分析是对研究三个或三个以上变量之间数量关系的分析，这三个或三个以上变量中，一个是因变量，其他均为自变量。

按照变量之间关系的形式，可以分为线性回归分析和非线性回归分析。线性回归分析是对研究的因变量与自变量之间呈现线性关系的分析；非线性回归分析是对研究的因变量与自变量之间呈现非线性关系的分析。

若一元回归分析、多元回归分析与线性回归分析相结合，就会形成实际中应用比较广泛的一元线性回归分析和多元线性回归分析，而一元线性回归分析是本章研究的重点。

（三）相关分析的内容

相关分析是指对客观现象的相互依存关系进行分析、研究，这种分析方法叫相关分析法。相关分析的目的在于研究相互关系的密切程度及其变化规律，以便作出判断，进行必要的预测和控制。相关分析的主要内容包括：

1. 确定现象之间有无相关关系

这是相关与回归分析的起点，只有存在相互依存关系，才有必要进行进一步的分析。

2. 确定相关关系的密切程度和方向

确定相关关系密切程度主要是通过绘制相关图表和计算相关系数。只有对达到一定密切程度的相关关系，才可配合具有一定意义的回归方程。

3. 确定相关关系的数学表达式

为确定现象之间变化上的一般关系，我们必须使用函数关系的数学公式作为相关关系的数学表达式。如果现象之间表现为直线相关，我们可采用配合直线方程的方法；如果现象之间表现为曲线相关，我们可采用配合曲线方程的方法。

4. 确定因变量估计值误差程度

使用配合直线或曲线的方法可以找到现象之间一般的变化关系，也就是自变量 x 变化时，因变量 y 将会发生多大的变化。根据得出的直线方程或曲线方程我们可以给出自变量的若干数值，求得因变量的若干个估计值。估计值与实际值是有出入的，确定因变量估计值误差大小的指标是估计标准误差。估计标准误差大，表明估计不太精确；估计标准误差小，表明估计较精确。

（四）回归分析的内容

回归分析是寻找具有相关关系的变量间的数学表达式并进行统计推断的一种统计方法。其主要内容包括以下三类。

1. 进行参数估计

即根据样本观测值对回归模型的参数进行估计，求出具体的回归方程。

2. 进行统计显著性检验

即对回归方程、参数估计值进行显著性检验与校正，以便使回归方程或参数更加优良。

3. 进行预测和控制

即根据回归方程进行适当的预测和控制。它是回归分析的最终目的。

第二节　一元线性相关与回归分析

一元线性相关分析与回归分析就是对两个具有线性关系的变量之间进行的相关分析与回归分析。用一个直线方程表明两变量之间相关关系的模型叫一元线性回归模型，它是回归分析中最简单和基本的形式。

一、两个变量之间的相关分析

要进行两个变量之间的回归分析，首先要进行两个变量之间的相关分析，来判断这两个变量之间是否存在相关关系、相关的程度如何以及是否值得进行回归分析。要达到这一目的，可以用以下几种方法。

(一) 相关表

相关表是一种统计表，是记录两个变量所对应的原始数据，一般一个变量是按变量值的大小排序的，而另一个变量的数值与之对应排列。从相关表中原始数据的变动趋势，可以初步判断两个变量之间的相关关系。

【例 6－1】 随机抽查了某地区的 10 家企业，得到它们的产量(单位：台)与生产费用(单位：万元)的原始数据如表 6－1 所示。

表 6－1　产量与生产费用原始数据表

企业编号	产量	生产费用
1	40	300
2	42	280
3	48	320
4	55	340
5	65	300
6	79	324
7	88	370
8	100	330
9	120	380
10	140	370

从表 6－1 中可以初步判断，随着产量的增加，生产费用也有增长的趋势，所以它们之间存在正相关关系。

(二) 相关图

利用直角坐标系第一象限，把自变量置于横轴上，因变量置于纵轴上，将两变量相对应的变量值用坐标点形式描绘出来，用以表明相关关系的图形，称为相关图。相关图的作用主要有以下几点。

1. 判断现象之间有无相关关系(见图 6－1)。如果呈现出相关关系，从图形上可以基本显示出散点呈局部单调增减的趋势。

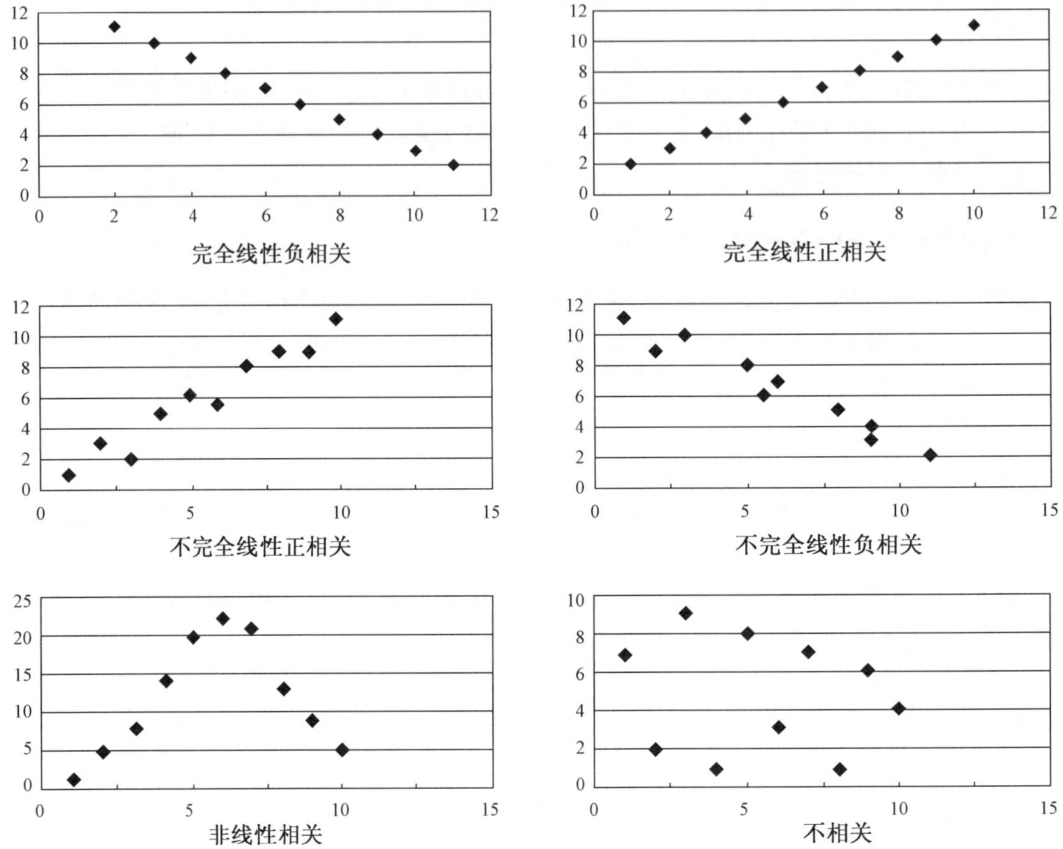

完全线性负相关　　完全线性正相关

不完全线性正相关　　不完全线性负相关

非线性相关　　不相关

图 6－1　相关关系的类型

2. 观察相关关系的类型(见图 6－1)。如果为正相关，则图形呈现单调递增趋势；如果是负相关，则呈现出单调递减的趋势。

3. 观察相关关系的密切程度(见图 6－2)。相关关系越紧密，则由散点连接而成的图形越趋于规则的变化态势。

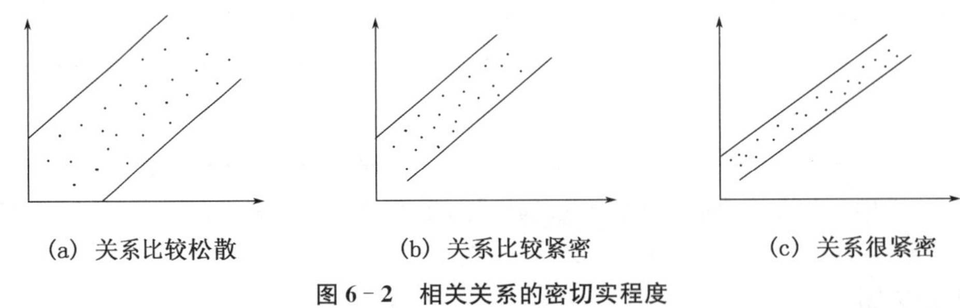

(a) 关系比较松散　　(b) 关系比较紧密　　(c) 关系很紧密

图 6－2　相关关系的密切实程度

（三）相关系数

通过前述相关图表，我们仅可以对变量间的相关关系作出一般性的判断，只是相关分析的开始。要想进一步分析变量间的密切程度，就必须用相关系数来衡量和判断。现实中，现象之间一般存在着直线和曲线两种相关关系，而且多为直线相关，这就决定了直线相关分析在实际中也最为常用。这里仅介绍直线相关系数的计算问题。

1. 相关系数的含义

相关系数，是测量两个变量之间线性相关的方向和程度的指标。根据总体计算的相关系数称为总体相关系数，用 ρ 表示。根据样本计算的相关系数称样本相关系数，用 r 表示。

总体相关系数的表达式为：

$$\rho=\frac{\mathrm{Cov}(X,Y)}{\sqrt{D(X)}\sqrt{D(Y)}}$$

样本相关系数 r 是总体相关系数 ρ 的估计值，其计算公式为：

$$r=\hat{\rho}=\frac{\sum(x-\bar{x})(y-\bar{y})}{\sqrt{\sum(x-\bar{x})^2}\sqrt{\sum(y-\bar{y})^2}}$$

相关系数的取值范围为 $|\rho|\leqslant1$ 或 $|r|\leqslant1$。因为当两个变量线性无关时，他们的协方差为零，从而相关系数为零；当两个变量存在严格的线性关系时，$|\rho|=1$ 或 $|r|=1$；两种情况是两种极端的情形，所以相关系数的取值范围为 $[-1,1]$。

由于相关系数是 1890 年英国统计学家卡尔·皮尔逊提出来的，因此该相关系数又被称作皮尔逊积矩相关系数或动差相关系数。

根据相关系数的定义公式可知，相关系数有如下含义。

（1）相关系数 r 的取值范围是：$-1\leqslant r\leqslant1$。因为协方差的绝对值最小为 0，最大为 σ_x 和 σ_y 的乘积。

（2）r 的绝对值越接近于 1，表明相关关系越密切；r 的绝对值越接近于 0，表明相关关系越不密切。

（3）$r=1$ 或 $r=-1$，表明两变量完全相关。

（4）$r=0$，表明两变量无直线相关关系。

（5）$r>0$，表明两变量呈正直线相关关系；$r<0$，表明两变量呈负直线相关关系。

实际中，人们经过长期实践，已总结出了一个判别现象间相关密切程度的一般标准，即 $|r|<0.3$，视为无相关；$0.3\leqslant|r|<0.5$，为低度相关；$0.5\leqslant|r|<0.8$，为显著相关（中度相关）；$|r|\geqslant0.8$，为高度相关。

2. 相关系数的计算

相关系数的计算根据资料的分组情况，既可采用定义公式，也可采用简捷公式，还可采用其他计算方法。

（1）根据定义公式计算相关系数（未分组资料）。具体计算时，要用相关资料设计一个计算表，将定义公式中的基本数据先计算出来，即先列出 5 个计算栏：$x-\bar{x}$，$y-\bar{y}$，$(x-\bar{x})(y-\bar{y})$，$(x-\bar{x})^2$，$(y-\bar{y})^2$。

【例 6－2】 已知某地区社会生产总值和社会商品零售总额的历史资料如表 6－2 所示，计算相关系数。

表 6-2　某地区社会生产总值和社会商品零售总额资料　　单位:亿元

年份(序号)	社会生产总值	社会商品零售总额
1	39	20
2	45	22
3	52	26
4	63	34
5	70	36
6	80	39
7	85	40

(1) 列表计算相关资料,如表 6-3 所示。

$$\bar{x}=\frac{\sum x}{n}=\frac{435}{7}=62(\text{亿元})$$

$$\bar{y}=\frac{\sum y}{n}=\frac{217}{n}=31(\text{亿元})$$

表 6-3　相关系数计算表

生产总值 x(亿元)	商品零售额 y(亿元)	$x-\bar{x}$	$y-\bar{y}$	$(x-\bar{x})(y-\bar{y})$	$(x-\bar{x})^2$	$(y-\bar{y})^2$
39	20	−23	−11	253	529	121
45	22	−17	−9	153	289	81
52	26	−10	−10	50	100	25
63	34	1	3	3	1	9
70	36	8	5	40	64	25
80	39	18	8	144	324	64
85	40	23	9	207	529	81
435	217	—	—	850	1 836	406

根据表 6-3 中的数据计算得:

$$r=\frac{\dfrac{\sum(x-\bar{x})(y-\bar{y})}{n}}{\sqrt{\dfrac{\sum(x-\bar{x})^2}{n}}\sqrt{\dfrac{\sum(y-\bar{y})^2}{n}}}=\frac{\dfrac{850}{7}}{\sqrt{\dfrac{1\,836}{7}}\sqrt{\dfrac{406}{7}}}=0.985$$

注意:由于定义公式的分子和分母中都有公因子 $1/n$,同时约去,相关系数的公式可写成:

$$r=\frac{\sum(x-\bar{x})(y-\bar{y})}{\sqrt{\sum(x-\bar{x})^2\sum(y-\bar{y})^2}}$$

显然,定义公式是通过变量离差乘积之和的平均数来计算相关系数的,所以这个公式又称为积差法公式。

（2）相关系数的简捷计算方法。相关系数的定义公式是根据两变量的离差计算的，当$\bar{x}$，$\bar{y}$为除不尽的小数时，计算既烦琐又影响准确性，实践中多采用根据定义公式推导出的简捷公式计算相关系数。公式为：

$$r=\frac{n\sum xy-\sum x\sum y}{\sqrt{n\sum x^2-(\sum x)^2}\sqrt{n\sum y^2-(\sum y)^2}}$$

显然，按照这一公式计算相关系数，只需列3个计算栏：xy，x^2，y^2，而且避免了平均数、协方差、标准差的直接计算，大大简化了计算过程。根据表6-3的资料，用简捷公式计算相关系数（见表6-4）。

表6-4　相关系数计算表

生产总值 x（亿元）	商品零售总额 y（亿元）	xy	x^2	y^2
39	20	780	1 521	400
45	22	990	2 025	484
52	26	1 352	2 704	676
63	34	2 142	3 969	1 156
70	36	2 520	4 900	1 296
80	39	3 120	6 400	1 521
85	40	3 400	7 225	1 600
434	217	14 304	28 744	7 133

$$\begin{aligned}r&=\frac{n\sum xy-\sum x\sum y}{\sqrt{n\sum x^2-(\sum x)^2}\sqrt{n\sum y^2-(\sum y)^2}}\\&=\frac{7\times 14\,304-434\times 217}{\sqrt{7\times 28\,744-(434)^2}\times\sqrt{7\times 7\,133-(217)^2}}=0.985\end{aligned}$$

（3）相关系数其他计算公式。根据定义法公式，还可以推导出相关系数的其他公式。

$$r=\frac{\sum xy-n\bar{x}\bar{y}}{\sqrt{\sum x^2-n(\bar{x})^2}\sqrt{\sum y^2-n(\bar{y})^2}}\qquad r=\frac{\overline{xy}-\bar{x}\bar{y}}{\sigma_x\cdot\sigma_y}$$

$$r=\frac{\overline{xy}-\bar{x}\bar{y}}{\sqrt{\overline{x^2}-(\bar{x})^2}\sqrt{\overline{y^2}-(\bar{y})^2}}$$

公式中，

$$\overline{xy}=\frac{\sum xy}{n}$$

下面举例说明利用双变量分组资料计算相关系数的方法。

【例6-3】 表6-5是某地40家商店的营业员和营业额资料。试根据表中资料求相关系数。

表 6-5　双变量分组相关表

营业额 y(万元)	营业员 x					合计(人)
	1～3	3～5	5～7	7～9	9～11	
6～7				1	6	7
5～6			2	4	4	10
4～5		2	4	5		11
3～4	2	1	4			7
2～3	1	2				3
1～2	2					2
合计	5	5	10	10	10	40

根据双变量分组计算相关系数表时，x 和 y 值均取各分组的组中值，以各组频数加权计算相关系数。先列表计算，如表 6-6 所示。

表 6-6　加权相关系数计算表

x	y	f	xf	yf	xy	xyf	x^2	x^2f	y^2	y^2f
2	1.5	2	4	3	3	6	4	8	2.25	4.5
2	2.5	1	2	2.5	5	5	4	4	6.25	6.25
2	3.5	2	4	7	7	14	4	8	12.25	24.5
4	2.5	2	8	5	10	20	16	32	6.25	12.5
4	3.5	1	4	3.5	14	14	16	16	12.25	12.25
4	4.5	2	8	9	18	36	16	32	20.25	40.5
6	3.5	4	24	14	21	84	36	144	12.25	49
6	4.5	4	24	18	21	108	36	144	20.25	81
6	5.5	2	12	11	33	66	36	72	30.25	60.5
8	4.5	5	40	22.5	36	180	64	320	20.25	101.25
8	5.5	4	32	22	44	176	64	256	30.25	121
8	6.5	1	8	6.5	52	52	64	64	42.25	42.25
—	—	40	270	185	—	1 371	—	2 100	—	930

因为，$\bar{x}=\dfrac{\sum xf}{\sum f}=\dfrac{270}{40}=6.75\quad \bar{y}=\dfrac{\sum yf}{\sum f}=\dfrac{185}{40}=4.625$

$$\overline{xy}=\frac{\sum xyf}{\sum f}=\frac{1\,371}{40}=34.275\quad \overline{x^2}=\frac{\sum x^2f}{\sum f}=\frac{2\,100}{40}=52.5$$

$$\overline{y^2}=\frac{\sum y^2f}{\sum f}=\frac{930}{40}=23.25$$

所以，$r=\dfrac{\overline{xy}-\bar{x}\,\bar{y}}{\sqrt{\overline{x^2}-(\bar{x})^2}\,\sqrt{\overline{y^2}-(\bar{y})^2}}=\dfrac{34.275-6.75\times 4.625}{\sqrt{52.5-6.75^2}\,\sqrt{23.25-4.625^2}}=0.85>0.8$

因为，$r>0.8$，所以，该商店营业人员与营业额存在高度正相关关系。

另外一种相关系数的计算方法，Spearman correlation coefficient，用来评估两参量之间的“单调相关性”。

Spearman 相关系数计算公式如下：$r_s=\dfrac{\sum(R_i-\overline{R})(S_i-\overline{S})}{\sqrt{\sum(R_i-\overline{R})^2(S_i-\overline{S})^2}}$

其中，R_i 为第 i 个 X 的秩，S_i 为第 i 个 Y 的秩，$\overline{R}$、$\overline{S}$分别为 R_i 和 S_i 的平均值。

3. 相关系数的显著性检验

测算两个变量的相关系数，是从二元总体中随机抽取一个样本，再用样本的相关系数去推断，因为推断误差的存在，不可能保证百分之百可靠。也就是说，因为样本是随机抽取的，根据其计算出的相关系数虽然很大，但总体却可能并不具备相关性。那么总体到底有没有线性相关性，在得出结论前，还必须进行假设检验。

检验样本（相关系数为 r）是否会来自一个无线性关系的总体（总体的相关系数为 ρ），可以采用 t 检验法。

（1）原假设：$H_0:\rho=0$。备择假设：$H_1:\rho\neq0$。

（2）检验统计量为：$t=|r|\sqrt{\dfrac{n-2}{1-r^2}}$，其中 $n-2$ 为自由度。

（3）若显著性水平为 α，查 t 表的临界值 $t_{\frac{\alpha}{2}}(n-2)$。

（4）若$|t|\geqslant t_{\frac{\alpha}{2}}(n-2)$，则拒绝原假设，接受备择假设，即认为样本的相关系数显著，可以说明总体两个变量间存在线性相关，检验通过。若$|t|<t_{\frac{\alpha}{2}}(n-2)$，则结论相反。

【例 6-4】 根据表 6-7 中 9 家企业的月产量和单位成本的样本资料，计算相关系数并对其进行显著性检验（见表 6-7）。

表 6-7　相关系数计算表

序　号	月产量 x(1 000 件)	单位成本 y(元)	x^2	y^2	xy
1	4.1	80	16.81	6 400	328
2	6.3	72	39.69	5 184	453.6
3	5.4	71	29.16	5 041	383.4
4	7.6	58	57.76	3 364	440.8
5	3.2	86	10.24	7 396	275.2
6	8.5	50	72.25	2 500	425
7	9.7	42	94.09	1 764	407.4
8	6.8	63	46.24	3 969	428.4
9	2.1	91	4.41	8 281	191.1
合计	53.7	613	370.65	43 899	3 332.9

$$r=\frac{n\sum xy-\sum x\sum y}{\sqrt{n\sum x^2-(\sum x)^2}\sqrt{n\sum y^2-(\sum y)^2}}$$

$$=\frac{9\times 3\,332.9-53.7\times 613}{\sqrt{9\times 370.65-(53.7)^2}\sqrt{9\times 43\,899-(613)^2}}$$

$$=-0.988\,6$$

已知： $r=-0.988\,6, n=9,$

提出如下假设：

$$H_0:\rho=0;H_1:\rho\neq 0$$

$$t=|r|\sqrt{\frac{n-2}{1-r^2}}=0.988\,6\times\sqrt{\frac{9-2}{1-0.988\,6^2}}=17.37$$

设显著性水平 $\alpha=0.05$。查 t 表得 $t_{\frac{\alpha}{2}}(n-2)=t_{0.025}(9-2)=2.365$，$|t|>t_{\frac{\alpha}{2}}(n-2)$，表明总体相关系数 $\rho=0$ 的可能性小于 $\alpha=0.05$。所以拒绝原假设 $H_0:\rho=0$，认为样本的相关关系具有显著性，即不能否认总体（全部的同类企业）的两变量存在线性相关。

4. 时间数列的自相关

以上我们从静态角度对两个变量的相关关系进行了讨论。但是，相关关系并不仅限于静态，在时间动态方面也可应用相关分析的方法，基本方法与静态的完全相同。比如，时间数列自相关，就是研究一个变量的发展变化对其自身将来的变化所产生的影响。这种现象在经济活动中经常存在，当年的经济状态会对下一年度、下两年度甚至更远的年代产生影响，如已经形成的工业生产水平会影响明年或后年的工业生产水平等。

进行时间数列的自相关分析，需要计算自相关系数，其方法与前面所讲的相关系数在本质上是相同的，公式为：

$$r=\frac{n\sum y_t y_{t-1}-\sum y_t\sum y_{t-1}}{\sqrt{n\sum y_t^2-(\sum y_t)^2}\sqrt{n\sum y_{t-1}^2-(\sum y_{t-1})^2}}$$

式中，t 代表时间；$t-1$ 是 t 期（年）的前一期（年）。

【例 6-5】 某地区 2000—2010 年的生猪收购量资料如表 6-8 所示，试计算自相关系数。

表 6-8 时间数列自相关计算表

年　份	本年收购量 y_t	上年收购量 y_{t-1}	$y_t y_{t-1}$	y_{t-1}^2	y_t^2
2000	170	—	—	—	—
2001	240	170	40 800	28 900	57 600
2002	410	240	984 00	57 600	168 100
2003	210	410	86 100	168 100	44 100
2004	150	210	31 500	44 100	22 500
2005	260	150	39 000	22 500	67 600
2006	470	260	122 200	67 600	220 900

（续表）

年　份	本年收购量 y_t	上年收购量 y_{t-1}	$y_t y_{t-1}$	y_{t-1}^2	y_t^2
2007	680	470	319 600	220 900	462 400
2008	650	680	442 000	462 400	422 500
2009	850	650	552 500	422 500	722 500
2010	920	850	782 000	722 500	6 464 00
合　计	4 840	4 090	2 514 100	2 217 100	3 034 600

注：$\sum y_t = 4\ 840$ 中不包括 170。

将上年收购量与本年收购量一一对应排列如表所示，则可看出，随着上年收购量 y_{t-1} 的增长，本年收购量 y_t 也有增长的趋势，可初步判断二者呈正相关关系。

如果根据各项资料（170，240）、（240，410）…（850，920）绘制相关图，可见本期收购量 y_t（纵轴）与上期收购量 y_{t-1}（横轴）之间的关系大体上接近直线（图略）。因此，通过该资料可计算直线自相关系数。

$$
\begin{aligned}
r &= \frac{n\sum y_t y_{t-1} - \sum y_t \sum y_{t-1}}{\sqrt{n\sum y_t^2 - (\sum y_t)^2}\ \sqrt{n\sum y_{t-1}^2 - (\sum y_{t-1})^2}} \\
&= \frac{10\times 2\ 514\ 100 - 4\ 840\times 4\ 090}{\sqrt{10\times 2\ 217\ 100 - 4\ 090^2}\ \sqrt{10\times 3\ 034\ 600 - 4\ 840^2}} \\
&= 0.871\ 0
\end{aligned}
$$

结果说明，本年收购量 y_t 与上年收购量 y_{t-1} 之间高度相关。

二、一元线性回归分析

回归分析就是根据一组样本数据，确定出变量之间的数量依存关系，并对这种关系的可信程度进行各种统计检验，然后可利用所求的数学关系式，根据一个或几个变量的取值来预测或估计另一个特定变量的取值。我们把被预测或被解释的变量称为因变量，用 y 表示，把用来预测或解释因变量的一个或多个变量称为自变量，用 x 表示。

在回归分析中，根据变量的多少可分为一元回归和多元回归；按变量之间的具体变动形式可以分为线性回归和非线性回归。把这两种标志结合起来，就有一元线性回归和一元非线性回归、多元线性回归和多元非线性回归。其中，一元线性回归是最简单的也是最基本的回归分析，通常称为简单线性回归。本节仅介绍一元线性回归分析。

（一）总体回归模型与样本回归模型

对于模型 $y=f(x)+u$，若 x 与 y 确有因果关系，则称 $y=f(x)+u$ 为总体回归模型，x 为自变量（或解释变量或外生变量），y 为因变量（或被解释变量或内生变量），u 为随机项，是没有包含在模型中的自变量和其他一些随机因素对 y 的总影响。

若给定 x，y 的 n 次观察值（样本值）(x_i, y_i)，$i=1,2,3,\cdots n$ 代入模型 $y=f(x)+u$ 中得到：

$$y_i = f(x_i) + u_i$$

我们称为样本回归模型。

一般说来,随机项 u 来自以下几个方面。

1. 自变量的省略

由于人们认识的局限性,不能穷尽所有的影响因素,或由于受时间、费用、数据质量等的制约,而没有引入模型之中的,而对被解释变量 y 又有一定影响的自变量被省略。

2. 统计误差

数据收集中由于计量、计算、记录等导致的登记误差,或由样本信息推断总体信息时产生的代表性误差。

3. 模型的设定误差

如在模型构造时,非线性关系却用线性模型进行描述,复杂关系却用简单模型进行描述,此非线性关系却用彼非线性模型进行描述,等等。

4. 随机误差

被解释变量还受一些不可控制的众多的、细小的偶然因素的影响。

(二) 一元线性总体回归模型和一元线性样本回归模型

对于总体回归模型 $y=f(x)+u$,特别地,当 $f(x)=\beta_0+\beta_1 x$ 时,则有

$$y=\beta_0+\beta_1 x+u \tag{6-1}$$

式中,β_0 和 β_1 为两个待定参数,β_0 为直线的截距,β_1 为直线的斜率。我们称(6-1)式为一元线性总体回归模型。

对于一元线性回归模型 $y_i=\beta_0+\beta_1 x_i+u_i$,在满足古典假设条件下,两边取均值得一元线性理论回归方程 $E(y_i)=\beta_0+\beta_1 x_i$,简称总体回归线。其中 β_0 和 β_1 是未知的,实际上总体回归线是无法求得的,它只是理论上的存在,所以称为理论回归方程。但我们可以通过样本观测值来拟合一条直线使它成为理论回归线的最佳估计:

$$\hat{y}_i=\hat{\beta}_0+\hat{\beta}_1 x_i \tag{6-2}$$

式中,$\hat{\beta}_0$ 是估计的回归直线在 y 轴上的截距,$\hat{\beta}_1$ 是直线的斜率,表示对于一个给定的 x 值,$\hat{y}$ 是 y 的估计值。即 $\hat{\beta}_1$ 表示 x 每变动一个单位时,y 的平均变动值。

这条线我们称为一元线性样本回归线,简称样本回归线;这一方程(6-2)称为一元线性样本回归方程,简称样本回归方程。又因(6-2)式的建立依赖于观测值,所以我们又称(6-2)式为经验回归方程。

(三) 线性回归模型中随机项的基本假定

在给定样本观测值(样本值)(x_i, y_i),$i=1,2,3,\cdots n$ 后,为了估计(6-2)式的参数 β_0 和 β_1,必须对随机项 u_i 做出某些合理的假定。这些假定通常称为古典假设。

假设 1. $E(u_i)=0$ 即随机项 u_i 的数学期望(均值)为零。

这就是说,对于 x 的每个观测值 u 可以取不同的值,有的大于零,有的小于零,但对于 u 的所有可能取值,它们的平均数等于零。

假设 2. $\mathrm{Var}(u_i)=E\{[u_i-E(u_i)]^2\}=E(u_i^2)=\sigma_u^2(i=1,2,\cdots n)$

即各次观测中 u 具有相同的方差,也就是说各次观测所受的随机影响的程度相同。

对于不同的解释变量 x_i,如果随机项的方差不同,那么与其相对应的观察值 y_i 的可靠程度(与随机项的方差大小成反比)也不相同。对于不同的随机项 u_i 所对应的不同观测值 y_i 应分别赋予不同的权数,这样做会使参数的估计、检验和利用模型进行预测复杂化。如果满足同方差假设,将会使估计、检验和预测简化。

假设 3. $\mathrm{Cov}(u_i,u_j)=E\{[u_i-E(u_i)][u_j-E(u_j)]\}=0(i\neq j;i=1,2,\cdots n;j=1,2,\cdots n)$即在任意两次观测时，$u_i$，$u_j$ 是相互独立的，不相关的，即无序列相关。

如果这个假设成立，参数的检验和利用模型进行预测将被简化。

假设 2、假设 3 称为高斯——马尔柯夫(Gauss-Markov)假设。在此假设条件下，可以得到关于回归系数的最小二乘估计及随机项方差估计的一些重要性质。

假设 4. $\mathrm{Cov}(u_i,x_i)=0$ 即解释变量 x_i 与误差项 u_i 同期独立无关。

如果两者相关，就不可能把 x 对 y 的影响和 u 对 y 的影响区分开来。在一般情况下，x_i 为非随机变量(在预测时它是确定性变量)，而 u_i 为随机变量，这一假定很显然成立。

假定 5. $u_i\sim N(0,\sigma_u^2)$即 u_i 为服从正态分布的随机变量。

对于大样本，由中心极限定理中的李雅普诺夫(Liapunov)定理知，无论 u_i 中包含的每一种影响因素服从什么分布，u_i 都近似正态分布，即在大样本条件下这个假设成立。但对于小样本，这个假设不一定成立，如果这个假设不成立，就无法进行检验和预测。因为检验和预测，须知道总体 y 的分布情况。

在 u_i 为服从正态分布的假定下，随机变量 y_i 也服从正态分布：

$$y_i\sim N(\beta_0+\beta_1x_i,\sigma_u^2),i=1,2,\cdots n$$

(四) 普通最小平方法

观测值 y_i 与它的拟合值 $\hat{y}_i$ 之差 e_i 叫作残差，它是随机项 u_i 的估计值。记为：

$$e_i=y_i-\hat{y}_i=y_i-\hat{\beta}_0-\hat{\beta}_1x_i$$

最小平方法(最小二乘法)准则是使全部观测值的残差平方和为最小，即：

$$Q=\sum e_i^2=\sum(y_i-\hat{\beta}_0-\hat{\beta}_1x_i)^2=\mathrm{Min}$$

由微分极值原理知，要使 Q 达到最小，必要条件是：Q 对 $\hat{\beta}_0$ 和 $\hat{\beta}_1$ 的一阶偏导数等于零，二阶偏导数大于零。依据必要条件，$\hat{\beta}_0$ 和 $\hat{\beta}_1$ 应满足下列方程组：

$$\begin{cases}\dfrac{\partial Q}{\partial\hat{\beta}_0}=-2\sum\limits_{i=1}^{n}(y_i-\hat{\beta}_0-\hat{\beta}_1x_i)=0\\ \dfrac{\partial Q}{\partial\hat{\beta}_1}=-2\sum\limits_{i=1}^{n}(y_i-\hat{\beta}_0-\hat{\beta}_1x_i)x_i=0\end{cases}$$

经整理后得正规方程组：

$$\begin{cases}\sum\limits_{i=1}^{n}y_i=n\hat{\beta}_0+\hat{\beta}_1\sum\limits_{i=1}^{n}x_i\\ \sum\limits_{i=1}^{n}x_iy_i=\hat{\beta}_0\sum\limits_{i=1}^{n}x_i+\hat{\beta}_1\sum\limits_{i=1}^{n}x_i^2\end{cases}$$

解之得：

$$\begin{cases}\hat{\beta}_1=\dfrac{n\sum\limits_{i=1}^{n}x_iy_i-\sum\limits_{i=1}^{n}x_i\sum\limits_{i=1}^{n}y_i}{n\sum\limits_{i=1}^{n}x_i^2-(\sum\limits_{i=1}^{n}x_i)^2}=\dfrac{\sum\limits_{i=1}^{n}(x_i-\bar{x})(y_i-\bar{y})}{\sum\limits_{i=1}^{n}(x_i-\bar{x})^2}\\ \hat{\beta}_0=\bar{y}-\hat{\beta}_1\bar{x}\end{cases}\tag{6-3}$$

式中，$\bar{y}=\dfrac{1}{n}\sum\limits_{i=1}^{n}y_i\qquad\bar{x}=\dfrac{1}{n}\sum\limits_{i=1}^{n}x_i$

说明回归直线 $\hat{y}_i=\hat{\beta}_0+\hat{\beta}_1 x_i$ 通过平均数这个点$(\bar{x},\bar{y})$。由(6-3)式得到的 $\hat{\beta}_0$ 和 $\hat{\beta}_1$ 称为最小二乘估计量(Ordinary Least Square Estimators-OLSE)。

上述方法就是普通最小平方法(Ordinary Least Square Method)简记为 OLS。

【例 6-6】 续例 6-1,求出产量与生产费用的一元线性回归直线。

利用表 6-11 的数据,代入公式得:

$$\begin{cases}\hat{\beta}_1=\dfrac{n\sum x_i y_i-\sum x_i\sum y_i}{n\sum x^2-(\sum x)^2}=\dfrac{10\times 265\,876-777\times 3\,314}{10\times 70\,903-777^2}=0.795\,6\\ \hat{\beta}_0=\bar{y}-\hat{\beta}_1\bar{x}=\dfrac{3\,314}{10}-0.795\,6\times\dfrac{777}{10}=269.581\,9\end{cases}$$

一元线性回归直线为:$\hat{y}=269.581\,9+0.795\,6x$

回归系数 $\hat{\beta}_1$ 的意义是当企业的产量增加 1 台时,企业的生产费用平均增加 0.795 6 万元。

【例 6-7】 已知某地区的 10 个企业销售收入与销售利润的数据资料如表 6-9 所示。试求销售收入与销售利润的一元线性回归直线。(单位:万元)

表 6-9 销售收入与销售利润的原始数据

企业编号	销售收入 x	销售利润 y
1	5	0.8
2	10	1.0
3	12	1.2
4	15	2.0
5	15	2.2
6	20	2.5
7	25	2.5
8	28	2.8
9	30	3.0
10	30	3.0

数据计算如表 6-10 所示。

表 6-10 数据计算过程

企业编号	销售收入 x	销售利润 y	xy	x^2
1	5	0.8	4.0	25
2	10	1.0	10.0	100
3	12	1.2	14.4	144
4	15	2.0	30.0	225
5	15	2.2	33.0	225
6	20	2.5	50.0	400

(续表)

企业编号	销售收入 x	销售利润 y	xy	x^2
7	25	2.5	62.5	625
8	28	2.8	78.4	784
9	30	3.0	90.0	900
10	30	3.0	90.0	900
合计	190	21	462.3	4 328

代入公式计算得：

$$\begin{cases}\hat{\beta}_1=\dfrac{n\sum x_iy_i-\sum x_i\sum y_i}{n\sum x^2-(\sum x)^2}=\dfrac{10\times 462.3-190\times 21}{10\times 4\,328-190^2}=0.088\\ \hat{\beta}_0=\overline{y}-\hat{\beta}_1\overline{x}=\dfrac{21}{10}-0.088\times\dfrac{190}{10}=0.428\end{cases}$$

则一元线性回归直线为：$\hat{y}=0.428+0.088x$。

结果表明，当企业的销售收入增加 1 万元时，企业的销售利润平均增加 0.088 万元。

三、统计意义检验

当给定 x,y 的 n 次观测值(样本值)$(x_i,y_i)i=1,2,\cdots n$，采用最小平方法进行参数估计得经验回归方程 $\hat{y}=b_0+b_1x$ 后，我们还不能马上就用它去进行经济分析、预测和控制。因为 $\hat{y}=b_0+b_1x$ 是否真正描述了变量 x 与 y 之间的统计关系，或变量 x 与 y 之间的统计关系是否显著，还需对有关参数和方程进行统计检验，才能做出回答或判定。

(一) 拟合优度检验

1. R^2 检验

因变量总离差平方和可作如下分解：

$$y_i-\overline{y}=(\hat{y}_i-\overline{y})+(y_i-\hat{y}_i)=(\hat{y}_i-\overline{y})+e_i$$

对上式两边求平方和得：

$$\sum_{i=1}^{n}(y_i-\overline{y})^2=\sum_{i=1}^{n}(\hat{y}_i-\overline{y})^2+\sum_{i=1}^{n}(y_i-\hat{y}_i)\text{(其中，易证得，}2\sum(\hat{y}_i-\overline{y})\cdot e=0)$$

由此可见，总离差平方和(TSS，Total Sum of Squares)可以分为可解释平方和(ESS，Explained Sum of Squares)与残差平方和(RSS，Residualum Sum of Squares)两部分。即TSS=ESS+RSS。

其中，

$$\mathrm{TSS}=\sum_{i=1}^{n}(y_i-\overline{y})^2=\sum_{i=1}^{n}y_i^2-n\overline{y}^2$$

$$\mathrm{ESS}=\sum_{i=1}^{n}(\hat{y}_i-\overline{y})^2=\hat{\beta}_0\sum_{i=1}^{n}y_i+\hat{\beta}_1\sum_{i=1}^{n}x_iy_i-n\overline{y}^2$$

$$\mathrm{RSS}=\sum_{i=1}^{n}(y_i-\hat{y})^2=\sum_{i=1}^{n}y_i^2-\hat{\beta}_0\sum_{i=1}^{n}y_i-\hat{\beta}_1\sum_{i=1}^{n}x_iy_i$$

ESS 是由回归方程确定的，也就是由自变量 x 变动引起的，又称为回归平方和；RSS 是由 x 之外的随机项 u 的波动引起的，又称不可解释平方和。不难看出，回归平方和(可解释平方和)ESS在总平方和TSS中所占比例越大,残差平方和RSS在TSS中所占比重就越小,说明回归的效果就越好,即样本回归线 $\hat{y}_i=\hat{\beta}_0+\hat{\beta}_1x_i$ 与样本观测值 (x_i,y_i) 拟合得越好。为此我们把回归平方和占总平方和的比重定义为样本决定系数,记为

$$R^2=\frac{\mathrm{ESS}}{\mathrm{TSS}}=1-\frac{\mathrm{RSS}}{\mathrm{TSS}} \tag{6-4}$$

显然 $0\leqslant R^2\leqslant 1$。$R^2$ 的数值等于相关系数的平方。R^2 越接近于1,表示回归直线与样本观测值拟合越好。可见 R^2 可以用来度量回归直线与样本观测值拟合优度。另一方面,若 R^2 大,则解释变量 x 对被解释变量 y 的解释程度就高,可以推测总体线性相关关系显著,即总体回归系数 β_1 不会同时为零,回归方程显著。反之,可以推测总体线性相关关系不显著,即 β_1 与零没有显著差异,回归方程不显著。

样本决定系数与总体回归系数 β_1 有如下关系:

$$R^2=\frac{\left[\sum_{i=1}^{n}(x_i-\bar{x})(y_i-\bar{y})\right]^2}{\sum_{i=1}^{n}(x_i-\bar{x})^2\sum_{i=1}^{n}(y_i-\bar{y})^2}=\hat{\beta}_1^2\frac{\sum_{i=1}^{n}(x_i-\bar{x})^2}{\sum_{i=1}^{n}(y_i-\bar{y})^2}$$

【例6-8】 接例6-1的原始数据,试求产量与生产费用之间的可决系数。

一元线性回归直线为:$\hat{y}=269.5819+0.7956x$ 具体计算数据如表6-11所示。

表6-11 可决系数计算数据表

编号	产量 x	生产费用 y	$\hat{y}$	$(y-\bar{y})^2$	$(\hat{y}-\bar{y})^2$
1	40	300	301.406	985.96	899.646
2	42	280	302.997	2 641.96	806.725
3	48	320	307.771	129.96	558.344
4	55	340	313.340	73.96	326.167
5	65	300	321.296	985.96	102.093
6	79	324	332.434	54.76	1.070
7	88	370	339.595	1 489.96	67.153
8	100	330	349.142	1.96	314.775
9	120	380	365.054	2 361.96	1 132.585
10	140	370	380.966	1 489.96	2 456.778
合计	777	3 314	—	10 216.40	6 665.336

从表6-11中可知:

$$R^2=\frac{\mathrm{ESS}}{\mathrm{TSS}}=\frac{\sum(\hat{y}_i-\bar{y})^2}{\sum(y_i-\bar{y})^2}=\frac{6\,665.336}{10\,216.4}=0.652\,4$$

$r=\sqrt{R^2}=\sqrt{0.652\,4}=0.807\,7$(取正号是因为二者之间存在正相关关系)

$R^2=0.652\,4$ 表明生产费用取值的总变差中,有65.24%可以由生产费用与产量之间的线性关系来解释的,可见回归直线的拟合程度比较好。

2. 变量 x 与变量 y 之间的线性相关关系检验—r 检验

由于一元线性回归方程研究的是变量 x 与变量 y 之间的线性相关关系，所以我们可以用反映变量 x 与变量 y 之间的相关关系密切程度的相关系数来检验回归方程的显著性。具体检验步骤见本章第一节内容。

3. 估计标准误差

估计标准误差是残差平方和的均方根，反映了以回归直线为中心的各观察值与其估计值之间的平均离差程度，用 s 来表示，其计算公式为：

$$s=\sqrt{\text{MSR}}=\sqrt{\frac{\text{RSS}}{n-k-1}}=\sqrt{\frac{\sum(\hat{y}-y)^2}{n-k-1}}$$

式中，$n-k-1$ 是自由度，k 是自变量的个数。它是总体随机误差项方差的无偏估计量。当 s 愈小时，各观察值愈靠近回归直线，回归直线的拟合程度愈好；反之，回归直线的拟合程度就差。

在一元线性回归分析中，估计标准误差也可以用简化式来计算：

$$s=\sqrt{\text{MSR}}=\sqrt{\frac{\text{RSS}}{n-2}}=\sqrt{\frac{\sum(\hat{y}-y)^2}{n-2}}=\sqrt{\frac{\sum y^2-\hat{\beta}_0\sum y-\hat{\beta}_1\sum xy}{n-2}}$$

（二）显著性检验

1. 回归方程的显著性检验—F 检验

F 检验属于回归方程的显著性检验，它是对所有参数感兴趣的一种显著性检验。对于一元线性回归模型，我们感兴趣的参数只有 β_1。其检验步骤如下。

第一步：提出假设。

原假设 $H_0:\beta_1=0$　　备择假设 $H_1:\beta_1\neq 0$

第二步：构造 F 统计量。

我们把总离差平方和定义为：$\text{TSS}=\sum_{i=1}^{n}(y_i-\bar{y})^2$；回归解释平方和定义为：

$\text{ESS}=\sum_{i=1}^{n}(\hat{y}_i-\bar{y})^2$；残差平方和定义为：$\text{RSS}=\sum_{i=1}^{n}(y_i-\hat{y}_i)^2$。①则

$$F=\frac{\text{ESS}/1}{\text{RSS}/(n-2)}=\frac{\text{MSE}}{\text{MSR}}\sim F(1,n-2) \tag{6-5}$$

即统计量 F 服从第一自由度为 1，第二自由度为 $n-2$ 的 F 分布。

第三步：给定显著水平 α，查 F 分布临界值 $F_\alpha(1,n-2)$。

第四步：做出统计决策。

若 $F\geqslant F_\alpha(1,n-2)$ 时，拒绝原假设 H_0，接受备择假设，则认为 x 与 y 的线性相关关系显著即回归方程显著；若 $F<F_\alpha(1,n-2)$ 时，接受 H_0，则认为 x 与 y 的线性相关关系不显著，即回归方程不显著。

若我们知道了 Significance F，通常也称为 P 值，也可根据 P 值比较，做出决策。其判别标准是：当 Significance$F\leqslant\alpha$ 时，$F\geqslant F_\alpha(1,n-2)$，此时拒绝原假设 H_0；当 Significance$F>\alpha$

---

① 将 ESS 除以其相应的自由度后的结果称为均方回归（MSE），将 RSS 除以其相应的自由度后的结果称为均方残差（MSR）。

时，$F<F_{\alpha}(1,n-2)$，此时应接受原假设 H_0。

要强调一点，在一元线性回归分析中 F 检验与 T 检验没有多大区别，检验结果应该是一致的，但是在多元线性回归分析中是有本质上的区别。

【例 6-9】 接表 6-11 的数据，试对生产费用与产量之间的线性关系进行显著性检验。

(1) 提出假设

$H_0:\beta_1=0$(两个变量之间的线性关系不显著)

$H_1:\beta_1\neq 0$(两个变量之间的线性关系显著)

(2) 计算检验统计量 F

$$F=\frac{\text{ESS}/1}{\text{RSS}/(n-2)}=\frac{6\,665.336/1}{(10\,216.4-6\,665.336)/(10-2)}=15.016$$

(3) 已知显著性水平 $\alpha=5\%$，查 F 分布表得 $F_{0.05}(1,8)=5.318$。

(4) 决策

因为 $F=15.016>F_{0.05}(1,8)=5.318$，所以拒绝原假设 $H_0:\beta_1=0$，表明产量与生产费用之间的线性关系是显著。

2. 回归系数的显著性检验—t 检验

t 检验属于回归系数的统计显著性检验，是对个别参数显著性的检验。以斜率系数 β_1 的检验为例，其步骤如下。

第一步：提出假设。

原假设 $H_0:\beta_1=0$　　备择假设 $H_1:\beta_1\neq 0$

如果原假设 H_0 成立，则因变量 y 与自变量 x 之间并没有真正的线性相关关系，即无论变量 x 怎样变化，因变量 y 始终等于 β_0，也就是说自变量 x 的变化对因变量 y 并不产生影响。

第二步：构造 t 统计量。

$$t=\frac{\hat{\beta}_1}{S(\hat{\beta}_1)}\sim t(n-m) \tag{6-6}$$

其中：$S(\hat{\beta}_1)=\sqrt{\dfrac{S^2}{\sum(x-\bar{x})^2}}$ 为 $\hat{\beta}_1$ 的标准差；

$S^2=\dfrac{1}{n-2}\sum\limits_{i=1}^{n}\mathrm{e}_i^2=\dfrac{1}{n-2}\sum\limits_{i=1}^{n}(y_i-\hat{y}_i)^2$ 是 σ_u^2 的无偏估计量。

第三步：给定小概率(显著水平 α)，查 t 分布临界值 $t_{\frac{\alpha}{2}}(n-2)$。

第四步：作出统计决策。

当 $|t|\geqslant t_{\frac{\alpha}{2}}(n-2)$，拒绝原假设，认为 β_1 显著不为零，说明因变量 y 对自变量 x 的一元线性相关关系显著；当 $|t|<t_{\frac{\alpha}{2}}(n-2)$，不能拒绝原假设，认为 β_1 与零没有显著差异，说明因变量 y 对自变量 x 的一元线性相关关系不显著。

【例 6-10】 接表 6-11 的数据，试检验产量对生产费用的影响是否显著。

(1) 提出假设

$H_0:\beta_1=0$(自变量对因变量的影响不显著)

$H_1:\beta_1\neq 0$(自变量对因变量的影响显著)

(2) 计算检验统计量

由前例的数据可得：$\hat{\beta}_1=0.795\,6$，$s=21.069$，$\sum x=777$，$\sum x^2=70\,903$，$n=10$，则回

归系数的标准差为：

$$s_{\hat{\beta}_1}=\frac{s}{\sqrt{\sum x_i^2-\frac{1}{n}(\sum x_i)^2}}=\frac{21.069}{\sqrt{70\ 903-\frac{777^2}{10}}}=0.205\ 3$$

$$t=\frac{\hat{\beta}_1}{s_{\hat{\beta}_1}}=\frac{0.795\ 6}{0.205\ 3}=3.875$$

(3) 确定临界值

已知显著性水平 α，查 T 分布表，相应的临界值为 $t_{\frac{\alpha}{2}}(n-2)=t_{0.025}(8)=2.365$。

(4) 决策

因为 $|t|=3.875>t_{\frac{\alpha}{2}}(n-2)=2.365$，所以拒绝 H_0，表明产量对生产费用的影响是显著的。

(五) 四种检验的关系

前面介绍了 t 检验、F 检验、r 检验和 R^2 检验，对于一元线性回归方程来说，这四种检验是等价的。

可以证明：$t=\frac{r\sqrt{n-2}}{\sqrt{1-r^2}}$；$r=\sqrt{\frac{F}{(n-m)+F}}$；$F=t^2$；$\sqrt{R^2}=r$。

因此，对于一元线性回归方程，我们只需作其中的一种检验即可。但对于多元线性回归方程这四种检验有着不同的意义，并不是等价的，需分别进行检验。

四、预测

当参数估计出来后，在古典假设满足的条件下，若通过了各种统计显著性检验，并具有经济含义，便可以用估计出来的回归方程进行预测了。

(一) 点预测

点预测分为两种：一是平均值的点预测，二是个别值的点预测。利用回归方程，对于 x 的一个固定值 x_0，推算出 y 的平均值的一个估计值 $E(y_0)$，就是平均值的点预测；如果对于 x 的一个特定值 x_0，推算出 y 的一个个别值的估计值 $\hat{y}_0$，则属于个别值的点预测。

对于给定的 x_0，则 $\hat{y}_0=\hat{\beta}_0+\hat{\beta}_1 x_0$，$E(y_0)=\beta_0+\beta_1 x_0$。

(二) 区间预测

区间预测是指，对于给定的显著水平 α，找一个区间 (y_1,y_2)，使对应于某个特定的 x_0 的实际值 y_0，以 $1-\alpha$ 的概率被区间 (y_1,y_2) 所包含。即

$$(\hat{y}_0-y_1,\hat{y}_0+y_2)\text{满足}\ P\{y_1<y_0<y_2\}=1-\alpha$$

对应于点预测，区间预测也分为两种：一种是平均值的区间预测，另一种是个别值的区间预测。

1. 个别值的区间预测

$$\hat{y}_0\pm t_{\frac{\alpha}{2}}(n-2)\sqrt{1+\frac{1}{n}+\frac{(x_0-\bar{x})^2}{\sum_{i=1}^{n}(x_i-\bar{x})^2}}\cdot S \tag{6-7}$$

2. 平均值的区间预测

$$\hat{y}_0 \pm t_{\frac{\alpha}{2}}(n-2)\sqrt{\frac{1}{n}+\frac{(x_0-\bar{x})^2}{\sum_{i=1}^{n}(x_i-\bar{x})^2}}\cdot S \qquad (6-8)$$

由区间预测公式可以看出，对于给定的显著水平 α，样本容量 n 越大，$\sum_{i=1}^{n}(x_i-\bar{x})^2$ 就越大，x_0 越靠近 $\bar{x}$，则置信区间长度就越短，此时的预测精度就高。所以，为了提高预测精度，样本容量 n 应越大越好，所给定的 x_0 不能偏离 $\bar{x}$ 太大。当 $x_0=\bar{x}$ 时，预测结果精度最高；当 $|x_0-\bar{x}|$ 很大时，预测效果就差。

五、案例：一元线性回归模型的应用

【例 6－11】 下述各汽车销售分公司有关数据如表 6－12 所示。试进行一元线性回归分析。

表 6－12 某公司 12 个汽车销售分公司的销售量和广告费资料

分公司名称	汽车销售量(辆)y	广告费(万元)x	x^2	xy	y^2
A	1 000	357	127 449	357 000	1 000 000
B	1 100	385	148 225	423 500	1 210 000
C	1 250	420	176 400	525 000	1 562 500
D	1 280	406	164 836	519 680	1 638 400
E	1 360	490	240 100	666 400	1 849 600
F	1 480	525	275 625	777 000	2 190 400
G	1 500	602	362 404	903 000	2 250 000
H	1 720	651	423 801	1 119 720	2 958 400
I	1 800	735	540 225	1 323 000	3 240 000
J	1 890	721	519 841	1 362 690	3 572 100
K	2 100	840	705 600	1 764 000	4 410 000
M	2 200	924	853 776	2 032 800	4 840 000
合计	18 680	7 056	4 538 282	11 773 790	30 721 400

(一) 建立模型

由表 6－12 计算知：$n=12$；$\sum_{i=1}^{12}x_i=7\,056$；$\sum_{i=1}^{12}y_i=18\,680$；$\sum_{i=1}^{12}x_i^2=4\,538\,282$；$\sum_{i=1}^{12}x_iy_i=11\,773\,790$；$\sum_{i=1}^{12}y_i^2=30\,721\,400$。将其代入(6－6)式得：

$$\begin{cases}\hat{\beta}_1=\dfrac{12\times 11\,773\,790-7\,056\times 18\,680}{12\times 4\,538\,282-7\,056\times 7\,056}=2.028\,873\\ \hat{\beta}_0=\dfrac{1}{12}\times 18\,680-\dfrac{1}{12}\times 7\,056=363.689\,1\end{cases}$$

于是得一元线性回归方程为：

$\hat{y}_i=363.6891+2.028873x_i$

（二）统计显著性检验

1. 对于拟合优度检验

$$\mathrm{TSS}=\sum_{i=1}^{n}(y_i-\bar{y})^2=\sum_{i=1}^{n}y_i^2-n\bar{y}^2=1\,642\,866.7$$

$$\mathrm{ESS}=\sum_{i=1}^{n}(\hat{y}_i-\bar{y})^2=\hat{\beta}_0\sum_{i=1}^{n}y_i+\hat{\beta}_1\sum_{i=1}^{n}x_iy_i-n\bar{y}^2=1\,602\,708.6$$

$$\mathrm{RSS}=\sum_{i=1}^{n}(y_i-\hat{y})^2=\mathrm{TSS}-\mathrm{ESS}=4\,015.807\,1$$

$$R^2=\frac{\mathrm{ESS}}{\mathrm{TSS}}=1-\frac{\mathrm{RSS}}{\mathrm{TSS}}=0.987$$

拟合优度较高。

2. 对于 t 检验

$$S(\hat{\beta}_1)=\sqrt{\frac{S^2}{\sum(x_i-\bar{x})^2}}=\sqrt{\frac{4\,015.81}{389\,354}}=0.101\,558$$

$$=\frac{\hat{\beta}_1}{S(\hat{\beta}_1)}=\frac{2.028\,873}{0.101\,558}=19.977\,487$$

给定显著水平 $\alpha=5\%$，查 t 分布临界值 $t_{\frac{0.05}{2}}(10)=1.812$。

因 $t=19.977\,487>t_{\frac{0.05}{2}}(10)=1.812$，所以拒绝原假设 $H_0:\beta_1=0$，接受备择假设 H_1，认为 β_1 显著不为零，说明因变量 y 对自变量 x 的一元线性相关关系显著，或 β_1 显著。

（三）预测

若要估计广告费用为 1 000 万元时，所有 12 个汽车销售分公司的汽车销售量的平均数为 $E(y_0)=363.689\,1+2.028\,873\times1\,000=2\,393$（辆），就是平均值的点预测；若要估计广告费用为 602 万元的汽车销售分公司的汽车销售量为 $\hat{y}_0=363.689\,1+2.028\,873\times602=1\,585$（辆）就属于个别值的点预测。

若要估计广告费用为 1 000 万元时，所有 12 个汽车销售分公司的汽车销售量的平均数区间预测为：

$$2\,393\pm t_{\frac{0.05}{2}}(10)\times\sqrt{\frac{1}{12}+\frac{(1\,000-588)^2}{389\,354}}\times\sqrt{4\,015.81}$$

$2\,393\pm1.812\times0.720\,62\times63.370\,4$

即(2 310,2 476)(以 95%的概率保证)这就是平均值的区间预测。

广告费用为 602 万元的那个汽车销售分公司的汽车销售量区间预测为：

$$1\,585\pm t_{\frac{0.05}{2}}(10)\times\sqrt{1+\frac{1}{12}+\frac{(1\,000-588)^2}{389\,354}}\times\sqrt{4\,015.81}$$

$1\,585\pm1.812\times1.232\,6\times63.370\,4$

即(1 443,1 727)(以 95%的概率保证)，这就是个别值的区间预测。

第三节　多元线性回归分析

客观事物之间的联系错综复杂，一个事物的变化往往受两个或两个以上因素的影响。全面揭示它们之间的依存关系，准确地测定其数量联系，可以提高估计或预测的准确程度。对两个或两个以上自变量对因变量依存关系的分析即为多元回归分析。本章介绍多元线性回归分析。多元线性回归分析的原理和方法与一元线性回归基本相同，只是自变量增多，计算更复杂。多元线性回归模型是一元线性回归模型的扩展，其基本原理与一元线性回归模型相类似，只是在计算上比较麻烦一些，一般需借助于矩阵或计算机来完成。本节对于多元线性回归分析中与一元线性回归分析相类似的内容，不作详细论述，对与一元线性回归分析不同的内容将作进一步的论述。

一、多元线性回归模型的形式

设 y 是一个可观测的随机变量，它受到 p 个非随机因素 $x_1, x_2, \cdots x_p$ 和随机因素 ε 的影响，若 y 与 $x_1, x_2, \cdots x_p$ 有如下线性关系：

$$y=\beta_0+\beta_1 x_1+\cdots+\beta_p x_p+\varepsilon \tag{6-9}$$

其中 $\beta_0, \beta_1, \cdots \beta_p$ 是 $p+1$ 个未知参数，ε 是随机误差，且通常假定 $\varepsilon \sim N(0, \sigma^2)$. 我们称式(6－9)为多元线性回归模型. 称 y 为被解释变量(因变量)，$x_i(i=1,2,\cdots p)$为解释变量(自变量).

称 $E(y)=\beta_0+\beta_1 x_1+\cdots+\beta_p x_p$(6－10)为理论回归方程.

对于一个实际问题，要建立多元回归方程，首先要估计出未知参数 $\beta_0, \beta_1, \cdots \beta_p$，为此我们要进行 n 次独立观测，得到 n 组样本数据$(x_{i1}, x_{i2}, \cdots x_{ip}; y_i)$，$i=1,2,\cdots n$，他们满足式(6－9)，即有

$$\begin{cases} y_1=\beta_0+\beta_1 x_{11}+\beta_2 x_{12}+\cdots+\beta_p x_{1p}+\varepsilon_1 \\ y_2=\beta_0+\beta_1 x_{21}+\beta_2 x_{22}+\cdots+\beta_p x_{2p}+\varepsilon_2 \\ \qquad\cdots \\ y_n=\beta_0+\beta_1 x_{n1}+\beta_2 x_{n2}+\cdots+\beta_p x_{np}+\varepsilon_n \end{cases} \tag{6-11}$$

其中 $\varepsilon_1, \varepsilon_2, \cdots \varepsilon_n$ 相互独立且都服从 $N(0, \sigma^2)$.

式(6－11)又可表示成矩阵形式 $Y=X\beta+\varepsilon$(6－12)这里，$Y=(y_1, y_2, \cdots y_n)^{\mathrm{T}}$，$\beta=(\beta_0, \beta_1, \cdots \beta_p)^{\mathrm{T}}$，$\varepsilon=(\varepsilon_1, \varepsilon_2, \cdots \varepsilon_n)^{\mathrm{T}}$，$\varepsilon \sim N_n(0, \sigma^2 I_n)$，$I_n$ 为 n 阶单位矩阵。

$$X=\begin{bmatrix} 1 & x_{11} & x_{12} & \cdots & x_{1p} \\ 1 & x_{21} & x_{22} & \cdots & x_{2p} \\ \vdots & \vdots & \vdots & & \vdots \\ 1 & x_{n1} & x_{n2} & \cdots & x_{np} \end{bmatrix}$$

$n\times(p+1)$阶矩阵 X 称为资料矩阵或设计矩阵，并假设它是列满秩的，即 $\mathrm{rank}(X)=p+1$。由模型(6－12)以及多元正态分布的性质可知，Y 仍服从 n 维正态分布，它的期望向量为 $X\beta$，方差和协方差阵为 $\sigma^2 I_n$，即 $Y \sim N_n(X\beta, \sigma^2 I_n)$。

二、多元线性回归模型的估计

多元线性回归样本估计模型的一般形式如下：

$$\hat{y}=\hat{\beta}_0+\hat{\beta}_1x_1+\hat{\beta}_2x_2+\cdots+\hat{\beta}_kx_k$$

式中，$\hat{y}$ 为回归估计值，$\hat{\beta}_0,\hat{\beta}_1,\hat{\beta}_2,\cdots\hat{\beta}_k$ 分别为回归系数 $\beta_0,\beta_1,\beta_2,\cdots\beta_k$ 的估计值。如果将 n 组实际观测数据（$y_i,x_{i1},x_{i2},\cdots x_{ik}$），$i=1,2,\cdots n$ 代入上式，有：

$$\hat{y}_i=\hat{\beta}_0+\hat{\beta}_1x_{i1}+\hat{\beta}_2x_{i2}+\cdots+\hat{\beta}_kx_{ik}$$

在一定的条件下，多元线性回归模型的估计同样可以用普通最小二乘法，其数学依据仍然是：

$$Q=\sum(y_i-\hat{y}_i)^2=\sum(y_i-\hat{\beta}_0-\hat{\beta}_1x_{i1}-\hat{\beta}_2x_{i2}-\cdots-\hat{\beta}_kx_{ik})^2$$

达到最小，根据极值原理有：

$$\begin{cases}\sum y_i=\sum(\hat{\beta}_0+\hat{\beta}_1x_{i1}+\cdots+\hat{\beta}_kx_{ik})\\ \sum y_ix_{i1}=\sum(\hat{\beta}_0+\hat{\beta}_1x_{i1}+\cdots+\hat{\beta}_kx_{ik})x_{i1}\\ \sum y_ix_{i2}=\sum(\hat{\beta}_0+\hat{\beta}_1x_{i1}+\cdots+\hat{\beta}_kx_{ik})x_{i2}\\ \cdots\\ \sum y_ix_{ik}=\sum(\hat{\beta}_0+\hat{\beta}_1x_{i1}+\cdots+\hat{\beta}_kx_{ik})x_{ik}\end{cases}$$

求解上述方程组，即可得到 $\hat{\beta}_0,\hat{\beta}_1,\hat{\beta}_2,\cdots\hat{\beta}_k$。但是比较复杂，一般借助于计算机软件，就简单了，可以直接得出相应的回归结果。

三、参数统计量的性质

性质 1：$\hat{\beta}$ 为 β 的线性无偏估计，且 $D(\hat{\beta})=\mathrm{Var}(\hat{\beta})=\sigma^2(X^{\mathrm{T}}X)^{-1}$。

证：由于 $\hat{\beta}=(X^{\mathrm{T}}X)^{-1}X^{\mathrm{T}}Y$ 是 Y 的线性函数，故其为线性估计，且有

$$E(\hat{\beta})=(X^{\mathrm{T}}X)^{-1}X^{\mathrm{T}}E(Y)=\hat{\beta}=(X^{\mathrm{T}}X)^{-1}X^{\mathrm{T}}X\beta=\beta$$

$$D(\hat{\beta})=(X^{\mathrm{T}}X)^{-1}X^{\mathrm{T}}D(Y)X^{\mathrm{T}}(X^{\mathrm{T}}X)^{-1}=\sigma^2(X^{\mathrm{T}}X)^{-1}$$

这一性质说明 $\hat{\beta}$ 为 β 的线性无偏估计，又由于 $(X^{\mathrm{T}}X)^{-1}$ 一般为非对角阵，故 $\hat{\beta}$ 的各个分量间一般是相关的.

性质 2：$E(\boldsymbol{e})=O,D(\boldsymbol{e})=\sigma^2(I-H)$。

证：由于 $\boldsymbol{e}=(I-H)Y$，故 $E(\boldsymbol{e})=(I-H)E(Y)=(I-H)X\beta=O$

$$D(\boldsymbol{e})=(I-H)D(Y)(I-H)^{\mathrm{T}}=\sigma^2(I-H)$$

这一性质表明残差向量的各个分量间一般也是相关的。

性质 3：$\mathrm{Cov}(\boldsymbol{e},\hat{\beta})=O$。

证：$\mathrm{Cov}(\boldsymbol{e},\hat{\beta})=\mathrm{Cov}[(I-H)Y,(X^{\mathrm{T}}X)^{-1}X^{\mathrm{T}}Y]$

$=(I-H)D(Y)X(X^{\mathrm{T}}X)^{-1}=O$。

这一性质表明残差 $\boldsymbol{e}$ 与 β 的最小二乘估计 $\hat{\beta}$ 不相关，又由于残差平方和 ESS 是 $\boldsymbol{e}$ 的函数，故它与 $\hat{\beta}$ 也不相关. 在正态假定下不相关与独立等价，因而 ESS 与 $\hat{\beta}$ 独立。

性质 4：（Gauss-Markov 定理）

在假定 $E(Y)=X\beta,D(Y)=\sigma^2I_n$ 时，β 的任一线性函数 $\partial^{\mathrm{T}}\beta$ 的最小方差线性无偏估计

(BLUE)为$\partial^{T}\hat{\beta}$,其中α是任一$p+1$维向量,$\hat{\beta}$是β的最小二乘估计。

四、多元线性回归模型的检验[①]

(一)拟合程度检验

在多元回归分析中,总平方和的分解公式依然成立,同样有:

总平方和=回归平方和+残差平方和

即:

$$\text{TSS}=\text{ESS}+\text{RSS}$$

多元回归的判定系数用R^2表示,则

$$R^2=\frac{\text{ESS}}{\text{TSS}}=1-\frac{\text{RSS}}{\text{TSS}}$$

R^2的意义是,在因变量y的总变差中,能被估计的回归方程解释的比例。该比例越大,估计的回归方程拟合越好,反之,拟合越差。

需要注意的是,多元回归分析中,在样本容量一定的条件下,总平方和与自变量的个数无关,但残差平方和RSS会随着自变量的增多而不断降低。由于回归平方和ESS=TSS-RSS,所以回归平方和将随之增大,从而使R^2变大。就是说,如果模型中增加一个自变量,即使这个自变量并不显著,R^2也会变大,使我们高估回归方程的拟合优度。为了避免增加自变量而高估R^2,统计学家们提出用样本容量n和自变量的个数p去修正R^2,用修正的判定系数说明回归方程的拟合优度。该指标的定义如下:

$$\overline{R^2}=1-\frac{\text{RSS}/(n-k-1)}{\text{TSS}/(n-1)}=1-\frac{\sum(y_i-\hat{y}_i)^2/(n-k-1)}{\sum(y_i-\overline{y}_i)^2/(n-1)}$$

残差平方和与自变量个数有一定的关系,当自变量个数增加时,相应残差平方和会减少。用其修正形式,就是为了避免自变量个数对可决系数大小的影响。

(二)回归系数的显著性检验[②]

回归系数检验的目的是为了检验与各回归系数对应的各自变量对因变量的影响是否显著,以便对自变量的取舍做出判断。一般来说,通过检验发现某个自变量不显著时,应将其从回归模型中剔除,从而达到用尽可能少的自变量拟合方程的目的。

回归系数的检验同样采用t检验,其原理和基本步骤与一元回归模型中的t检验基本相同。

$H_0:\beta_j=0$(自变量对因变量的影响不显著)$(j=1,2,\cdots k)$

$H_1:\beta_j\neq0$(自变量对因变量的影响显著)$(j=1,2,\cdots k)$

$$t=\frac{\hat{\beta}_j}{s_{\hat{\beta}_j}}$$

式中,$\hat{\beta}_j$是回归系数β_j的估计值,$s_{\hat{\beta}_j}$是$\hat{\beta}_j$的标准差的估计值。t的绝对值越大表明$\beta_j=0$的可能性越小,即表明相应的自变量对因变量的影响是显著的。注意,是对所有的回归系数分

① 在一元回归中曾介绍了因变量离差平方和的分解,对多元回归中因变量离差平方和的分解也是一样的,同样有TSS=ESS+RSS

② 注意:在一元线性回归中,F检验与t检验的意义是一致的。在多元线性回归中,两种检验是有本质区别的。

别作 t 检验。

(三) 回归方程的显著性检验

除了分别对各个回归系数进行显著性检验之外，还要对整个回归方程进行 F 显著性检验，也就是检验因变量 y 与 p 个自变量之间的关系是否显著。因为回归方程中包含了多个回归系数，而回归方程整体的显著性是不能由任何一个回归系数的显著性所能代替的。

对回归方程的显著性检验采用 F 检验。其具体步骤如下。

1. 提出假设

$H_0: \beta_1 = \beta_2 = \cdots = \beta_k = 0$

$H_1: \beta_1, \beta_2, \cdots \beta_k$ 至少有一个不等于零

注意：上述假设与 T 检验的假设的区别。

2. 构造统计量

F 检验统计量的计算公式为：

$$F = \frac{\mathrm{ESS}/k}{\mathrm{RSS}/(n-k-1)} \sim F(k, n-k-1)$$

3. 决策

根据自由度和给定的显著性水平，查 F 分布表，得其临界值 $F_\alpha(k, n-k-1)$。当 $F > F_\alpha(k, n-k-1)$ 时，拒绝原假设，即认为总体回归函数中各自变量与因变量的线性回归关系显著。① 当 $F < F_\alpha(k, n-k-1)$ 时，接受原假设，即认为总体回归函数中，自变量与因变量的线性关系不显著，从而使所建立的回归模型没有意义。

五、估计标准误差

估计标准误差是残差平方和的均方根，反映了以回归直线为中心的各观察值与其估计值之间的平均离差程度，用 s 来表示，其计算公式为：

$$s = \sqrt{\mathrm{MSR}} = \sqrt{\frac{\mathrm{RSS}}{n-k-1}} = \sqrt{\frac{\sum(\hat{y} - y)^2}{n-k-1}}$$

式中，$n-k-1$ 是自由度，k 是自变量的个数。它是总体随机误差项方差的无偏估计量。当 s 愈小时，各观察值愈靠近回归直线，回归直线的拟合程度愈好；反之，回归直线的拟合程度就差。

在多元线性回归分析中，估计标准误差也可以用简化式来计算：

$$s = \sqrt{\frac{\sum y_i^2 - \hat{\beta}_0 \sum y_i - \hat{\beta}_1 \sum x_{1i} y_i - \hat{\beta}_2 \sum x_{2i} y_i - \cdots - \hat{\beta}_k x_{ki} y_i}{n-k-1}}$$

六、多元线性回归模型的预测

在通过各种检验的基础上，多元线性回归模型可以用于经济预测。与一元线性回归预测的步骤是一致的，主要研究的也是因变量个别值的预测区间，由于计算比较复杂，一般教材中，给出了简化的因变量个别值的预测区间为：

① 注意：在 k 个自变量中，只要有一个自变量同因变量的线性关系显著，F 检验就能通过，但这并不意味着每个自变量同因变量的关系都显著。

$$\hat{y}_0 \pm t_{\frac{\alpha}{2}}(n-k-1)\times s$$

【例 6－12】 某公司最近 16 年的销售利润、产品价格和广告费用的统计数据，如表 6－13 所示。

表 6－13　某公司最近 16 年的销售利润、产品价格和广告费用的统计数据表

年份	销售利润	产品价格	广告费用	年份	销售利润	产品价格	广告费用
1	11.2	2.5	0.7	9	26.7	4.4	4.5
2	11.8	2.4	0.6	10	31.4	4.9	4.8
3	13.1	2.8	1.2	11	35.5	5.9	5.8
4	14	2.6	1.4	12	39.9	6.2	6.2
5	18.5	3.2	2.2	13	56.2	7.5	8.8
6	19.2	3.5	2.2	14	71.4	7.2	10.2
7	21.3	3.9	3.4	15	88.6	7.6	11
8	22.9	4.5	3.1	16	97.3	7.8	12.3

用 EXCEL 处理后，输出结果如下图所示。

	A	B	C	D	E	F	G	H	I
1	SUMMARY OUTPUT								
2									
3	回归统计								
4	Multiple R	0.989146673							
5	R Square	0.978411141							
6	Adjusted R Sq	0.975089778							
7	标准误差	4.36886771							
8	观测值	16							
9									
10	方差分析								
11		df	SS	MS	F	gnificance F			
12	回归分析	2	11245.35	5622.673	294.5812	1.49E-11			
13	残差	13	248.1311	19.08701					
14	总计	15	11493.48						
15									
16		Coefficients	标准误差	t Stat	P-value	Lower 95%	Upper 95%	下限 95.0%	上限 95.0%
17	Intercept	21.53083312	6.200191	3.472608	0.004125	8.136135	34.92553	8.136135	34.92553
18	X Variable 1	-8.520386077	2.522749	-3.37742	0.004953	-13.9705	-3.07032	-13.9705	-3.07032
19	X Variable 2	11.34852499	1.298087	8.742496	8.35E-07	8.544177	14.15287	8.544177	14.15287

在 $\alpha=5\%$ 的情况下，回答下列问题。

（1）该公司销售利润与产品价格和广告费用可决系数是多少？其意义是什么？

（2）写出该公司销售利润与产品价格和广告费用之间线性回归模型。

（3）各回归系数的意义是什么？并分别检验其显著性。

（4）对该公司销售利润与产品价格和广告费用线性回归模型整体上作 F 检验。

（5）该线性回归模型的估计标准误差是多少？

（6）如果该公司下一年产品价格定为 8 万元，广告费投入为 13 万元，则相应的利润为多少？

解：（1）销售利润与产品价格和广告费用可决系数为：$\overline{R}^2=0.975\,1$，它说明了销售利润的总变动中有 97.51%是由销售利润与产品价格和广告费用之间线性关系解释的，解释程度非常高，表明了销售利润与产品价格和广告费用之间有显著的线性关系，模型拟合度非常好。

(2) 分别以 y 代表销售利润、x_1 代表产品价格和 x_2 代表广告费用，则其线性回归模型为：

$\hat{y}=21.5308-8.5204x_1+11.3485x_2$

(3) $\hat{\beta}_1=-8.5204$，表示当广告费用一定时，产品价格增加 1 万元时，销售利润平均下降 8.5204 百万元；

$\hat{\beta}_2=11.3485$，表示当产品价格一定时，广告费用增加 1 万元时，销售利润平均增加 11.3485百万元；

$H_0:\beta_j=0(j=1,2)$

$H_1:\beta_j\neq0(j=1,2)$

当 $\alpha=5\%$时，查表得，$t_{0.025}(13)=2.1604$，则接受域为：(−2.1604，2.1604)。

因为 $t_1=-3.3774<-2.1604$，$t_2=8.7425>2.1604$，所以，两者均在拒绝域内，拒绝 H_0，接受 H_1，分别表明两个回归系数均显著不为零，即产品价格、广告费用分别对销售利润均有显著的影响。

(4) F 检验的假设：

$H_0:\beta_1=\beta_2=0$　$H_1:\beta_1,\beta_2$ 至少有一个不等于零

当 $\alpha=5\%$时，查表得，$F_{0.05}(2.13)=3.806$ 则接受域为：(0，3.806)。

由方差分析中可得：$F=294.5812>3.806$，所以，拒绝 H_0，接受 H_1，表明产品价格、广告费用与销售利润的线性关系是显著成立。

(5) 由回归统计表可得：$s=4.3689$(百万元)。

(6) 将 $x_1=8$ 万元和 $x_2=13$ 万元代入模型：

$$\begin{aligned}\hat{y}_0&=21.5308-8.5204x_1+11.3485x_2\\&=21.5308-8.5204\times8+11.3485\times13\\&=100.898(\text{百万元})\end{aligned}$$

当 $\alpha=5\%$时，查表得，$t_{0.025}(13)=2.1604$。

销售利润的预测区间为：$\hat{y}_0\pm t_{\frac{\alpha}{2}}(n-k)\times s=100.898\pm2.1604\times4.3689$，即：(91.46，110.34)

七、多重共线性问题的处理

多元线性回归模型中，假定自变量之间线性无关，因而资料矩阵 X 是满秩的。如果存在不全为零的 p 个常数 $c_1\cdots c_p$，使得 $c_1x_{i1}+c_2x_{i2}+\cdots+c_px_{ip}=0$，$i=1,2,\cdots n$，则自变量 $x_1,x_2,\cdots x_p$之间存在着完全的多重共线(Multicollinearity)。

在实际问题中完全共线性的情况并不多见，常见的是近似的多重共线关系，即存在不全为零的 p 个常数 $c_1\cdots c_p$，使得 $c_1x_{i1}+c_2x_{i2}+\cdots+c_px_{ip}\approx0$，$i=1,2,\cdots n$。

如果回归模型 $y=\beta_0+\beta_1x_1+\cdots+\beta_px_p+\varepsilon$ 存在完的多重共线性，则资料阵 X 的秩 $\text{rank}(X)<p+1$，故$(X^{\mathrm{T}}X)^{-1}$不存在，无法得到回归参数的估计量。对于近似多重共线性的情况，此时虽有 $\text{rank}(X)=p+1$，但$|X^{\mathrm{T}}X|\approx0$，从而矩阵$(X^{\mathrm{T}}X)^{-1}$的主对角线上的元素很大，使得估计的参数向量$\hat{\beta}$的协方差阵$D(\hat{\beta})=\sigma^2(X^{\mathrm{T}}X)^{-1}$的对角线上元素也很大，导致普通最小二乘参数估计量并非有效。

如何检验是否存在多重共线性？已经有不少的可行的方法，目前常用的有方差扩大因子法和特征根判别法。在此只介绍方差扩大因子(VIF)法。

对自变量做中心标准化处理，则 $X^{*\mathrm{T}}X^{*}=(r_{ij})$ 为自变量的相关矩阵，记 $C=(c_{ij})=(X^{*\mathrm{T}}X^{*})^{-1}$ 称其对角线元素 $\mathrm{VIF}_j=c_{ij}=1/(1-R_j^2)(j=1,2,\cdots p)$ 为自变量 x_j 的方差扩大因子(Variance Inflation Factor)，其中 R_j^2 是把 x_j 作为因变量与其余 $p-1$ 个自变量做线性回归所得到的复相关系数。VIF_j 反映了没个变量所受到的多重共线性的影响的大小。对每一个自变量 x_j，都有 $\mathrm{VIF}_j\geqslant1$。也可以用 p 个自变量所对应得方差扩大因子的平均数来度量多重共线性。当 $\overline{\mathrm{VIF}}=\dfrac{1}{p}\sum\limits_{j=1}^{p}\mathrm{VIF}_j$ 远远大于 1 时，就表示存在严重的多重共线性问题。

当发现自变量存在严重的多重共线性时，可以通过剔除一些不重要的自变量、增大样本容量、对回归系数做有偏估计(如采用岭回法、主成分法、偏最小二乘法等)等方法来克服多重共线性。

第四节　非线性回归分析

前面几节研究的回归分析均建立在变量之间线性关系的基础上进行的，在实际问题的研究中，变量之间可能存在着非线性的关系，这时，就要用非线性回归分析，建立非线性回归模型。

一、非线性回归

实际工作中，有时两个变量之间的相关关系并非线性关系，而是呈现某种非线性(曲线)的关系。这时，我们必须考虑根据恰当的曲线类型为两个变量配合一条相应的曲线作回归分析。

在许多情况下，非线性回归问题可以通过变量的变换化成线性回归问题，然后应用前面介绍过的线性回归分析方法来解决非线性回归问题。

【例 6-13】 某地区 1993—2008 年工业总产值和投资额资料，如表 6-14 所示。

表 6-14　某地区 1993—2008 年工业总产值和投资额资料　　单位:亿元

年份	工业总产值	投资额	年份	工业总产值	投资额
1	5.23	0.016	9	9.35	0.031
2	5.63	0.015	10	9.82	0.034
3	5.94	0.016	11	10.63	0.034
4	6.35	0.019	12	11.71	0.035
5	6.88	0.025	13	13.06	0.044
6	7.53	0.029	14	14.13	0.056
7	7.96	0.028	15	15.16	0.062
8	8.68	0.028	16	16.92	0.066

若将表 6-14 中资料描绘成散点图，根据理论或经验可以作出判断，用双曲线来表示这两变量之间的关系是恰当的。双曲线的方程式是：$\dfrac{1}{y}=a+b\dfrac{1}{x}$

求解回归方程之前，先作变量变换，

令$\frac{1}{y}=y'$；$\frac{1}{x}=x'$

则得 $y'=a=bx'$ 的直线形式，然后按照直线回归分析方法求解直线回归方程。所需计算数据，如表 6-15 中列示。

表 6-15　例 6-13 的计算表

年份	x	y	x'	y'	$(x')^2$	$x'y'$
1	5.23	0.016	0.19	62.50	0.036	11.88
2	5.63	0.015	0.18	66.67	0.032	12.00
3	5.94	0.016	0.17	62.50	0.028	10.63
4	6.35	0.019	0.16	52.63	0.026	8.42
5	6.88	0.025	0.15	40.00	0.023	6.00
6	7.53	0.029	0.13	34.48	0.017	4.48
7	7.96	0.028	0.13	35.71	0.017	4.64
8	8.68	0.028	0.12	35.71	0.014	4.29
9	9.35	0.031	0.11	32.25	0.012	3.55
10	9.82	0.034	0.10	29.41	0.010	2.94
11	10.63	0.034	0.09	29.41	0.008	2.65
12	11.71	0.035	0.09	28.57	0.008	2.57
13	13.06	0.044	0.08	22.73	0.006	1.82
14	14.13	0.056	0.07	17.86	0.005	1.25
15	15.16	0.062	0.07	16.12	0.005	1.13
16	19.92	0.066	0.06	15.15	0.004	0.91
合计	—	—	1.90	581.71	0.251	79.16

计算过程如下：

$$b=\frac{n\sum x'y'-\sum x'\sum y'}{n\sum x'^2-(\sum x')^2}=\frac{16(79.16)-1.9(581.71)}{16(0.251)-(1.9)^2}=397.32$$

$$a=\bar{y}'-b\bar{x}'=\frac{581.71}{16}-397.32\left(\frac{1.9}{16}\right)=-11.32$$

所以，$y'=-11.32+397.32x'$

即$\frac{1}{y}=-11.32+397.32\frac{1}{x}$。

二、常用的非线性回归模型简介

在确定的非线性回归模型中，可以分为两类：一类是可以通过一定的数学变换，转换成线性关系来求出相应回归模型，称为“可以线性化”；另一类是无法线性化的，现在还没有更好方法去求解这类模型。现在讨论的大多数是可以线性化的非线性回归分析问题。

(一) 解释变量可以直接替换的非线性回归模型

对于解释变量是非线性的,但参数之间是线性的模型,可以利用变量直接代换的方法将模型线性化。

1. 多项式函数模型

对于多项式模型 $y=\beta_0+\beta_1 x+\beta_2 x^2+\cdots+\beta_k x^k+u$,

令 $z_1=x, z_2=x^2, z_k=x^k$

原模型可化为线性形式

$$y=\beta_0+\beta_1 z_1+\beta_2 z_2+\cdots+\beta_k z_k+u$$

即可利用多元线性回归分析的方法处理了。

这类模型广泛地用于生产和成本函数。例如,总成本函数可表示为:$y_i=\beta_0+\beta_1 x_i+\beta_2 x_i^2+\beta_3 x_i^3$,其中,$y$ 表示总成本,x 表示产出。

2. 双曲线(倒数)模型

对于双曲线模型 $y=\beta_0+\beta_1\dfrac{1}{x}+u$,

令 $Z=\dfrac{1}{x}$

原模型可化为线性形式

$$y=\beta_0+\beta_1 Z+u$$

即可利用一元线性回归分析的方法处理。

在社会经济变量中,如工资变化率与失业率之间(菲利普斯曲线)、平均固定成本与产量之间(平均固定成本曲线)等都存在双曲线这种类型的依存关系。

3. 双对数函数模型和半对数函数模型

(1) 双对数函数模型

对于双对数函数模型 $\ln y=\beta_0+\beta_1\ln x+u$

令 $y^*=\ln y \qquad x^*=\ln x$

于是原模型可化为标准线性模型

$$y^*=\beta_0+\beta_1 x^*+u$$

变换后的模型不仅参数是线性的,而且变换后的解释变量也是线性的。

在实际工作中,双对数模型的应用非常广泛。其原因在于,回归线是一条直线(y 和 x 都是对数形式),所以它的斜率(β_1)为一常数。对于这个模型其斜率度量了 y 关于 x 的弹性(系数),因为

$$\beta_1=\frac{\mathrm{d}y^*}{\mathrm{d}x^*}=\frac{\mathrm{d}(\ln y)}{\mathrm{d}(\ln x)}=\frac{\Delta y/y}{\Delta x/x}=E$$

所以弹性为一常数。它表示 x 变动 1%,y 变动了 β_1%。由于这个特殊的性质,双对数模型又称为不变弹性模型。

弹性(如需求函数中的价格弹性、收入弹性,生产函数中的资金弹性、劳动力弹性等)是经济分析中的重要指标,如果所研究的经济现象能用双对数模型来描述,则参数估计后就可以直接利用回归系数进行弹性分析了。

当社会经济变量观测值的对数散点图,近似一条直线时,就可以用双对数模型来描述或拟合。

(2) 半对数函数模型

我们把函数形式为 $\ln y=\beta_0+\beta_1 x+u$(对数—线性模型)或 $y=\beta+\beta\ln x+u$(线性—对数模型)称为半对数模型。

对于对数—线性模型:　　$\ln y=\beta_0+\beta_1 x+u$

$$\beta_1=\frac{\mathrm{d}y^*}{\mathrm{d}x}=\frac{\mathrm{d}(\ln y)}{\mathrm{d}x}=\frac{\Delta y/y}{\Delta x}$$

$$\frac{\Delta y}{y}=\beta_1\Delta x$$

它表示 x 变动一个单位,y 将变动 $\beta_1\%$ 的百分比。即 y 的相对变动百分比等于 β_1 乘以 x 的绝对变化量。

对于线性—对数模型:　　$y=\beta+\beta\ln x+u$

$$\beta_1=\frac{\mathrm{d}y}{\mathrm{d}x^*}=\frac{\mathrm{d}y}{d(\ln x)}=\frac{\Delta y}{\Delta x/x}$$

$$\Delta y=\beta_1\frac{\Delta x}{x}$$

它表示 x 变动 1%,y 将变动 β_1 个单位的绝对量。即 y 的绝对变化量等于 β_1 乘以 x 的相对变化量。

半对数模型通常用于测度经济变量的增长率,如测定人口增长率、劳动力增长率、货币供应量增长率、GDP 增长率、商品需求量增长率、进出口贸易增长率等等,所以半对数模型又称为增长模型。

4. 逻辑斯蒂(Logistic)曲线 $y=\frac{1}{a+be^{-x}}$

令 $y'=\frac{1}{y}, x'=e^{-x}$

则有 $y'=a+bx'$

(二) 解释变量需间接替换的非线性回归模型

1. 指数曲线 $y=ab^x$

两边取对数得:$\log y=\log a+x\log b$

令 $\log y=y', \log a=a', \log b=b'$

则有 $y'=a=bx'$

2. 幂函数曲线 $y=\mathrm{d}x^b$

两边取对数得:$\log y=\log d+b\log x$

令 $y'=\log y, x'=\log x, a=\log d$

则有 $y'=a+bx'$。

3. 龚伯兹(Gompertz)曲线 $y=\mathrm{d}e^{bx}$

两边取对数得:$\ln y=\ln d+bx$

令 $y'=\ln y, a=\ln d$

则有 $y'=a=bx'$

三、几点说明

以上线性变换的方法具有简单易行的优点。但是，在实际应用时应注意以下几个问题。

第一，为了能够根据样本观测值，对通过变换得到的线性回归方程式进行估计，该方程中的所有变量都不允许包含未知的参数。这是因为 Y 包含了未知的参数是不可观测的。

第二，在以上的讨论中，我们省略了非线性回归方程中包含的随机误差项。但事实上与线性回归分析的场合一样，非线性回归分析也要考虑随机误差项的问题。只有当变换后新模型中包含的误差项能够满足各种标准假定时，新模型中回归系数最小二乘估计量的各种理想性质才能成立。

第三，严格地说，上述的各种线性变换方法只是适用于变量为非线性的函数。对于参数为非线性或参数与变量均为非线性的函数来说，即使有可能进行线性变换和回归估计，也无法得到原方程中非线性参数的无偏估计量。

最后，并不是所有的非线性函数都可以通过变换得到与原方程完全等价的线性方程。在遇到这种情况时，还需要利用其他一些方法如泰勒级数展开法等去进行估计。由于这些方法比较复杂，超出了本书的程度，这里不作进一步的介绍。

四、回归模型的优选问题

当有几个模型可供我们选择时，我们可用下列指标比做出判断。

(1) 均方根误差(Root Mean Squared Error)简记为 RMSE(数值越小越好)

$$\mathrm{RMSE}=\sqrt{\frac{\sum(y-\hat{y})^2}{n}}$$

(2) 平均绝对误差(Mean Absolute Error)简记为 MAE(数值越小越好)

$$\mathrm{MAPE}=\frac{1}{n}\sum|y-\hat{y}|$$

(3) 平均绝对百分比误差(Mean Absolute Percent Error)简记为 MAPE

$$\mathrm{MAPE}=\frac{1}{n}\sum\left|\frac{y-\hat{y}}{y}\right|\times 100\%$$

一般认为，如果 MAPE 小于 10，则认为预测精度较高。

(4) 希尔不等系数(Theil Inequality Coefficient)简记为 Theil IC

$$\text{Theil IC}=\frac{\sqrt{\frac{1}{n}\sum(y-\hat{y})^2}}{\sqrt{\frac{1}{n}\sum\hat{y}^2}+\sqrt{\frac{1}{n}\sum y^2}}$$

希尔不等系数总是介于 0 到 1 之间，数值越小表明预测精度越高。

(5) 偏差率(Bias Proportion)、方差率(Variance Proportion)、协方差率(Covariance Proportion)

$$\mathrm{BP}=\frac{(\bar{\hat{y}}-\bar{y})^2}{\sum(\hat{y}-y)^2/n}\quad \mathrm{VP}=\frac{(\sigma_{\hat{y}}-\sigma_y)^2}{\sum(\hat{y}-y)^2/n}\quad \mathrm{CP}=\frac{2(1-r)\sigma_{\hat{y}}\sigma_y}{\sum(\hat{y}-y)^2/n}$$

三个指标之和等于 1，三个指标的分母为均方误差。当预测比较理想时，均方误差大多集中在协方差率上，偏差率和方差率很小。

(6) 修正的可决系数 R^2(Adjusted R Square 越大越好)

(7) 对数似然值(Log Likelihood 越大越好)

$$L=-\frac{n}{2}\log 2\pi-\frac{n}{2}\log\hat{\sigma}-\frac{n}{2}$$

(8) 赤池信息准则(Akaike Information Criterion 越小越好)

$$\mathrm{AIC}=-\frac{2L}{n}+\frac{2m}{n}, m\text{ 为参数个数。}$$

(9) 施瓦兹准则(Schwarz Criterrion 越小越好)

$$\mathrm{SC}=-\frac{2L}{n}+\frac{m\ln n}{n}$$

第六章小结与阅读资料

思考与练习

一、思考题

1. 何为相关系数？其特点是什么？
2. 简述相关分析与回归分析的异同？
3. OLS 方法的数学依据是什么？
4. 解释因变量的离差平方和、回归平方和及残差平方和的含义，分析这三者有何意义？
5. 回归方程的显著性检验包括哪些内容？F 检验和 t 检验各有什么作用？

二、单项选择题

1. 下列几对现象中，具有负相关关系的是(　　)。

A. 总成本与原材料消耗量　　B. 总产量与单位产品成本

C. 工资水平与劳动生产率　　D. 居民收入与精神文化消费支出

2. 回归系数和相关系数的符号是一致的，其符号均可用来判断现象(　　)。

A. 线性相关还是非线性相关　　B. 正相关还是负相关

C. 完全相关还是不完全相关　　D. 单相关还是复相关

3. 下列叙述中可能正确的是(　　)。

A. 职工收入和性别之间的相关系数为 0.74

B. 职工收入与年龄之间的相关系数是 0.63 元/岁

C. 销售总额与流通费用率之间的相关系数为−0.71

D. 国民总收入与劳动生产率的相关系数是 1.05

4. 样本回归方程 $\hat{y}_i=\hat{\beta}_0+\hat{\beta}_1 x_i$ 中的 $\hat{\beta}_0$ 和 $\hat{\beta}_1$ 都是(　　)。

A. 确定的且数值唯一的量　　B. 随抽样而变化的随机变量

C. 确定的但可取多个数值的量　　D. 不能直接观测的变量

5. 采用最小平方法拟合的回归直线，要求满足的条件是(　　)。

A. 因变量实际值与其估计值的离差总和为 0

B. 因变量实际值与其平均值的离差总和为 0

C. 因变量实际值与其估计值的离差平方和最小

D. 因变量实际值与其平均值的离差平方和最小

6. 一元线性回归方程 $\hat{y}=100-0.85x$ 中，-0.85 表示(　　)。

A. y 与 x 呈高度负相关　　B. $x=0$ 时 y 的均值减少 0.85

C. x 每增加一个单位，y 总是减少 0.85 个单位

D. x 每减少一个单位，y 平均增加 0.85 个单位

7. 假设一企业生产的某种产品与其生产成本有线性相关关系，当产量为 2 000 件时，总成本大约为 500 万元，固定成本平均为 100 万元，由此总成本对产量的回归方程为(　　)。

A. $\hat{y}=100+0.2x$　　B. $\hat{y}=400+0.05x$

C. $\hat{y}=500-0.2x$　　D. $\hat{y}=100+3.8x$

8. 假设两个变量之间存在一定的线性相关关系，若判定系数为 0.15，则两变量之间的相关关系肯定是(　　)。

A. 正相关　　B. 负相关　　C. 低度相关　　D. 显著相关

9. 在总离差平方和中，回归平方和所占比重大，则(　　)。

A. 两变量间的相关程度高　　B. 两变量间的相关程度低

C. 自变量对因变量影响作用小　　D. 因变量对自变量影响作用小

10. 一般来说，通胀率较高时，市场名义利率也较高。若通胀率能够解释名义利率 53%的变异，则有(　　)。

A. 通胀率与名义利率的回归直线的截距是 0.53

B. 通胀率与名义利率的回归直线的斜率是 0.53

C. 通胀率与名义利率之间的相关系数是 0.53

D. 通胀率与名义利率之间的判定系数是 0.53

三、多项选择题

1. 如果两个变量之间关系表现为函数关系，则以下结论中肯定正确的有(　　)。

A. 回归系数等于 1　　B. 判定系数等于 1

C. 相关系数等于 1　　D. 回归估计标准差等于 0

E. 检验统计量 $F=\infty$

2. 回归分析中，通常(　　)。

A. t 检验是检验回归系数的显著性　　B. t 检验是单侧检验

C. F 检验是单侧检验　　D. F 检验是检验回归方程的显著性

E. 在一元线性回归分析中，F 检验与 t 检验是等价的

3. 下列因素中影响回归预测的误差范围大小的因素有(　　)。

A. 样本量　　B. 自变量取值与其样本均值的距离

C. 因变量的样本均值　　D. 置信度

E. 回归估计标准差

4. 对相关系数进行显著性检验，$H_0: \rho=0$，若拒绝原假设，错误的说法是(　　)。

A. 两变量间高度线性相关　　B. 两变量间具有重要的相关性

C. 两变量间线性相关显著　　D. 两变量间正相关

E. 回归方程的拟合效果非常好

5. 对一元线性相关关系的显著性进行检验，可采用的检验统计量有(　　)。

A. $t=\dfrac{r\sqrt{n-2}}{\sqrt{1-r^2}}\sim t(n-2)$　　B. $F=\dfrac{\text{ESS}}{\text{RSS}/(n-2)}\sim F(1,n-2)$

C. $t=\dfrac{\hat{\beta}_1}{S_e/\sqrt{\sum(x_i-\bar{x})^2}}\sim t(n-2)$　　D. $F=\dfrac{\text{RSS}/(n-2)}{\text{ESS}}\sim F(n-2,1)$

E. $t=\dfrac{\hat{\beta}_1}{S_e/\sqrt{\sum(x_i-\bar{x})^2}}\sim t(n-1)$

四、计算题

1. 有 10 个同类企业的生产性固定资产年平均价值和工业增加值资料如下：

企业编号	生产性固定资产价值(万元)	工业增加值(万元)
1	318	524
2	910	1 019
3	200	638
4	409	815
5	415	913
6	502	928
7	314	605
8	1 210	1 516
9	1 022	1 219
10	1 225	1 624
合计	6 525	9 801

要求：(1) 说明两变量之间的相关方向；

(2) 建立直线回归方程；

(3) 计算估计标准误差；

(4) 估计生产性固定资产(自变量)为 1 100 万元时增加值(因变量)的可能值。

2. 检查 5 位同学统计学的学习时间与成绩分数如下表：

每周学习时数	学习成绩
4	40
6	60
7	50
10	70
13	90

要求：(1) 由此计算出学习时数与学习成绩之间的相关系数；

（2）建立直线回归方程；

（3）计算估计标准误差。

3. 某种产品的产量与单位在成本的资料如下：

产量（千件）x	单位成本（元/件）y
2	73
3	72
4	71
3	73
4	69
5	68

要求：（1）计算相关系数 r，判断其相关方向和程度；

（2）建立直线回归方程；

（3）指出产量每增加 1 000 件时，单位成本平均下降了多少元？

4. 某地高校教育经费（x）与高校学生人数（y）连续 6 年的统计资料如下：

教育经费（万元）x	在校学生数（万人）y
316	11
343	16
373	18
393	20
418	22
455	25

要求：（1）建立回归直线方程，估计教育经费为 500 万元的在校学生数；

（2）计算估计标准误差。

5. 设某公司下属十个门市部有关资料如下：

门市部编号	职工平均销售额（万元）	流通费用水平（%）	销售利润率（%）
1	6	2.8	12.6
2	5	3.3	10.4
3	8	1.8	18.5
4	1	7.0	3.0
5	4	3.9	8.1
6	7	2.1	16.3
7	6	2.9	12.3
8	3	4.1	6.2
9	3	4.2	6.6
10	7	2.5	16.8

要求：（1）确立适宜的回归模型；

（2）计算有关指标，判断这三种经济现象之间的相关紧密程度。

第七章　时间序列分析

【学习目标】

1. 了解时间序列的概念、种类和编制原则；
2. 掌握时间数列的水平分析指标、速度指标的含义、计算方法和应用条件；
3. 理解时间数列长期趋势和季节变动规律的分析方法。

引导案例

某贸易公司销售的某商品最近几年市场销售行情比较稳定，已成为该公司比较稳定的利润源，该商品近5年各月的销售额资料，如表7-1所示。

表7-1　某公司某商品近5年各月销售额　　（单位：万元）

月份\年份	2011	2012	2013	2014	2015
1	488.7	441.9	510.3	579.6	549.9
2	419.4	453.6	468	490.5	624.6
3	688.6	652.3	678.7	748	841.5
4	640.2	643.5	675.4	790.9	787.6
5	631.4	660	686.4	763.4	820.6
6	622.6	528.2	604.2	643.15	664.05
7	532.95	551	600.4	646	678.3
8	502.55	558	639	663	727
9	518.7	530.1	600.4	644.1	664.05
10	487.35	568.1	602.3	679.25	704.9
11	657.6	712.8	772.8	846	872.4
12	625.2	666	765.6	832.8	870

为了更好地了解、分析该商品未来的市场销售潜力，为该公司进行销售决策提供依据，管理人员需要根据该商品最近几年销售的具体表现，分析该商品销售额的增长情况、各年的增长额、增长速度、平均增长速度等，该商品销售额变化的长期趋势如何？有没有季节变动影响？能否建立模型对未来销售额进行预测，等等。

引例思考：该如何进行上述各方面分析为决策提供依据？做好上述分析需要掌握时间序列的相关知识。

第一节　时间序列概述

一、时间序列概念

所谓时间序列，就是将反映社会经济现象数量特征的某一统计指标在不同时间上的数值按时间先后顺序排列所形成的数列，亦称动态序列或时间数列。时间序列也可以理解为按照一定的时间间隔排列的一组数据，这一组数据可以是表示各种各样含义的数值，如某种产品的需求量、产量，销售额等，其时间间隔可以是任意的时间单位，如小时、日、周、月等。从概念来看，时间序列由两个要素构成：一是现象数值所属的时间，即现象发生的时间，可以表现为年、月、日或季、周等时间单位；二是统计指标的具体数值。例如，表 7－2 列举了我国 2005—2014 年国民总收入、年末人口数、第三产业增加值、第三产业所占比重、人均国内生产总值、在岗职工年平均工资等经济指标的时间序列。

表 7－2　我国部分经济指标时间序列

年　份	国民总收入（亿元）	年末人口数（万人）	第三产业增加值（亿元）	第三产业所占比重（%）	人均国内生产总值（元/人）	在岗职工年平均工资（元）
(1)	(2)	(3)	(4)	(5)	(6)	(7)
2005	184 575.8	130 756	76 964.9	41.4	14 259	18 364
2006	217 246.6	131 448	91 180.1	41.9	16 602	21 001
2007	268 631	132 129	115 090.9	42.9	20 337	24 932
2008	318 736.7	132 802	135 906.9	42.9	23 912	29 229
2009	345 046.4	133 450	153 625.1	44.4	25 963	32 736
2010	407 137.8	134 091	180 743.4	44.2	30 567	37 147
2011	479 576.1	134 735	214 579.9	44.3	36 018	42 452
2012	532 872.1	135 404	243 030	45.5	39 544	47 593
2013	583 196.7	136 072	275 887	46.9	43 320	52 388
2014	634 043.4	136 782	306 038.2	48.1	46 629	57 361

注：人均国内生产总值按年平均人口数计算。

资料来源：《中国统计年鉴》(2015)，北京：中国统计出版社。

统计指标是用来说明某种社会经济现象在某一个方面的数量特征的，任何现象都不是静止的，而是处在不断运动和不断地发展变化过程中的，社会经济现象的发展变化必然在不同时间指标数值上有所反映，时间序列就是反映该现象发展变化过程的历史记录。通常，对于这些现象数量的预测，由于很难确定它与其他变量的关系，或收集相关变量的数据非常困难，我们就不能采用前面章节介绍的回归分析方法来进行，或者说，对预测精度要求不是特别高的时候，我们可以使用时间序列分析方法来进行分析预测。这对统计分析工作来说，具有十分重要的意义，因为统计分析不仅要从静态上分析现象所达到的规模、水平和比例关系等，而且要从动态上，即从时间的发展变化上来分析现象的发展变化情况。因此，时间序列在统计分析方面的作用主要体现在以下三个方面：首先，编制时间序列，可以描述社会经济现象的发展状态、发展趋势和结果；其次，通过对时间序列的分析，可以掌握社会经济现象发展变化的规律性；最后，利用时间序列，可以对社会经济现象的发展方向和速度进行预测。

二、时间序列分类

时间序列按其构成要素中统计指标的表现形式不同，分为总量指标时间序列、相对指标时间序列和平均指标时间序列三种。其中，总量指标时间序列是基本序列，相对指标和平均指标时间序列是派生序列。

（一）总量指标时间序列

把一系列同类的总量指标按时间先后顺序排列而成的数列，称为总量指标时间序列，它反映了现象在各期达到的绝对水平。例如，表 7－2 中的国民总收入、年末人口数、第三产业增加值序列都是总量指标时间序列。总量指标时间序列是编制相对指标时间序列和平均指标时间序列的基础。

按照总量指标所反映的现象的时间状态不同，总量指标时间序列又分为时期数列和时点数列两类。

1. 时期数列

当序列中排列的总量指标为时期指标，反映现象在各段时期内发展过程的总量时，就称为时期数列或时期序列。例如，表 7－2 中的我国 2005—2014 年国民总收入与第三产业增加值序列就是一个时期序列。时期序列的特点有以下几点。① 序列中各个指标的数值是可以相加的，即相加具有一定的经济意义。由于时期序列中每个指标数值是表示现象在一段时期内发展变化的累计总量，所以相加后的数值就表示现象在更长一段时期内发展变化的累计总量。② 序列中每一个指标数值的大小与所属的时间长短有直接的联系。在时期序列中，每个指标数值所对应的时间长度，称为“时期”。时期的长短，主要根据研究目的而定，可以是日、旬、月、季、年或更长时间。一般来说，时期愈长，指标数值就愈大，反之就愈小。③ 序列中每个指标数值，通常是通过连续不断的登记取得的。

2. 时点数列

当序列中排列的总量指标为时点指标，反映现象在某一时点上所处的状态时，称该序列为时点数列或时点序列。例如，表 7－2 中所列的我国 2005—2014 年全国年末人口数就是时点序列。时点序列有如下特点。① 序列中各个指标数值是不能相加的，即相加后不具有实际经济意义。这是由于时点序列中每个指标数值都是表明某一时点上瞬间现象的总量，相加以后无法说明属于哪一时点上的数量。② 序列中指标数值的大小与其间隔长短没有直接联系。在时点序列中，两个相邻的指标数值间相隔的时间距离称为“间隔”。由于时点序列每个指标数值只表明现象在某一时点上的状态数量，指标数值大小与时间间隔长短没有直接联系，例如，年末数值可能大于月末数值，也可能小于月末数值。③ 序列中指标的每个数值，通常都是间隔一定时期通过一次性登记取得的。

（二）相对指标时间序列

把一系列同类的相对指标按时间顺序排列而成的序列，称为相对指标时间序列。它反映现象数量对比关系的发展变化情况，说明社会经济现象的比例关系、结构、速度的发展变化过程。例如，表 7-2 所列的我国 2005—2014 年第三产业所占比重、人均国内生产总值时间序列就是相对指标时间序列。在相对指标时间序列中，各个指标数值也是不能相加的，相加后没有实际经济意义。

（三）平均指标时间序列

把一系列同类的平均指标按时间顺序排列而成的序列，称为平均指标时间序列。它反映现象一般水平的发展趋势。例如，表 7-2 所列的我国 2005—2014 年在岗职工年平均工资时间序列即为平均指标时间序列。在平均指标时间序列中，各个指标数值相加也没有实际的经济意义。

三、时间序列的编制原则

编制时间序列的目的是通过同一指标在不同时间上的数值对比来反映现象的发展变化过程及其规律性。因此，保证序列中指标值之间的可比性，是编制时间序列应遵守的基本原则。具体来讲，应注意以下几点。

（一）指标数值所属时间的长短应当统一

在时期序列中，由于各指标数值的大小与时间的长短有直接的关系，所以，各个指标数值所属的时期长短应前后统一。时间越长，指标数值就越大，反之就越小。时期长短不一，往往就很难作直接比较。

对于时点序列来说，由于各个指标数值只反映现象在某一时点的状态，两时点间隔的长短，对时点指标数值大小没有直接影响，所以不存在时期长短应统一的问题。但为了更有利于对比，时点间隔最好能保持一致。

对于相对指标或者平均指标时间序列而言应注意每个不同时间指标计算时的时间长短应一致，例如表 7-2 所列的我国 2005—2014 年在岗职工年平均工资序列，每年的指标应该是该年度在岗职工的工资总额除以人数，而不是月度工资总额除以人数，或者其他。

（二）总体范围应该一致

所谓总体范围，即所研究的现象总体所包括的地区范围、隶属关系范围、行政区划范围等。在实际工作中，因为各时期行政区划、经济管理体制、基层单位的隶属关系等方面发生变化，统计口径往往前后不一致。比如，我们要研究某地区的人口变动情况，如果所研究地区的行政区划发生了变化，那么，变动前后的两个人口数值就不能直接对比，需要加以调整，然后再进行动态分析。

（三）指标的经济内容应该一致

现实中，有时同一个指标虽然名称没有变动，但其经济内容已有改变，这也是不可比的。对于这样的时间序列，根据不同时期指标数值的变化来进行分析，就会得出错误的结论。比如，我们编制某地 1990—2015 年资源税征收情况的时间序列，由于盐税 1994 年并入了资源税，使资源税的经济内容在 1994 前后发生了变化，如果不加以调整就不具有可比性，直接分析就会使所反映的问题失实。

（四）计算口径应该统一

计算口径应一致是指时间序列中不同时间统计指标的计算方法、计算价格和计量单位等要保持一致。采用什么方法计算、按照何种价格或单位进行计量，各个指标值都要保持前后一致。如国内生产总值的计算有三种方法,生产法、支出法和收入法,理论上这三种方法的计算结果应该相同,但由于资料获得的渠道不同,三种方法计算的国内生产总值往往存在差异,所以,在编制国内生产总值时间数列时,应注意各时间指标的计算方法是否统一。另外,比如在研究工业企业劳动生产率时,产量可以用实物量计算,也可以用价值量计算;人数可以是全部职工人数,也可以是生产工人人数,编制时间数列时要给予明示,以保证前后各期的统一,如果按实物指标计算,就应采取统一的计量单位,否则就违背了指标值可比性的原则;如果按价值量计算,就涉及以现行价格或不变价格进行计算的问题,在同一时间数列中,各指标值的计算价格应该保持一致。

保证时间数列中各个时期(时点)指标数值的可比性是认识客观事物发展变化的原则。但是任何事物绝对可比性是不存在的,在利用时间数列进行动态分析时,只要能满足统计研究目的的基本要求,就可视为可比性。

第二节　时间序列的动态分析

在对时间序列有了基本认识之后,要对时间序列做进一步的统计分析。时间序列虽描述了现象的发展过程和结果,但它还不能直接反映现象各期的增减数量、变动速度和规律性。为深刻揭示现象的这些特征,从数量上研究客观现象发展变化的规律,并预见其未来的发展变动趋势,需要根据时间数列的资料计算一系列的动态分析指标,动态分析最基本的分析指标有:发展水平、平均发展水平、增长量、平均增长量、发展速度、增长速度、平均发展速度、平均增长速度等。其中,前四种称为动态分析的水平指标,后四种称为动态分析的速度指标。也就是说动态分析指标可分为两大类:一类是水平指标,另一类是速度指标。

一、动态分析的水平指标

为了研究现象的发展规模和程度,揭示事物发展的规律,首先讨论从时间序列的观察值本身出发,计算一系列水平指标进行基本的统计动态分析的情况。

(一) 发展水平和平均发展水平

发展水平,又称发展量,是指时间序列中的每一项具体指标数值,反映的是现象在不同时间发展所达到的规模和水平,发展水平是动态分析的基础指标。

不论是编制时间序列还是计算各种动态分析指标,都需要正确地计算发展水平,进行发展水平分析。发展水平指标,可以表现为总量指标,如国民总收入、国内生产总值、工资总额、企业职工总数、原材料消耗总额、利润总额等,也可以表现为相对指标或平均指标,如人口出生率、工人劳动生产率、单位产品原材料消耗量等。时间序列各期发展水平可以用 $a_0, a_1, \cdots a_{n-1}, a_n$ 表示,根据发展水平在时间序列中所处位置的不同,可将发展水平分为:最初水平,即时间序列中第一项指标值,用 a_0 表示;最末水平,时间序列中最后一项指标值,用 a_n 表示;中间水平,即时间序列中除最初水平与最末水平以外的所有各期发展水平,即为时间序列中的 $a_1 \cdots a_{n-1}$ 各项。作为比较基础时期的发展水平就叫基期水平,即包括时间序列中的 $a_0, a_1, \cdots a_{n-1}$ 各项。作为分析时期的发展水平就叫报告期水平,即包括时间序列中的 $a_1 \cdots a_{n-1}, a_n$ 各项。

根据发展水平作动态分析的说明时，习惯上用“增加到”、“增加为”、“降低到”、“降低为”、“发展到”、“发展为”等文字表示。在“发展”、“增加”、“降低”等之后必须要有一个“到”或“为”字，不能遗漏。

平均发展水平是指将不同时期的发展水平加以平均而得的平均指标，又称为序时平均数或动态平均数。它与前面讲过的一般平均数(静态平均数)既有相同的一面，也有明显的区别。相同点是，二者都是将现象的个别数量差异抽象化，概括地反映现象的一般水平。不同点有二：一是平均发展水平，平均的是现象在不同时间上指标数值的差别，是从动态上说明现象的一般水平，是根据时间数列计算的，而平均指标平均的是现象在同一个时间上的数量差别，是从静态上说明现象的一般水平，是根据变量数列计算的；二是平均发展水平是对同一现象不同时间上的数值差异的抽象化，而一般平均数是对同一时间总体各单位某一数量标志值的差异抽象化。另外，平均发展水平还可以解决时间数列中某些可比性问题。例如，由于各月的日历天数不同，会影响到企业总产值的大小，但如果以计算出各月的每日平均总产值指标来计算对比，就具有可比性，更能反映总产值的发展情况。

计算平均发展水平的方法，依时间数列指标的性质而定。既可根据总量指标时间数列计算，也可根据相对指标或平均指标时间数列计算，而根据总量指标时间数列计算序时平均数的方法则是最基本的方法。

1. 由总量指标时间数列计算序时平均数

由于总量指标时间数列分为时期数列和时点数列，两者各具不同的性质，因此计算序时平均数的方法也不同。

(1) 由时期数列计算序时平均数

由于时期数列中的各项指标数值相加等于全部时期的总量，因此可采用简单算术平均数方法计算。公式为：

$$\bar{a}=\frac{a_1+a_2+\cdots+a_{n-1}+a_n}{n}=\frac{\sum a}{n} \tag{7-1}$$

式中，$\bar{a}$ 代表平均发展水平；$a_1, a_2 \cdots a_n$ 为各期发展水平；n 为数列水平项数。

【例 7-1】 根据表 7-2 第(2)列的数据计算 2005—2014 年我国的年均国民总收入。

将 2005—2014 年的国民总收入代入式(7-1)，即得 2005—2014 年的平均国民总收入为：

$$\bar{a}=\frac{\sum a}{n}=\frac{184\,575.8+217\,246.6+\cdots+634\,043.4}{10}=\frac{3\,971\,063}{10}=397\,106.3(\text{亿元})$$

(2) 由时点数列计算序时平均数

如果利用公式(7-1)计算时点数列的序时平均数，理论上要求掌握现象在每一时点上的数据。然而，由于我们不可能统计现象发展变化过程中每一时点上的数值，只能每隔一段时间后统计其在某一时间上的数值。所以，根据时点数列计算的序时平均数是假定在某一时间间隔内现象的增减变动比较均匀或波动不大的前提下推算出的近似值。时点数列按其间隔的表现形式不同，可分为连续时点数列与间断时点数列两种，连续时点数列是指时间间隔为日(天)，间断时点数列是指时间间隔为月、季、年等。具体根据间隔是否相等，又可细分为间隔相等的连续时点数列、间隔不相等的连续时点数列、间隔相等的间断时点数列、间隔不等的间断时点数列四种情况，下面分四种情况分别讨论其序时平均数的计算方法。

① 由间隔相等的连续时点数列求序时平均数。这种数列是以日为间隔编制的，其特点是

间隔都为天，属于逐日记录资料并将考察期内资料按日加以排列。可用简单算术平均法求解序时平均数，公式同式(7－1)。例如，若已知某企业某月每天的工人数，要计算该月每天平均工人数，则可将每天的工人数相加，除以该月的日历天数即可。

② 由间隔不等的连续时点数列求序时平均数。此数列的特点是考察期内被研究现象的时间间隔仍为日，但并不是逐日发生变动统计的，而是隔一段时间变动后统计一次，并根据变动情况进行分组，以不相等的时点间隔数(间隔天数)作为权数，采用加权算术平均法求序时平均数。

【例 7－2】 某商场某年 11 月份某种商品库存量如表 7－3 所示，计算该商场 11 月份该商品的平均库存量。

表 7－3　某商场某年 11 月份某商品库存量

日期	11 月 1 日	11 月 8 日	11 月 15 日	11 月 21 日	11 月 30 日
库存量(件)	85	6	105	50	20

该商场 11 月份该商品平均库存量为：

$$\bar{a}=\frac{85\times7+6\times7+105\times6+50\times9+20\times1}{7+7+6+9+1}\approx58(\text{件})$$

由此，推广到一般，公式为：

$$\bar{a}=\frac{a_1t_1+a_2t_2+a_3t_3+\cdots+a_{n-1}t_{n-1}+a_nt_n}{t_1+t_2+t_3+\cdots+t_{n-1}+t_n}=\frac{\sum at}{\sum t} \tag{7-2}$$

式中，$a_1,a_2,\cdots a_n$ 为各期发展水平，$t_1,t_2,\cdots t_n$ 分别为于现象各期水平相对应的时间距离，其他符号与公式(7－1)相同。

③ 由间隔相等的间断时点数列求序时平均数。在实际工作中，许多统计指标都不是逐日登记的，而是每隔相同的时间段(如月、季、年等)登记一次，这就组成了间隔相等的间断时点数列。对于这种间隔相等的时点数列，应采用“首末折半法”求序时平均数，公式如下：

$$\bar{a}=\frac{\frac{a_1}{2}+a_2+\cdots+a_{n-1}+\frac{a_n}{2}}{n-1} \tag{7-3}$$

式中，n 为各时点指标数值个数；$n-1$ 为间隔数；其他符号与公式(7－1)相同。

必须指出，这个公式基于一个假设，即假设每个时点间隔内的现象数量的变化是均匀的。

【例 7－3】 根据表 7－2 第(3)列的数据，计算 2006—2014 年我国年平均人口数。

首先要考虑的是，首项应该是哪一年的数据，显然，首项不是 2006 年年末人口数，而是 2005 年年末人口数。2006 年的人口变化从 2005 年年末开始到 2006 年年末，所以 2006 年年末人口数不能作为 2006 年人口的代表值，在这种情况下通常有两个假设：一是时点现象上期的期末水平与本期的期初水平相同，本例中就是假设 2005 年年末的人口数与 2006 年年初的人口数相同；二是时点现象在这个时间段上发展变化是均匀的。在这两个假设的基础上可以用(期初水平＋期末水平)/2 表示所计算时期的平均值，本例中 2006 年的年平均人口就可以用(年初人口＋年末人口)/2 进行近似计算。类似地，可以计算 2007—2014 年的各年平均人口数，然后再对各年平均人口数进行算术平均求出 2006—2014 年的年平均人口数。用一般符号表示上述计算过程为：

$$\bar{a}=\frac{\frac{a_1+a_2}{2}+\frac{a_2+a_3}{2}+\cdots+\frac{a_{n-i}+a_n}{2}}{n-1}=\frac{\frac{a_1}{2}+a_2+\cdots+a_{n-1}+\frac{a_n}{2}}{n-1}$$

由于计算公式中最初一项与最末一项发展水平各取一半，故这种方法称为“首末折半法”。

现根据表 7-2 第(3)列的数据计算 2006—2014 年我国年平均人口数为：

$$\bar{a}=\frac{\frac{a_1}{2}+a_2+\cdots+a_{n-1}+\frac{a_n}{2}}{n-1}=\frac{\frac{130\ 756}{2}+131\ 448+\cdots+136\ 072+\frac{136\ 782}{2}}{10-1}=133\ 766.7(\text{万人})$$

④ 由间隔不等的间断时点数列求序时平均数。根据间隔不等的间断时点数列求序时平均数，其思路与间隔相等的时点数列相同，同样假设每个时间间隔之间的数量变化是均匀的。由于时点间隔不等，需要以时点间隔长度为权数，用加权序时平均法来求序时平均数。公式如下：

$$\bar{a}=\frac{\frac{a_1+a_2}{2}\cdot t_1+\frac{a_2+a_3}{2}\cdot t_2+\cdots+\frac{a_{n-1}+a_n}{2}\cdot t_{n-1}}{t_1+t_2+t_3+\cdots+t_{n-1}} \tag{7-4}$$

式中，$t_1,t_2\cdots t_n$ 分别为于现象各期水平相对应的时间距离；其他符号同式(7-1)。

【例 7-4】 某企业某年的员工人数如表 7-4 所示，计算企业的年平均人数。

表 7-4 某企业某年的员工人数

日期	1 月 1 日	3 月 1 日	8 月 1 日	10 月 1 日	12 月 31 日
员工人数(人)	1 420	1 400	1 200	1 250	1 460

该企业的年平均人数为：

$$\bar{a}=\frac{\frac{a_1+a_2}{2}\cdot t_1+\frac{a_2+a_3}{2}\cdot t_2+\cdots+\frac{a_{n-1}+a_n}{2}\cdot t_{n-1}}{t_1+t_2+t_3+\cdots+t_{n-1}}$$

$$=\frac{\frac{1\ 420+1\ 400}{2}\times 2+\frac{1\ 400+1\ 200}{2}\times 5+\frac{1\ 200+1\ 250}{2}\times 2+\frac{1\ 250+1\ 460}{2}\times 3}{2+5+2+3}$$

$\approx 1\ 320$(人)

2. 由相对指标或平均指标时间数列求序时平均数

由于相对指标和平均指标是由总量指标派生出来的，因此，相对指标或平均指标时间数列也是派生数列，即其中各项指标都是由两个总量指标对比计算出来的。所以在计算相对指标和平均指标时间数列的序时平均数时，就不能直接计算其各项指标的平均数，而是将相对指标或平均指标时间数列分解为两个总量指标时间数列后分别先计算出两个总量指标时间数列的序时平均数，然后再进行对比即可。假设某相对指标或平均指标为$c=\frac{a}{b}$，则该相对指标或平均指标的序时平均数的计算公式为：

$$\bar{c}=\frac{\bar{a}}{\bar{b}} \tag{7-5}$$

式中，$\bar{c}$为相对指标或平均指标时间数列的序时平均数；$\bar{a}$为分子数列的序时平均数；$\bar{b}$为分母数列的序时平均数。

对相对指标或平均指标时间数列进行分解可分为三种情况。

(1) 分解为两个时期数列，即相对指标或平均指标由两个时期指标对比而成。

【例 7-5】 根据表 7-2 的数据计算 2005—2014 年期间我国第三产业的年平均比重。

根据时间数列资料的性质，不能对第三产业比重时间数列的各项发展水平直接进行算术平均，而是先分别计算第三产业增加值和国内生产总值两个时间数列的平均发展水平，再对比得到第三产业的年平均比重。由于表 7-2 中没有国内生产总值资料，可以根据第三产业比重、第三产业增加值和国内生产总值资料的关系，先计算各年国内生产总值，再用上述方法计算第三产业的年平均比重。具体计算如下：

$$\bar{c}=\frac{\bar{a}}{\bar{b}}=\frac{\sum a}{n}\div\frac{\sum b}{n}=\frac{\sum a}{\sum b}=\frac{\sum a}{\sum \frac{a}{c}}=\frac{76\,964.9+\cdots+306\,038.2}{\frac{76\,964.9}{41.4\%}+\cdots+\frac{306\,038.2}{48.1\%}}\approx 44.98\%$$

(2) 分解为两个时点数列，即相对指标或平均指标由两个时点指标对比而成。

【例 7-6】 某企业在存货管理中采用了 ABC 管理法，某年第一季度存货资料如表 7-5 所示，试计算一季度 A 类存货平均比重。

表 7-5 某企业某年第一季度存货情况表

日 期	1月1日	2月1日	3月1日	4月1日
A 类存货额(万元) a	553.8	574	474	518.75
存货总额(万元) b	710	700	600	625
A 类存货所占比重(%) c	78	82	79	83

一季度 A 类存货平均比重为：

$$\bar{c}=\frac{\bar{a}}{\bar{b}}=\frac{\dfrac{\dfrac{a_1}{2}+a_2+\cdots+\dfrac{a_n}{2}}{n-1}}{\dfrac{\dfrac{b_1}{2}+b_2+\cdots+\dfrac{b_n}{2}}{n-1}}=\frac{\dfrac{\dfrac{553.8}{2}+574+474+\dfrac{518.75}{2}}{4-1}}{\dfrac{\dfrac{710}{2}+700+600+\dfrac{625}{2}}{4-1}}\approx 80.52\%$$

(3) 分解为一个时期数列，一个时点数列，即相对指标或平均指标由一个时期指标与一个时点指标对比而成。

【例 7-7】 某企业第一季度各月赊销收入净额及应收账款余额资料如表 7-6 所示，试计算一季度月平均应收账款周转率。

表 7-6 某企业某年第一季度赊销收入净额及应收账款余额情况表

月 份	1月	2月	3月	4月
赊销收入净额(万元) a	645.45	636.36	545.45	568.18
月初应收账款余额(万元) b	369.2	382.67	316.00	345.83

应收账款周转率就是反映企业应收账款周转速度的比率，它说明一定期间内企业应收账款转为现金的平均次数，是衡量企业资金使用效率的一个重要指标。其计算公式为：

$$应收账款周转率=\frac{赊销收入净额}{应收账款平均余额}$$

则一季度月平均应收账款周转率为：

$$\bar{c}=\frac{\bar{a}}{\bar{b}}=\frac{\frac{\sum a}{n}}{\frac{\frac{b_1}{2}+b_2+\cdots+\frac{b_n}{2}}{n-1}}=\frac{\frac{645.45+636.36+545.45}{3}}{\frac{\frac{369.2}{2}+382.67+316.00+\frac{345.83}{2}}{4-1}}\approx 1.73(\text{次})$$

由于相对指标或平均指标由一个时期与一个时点指标对比而成，其结果大小与时期指标的时间长度有关，比如此例，计算一季度应收账款周转率如下：

$$\text{一季度应收账款周转率}=\frac{\text{一季度赊销收入净额}}{\text{应收账款平均余额}}=\frac{\sum a}{\bar{b}}=\bar{c}\times 3=1.73\times 3=5.19(\text{次})$$

（二）增长量和平均增长量

1. 增长量

增长量也称增长水平，它是报告期水平与基期水平之差，可用来说明现象在一定时期内增加或减少的绝对量。即：

$$\text{增长量}=\text{报告期水平}-\text{基期水平} \tag{7-6}$$

增长量若为正值表示增加，若为负值表示减少。

增长量按采用的基期的不同，可分为逐期增长量和累积增长量。逐期增长量是报告期水平与前一期水平之差，说明报告期较其前期增长的绝对量。累积增长量是报告期水平与某一固定基期水平（通常是最初水平）之差，说明报告期较某一固定基期增长的绝对量，也就是自某固定基期至报告期为止的总增长量。如用符号表示则有：

逐期增长量：$a_1-a_0, a_2-a_1, \cdots a_n-a_{n-1}$

累积增长量：$a_1-a_0, a_2-a_0, \cdots a_n-a_0$

这两种增长量虽然计算基期和它们说明问题不同，但它们之间却存在一定的换算关系。

各个逐期增长量之和等于相应的累积增长量，即：

$(a_1-a_0)+(a_2-a_1)+\cdots+(a_n-a_{n-1})=a_n-a_0$

两个相邻累积增长量之差等于相应的逐期增长量，即：

$(a_i-a_0)-(a_{i-1}-a_0)=a_i-a_{i-1}$

现举例说明这两种增长量的计算，根据表 7－2 的 2009—2014 年国民总收入时间数列计算逐期增长量与累积增长量，见表 7－7。

表 7－7　近年来我国国民总收入及其发展、增长情况

年　份	2009	2010	2011	2012	2013	2014
发展水平(亿元)	345 046.4	407 137.8	479 576.1	532 872.1	583 196.7	634 043.4
逐期增长量(亿元)	—	62 091.4	72 438.3	53 296	50 324.6	50 846.7
累积增长量(亿元)	—	62 091.4	134 529.7	187 825.7	238 150.3	288 997
环比发展速度(%)	—	118.00	117.79	111.11	109.44	108.72
定基发展速度(%)	—	118.00	138.99	154.43	169.02	183.76

（续表）

年　份	2009	2010	2011	2012	2013	2014
环比增长速度(%)	—	18.00	17.79	11.11	9.44	8.72
定基增长速度(%)	—	18.00	38.99	54.43	69.02	83.76
增长1%的绝对值	—	3 450.46	4 071.38	4 795.76	5 328.72	5 831.97

另外，在统计实务中，对受季节影响较大的现象，通常使用年距增长量指标进行分析，年距增长量是报告年某月(季)水平与其上年同月(季)水平之差，可排除季节变动影响。

2. 平均增长量

平均增长量是现象各逐期增长量的序时平均数，它表明现象在一定时期内，单位时间平均增长的绝对量。它是将各个逐期增长量相加后，除以逐期增长量的个数，或者将累积增长量除以时间数列项数减1。即：

$$平均增长量(\overline{\Delta a})=\frac{逐期增长量之和}{逐期增长量个数}=\frac{累积增长量}{时间序列项数-1} \qquad (7-7)$$

如根据表7-7，我国2010—2014年间国民总收入年平均增长量为：

$$\overline{\Delta a}=\frac{62\,091.4+\cdots+50\,846.7}{5}=\frac{288\,997}{5}=57\,799.4(亿元)$$

二、动态分析的速度指标

(一) 发展速度和增长速度

1. 发展速度

发展速度是反映社会经济现象发展快慢程度的相对指标。用两个不同时期的发展水平相对比而求得。计算公式如下：

$$发展速度=\frac{报告期水平}{基期水平} \qquad (7-8)$$

发展速度一般用百分比来表示，当比值较大时，也可用倍数和翻番数表示，它说明现象报告期水平为基期水平的百分之几、若干倍或翻几番。当它大于100%(或1)时，表明现象在增长，若小于100%(或1)时，则表明现象在下降。

根据采用的基期不同，可将发展速度分为环比发展速度和定基发展速度。环比发展速度是报告期水平与报告期前一期水平之比，反映现象的逐期发展程度。定基发展速度是报告期水平与某一固定基期水平(通常是最初水平)之比，它表明报告期水平为某一固定基期水平的百分之几、若干倍或翻几番，反映现象在较长一段时间内的发展程度，故也称为总速度。

这两种发展速度之间存在一定的换算关系，即同一时间数列，各期环比发展速度的连乘积，等于相应的定基发展速度；相邻两个时期的定基发展速度之商等于相应时期的环比发展速度。

设基期水平为 a_0，各报告期水平为 $a_i(i=1,2,3,\cdots n)$，则

$$各期环比发展速度的连乘积=\frac{a_1}{a_0}\times\frac{a_2}{a_1}\times\frac{a_3}{a_2}\times\cdots\times\frac{a_n}{a_{n-1}}=\prod_{i=1}^{n}\frac{a_i}{a_{i-1}}=\frac{a_n}{a_0}$$

$$两个相邻定基发展速度之商=\frac{a_i}{a_0}\div\frac{a_{i-1}}{a_0}=\frac{a_i}{a_{i-1}}$$

环比发展速度和定基发展速度计算示例见表 7-7。

现实统计中,根据需要还可以使用年距发展速度指标,它是报告年某月(季)水平与其上年同月(季)水平之比。对受季节影响较大的现象,使用年距发展速度指标进行分析,可排除季节变动影响。

2. 增长速度

增长速度是表明社会经济现象增长程度的相对指标。它可以根据某一现象报告期增长量与基期发展水平对比求得,也可以根据发展速度减 1(或 100%)求得。公式如下:

$$增长速度=\frac{增长量}{基期发展水平}=发展速度-1(或\ 100\%) \tag{7-9}$$

增长速度也有正负之分,正值表示增长的程度,负值表示下降的程度。

增长速度由于采用的基期不同,也有环比增长速度和定基增长速度之分。环比增长速度是将基期定为报告期的前一期,用逐期增长量与报告期前一期的发展水平对比而得,反映现象的逐期增长程度。定基增长速度是将基期固定为某一固定基期(通常是最初水平),用累积增长量与固定基期的发展水平对比而得,反映现象在较长一段时间内的增长程度。也可以根据相应的发展速度减 1 来计算:

$$环比增长速度=环比发展速度-1(或\ 100\%)$$

$$定基增长速度=定基发展速度-1(或\ 100\%)$$

环比增长速度和定基增长速度计算示例见表 7-7。

必须指出,环比增长速度与定基增长速度之间无直接的换算关系。如果由一个环比增长速度数列求其定基增长速度数列,需先将各期环比增长速度换算成各期环比发展速度,再将它们连乘,求得各期的定基发展速度,最后,将各期定基发展速度分别减 1 或 100%,可得各期的定基增长速度。相反,若知各期的定基增长速度,求各期的环比增长速度,也要经过一定的变换计算求得。

另外,为消除季节变动的影响,在统计实践中还使用年距增长速度。年距增长速度是现象报告年某月(季)的年距增长量与上年同月(季)现象的水平之比,或者用年距发展速度减 1 或减 100%求得。

速度指标计算结果的大小与基期水平高低有较大关系,现实分析中有可能存在高水平低速度或者低水平高速度的现象。因此,在分析比较现象动态变化时,既要看水平又要看速度,将水平与速度结合起来才能进行全面分析,此时可以计算增长 1%的绝对值指标。

$$增长\ 1\%的绝对值=\frac{增长量}{增长速度} \tag{7-10}$$

具体计算分析时有三种选择:一是用逐期增长量与环比增长速度对比而得,反映现象在报告期前一期基础上增加一个百分点带来的绝对量变化;二是用累积增长量与定基增长速度对比而得,反映现象在固定基期基础上增加一个百分点带来的绝对量变化;三是用年距增长量与年距增长速度对比而得,反映现象在上年同期基础上增加一个百分点带来的绝对量变化。从实际应用角度看,第一种情况最为常用,其公式为:

$$增长\ 1\%的绝对值=\frac{逐期增长量}{环比增长速度}=\frac{前期水平}{100}=\frac{a_{i-1}}{100}$$

增长 1%的绝对值计算示例见表 7-7。

【例 7-8】 甲、乙两个企业,报告期甲企业利税额的环比增长速度为 10%,逐期增长量为

50 万元；乙企业为 5%，逐期增长量为 75 万元。请判断两个企业谁的效益好，贡献大？

分析：若单从增长速度看，甲企业的增长速度是乙企业的两倍，似乎甲企业好于乙企业。但是，联系两企业报告期的逐期增长量，计算增长 1%的绝对值后，则会得出相反的结论。

甲企业：增长 1%的绝对值＝50/10＝5(万元)

乙企业：增长 1%的绝对值＝75/5＝15(万元)

显然，甲企业的效益不如乙企业。

(二) 平均发展速度和平均增长速度

平均发展速度是现象各期环比发展速度的序时平均数，它说明该现象在一个较长时期内发展速度变化的平均程度，即单位时间平均发展变化的程度。

平均增长速度是现象各期环比增长速度的平均数，它说明该现象在一个较长时期内，单位时间平均增长的程度。平均增长速度虽然是各期环比增长速度的平均数，但由于各期环比增长速度与总增长速度之间没有直接的数量关系，因此，平均增长速度不是直接由各期环比增长速度计算，而是通过平均发展速度减 1(或减 100%)求得。平均增长速度有正负之分，正值表示平均增长的程度，负值表示平均下降的程度。

根据统计分析的目的和被研究现象的特点不同，平均发展速度的计算方法有水平法和累计法两种。水平法又称几何平均法，累计法又称方程法或代数平均法。一般在正常情况下，两种方法计算的平均增长速度比较接近。但在现实中由于存在经济发展不平衡、有可能出现大起大落等现象时，两种方法计算的结果差别则较大。

1. 水平法

水平法又称几何平均法，是对各期环比发展速度进行几何平均，即将各期环比发展速度连乘积再开环比发展速度项数次方，由于各期环比发展速度连乘积等于最末期的定基发展速度，因此，水平法也可以用时间数列最后一期的发展水平同基期水平对比来计算平均发展速度。一般情况下，凡用年发展水平表现其规模的现象，侧重于考察中长期计划期末发展水平，如国内生产总值、财政收入、产品产量、产值、商品销售额等指标，适合用水平法计算平均发展速度。计算公式如下：

设 $X_1X_2\cdots X_n$ 为各期环比发展速度，$\overline{X}$为平均发展速度，

则 $\overline{X}=\sqrt[n]{X_1X_2\cdots X_n}=\sqrt[n]{\Pi X}$ 或者也可写为：

$$\overline{X}=\sqrt[n]{\frac{a_1}{a_0}\times\frac{a_2}{a_1}\times\cdots\times\frac{a_n}{a_{n-1}}}=\sqrt[n]{\frac{a_n}{a_0}} \tag{7-11}$$

由于最末期的定基发展速度也称为总速度，用 R 表示，则平均发展速度为：

$$\overline{X}=\sqrt[n]{R}$$

平均增长速度和平均发展速度的关系是：

平均增长速度＝平均发展速度－1(或 100%)

【例 7－9】 某企业月平均工资 1995 年为 379 元，2015 年为 6 392 元，试计算该企业 1996—2015 年月平均工资的平均发展速度和平均增长速度。

已知 $a_0=379$，$a_n=6\ 392$，$n=20$，则

$R=\frac{a_n}{a_0}=\frac{6\ 392}{379}=16.865\ 4$

所以，$\overline{X}=\sqrt[n]{R}=\sqrt[20]{16.865\ 4}=(16.865\ 4)^{\frac{1}{20}}$

两边取对数得

$$\lg \overline{X}=\frac{1}{n}\lg R=\frac{1}{20}\lg 16.8654=\frac{1}{20}\times 1.226997=0.06135$$

查反对数表得，$\overline{X}=1.1517$，即平均发展速度为 115.17%，平均增长速度为 15.17%。由于通过对数求解比较繁琐，实际中可运用计算器直接求解。

【例 7－10】 某企业 2010—2015 年甲产品的单位成本及环比发展速度如表 7－8 所示，试计算 2010—2015 年的平均发展速度。

表 7－8　某企业 2010—2015 年甲产品的单位成本及环比发展速度

年份	2010	2011	2012	2013	2014	2015
甲产品单位成本(元/台)	300	297	282	262.5	255	240
环比发展速度 x_i(%)	—	99.0	94.9	93.1	97.1	94.1

根据表中资料可知，$n=5$，各年环比发展速度 x_i(具体数值见表 7－8)，则 2011—2015 年的年平均发展速度为：

$$\overline{X}=\sqrt[n]{\prod X}=\sqrt[5]{0.99\times 0.949\times 0.931\times 0.971\times 0.941}$$

$$=\sqrt[5]{0.8}=0.9564 \text{ 或 } 95.64\%$$

年平均增长速度为 95.64%－100%＝－4.36%，即单位成本每年平均下降 4.36%。

【例 7－11】 某地区 2015 年税收总额为 200 亿元，计划到 2035 年较 2015 年翻两番，试求年平均增长速度是多少。

分析：由 $m=2$，$n=20$，代入公式得，平均发展速度为

$$\overline{X}=\sqrt[n]{2^m}=\sqrt[20]{2^2}=\sqrt[20]{4}=1.0718 \text{ 或 } 107.18\%$$

所以，平均增长速度为 7.18%。

用水平法计算平均发展速度的方法是，从最初水平出发，以平均发展速度去代替各期的环比发展速度，由此推算出的期末理论水平应与期末实际水平相一致，也即 $a_0(\bar{x})^n=a_n$。若某种现象在一定时期内的各期环比发展(或增长)速度大体相等，则可利用几何平均法对未来发展水平进行预测。

【例 7－12】 某企业集团 2015 年销售收入为 120 亿元，计划销售收入每年以 10%的增长率增长，预测到 2020 年该企业集团销售收入是多少。

2020 年该企业集团销售收入为：$a_n=a_0\bar{x}^n=120\times(1+10\%)^5\approx 193.26$(亿元)

水平法可以直接用最初和最末水平资料计算，其优点是简便易算，其结果只受最初和最末水平影响，如果对现象不仅要考察最初和最末水平，还要考察中间各期水平，或者当中间各期水平波动较大导致各环比发展速度的差异也较大时，用水平法计算的平均发展速度就不能反映实际的全部发展过程，此时可以采用累计法计算平均发展速度。

2. 累计法

累计法又称代数平均法或高次方程法，是以时间数列内各期发展水平的总和同基期水平对比来计算平均发展速度。根据这种算法确定的平均发展速度，计算的时间数列中各期发展水平的总和等于全期的总水平，各期发展水平是基期水平与各期定基发展速度的乘积。一般情况下，对用若干期累计数表现其规模的现象，比如，固定资产投资、基础设施建设投资、植树

造林面积等现象适宜于采用累计法计算平均发展速度。

累计法计算平均发展速度的数理依据是，从现象的最初水平 a_0 出发，每期都按平均发展速度$\overline{X}$发展，所得各期水平之和，等于现象相应各期实际发展水平之和。

现象各报告期实际发展水平之和为：$a_1+a_2+a_3+\cdots+a_{n-1}+a_n=\sum a$

从 a_0 出发，每期都按$\overline{X}$发展，所得各期计算水平之和为：

$$a_0\overline{X}+a_0\overline{X}\,\overline{X}+a_0\overline{X}\,\overline{X}\,\overline{X}+\cdots+a_0\overline{X}^{n-1}+a_0\overline{X}^n=\sum a$$

移项整理得：

$$\overline{X}^n+\overline{X}^{n-1}+\cdots+\overline{X}^3+\overline{X}^2+\overline{X}-\frac{\sum a}{a_0}=0$$

解此高次方程所得正根，即为所求的平均发展速度。显然，解此方程是非常麻烦的，通常是借助于事先编制的《累计法平均增长速度查对表》求解。随着计算机技术的发展，一元高次方程的求解也可通过 Excel 或相应软件编程求解。

从前面的分析可知，水平法侧重于考察最末一期的发展水平，按这种方法确定的平均发展速度，推算的最后一期发展水平，等于最末一期的实际发展水平；推算的最末一期的定基发展速度和根据实际资料计算的最末一期定基发展速度是一致的。累计法侧重考察全期的总和水平，按这种方法确定的平均发展速度，推算的全期的总和水平与各期实际水平总数是一致的；推算的各部分定基发展速度的总和与根据实际资料计算的定基发展速度的总和是一致的。

此外，由于平均发展速度指标是现象在一个较长时期内，各期环比发展速度的平均数，用以说明现象在该时期内逐期发展变化的一般程度，它抽象了各期的实际变化程度。因此，计算和应用平均发展速度指标应注意以下两个问题。

第一，要结合具体情况确定基期。因为基期水平是起点、是标准，它对研究目的的实现具有重要意义，对平均发展速度也是有影响的。例如，如果研究某五年计划期内的平均发展速度，应以该五年计划的前一年为基期；若研究我国改革开放以来的平均发展速度，就应以 1978 年为基期；若研究新中国成立以来的平均发展速度，则应以 1949 年为基期更恰当。

第二，通过计算分段平均发展速度来补充说明全期的平均发展速度。因为在一个较长的历史时期内，现象的变化各阶段各有特点，即有快有慢，有增有减，为更具体地反映情况，必须用分段平均发展速度来补充说明全期的平均发展速度。

第三节　时间序列的构成分析

一、时间序列的分解

观察前面分析的时间序列，不难发现有这样的特点，即时间序列各期发展水平是有差异的，由于现实中客观现象的发展变化往往受多种因素影响，而各种因素对时间序列发展水平的影响方向和强弱程度不同，这些影响因素的综合作用结果使得具体的时间序列呈现出不同的变动形态，为了对客观现象的未来状况做出判断和预测，必须对构成时间序列的各种因素加以分解和测定，这也是时间序列分析的重要任务之一。按影响时间序列变动的各种因素的性质和作用不同，可将时间序列的构成因素大致分解为以下四种。

1. 长期趋势变动(T)

长期趋势变动是指由于客观现象受到各个时期普遍的、持续的、决定性的基本因素影响而表现出来的现象在一个较长的时期内持续发展变化的总趋势，长期趋势变动是时间序列中最基本的规律性变动。按长期趋势变化方向可分为持续上升、下降和基本持平三类。例如，一般情况下，由于人口增长、资源开发、科技进步等因素影响，社会生产的总量呈增长变动的趋势。按变化形态，长期趋势可分为线性趋势和非线性趋势两类。

2. 季节变动(S)

季节变动是指时间序列的各期发展水平由于受自然季节变换或社会习俗等因素影响而发生的有规律的周期性起伏波动。季节变动的周期为一年或一年以内(如一月、一周等)。例如，现实中有不少商品的销售量因季节变动因素影响在不同时间有较大差异，比如，御寒服装在不同季节呈现较为明显的销售淡旺季之分。

3. 循环变动(C)

循环变动是指社会经济发展中的一种近乎规律性的盛衰交替变动，其变动周期一般在一年以上，具体长短不一，成因也比较复杂。循环变动与长期趋势都是需要长期观察才能分析其规律性的，但二者又有不同，长期趋势通常表现为单一方向的变动，循环变动则表现为涨落循环的波动。按引起循环变动的原因和循环周期长短不同又可分为四种类型，并以最早发现它的经济学家的名字命名。① 基钦循环(又称“短波”理论，是基钦在《经济因素中的周期与倾向》中提出的)为短期循环变动，周期约为 2～4 年，其形成原因可能是固定资产更新和周期性的技术变革；② 朱格拉循环(1862 年法国医生、经济学家朱格拉在《论法国英国和美国的商业危机以及发生周期》一书中首次提出)为中期循环变动，周期约为 8～10 年，资本主义周期性的经济危机，主要就是指这种循环变动，其变动的物质基础是周期性的固定资产的大规模更新；③ 库兹涅茨循环(1930 年美国经济学家库兹涅茨提出的一种为期 15～25 年平均长度为 20 年左右的经济周期)为中长期的循环变动，周期在 20 年左右，造成这种循环变动的物质基础是建筑业的周期性波动；④ 康德拉季耶夫循环(也称康德拉季耶夫周期，即长周期或长波，1926 年由俄国经济学家康德拉季耶夫提出的一种为期 50～60 年的经济周期)为长期循环变动，主要是受重大技术革命影响的结果，周期可长达 50～60 年。

4. 不规则变动(I)

不规则变动是指除了上述各种变动影响因素以外，没有规律可循的变动，通常因为现象受临时的、偶然的因素而引起的随机变动。例如，因为偶发的自然灾害如地震、水灾等或者社会动荡如战争等所引起的变动。从长期来看，有些偶然因素的个别影响是可以互相抵消一部分的。

时间序列的上述四种变动影响因素按一定的方式组合，构成影响时间序列变动的模型。按对四种变动因素相互关系的不同假设，可分为加法模型和乘法模型。

加法模型，假设四种变动因素是相互独立的，时间序列便是各因素相加的和，即：

$$Y=T+S+C+I$$

式中，Y、T 是总量指标，S、C、I 均是对 T 产生的偏差，都用原始单位表示。

乘法模型，假设四种变动因素是相互交错影响的关系，时间序列便是各因素的乘积，即：

$$Y=T\times S\times C\times I$$

式中，Y、T 是总量指标，用原始单位表示；S、C、I 则是比率，是在 1 上下波动、对原数列指标增加或减少的百分比，用百分数表示。

现实中，并非所有现象时间序列都包含上述四种因素的变动，有的只有 T、S 和 I，有的只有 T、C 和 I，如时间序列采用年度资料时，季节因素就被掩盖了。以乘法模型为例，可分为四种模型：趋势模型，$Y=T.I$；趋势季节模型，$Y=T.S.I$；趋势循环模型，$Y=T.C.I$；趋势季节循环模型，$Y=T.S.C.I$。在实际应用中，采用乘法模型分析较为普遍。

对时间序列的分解方法也因组合模型的不同而分为两种。

加法模型用减法分解，例如：

$$T=Y-(S+C+I) \quad C+I=Y-(T+S)$$

乘法模型用除法分解，例如：

$$T=Y/(S\times C\times I) \quad S\times I=Y/(T\times C)$$

二、长期趋势的测定

测定长期趋势的方法很多，主要有时距扩大法、移动平均法、指数平滑法和数学模型法等。

（一）时距扩大法

时距扩大法，就是把现有时间序列的各个时期或时点的指标数值的间隔扩大，也就是将其中间隔较短的各个时期或时点的指标数值加以合并处理，得到间隔较长的各个数值，形成一个新的时间序列。时距扩大法通过指标值的时距扩大，将影响原时间序列中的季节变动和各种偶然因素的影响加以消除，呈现出现象发展变化的长期趋势。时距扩大法可以采用时距扩大后计算总量，或者也可采用时距扩大后计算序时平均数，剔除原时间序列季节变动和不规则变动的影响，达到对时间序列进行修匀的目的。需要注意的是，前者仅适用于时期序列，后者可用于时期序列和时点序列。以表 7－9 时间序列资料为例，说明如下：

表 7－9　某企业某年各月利润额资料

月份	1	2	3	4	5	6	7	8	9	10	11	12
利润额（万元）	32	30	35	38	36	39	38	41	42	41	44	47

从上表资料虽然大致可以看出，该企业利润额各月间有升有降，发展也不均匀，总体上呈上升趋势，但有波动，长期趋势不是很明显。现将该序列中的时距由一个月扩大到一个季度，并求出季度总利润额或每个季度的平均月利润额，重新编制成一个新的时间序列，则该企业利润额增长的长期趋势能比较清晰地呈现出来，见表 7－10。

表 7－10　某企业某年各季度利润额资料

季度	一季度	二季度	三季度	四季度
利润额（万元）	97	113	121	132
平均利润额（万元）	32.33	37.67	40.33	44.00

简便直观是时距扩大法的优点，但是它的缺点也很明显。扩大时间间距后形成的新时间数列包含的数据减少，造成信息量流失较多，因此，时距扩大法一般只能用于时间序列的修匀，不能用来预测，并要求扩大后的各个时期的时距应大体相等，否则就缺乏可比性。另外，时距

究竟扩大到何种程度为宜，应根据研究目的和数据资料的多少而定，时距扩大太小，就不能消除偶然因素的影响；而扩大太大，则又使数据信息损失较多，难以反映现象发展的具体变动，应根据现象和原时间数列的特点以能明显反映现象的发展趋势为准来确定具体的时距。

（二）移动平均法

移动平均法，就是对原时间序列各期发展水平按一定项数计算序时平均数，并采取逐项递移的办法，逐项计算同样项数的序时平均数，用逐项计算的序时平均数构成一个新的时间序列以测定现象长期趋势的方法。通过移动平均，可以消除现象短期不规则变动的影响，如果扩大的时距与现象周期波动的周期相一致或为其倍数，还能进一步削弱排除季节变动和循环变动的影响，更好地反映现象发展的基本趋势。移动平均法可分为简单移动平均法和加权移动平均法。现以表 7－9 资料为例，采用移动平均法进行修匀测定长期趋势，如表 7－11 所示。

表 7－11　移动平均法计算示例表

月份	利润额 y（万元）	三项简单移动平均	五项简单移动平均	三项加权移动平均（权数分别取 1、2、3）
1	32	—	—	—
2	30	32.33	—	32.83
3	35	34.33	34.20	35.67
4	38	36.33	35.60	36.50
5	36	37.67	37.20	37.83
6	39	37.67	38.40	38.00
7	38	39.33	39.20	39.67
8	41	40.33	40.20	41.00
9	42	41.33	41.20	41.33
10	41	42.33	43.00	42.67
11	44	44.00	—	45.00
12	47	—	—	—

表 7－11 的数据计算方法说明如下。

三项简单移动平均序列中的第一个移动平均值算法为：

$$\overline{y_1}=\frac{y_1+y_2+y_3}{3}=\frac{32+30+35}{3}\approx 32.33$$

将发展水平往后移动一期计算第二个移动平均值：

$$\overline{y_2}=\frac{y_2+y_3+y_4}{3}=\frac{30+35+38}{3}\approx 34.33$$

依次类推得到三项简单移动平均后的时间序列，可以发现利润额的长期增长趋势。

五项简单移动平均采取类似的算法，移动的项数为 5 项，具体计算过程略。

三项加权移动平均是对利润额进行移动平均时按照时间远近分别给以不同的权数，一般情况下比较重视近期数据，通常近期数据权数较大，本例中按时间远近权数分别取 1、2、3，比如三项加权移动平均序列中的第一个加权移动平均值算法为：

$$\overline{y_1}=\frac{y_1\times1+y_2\times2+y_3\times3}{3}=\frac{32\times1+30\times2+35\times3}{3}\approx32.83$$

其他依次类推。

运用移动平均法测定长期趋势时需注意以下几点。

① 移动项数多少的选择问题。一般情况下移动平均项数(n)的多少与修匀效果的好坏直接有关。移动项数越多,可以更好的消除不规则变动的影响,修匀效果越好,其趋势线越平滑。但也存在缺陷,n越大,得到的趋势值越少,损失的信息量较多,有时也不利于观察长期趋势;移动项数越少,则修匀效果越差,其趋势线起伏越大。移动项数与丢失的信息关系为:n为奇数时,新序列首尾各少$(n-1)/2$项;n为偶数时,新序列首尾各少$n/2$项。

② 应该根据研究对象的特点来确定移动平均的具体项数(n)。如果时间数列没明显的周期变动,一般采用奇数项移动平均,因为当n为奇数时,各项移动平均值可直接对正时间,一次移动即得趋势值。如果现象的变动具有周期性或存在自然周期,应以周期长度作为移动平均的项数。如果掌握的是各年的季度或月份资料,则可取4项或12项平均,这样可以消除周期变动的影响,取得较好的修匀效果。当移动项数为偶数时,需要两次移动平均,第一次移动的平均值都对着移动期数中间两期的中间点,与原序列相差半期,需再进行二次移正,即再进行一次二项移动平均,才能对正各期的时间。

③ 一般情况下,简单移动平均在反映直线趋势时效果较好,但在反映曲线趋势时误差较大。因此,对表现为非线性发展趋势的时间数列,可考虑采用加权移动平均法。加权移动平均法在计算移动平均数时对各项指标值赋予不同的权数,关于权数的确定可视具体情况而定,原则上是,对近期数据给予较大的权数,对远期数据给予较小的权数。

④ 移动平均法一般适合水平趋势时序的预测,由于移动平均法在反映上升或下降的长期趋势时,具有明显的时间滞后,直接以本期移动平均值作为下期预测值会产生滞后偏差,所以一般只能用来修匀显现长期趋势,而不进行外推预测。

(三) 指数平滑法

指数平滑法的基本思路是,充分利用数据信息,且考虑到近期数据对未来预测影响作用更大,由于是平均值,对序列具有平滑修匀作用,能消除不规则变动的影响。其基本原理是,如果t期趋势估计值与t期实际值完全一致,二者之间没有误差,则可以用t期趋势估计值直接作为$t+1$期的趋势估计值。如果二者之间有误差,则这种误差可以理解为是由两部分所组成:一部分是现象从$t-1$期到t期的实质性变化,一部分是由不规则变动引起的随机误差。指数平滑法既要剔除不规则变动影响即随机误差影响,也要反映出现象的实质性变化。按此思路,t期指数平滑值的计算公式为:

$$E_t=\alpha y_t+(1-\alpha)E_{t-1}=E_{t-1}+\alpha(y_t-E_{t-1}) \tag{7-12}$$

式中,E_t:t时期的指数平滑值

E_{t-1}:$t-1$时期的指数平滑值

y_t:t时期的实际观测值

α:平滑系数,其值介于0与1之间

t期的指数平滑值是在$t-1$期指数平滑值的基础上加上t期实际观测值与$t-1$期指数平滑值(作为t期趋势估计值)的误差的一部分组合而成,体现了指数平滑法求趋势估计值的基本思想,即误差中属于现象实质性变化的部分由平滑系数α所决定。α的取值越大,则认为误

差中现象实质性变化的比例越大，下期的趋势估计中，本期的实质误差就保留得越多；而 α 的取值越小，则认为误差中随机因素引起的随机误差所占比例越大，下期的趋势估计中本期实质误差就剔除得越多。

显然，各期指数平滑值均在上期平滑值的基础上递推而得，指数平滑法具有递推性质。

$$E_t = E_{t-1} + \alpha(y_t - E_{t-1})$$

$$\begin{aligned} E_t &= \alpha y_t + (1-\alpha)E_{t-1} \\ &= \alpha y_t + (1-\alpha)[\alpha y_{t-1} + (1-\alpha)E_{t-2}] \\ &= \alpha y_t + \alpha(1-\alpha)y_{t-1} + (1-\alpha)^2 E_{t-2} \\ &= \alpha y_t + \alpha(1-\alpha)y_{t-1} + \alpha(1-\alpha)^2 y_{t-2} + (1-\alpha)^3 E_{t-3} \\ &\cdots \\ &= \alpha y_t + \alpha(1-\alpha)y_{t-1} + \alpha(1-\alpha)^2 y_{t-2} + \cdots + \alpha(1-\alpha)^{t-1} y_t + (1-\alpha)^t E_0 \end{aligned}$$

$$E_t = \alpha \sum_{j=0}^{t-1} (1-\alpha)^j y_{t-j} + (1-\alpha)^t E_0$$

E_0 称为初始值，序列项数较多时，初始值对平滑值的影响不大，故可设定为 $E_0 = y_1$

由于 $0 \leqslant \alpha \leqslant 1$，随着 t 增大，$(1-\alpha)^t \to 0$

则，$E_t = \alpha \sum_{j=0}^{t-1} (1-\alpha)^j y_{t-j}$

当 $t \to \infty$ 时，$\sum_{j=0}^{t-1} (1-\alpha)^j$ 为无穷递减等比级数，其公比是 $(1-\alpha)$，

则，$\frac{首项}{1-公比} = \frac{\alpha}{1-(1-\alpha)} = 1$

指数平滑值 Et 实际上是各期观测值 yt 的加权平均数，各期观察值的系数就是其相对数形式的权数，其权数和为 1。即 t 期的平滑值包含了 t 期及 t 期以前所有数据的信息，但又对不同时期的数据给予不同的权数，越是近期的数据给予权数越大，体现了对各期数据的不同重视程度。

当时间序列呈现水平发展趋势或者没有明显波动规律时，可以采用一次指数平滑法进行短期预测，其公式为：

$$\hat{y}_{t+1} = E_t = \alpha y_t + (1-\alpha)E_{t-1}$$

即将 t 期的指数平滑值 Et 作为 $t+1$ 期的预测值。依此，上述公式也可写成：

$$\hat{y}_{t+1} = E_t = \alpha y_t + (1-\alpha)\hat{y}_t = \hat{y}_t + \alpha(y_t - \hat{y}_t)$$

即 $t+1$ 期的预测值等于 t 期的预测观测值加上用平滑系数调整后的的预测误差。

现以表 7－9 资料为例采用指数平滑法（初始值为时间序列最初水平）进行修匀，测定长期趋势，如表 7－12 所示。

表 7－12　指数平滑法计算示例表

月份	利润额 y（万元）	指数平滑值 $Et(\alpha=0.1)$	指数平滑值 $Et(\alpha=0.3)$	指数平滑值 $Et(\alpha=0.9)$
1	32	32.00	32.00	32.00
2	30	31.80	31.40	30.20

（续表）

月份	利润额 y（万元）	指数平滑值 $Et(\alpha=0.1)$	指数平滑值 $Et(\alpha=0.3)$	指数平滑值 $Et(\alpha=0.9)$
3	35	32.12	32.48	34.52
4	38	32.71	34.14	37.65
5	36	33.04	34.70	36.17
6	39	33.63	35.99	38.72
7	38	34.07	36.59	38.07
8	41	34.76	37.91	40.71
9	42	35.49	39.14	41.87
10	41	36.04	49.70	41.09
11	44	36.83	40.99	43.71
12	47	37.85	42.79	46.67

在指数平滑法测定长期趋势中，平滑系数 α 的不同选择，有不同的测定结果，概括起来，平滑系数 α 的选择需注意以下几点。

① α 值越小，对序列的平滑作用越强、跟踪数据越慢；α 值越大，对序列的平滑作用越弱、跟踪数据越快。序列中随机波动较大时，为了消除随机波动的影响，可选择较小的 α，使序列较少受随机波动的影响。为了反映出序列的变动状况，可选择较大的 α，使数据的变化很快反映出来。

② α 选择得大一些，表示主要依靠近期信息；α 选择得小一些，表示希望充分重视历史信息。如果对初始值的正确性把握不大，希望减小初始值的影响，则 α 值宜大些；对初始值的正确性把握性较大，希望突出初始值的影响，则 α 值宜小些。总之，在选择 α 值时可以多试几次，选择使实际值和估计值均方误差最小的 α。

③ 当时间序列呈现水平发展趋势或者没有明显波动规律时，可以采用指数平滑法修匀效果较好，如果时间序列为增长或者下降趋势，则有一定的滞后效应，如表 7－12 数据资料当 α 选择得小一些（$\alpha=0.1$）时呈现比较明显的滞后效应，当 α 选择得大一些（$\alpha=0.9$）时实际值和估计值误差较小。

（四）数学模型法

所谓数学模型法，就是利用数学中的某一种形式的方程式对原时间序列中的长期趋势进行拟合，以消除其他变动，揭示时间序列长期趋势的一种方法。数学方程式的构造是根据现象随着时间推移表现出来的变化规律，通过抽象和假设，建立的一个反映现象发展水平与时间之间数量关系的数学表达式，这种方法也称为趋势方程拟合法，在 $Y=T.I$ 时序的长期趋势测定中应用较为广泛。其基本原理就是通过建立一定的数学模型，对时间数列配合适当的趋势线，来描述现象发展的基本趋势。趋势线模型又可分为直线模型和曲线模型。具体测定步骤包括：根据现象发展变化的趋势和特点选择恰当的趋势方程；估计趋势方程的参数；根据趋势方程求出各个趋势值，可得一新序列，它能更加明显地呈现出现象发展的长期趋势。

1. 直线趋势线

当时间序列各期发展水平在散点图上表现为近似直线时，或者各期发展水平按大致相同的数量增减，即逐期增长量(一次差)大致相同时，可配合直线趋势线方程来描述其发展变化的长期趋势。直线趋势线方程的表达式为：

$$y_c = a + bt \tag{7-13}$$

式中，y_c 为趋势值，t 为时间变量，a、b 是方程的参数。

估计直线趋势方程参数 a、b 常用的方法有分段平均法和最小平方法。

(1) 分段平均法，也称半数平均法

分段平均法的数学依据为 $\sum(y-y_c)=0$，即发展水平的实际观测值与趋势值的离差代数和为 0。设 y 为时间序列的实际观测值，n 为数据项数。将原时间序列均分为两半(如原时间序列为奇数项可将第一项删去)，分别求得时间与发展水平的简单算术平均数，可得两点，$(\overline{t_1},\overline{y_1})$和$(\overline{t_2},\overline{y_2})$，分别将其代入直线趋势方程，可求得参数 a、b。即：

$\overline{y_1}=a+b\overline{t_1}$和$\overline{y_2}=a+b\overline{t_2}$，

进一步可得 $a=\overline{y_1}-b\overline{t_1}=\overline{y_2}-b\overline{t_2}$，$b=\dfrac{\overline{y_2}-\overline{y_1}}{\overline{t_2}-\overline{t_1}}$

【例 7-13】 某企业最近几年的增加值资料如表 7-13 所示，试用分段平均法配合直线趋势方程。

表 7-13　某企业近几年增加值数据

年份	2009	2010	2011	2012	2013	2014	2015
增加值(万元)	310	345	393	440	475	520	568

首先绘制散点图(图 7-1)，从散点图可以观察到该企业增加值随着时间变化大致呈现直线趋势，也可以通过计算逐期增长量分析判断长期趋势。

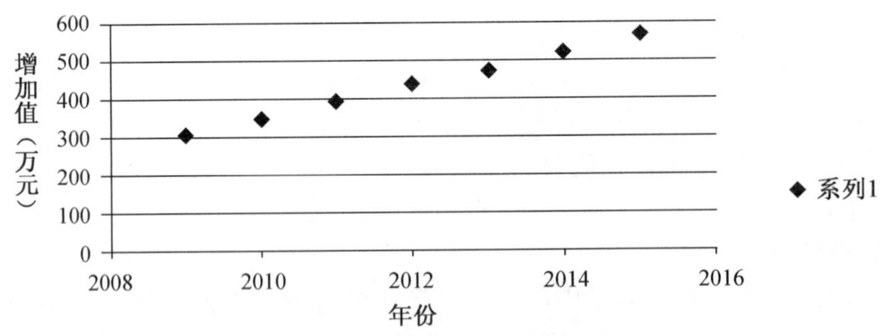

图 7-1　某企业近几年增加值散点图

其次，采用分段平均法配合直线趋势方程。由于本例为奇数项，为了达到将原时间序列均分为两半要求，将该序列首项去掉，同时为了计算简便，各年份可用序号表示，从第二项开始，年份可分别用 1、2、3、4、5、6 表示。

代入相关公式计算可得：

$\overline{t_1}=\dfrac{1+2+3}{3}=2$；$\overline{y_1}=\dfrac{345+393+440}{3}=392.50$

$\overline{t_2}=\frac{4+5+6}{3}=5$；$\overline{y_2}=\frac{475+520+568}{3}=520.83$

$$b=\frac{\overline{y_2}-\overline{y_1}}{\overline{t_2}-\overline{t_1}}=\frac{520.83-392.50}{5-2}\approx 42.78$$

$$a=\overline{y_1}-b\overline{t_1}=392.50-42.78\times 2=306.94$$

则直线趋势方程为：$y_c=306.94+42.78t$

将时间序号 t 值代入上述方程即得各年的趋势值。如果影响现象发展变化的长期趋势仍然存在，则可利用该方程进一步预测 2016 年的增加值为：

$y_c=306.94+42.78\times 7=606.40$（万元）

(2) 最小二乘法，也称最小平方法

最小二乘法的数学依据是发展水平各个实际观察值与其相对应趋势值的离差的平方和为最小，即 $\sum(y-y_c)^2=$ 最小值，根据数学中求极值的原理，用偏导数方法可以得出求解参数 a、b 所需的两个标准方程。

$$\begin{cases}\sum y=na+b\sum t\\ \sum ty=a\sum t+b\sum t^2\end{cases}$$

解此方程组可得：$b=\frac{n\sum ty-\sum t\sum y}{n\sum t^2-(\sum t)^2}$，$a=\frac{\sum y}{n}-b\frac{\sum t}{n}=\bar{y}-b\bar{t}$

【例 7 - 14】 仍以表 7 - 13 的数据资料为例，用最小二乘法配合直线趋势方程，并预测 2016 年的增加值。先列相关数据计算表（表 7 - 14）。

表 7 - 14　最小二乘法计算表

年份	年份序号 t	增加值（万元）y	t^2	ty	y_c
2009	1	310	1	310	306.64
2010	2	345	4	690	349.71
2011	3	393	9	1 179	392.79
2012	4	440	16	1 760	435.86
2013	5	475	25	2 375	478.93
2014	6	520	36	3 120	522.00
2015	7	568	49	3 976	565.07
合计	28	3 051	140	13 410	3 051

则：

$$b=\frac{n\sum ty-\sum t\sum y}{n\sum t^2-(\sum t)^2}=\frac{7\times 13\,410-28\times 3\,051}{7\times 140-28^2}\approx 43.07$$

$$a=\bar{y}-b\bar{t}=\frac{3\,051}{7}-43.07\times\frac{28}{7}=263.57$$

于是得直线趋势方程：$y_c=263.57+43.07t$。将时间序号 t 值代入该方程得各年的趋势值

y_c，并列入表 7－14 的最后一栏。如要预测 2016 年的销售量，只需将 $t=8$ 代入趋势方程得：

$y_c=263.57+43.07\times 8=608.13$（万元）。

本例运用最小平方法时，对 t 的排序采用 1、2、3…进行，但这样计算较为繁琐。为了简化，可将时间原点设在序列的中间项，对时间序号分别取正负数，这样可以简化计算的工作量。具体方法为：当序列为奇数项时，可取 $t=\cdots -4、-3、-2、-1、0、1、2、3、4$ 等，当序列为偶数项时，可取 $t=\cdots -7、-5、-3、-1、1、3、5、7$ 等。这样通过正值和负值相抵消，可使 $\sum t=0$，从而使标准方程组简化为：

$$\begin{cases}\sum y = na \\ \sum ty = b\sum t^2\end{cases}$$

解之得：

$$a=\frac{\sum y}{n}, b=\frac{\sum ty}{\sum t^2}。$$

2. 曲线趋势

如果现象的发展变化呈曲线方式，在散点图上表现为各种不同的曲线形态，则应配合曲线方程来描述其发展的长期趋势。

（1）抛物线（二次曲线）

当时间序列各期水平的二级增长量（二次差）大致相等，在散点图上近似表现为一条抛物线，则可配合抛物线趋势方程：

$$y_c=a+bt+ct^2 \qquad (7-14)$$

上述方程中三个参数 a、b、c，也可运用最小平方法求得。由于有三个参数，根据最小平方法可导出三个标准方程，即：

$$\begin{cases}\sum y = na + b\sum t + c\sum t^2 \\ \sum ty = a\sum t + b\sum t^2 + c\sum t^3 \\ \sum t^2 y = a\sum t^2 + b\sum t^3 + c\sum t^4\end{cases}$$

按前述简化计算的原理，将原点设在时间序列的中间一项，可使 $\sum t=0$，且 $\sum t^3=0$，则上述标准方程可简化为：

$$\begin{cases}\sum y = na + c\sum t^2 \\ \sum ty = b\sum t^2 \\ \sum t^2 y = a\sum t^2 + c\sum t^4\end{cases}$$

解之得：$b=\dfrac{\sum ty}{\sum t^2}, c=\dfrac{n\sum t^2 y-\sum t^2\sum y}{n\sum t^4-(\sum t^2)^2}, a=\dfrac{\sum y-c\sum t^2}{n}$。

【例 7－15】 某企业 2010—2015 年某产品销售情况如表 7－15 所示。

表 7－15　抛物线趋势方程计算示例表

年份	序号 t	销售量(万件)y	ty	t^2	t^2y	t^4	y_c
2010	−5	20	−100	25	500	625	22.16
2011	−3	26	−78	9	234	81	25.60
2012	−1	30	−30	1	30	1	27.56
2013	1	29	29	1	29	1	28.05
2014	3	27	81	9	243	81	27.05
2015	5	23	115	25	575	625	24.59
合计	0	155	17	70	1 611	1 414	155

根据表中计算资料，运用最小平方法可求出：

$$c=\frac{n\sum t^2y-\sum t^2\sum y}{n\sum t^4-(\sum t^2)^2}=\frac{6\times 1\,611-70\times 155}{6\times 1\,414-70^2}\approx -0.18$$

$$a=\bar{y}-c\frac{\sum t^2}{n}=\frac{155}{6}+0.18\times\frac{70}{6}=27.99$$

$$b=\frac{\sum ty}{\sum t^2}=\frac{17}{70}\approx 0.24$$

将 a、b、c 的值代入抛物线方程，即得：$y_c=27.99+0.24t-0.18t^2$。

如把相应的 t 值依次代入上述方程，就可求出各年销售量的趋势值 y_c，列在表 7－15 最后一栏。当取 $t=7$ 时，可得 2016 年销售量的预测值为 $y_c=27.99+0.24\times 7-0.18\times 7^2=20.64$（万件）。

(2) 指数曲线

指数曲线用于描述以几何级数递增或递减的现象，说明时间序列的逐期观察值按一定的增长率增长或衰减。如果时间序列各期的环比增长速度（即对数一次差）大致相同，并在散点图上近似表现为一条指数曲线时，可配合指数曲线方程：

$$y_c=ab^t \tag{7-15}$$

要求解指数曲线方程的参数 a、b，须先将其化为对数形式：$\lg y=\lg a+t\lg b$，然后用最小平方法按求直线方程参数的公式可得：

$$\lg a=\frac{\sum \lg y}{n}-\lg b\frac{\sum t}{n},$$

$$\lg b=\frac{n\sum t\cdot\lg y-\sum t\sum \lg y}{n\sum t^2-(\sum t)^2}$$

再求它们的反对数，即可得 a、b 的值。

【例 7－16】 某地区 2010—2015 年人口数资料如表 7－16 所示。

表 7-16　指数曲线计算表

年份	序号 t	人口数(万人) y	$\lg y$	t^2	$t\lg y$
2010	1	85.50	1.931 97	1	1.931 97
2011	2	86.48	1.936 92	4	3.873 84
2012	3	87.46	1.941 81	9	5.825 43
2013	4	88.47	1.946 80	16	7.787 20
2014	5	89.49	1.951 63	25	9.758 15
2015	6	90.44	1.956 36	36	11.738 16
合计	21	527.84	11.665 49	91	40.914 75

将表中数据代入求参数公式得：

$$\lg a = \frac{\lg y}{n} - \lg b \frac{\sum t}{n} = \frac{11.665\ 49}{6} - 0.004\ 888 \times \frac{21}{6} = 1.927\ 14$$

$$\lg b = \frac{n\sum t \cdot \lg y - \sum t \sum \lg y}{n\sum t^2 - (\sum t)^2} = \frac{6 \times 40.914\ 75 - 21 \times 11.665\ 49}{6 \times 91 - 21^2} = 0.004\ 888$$

求反对数得：$a=84.555$，$b=1.011$，则指数曲线方程为 $y_c=84.555\times(1.011)^t$。

(3) 其他曲线

当时间序列各期水平的逐期增长量(一次差)按近似相同的百分比变动时，可配合修正指数曲线：$y_c=k+ab^t$。

当时间序列各期水平的环比增长速度(即对数一次差)按一定的常数百分比变动时，可配合龚伯兹曲线：$y_c=kab^t$。

当时间序列的倒数一次差按一定的百分比变动时，可配合逻辑思蒂曲线：

$$\frac{1}{y_c}=k+ab^t$$

以上曲线方程的参数也可采用最小平方法求解，具体内容略。

第四节　季节变动和循环变动分析

一、季节变动及其测定目的

季节变动，是指客观现象因受自然因素或社会经济因素影响，在一年内形成的有规律的周期性变动，它是时间序列的又一个主要构成要素。季节变动在现实生活中经常遇到，如商业活动中的“销售旺季”和“销售淡季”、农产品和以农产品为原料的某些工业产品的产量和销售量变化、旅游业的“旅游旺季”和“旅游淡季”，等等。

季节变动中的“季节”一词是广义的，它不是仅仅指一年中的四季，而是泛指任何一种有规律的、按一定周期(季、月、旬、周、日)重复出现的变化。季节变动的原因通常与自然条件有关，同时也可能由于生产条件、节假日、风俗习惯等社会经济因素所致。季节变动常会给人们的社会经济生活带来某种影响，如会影响某些商品的生产、销售和库存。

我们测定季节变动的意义主要在于认识规律、分析过去、预测未来。其目的一是通过分析与预测过去的季节变动规律，为当前的决策提供依据。比如，对一个企业销售活动的研究，可以分析其销售额的变动是季节因素所致，还是由于经营手段或其他偶然因素的影响，从而制定出有效的经营策略。二是为了对未来现象的季节变动作出预测，以便提前作出合理的安排。三是为了当需要不包含季节变动因素数据时，能够消除季节变动对时间序列的影响，以便分析其他构成因素的影响。

二、季节变动的分析原理与方法

季节变动是一种各年变化强度大体相同且每年重复出现的有规律的变动。根据这一基本特征，我们可以将其归纳为一种典型的季节模型。所谓季节模型，就是指一时间序列在各年中所呈现出的典型状态，这种状态年复一年以基本相同的形态出现。季节模型是由一套指数组成的，各指数刻画了现象在一个年度内各月或各季的典型特征。如果所分析的是月份数据，季节模型就由 12 个指数组成；若为季度数据，季节模型就由 4 个指数组成。其中，各个指数是以全年月或季度资料的平均数为基础计算的，因而 12 个月（或 4 个季度）指数的平均数应等于 100%，而各月（或季）的指数之和应等于 1 200%（或 400%）。季节模型正是以各个指数的平均数等于 100%为条件而构成的，它反映了某一月份或季度的数值占全年平均数的大小。如果现象的发展没有季节变动，则各期的季节指数应等于 100%；如果某一月份或季度有明显的季节变化，则各期的季节指数应大于或小于 100%。因此，分析季节变动，也就是对一个时间序列计算出该月（或季）指数，即所谓季节指数，然后根据各季节指数与其平均数（100%）的偏差程度来测定季节变动的程度。这就是季节变动分析的基本原理。

测定现象季节变动的主要方法是计算季节指数。季节指数是各月（季）平均数与全年总月（季）平均数的比值，它以全期的总平均水平为基准（100%），用百分比形式来反映各月（季）平均水平相对于总平均水平的高低程度。季节指数高说明“旺”，反之说明“淡”。

计算季节指数通常有两种方法：按月（季）平均法和趋势剔除法。

（一）按月（季）平均法

这是直接根据原时间序列通过简单平均来计算季节指数的一种常用的方法，该方法的基本思想是：计算出各年同月平均数，以消除随机影响，作为该月（季）的代表值；然后计算出全部月（季）的总平均数，作为全年的代表值；再将同月（同季）平均数与全部月（季）的总平均数进行对比，即为季节指数。按月（季）平均法计算季节指数的具体步骤如下：

第一步：根据各年的月份（季度）数据计算出同月（同季）的平均数$\overline{Y}_i$；

第二步：计算出全部数据的总平均数$\overline{Y}$，找出整个序列的水平趋势；

第三步：计算出各同月（同季）平均数与总平均数的百分比，即为季节指数（S_i）。其计算公式为：

$$S_i=\frac{\overline{Y}_i}{\overline{Y}}\times 100\% \quad (i \text{ 表示月份或者季度})$$

在乘法模型中，季节指数有一个特性，这就是，其总和等于季节周期 L（12 或 4），或平均等于 1，即

$$\overline{S}=\frac{\sum S_i}{L}=1$$

【例 7 - 17】 某服装公司 2013—2015 年各月销售量资料如表 7 - 17 所示。试用按月(或季)平均法计算各月的季节指数。

表 7 - 17 2013—2015 年各月销售量资料及季节指数计算表

月份	销售量(万件)			合计	同月平均$\overline{Y}_i$	季节比率(%)
	2013(1)	2014(2)	2015(3)	(4)=(1)+(2)+(3)	(5)=(4)÷3	(6)=(5)÷1 260.56
1 月	80	120	320	520	173.3	13.8
2 月	120	200	400	720	240.0	19.0
3 月	200	350	700	1 250	416.7	33.1
4 月	500	850	1 500	2 850	950.0	75.4
5 月	800	1 500	2 400	4 700	1 566.7	124.3
6 月	2 500	4 500	6 800	13 800	4 600.0	364.9
7 月	2 400	6 400	7 200	16 000	5 333.3	423.1
8 月	600	900	1 500	3 000	1 000.0	79.3
9 月	200	400	600	1 200	400.0	31.7
10 月	100	250	400	750	250.0	19.8
11 月	60	100	200	360	120.0	9.5
12 月	40	80	110	230	76.7	6.1
合计	7 600	15 650	22 130	45 380	1 260.56	1 200

总的月平均数为:$\overline{Y}$=1 260.56(万件)。

根据上述步骤销售量季节指数计算过程见表 7 - 17。

表 7 - 17 中的季节指数一栏,是以指数形式表现的本月销售量占全年平均销量的比重。比如,一月份的季节指数为 13.8%,表示该月份销售量为全年平均销售量的 13.8%,而全年平均销售量则抽象为 100%。这样从各月的季节指数序列,可以清楚地表明该服装公司销售量的季节变动趋势。即 1、2、3、4 月份是销售淡季,5、6、7 为销售旺季,7 月份比全年平均销售量高 323.1%(423.1%-100%),8 月份开始下降,到 12 月份降到最低点,比全年平均销售量低 93.9%(6.1%-100%)。

按月(或季)平均法计算简单,易于理解。应用该方法的基本假定是:原时间序列没有明显的长期趋势和循环波动。因而,通过若干年同期数值的平均,不仅可以消除不规则波动,而且当平均的周期与循环周期一致时,循环波动也可以在平均过程中得以消除。但实际上,许多时间序列所包含的长期趋势和循环波动,很少能够通过平均予以消除。因此,当时间序列存在明显的长期趋势时,该方法的季节指数不够准确。当存在剧烈的上升趋势时,年末季节指数明显高于年初的季节指数;当存在下降趋势时,年末的季节指数明显低于年初的季节指数。只有当序列的长期趋势和循环波动不明显或影响不重要,可忽略不计时,应用该方法比较合适。

(二) 趋势剔除法

该方法的基本思想是:先将时间序列中的长期趋势予以消除,然后再计算季节指数。其中,序列中的趋势值可采用移动平均法求得,也可采用最小二乘法求得。利用前者分析季节变动又称为移动平均趋势剔除法,后者简称为趋势剔除法。

采用移动平均趋势剔除法分析季节变动时,假定时间序列各要素的关系结构为乘法模型 $Y=T\times S\times C\times I$,同时假定各年度的不规则波动 I 彼此独立。由于 12 个月(或 4 个季度)的移动平均数与季节变动的周期(1 年)相同,通过移动平均,可以完全消除季节变动和大部分不规则波动,而仅包含长期趋势和循环波动,结果即为 $T\times C$。

然后再将原数列 Y 除以移动平均趋势值 $T\times C$,所得百分比称为“季节变动和不规则波动相对指标”或“移动平均百分比”,即

$$\frac{T\times C\times S\times I}{T\times C}=S\times I$$

最后再将各年同月(季)的移动平均百分比加以平均,即可消除不规则波动的影响,只剩下季节变动 S。

具体步骤如下。

第一步:根据各年的月份(或季度)数据,计算 12 个月(或 4 个季度)移动平均趋势值 T。

第二步:将各实际观察值 Y 除以相应趋势值 T,即 $\frac{Y}{T}=S\times I$,记为 Y'。

第三步:将 $S\times I$ 重新按月(季)排列,求得同月(或同季)平均数 $\overline{Y'_i}$,再将其除以总平均数 $\overline{Y'}$,即得季节指数 S_i。

第四步:对季节指数的调整。季节指数的总和应当等于季节周期的长度 L,如果计算的季节指数的总和接近于季节周期长度 L,则不必调整。但是,计算的季节指数的总和有时不一定等于 L,这时需要对其调整。调整的方法是以 $\frac{L}{\sum S_i}$ 作为调整系数,将其误差分摊到各期的季节指数中去。调整后的季节指数 $S'_i=S_i\cdot\frac{L}{\sum S_i}$。

【例 7-18】 根据表 7-17 的资料,按移动平均趋势剔除法计算销售量的季节指数。

首先,求出 12 个月移动平均趋势值 T,并求得 $\frac{Y}{T}$,计算结果如表 7-18。

其次,将表 7-18 中的 $\frac{Y}{T}$ 重新排列,如表 7-19 所示,计算出各年同月平均数 $\overline{Y'}_i$,使不规则变动消除,进一步计算出季节指数,由于本例中 12 个月的季节指数之和等于 1 200%,所以不需要进行调整。

表 7-18　销售量趋势剔除计算表　　(单位:万件)

年/月	销售量 Y	12 项移动平均	趋势值 T	$Y'=Y/T$(%)
2013 年 1 月	80	—	—	—
2	120	—	—	—
3	200	—	—	—
4	500	—	—	—
5	800	—	—	—

（续表）

年/月	销售量 Y	12项移动平均	趋势值 T	$Y'=Y/T(\%)$
6	2500	—	—	—
7	2 400	633.33	635.00	377.95
8	600	636.67	640.00	93.75
9	200	643.33	649.58	30.79
10	100	655.83	670.42	14.92
11	60	685.00	714.17	8.40
12	40	743.33	826.67	4.84
2014年1月	120	910.11	1 076.67	11.15
2	200	1 243.33	1 255.83	15.93
3	350	1 268.33	1 276.67	27.42
4	850	1 285.00	1 291.25	65.83
5	1 500	1 297.50	1 299.17	115.46
6	4 500	1 300.83	1 302.50	345.49
7	6 400	1 304.16	1 312.50	487.62
8	900	1 320.83	1 329.17	67.71
9	400	1 337.50	1 352.09	29.58
10	250	1 366.67	1 393.75	17.94
11	100	1 420.83	1 458.33	6.86
12	80	1 495.83	1 591.67	5.02
2015年1月	320	1 687.50	1 720.84	18.60
2	400	1 754.17	1 779.17	22.48
3	700	1 804.17	1 812.50	38.62
4	1 500	1 820.83	1 827.08	82.10
5	2 400	1 833.33	1 837.50	130.61
6	6 800	1 841.67	1 842.92	368.98
7	7 200	1 844.17	—	—
8	1 500	—	—	—
9	600	—	—	—
10	400	—	—	—
11	200	—	—	—
12	110	—	—	—

表 7－19　销售量季节指数计算表

月份	2013 年	2014 年	2015 年	合计	平均	季节指数(%)
1	—	11.15	18.60	29.75	14.875	14.95
2	—	15.93	22.48	38.41	19.205	19.30
3	—	27.42	38.62	66.04	33.020	33.19
4	—	65.83	82.10	147.93	73.965	74.34
5	—	115.46	130.61	246.07	123.035	123.65
6	—	345.49	368.98	714.47	357.235	359.02
7	377.95	487.62	—	865.57	432.785	434.95
8	93.75	67.71	—	161.46	80.730	81.13
9	30.79	29.58	—	60.37	30.185	30.34
10	14.92	17.94	—	32.86	16.430	16.51
11	8.40	6.86	—	15.26	7.630	7.67
12	4.84	5.02	—	9.86	4.930	4.95
合计	—	—	—	2 388.05	99.502	1 200

注：总的月平均$\overline{Y'}=\frac{2\ 388.05}{24}=99.502$

三、季节变动的调整

含有季节变动因素的时间序列，由于受季节影响而产生波动，使序列中的其他特征不能清晰地表现出来，因此，需要将季节变动的影响从时间序列中剔除，以便观察其他特征的影响，这称为季节变动的调整。其方法是将原时间序列除以相应的季节指数，即

$$\frac{Y}{S}=\frac{T\times C\times S\times I}{S}=T\times C\times I$$

结果即为调整后的时间序列，反映了在没有季节因素影响的情况下，时间序列的变化形态。

【例 7－19】 根据表 7－19 的资料，对 2013—2015 年各月的销售量作季节调整。

根据表 7－19 中的季节指数，可得季节调整后的销售量如表 7－20 所示。

表 7－20　销售量的季节变动调整　　（单位：万件）

年/月	销售量 Y	季节指数 S(%)	调整后的销售量 Y/S	调整后的趋势值
2013 年 1 月	80	14.95	535.12	344.88
2	120	19.30	621.76	400.83
3	200	33.19	602.59	456.79
4	500	74.34	672.59	512.74
5	800	123.65	646.99	568.70

（续表）

年/月	销售量 Y	季节指数 $S(\%)$	调整后的销售量 Y/S	调整后的趋势值
6	2 500	359.02	696.34	624.66
7	2 400	434.95	551.79	680.61
8	600	81.13	739.55	736.57
9	200	30.34	659.20	792.53
10	100	16.51	605.69	848.48
11	60	7.67	782.27	904.44
12	40	4.95	808.08	960.39
2014 年 1 月	120	14.95	802.68	1 016.35
2	200	19.30	1 036.27	1 072.31
3	350	33.19	1 054.53	1 128.26
4	850	74.34	1 143.40	1 184.22
5	1 500	123.65	1 213.10	1 240.17
6	4 500	359.02	1 253.41	1 296.13
7	6 400	434.95	1 471.43	1 352.09
8	900	81.13	1 109.33	1 408.04
9	400	30.34	1 318.39	1 464.00
10	250	16.51	1 514.23	1 519.95
11	100	7.67	1 303.78	1 575.91
12	80	4.95	1 616.16	1 631.87
2015 年 1 月	320	14.95	2 140.47	1 687.82
2	400	19.30	2 072.54	1 743.78
3	700	33.19	2 109.07	1 799.74
4	1 500	74.34	2 017.76	1 855.69
5	2 400	123.65	1 940.96	1 911.65
6	6 800	359.02	1 894.04	1 967.60
7	7 200	434.95	1 655.36	2 023.56
8	1 500	81.13	1 848.88	2 079.52
9	600	30.34	1 977.59	2 135.47
10	400	16.51	2 422.77	2 191.43
11	200	7.67	2 607.56	2 247.38
12	110	4.95	2 222.22	2 303.34

根据调整后的序列配合的趋势线为 $\hat{y}_t = 288.92 + 55.956t$，各月调整后的趋势值见表7-20。

四、循环变动分析

循环变动，是近乎规律性的从高至低再从低至高地周而复始地变动，与季节变动的主要区别在于，循环变动的波动周期在一年以上且周期长短不一，而季节变动是一年以内的有规律的周期波动。分析循环变动的主要目的在于探索循环变动的规律，或从时间序列中剔除循环变动的影响。

测定循环变动的方法有多种，主要有剩余法（残余法）、直接法和循环平均法等，但最常用的是剩余法。其基本原理是：先从影响时间序列变动的基本因素中，通过分解法逐步消除长期趋势及季节变动，然后再用移动平均法消除不规则变动，剩余部分大体能呈现出循环变动。

由于对长期趋势和季节变动因素所采取的消除步骤不同，剩余法又可分为三种。

1. 先消除季节变动，后消除长期趋势变动

用公式表示为：

$$\text{先消除季节变动}\ \frac{Y}{T}=\frac{T \cdot S \cdot C \cdot I}{S}=T \cdot C \cdot I$$

$$\text{再消除长期趋势}\ \frac{T \cdot C \cdot I}{T}=C \cdot I$$

2. 先消除长期趋势变动，后消除季节变动

用公式表示为：

$$\text{先消除长期趋势}\ \frac{Y}{T}=\frac{T \cdot S \cdot C \cdot I}{T}=S \cdot C \cdot I$$

$$\text{后消除季节变动}\ \frac{S \cdot C \cdot I}{S}=C \cdot I$$

3. 同时消除季节变动和长期趋势变动

用公式表示为：

$$\text{消除季节和趋势变动}\ \frac{Y}{T \cdot S}=\frac{T \cdot S \cdot C \cdot I}{T \cdot S}=C \cdot I$$

三种方法均为乘法模型，计算结果应该相同，但究竟采用那一种为好，应根据具体情况而定。一般多采用第一种方法，因为资料经整理为无季节变动的情况较为常见，而经整理不存在长期趋势的情况较少。

【例7-20】 现有某食品店15年来的月饼销售额资料，见表7-21，用剩余法对表中资料的循环变动进行分析测定。

表7-21　某食品店月饼销售额　　单位：万元

年份	销售额 $Y=TCI$	长期趋势值 T	$CI=Y/T$	三年移动平均 C
2001	30.8	37.34	0.825	—
2002	38.8	40.51	0.958	0.919
2003	42.5	43.68	0.973	1.056

（续表）

年份	销售额 $Y=TCI$	长期趋势值 T	$CI=Y/T$	三年移动平均 C
2004	58.0	46.85	1.238	1.088
2005	52.6	50.02	1.052	1.076
2006	49.9	53.19	0.938	1.001
2007	57.1	56.36	1.013	0.974
2008	57.8	59.53	0.971	0.963
2009	56.8	62.70	0.906	0.934
2010	61.0	65.87	0.926	0.997
2011	80.0	69.04	1.159	1.087
2012	85.0	72.21	1.177	1.108
2013	74.4	75.38	0.987	1.029
2014	72.6	78.55	0.924	0.945
2015	75.5	81.72	0.924	—

首先，测定 15 年销售额的长期趋势，用最小平方方法配合直线趋势方程为：$T=34.17+3.17t$；

其次，根据趋势方程计算各年销售额的趋势值，结果列于表中第 3 列；

再次，由于年度资料没有季节影响，所以可直接计算剔除长期趋势后的销售额 $C\times I$，结果列于表中第 4 列；

最后，计算三年移动平均值，所得结果就是循环变动系数，见表中第 5 列。

第七章小结与阅读资料

思考与练习

一、思考题

1. 什么是时间序列？有哪些作用？
2. 什么是序时平均数？它与一般平均数有何异同？如何计算？
3. 计算平均发展速度的水平法与累计法有何不同？各适用于哪些现象？
4. 什么是长期趋势？测定长期趋势的方法有哪些？它们具有什么特点？
5. 什么是季节变动？测定季节变动的方法有哪些？如何测定？

二、单选题

1. 下列指标中，不属于序时平均数的是(　　)。

A. 某地区最近五年人口自然增长率　　B. 某地区最近五年年均人口递增率

C. 某地区最近五年年均人口增长量　　D. 某地区最近五年年均人口出生率

2. 某企业现金余额3月1日至3月8日为102万元，3月9日至3月21日为108万元，3月22日至3月31日平均为119万元，则3月份平均现金余额为(　　)。

A. (102/2＋108＋119/2)÷2　　B. (102/2＋108＋119/2)÷3

C. (102×8＋108×13＋119×10)÷31　　D. (102＋108＋119)÷3

3. 某产品单位成本从基年到报告年的平均发展速度为101.5%，说明该产品单位成本(　　)。

A. 平均每年增长1.5%　　B. 平均每年降低1.5%

C. 报告年比基年增长1.5%　　D. 报告年比基年降低1.5%

4. 某企业基年总产值为6亿元，至报告年达到24亿元，则总产值报告年在基年的基础上(　　)。

A. 翻了四番　　B. 翻了三番　　C. 增长了四倍　　D. 增长了三倍

5. 已知某企业某产品产量的环比发展速度2012年为103.5%，2013年为104%，2015年为105%，2015年对于2011年的定基发展速度为116.4%，则2014年的环比发展速度为(　　)。

A. 113%　　B. 101%　　C. 104.5%　　D. 102.99%

6. 某企业销售收入2015年比2010年增长1.5倍，2010年又比2007年增长1.1倍，则该企销售收入这几年间共增长(　　)。

A. (1.5＋1.1)－1　　B. $\sqrt[5]{2.5}\times\sqrt[3]{2.1}-1$

C. (1.5×1.1)－1　　D. 2.5×2.1－1

7. 对于固定资产投资额这种现象，求平均发展速度宜采用(　　)。

A. 几何平均法　　B. 水平法　　C. 方程式法　　D. 以上方法均可

8. 用最小平方法拟合直线趋势方程 $y_c=a+bt$，若 b 为负数，则该现象趋势为(　　)。

A. 上升趋势　　B. 下降趋势　　C. 水平趋势　　D. 不定

9. 某市近五年各年运动鞋销售量大体持平，年平均为120万双，5月份的季节比率为220%，7月份月平均销售量比5月份低45%，那么，正常情况下7月份的销售量应该是(　　)。

A. 10万双　　B. 22万双　　C. 12.1万双　　D. 9.9万双

10. 在年度时间序列中，不可能存在(　　)。

A. 趋势因素　　B. 季节因素　　C. 循环因素　　D. 不规则因素

三、多选题

1. 下列时间序列中哪些属于时点序列(　　)。

A. 年末职工人数序列　　B. 年高校在校学生数序列

C. 年铁路通车里程数序列　　D. 月流动资金周转次数序列

E. 年平均单位产品成本序列

2. 时期序列中，各个指标数值(　　)。

A. 与时点间隔长短无关　　B. 不能相加

C. 是通过连续登记取得的　　D. 表明现象在各个时期内发展总量

E. 称为发展水平

3. 定基增长速度等于(　　)。

A. 环比增长速度的连乘积
B. 累积增长量除以固定基期水平
C. 定基发展速度减 1(100%)
D. 逐期增长量除以固定基期水平
E. 环比发展速度的连乘积减 1(100%)

4. 采用移动平均法对时间序列修匀后得到的一个新的时间序列(　　)。

A. 由一般平均数组成
B. 由序时平均数组成
C. 其项数一定少于原序列
D. 有可能其发展趋势同原序列不一致
E. 不宜据其进行预测

5. 若无季节变动,则各季的季节比率为(　　)。

A. 0　B. 1　C. 100%　D. 小于 100%
E. 大于 100%

四、计算题

1. 某企业 2016 年 9 月份职工人数资料如下:

时间	1 日～6 日	7 日～15 日	16 日～26 日	27 日～30 日
人数(人)	400	408	413	406

要求:计算该企业 2016 年 9 月份平均职工人数。

2. 某企业 2015 年原材料库存额资料如下:

时间	1 月 1 日	3 月 1 日	9 月 1 日	12 月 31 日
库存额(万元)	55	60	45	42.50

要求:计算该企业 2015 年原材料平均库存额。

3. 某企业某年第三季度的总产值和职工人数资料如下表所示。

月份	7 月	8 月	9 月	10 月
总产值(万元)	1 200	1 350	1 500	1 450
月初人数(人)	150	162	170	166

计算:(1) 第三季度各个月的劳动生产率;(2) 第三季度月平均劳动生产率;(3) 第三季度劳动生产率。

4. 某企业 2010—2015 年的增加值资料如下:

年份	2010	2011	2012	2013	2014	2015
增加值(万元)	1 283	1 365	1 442	1 518	1 605	1 683

计算:(1) 各年逐期增长量、累积增长量及年平均增长量;(2) 各年环比发展速度、定基发展速度;(3) 各年环比增长速度、定基增长速度;(4) 增长 1%的绝对值;(5) 按水平法计算年平均发展速度及年平均增长速度。

5. 2015 年某企业总产值 5.6 亿元。"十三五"的奋斗目标是,到 2020 年增加到 10 亿元;

远景目标是，2030 年比 2020 年翻一番。

试问：(1)“十三五”期间的平均增长速度是多少？

(2) 2015—2030 年(以 2015 年为基期)平均每年发展速度将达到多少才能实现远景目标？

6. 根据第 4 题数据，试用最小平方法配合直线趋势线方程。

7. 某企业最近三年的销售收入(单位：万元)资料如下表所示。

月份	2013 年	2014 年	2015 年
1	599.34	695.32	768.77
2	548.06	594.06	636.25
3	716.18	788.52	880.90
4	749.26	813.52	904.04
5	763.58	949.38	927.80
6	809.32	883.46	993.99
7	696.78	761.36	829.38
8	702.12	749.26	839.74
9	740.62	802.22	907.37
10	762.14	825.92	943.78
11	818.20	874.58	1 006.99
12	930.16	998.30	1 109.15

要求：(1) 按月平均法计算季节指数；(2) 按移动平均趋势剔除法计算季节指数。

第八章 统计指数

【学习目标】

1. 了解指数的概念、作用及分类；
2. 掌握总指数的编制方法——综合指数和平均指数；
3. 了解现实中的常见指数；
4. 理解指数体系，掌握因素分析法的原理及应用。

引导案例

2015 年我国国民经济与社会发展统计公报显示，2015 年全年全国居民人均可支配收入 21 966 元，比上年增长 8.9%，扣除价格因素，实际增长 7.4%；全国居民人均可支配收入中位数 19 281 元，比上年增长 9.7%。按常住地分，城镇居民人均可支配收入 31 195 元，比上年增长 8.2%，扣除价格因素，实际增长 6.6%；城镇居民人均可支配收入中位数为 29 129 元，比上年增长 9.4%。农村居民人均可支配收入 11 422 元，比上年增长 8.9%，扣除价格因素，实际增长 7.5%；农村居民人均可支配收入中位数为 10 291 元，比上年增长 8.4%。全年农村居民人均纯收入为 10 772 元。全国农民工人均月收入 3 072 元，比上年增长 7.2%。全国居民人均消费支出 15 712 元，比上年增长 8.4%，扣除价格因素，实际增长 6.9%。按常住地分，城镇居民人均消费支出 21 392 元，比上年增长 7.1%，扣除价格因素，实际增长 5.5%；农村居民人均消费支出 9 223 元，比上年增长 10.0%，扣除价格因素，实际增长 8.6%。

（资料来源：中华人民共和国国家统计局 http://www.stats.gov.cn/tjsj/zxfb/201602/t20160229_1323991.html）

引例思考：上述资料在说明我国居民收入、消费情况时多次用到了“扣除价格因素”，那么应如何测度价格因素影响及扣除价格因素？这需要通过统计指数的编制来反映价格变动情况以及对收入与消费所带来的影响。

第一节 统计指数概述

一、统计指数的概念

统计指数（简称指数）作为一种特殊的相对数，最早用于测定物价的变动，其产生时期可以追溯到 18 世纪后半期的欧洲。当时，由于大量金银流入欧洲，造成物价飞涨，影响了社会稳定，反映物价变动程度的统计指数应运而生，在此后的 200 多年中，统计指数的应用范围逐步扩大到工业生产、进出口贸易、工资、生活费用、成本、劳动生产率、股票证券等多个领域，目前统计指数已成为社会经济统计中历史最悠久、应用最广泛，同社会经济生活关系最密切的一个重要组成部分。随着统计指数应用范围的不断增加、理论的不断丰富，统计指数的概念也被不断赋予新的内涵，概括起来，目前的统计指数的概念有广义和狭义之分。

从广义上讲，一切说明社会经济现象数量对比关系的相对数都是指数。通过前面有关章节的学习，我们知道要研究现象的数量对比关系情况，根据分析目的及掌握的资料情况，可以通过"比较相对数"、"动态相对数(发展速度)"、"计划完成相对数"等指标进行计算分析，如反映同类现象在不同地区(部门、单位)之间数量对比关系的比较相对数、反映现象在不同时间上动态变化情况的动态相对数、反映实际完成数和计划任务数比较的计划完成相对数等都可以称为广义上的指数。但这些广义指数的一个共同特点是，研究的单个现象的数量变动，难以反映包含两个或两个以上事物的复杂现象总体的数量变化。例如，某商场要从动态角度研究其所销售商品价格变动情况，如果只分析销售的一种商品(如某种规格的电视机)不同时间上的价格波动，则可以通过计算动态相对数进行分析，但如果对其销售的所有商品价格的总波动进行分析，由于各种商品的经济用途、规格、型号、计量单位等不同，不能直接将各种商品的价格简单对比，通过上述广义指数是难以进行分析的，此时就必须通过狭义指数进行分析。因此，从狭义上看，统计指数是指反映多种不能直接相加和对比的复杂现象总体数量综合变动的特殊相对数。例如，2015 年我国居民消费价格指数 101.4%，这是反映 2015 年我国城乡居民所购买的生活消费品和服务项目价格总的变动趋势和程度的相对数，属于狭义指数，本章所分析的指数，如不做特别说明，主要指狭义的统计指数。

一般来说，统计指数具有综合性、相对性和平均性的特征。综合性主要是用来反映和研究多种复杂现象的总体变动的，而所谓的复杂现象总体是由多种不能直接简单相加对比分析的个体组成的，各个体存在不同的变动方向与程度，统计指数综合反映现象总体总变动；相对性指的是统计指数所反映的现象的变动是相对变动；平均性指的统计指数所表示的是多种现象的平均变动，是反映总体中各个体变动的一般程度。

二、统计指数的作用

1. 综合反映社会经济现象总变动的方向和变动程度

统计指数的首要作用是综合反映社会经济现象总体总的变动方向和变动程度。指数的计算结果一般用百分数表示，这个百分数大于或小于 100%，表示变动的方向，表现为上升或者下降，比 100%大多少或小多少，就是变动的程度，同时，还可以利用分子和分母两个总量指标的差额计算相应绝对变动情况。在统计实践中，经常要研究多种商品销售价格或产品出厂价格的综合变动情况，多种商品销售量或产品产量的总变动情况，多种产品的单位成本水平总变动情况，多种股票价格综合变动情况等，这些现象都属于复杂现象总体，通过指数的编制，反映复杂社会经济现象的总变动方向和变动幅度。例如，某交易日的股票价格指数为 103.28%，说明报告期与基期相比，股票价格总水平是上升的，上升幅度为 3.28%，但具体到各种股票价格，则可能有升有降。

2. 可以分析各因素的变动对现象总变动的影响方向和程度

运用统计指数可以对复杂现象总体的总变动进行因素分析，分析现象的总变动中各个因素的影响大小和影响程度。社会经济现象的数量变动是受多种因素影响和制约的，通常可以表现为若干因素的乘积。例如，商品销售额的变动取决于商品销售量与商品单价的变动；工业总产值的变动，取决于产品产量和出厂价格的变动；产品总成本的变动取决于产品产量与单位产品成本的变动；企业原材料支出总额的变动，取决于产品产量、单位产品原材料消耗量和原材料单价的变动，等等。统计指数就是利用各因素之间的内在联系进行编制的，各因素指数又相互关联构成指数体系，而借助指数体系可以分析由于各影响因素变动对现象总变动的相对或绝对影响程度。同时指数还可以测定平均指标变动中各组标志水平和总体构成变动的影响，在利用加权算术平均法计算平均指标的情况下，平均指标的变动除取决于各组平均水平的变动外，还受着现象总体结构的变动影响。例如，某企业员工平均薪酬水平的提高，可能是因为各类型员工薪酬水平提高的影响，也可能是薪酬水平较高的某类员工在该企业员工中所占比重的增大造成的，利用指数可分别测定出有多少程度取决于各类员工薪酬水平的变动，又有多少程度受员工总体构成的变动影响。

3. 可以分析经济现象总体的长期变化趋势

运用统计指数的编制方法，编制一系列反映某类社会经济现象变动情况的指数形成指数数列，可以分析社会经济现象的长期变化趋势。例如，根据我国历年的消费品价格资料，编制价格指数，形成价格指数数列，根据这一指数数列，就可以分析消费品价格的变动趋势，进而研究物价变动对经济发展和人民生活的影响程度。

随着指数在实际应用中的发展，除了上述三方面主要作用外，还可以运用统计指数对社会经济现象进行综合评价和判断。例如，利用指数进行地区经济的综合评价、对比分析等。

三、统计指数的种类

根据研究目的和任务不同，统计指数可以划分为不同的种类。

1. 按照指数反映现象范围的不同，统计指数可分为个体指数和总指数

个体指数是说明个别现象数量变动情况的相对数，也叫单项指数，一般用个别现象的报告期水平与基期水平相比，即可得到个体指数（即为前述广义指数中的动态相对数或者发展速度），例如，说明一种商品价格动态变化的个体价格指数，说明一种商品销售量动态变化的个体销售量指数，以及个体产量指数、个体单位成本指数等，通常记为 I，指数分析部分，一般用 p 表示质量指标，用 q 表示数量指标，下标 1 表示报告期，下标 0 表示基期，则个体价格指数可表示为 $I_p=\frac{p_1}{p_0}$，个体物量指数可表示为 $I_q=\frac{q_1}{q_0}$。

总指数是说明复杂现象总体数量总变动情况的特殊相对数，指的是狭义指数。例如，说明多种商品销售价格总变动的销售价格总指数；说明多种商品销售量总变动的销售量总指数，以及产品产量总指数、单位成本总指数等，通常记为$\bar{I}$。在统计实践中，由于现实中所研究现象总体大多范围广泛，指数分析法常与统计分组法相结合，即对所研究现象总体进行分类或分组，从而需要编制类（组）指数，这样在总指数与个体指数之间就产生了类指数。如消费品价格总指数与每种消费品价格个体指数之间的食品类、衣着类、家庭设备用品类等类指数，类指数实质上也是一种总指数，类（组）指数的编制原理和方法与总指数相同。

2. 按指数化指标性质的不同，统计指数可分为数量指标指数和质量指标指数

在统计指数理论中，将所要反映其数量变动的指标称为指数化指标，比如研究多种商品销售量总的变动情况，则将销售量称为指数化指标，据此，指数可分为数量指标指数和质量指标

指数。数量指标指数是反映现象总体数量指标变动情况的相对数，它是反映现象总体总规模、总水平变动的相对数，如工业产品产量指数、商品销售量指数、职工人数指数等。质量指标指数是反映现象总体质量指标变动情况的相对数，是说明现象总体质量、效果和程度变动情况的相对数，如商品价格指数、产品成本指数、劳动生产率指数等。

3. 按指数所反映的时间状态不同，统计指数可分为动态指数和静态指数

动态指数又叫时间性指数，由某种社会经济现象总体两个不同时间的指标对比形成，反映社会经济现象总体在不同时间上的发展变化相对程度，本章主要研究动态指数。动态指数按所对比的基期的不同，可分为定基指数和环比指数两种。定基指数是以某一固定时期为基期而计算的指数，环比指数是以报告期的前一期为基期而计算的指数。此外，现实中还常用一种和环比指数相类似的指数，称为年距指数，指的是当按月、按季（半年）编制指数时，以上年同期作为对比的基期，这种以上年同期作为基期的指数，称为年距指数。最初的指数都是指动态指数，但随着指数在实际应用中的扩展，指数也包括静态指数。静态指数反映的是同一时间状态下同类现象的数量变化情况的相对数，一般包括空间指数和计划完成情况指数两种。空间指数指同一时间状态下不同空间的同类现象数量对比的结果，反映现象在不同空间的差异程度，比如研究同一时间状态下甲乙两地消费品价格对比情况就可以通过编制空间指数来说明。计划完成情况指数则是将复杂现象总体的实际水平与计划水平进行对比的结果，反映复杂现象总体计划总的完成情况。

第二节　总指数的编制——综合指数与平均指数

概括起来，总指数的编制形式主要有综合指数与平均指数两种，而从指标编制历史及应用角度看，综合指数是最基本的总指数编制形式。

一、综合指数

（一）综合指数的编制原理

综合指数是目前普遍认为的编制总指数最基本的方法。根据前文阐述，总指数是反映复杂现象总体数量总变动的特殊相对数，复杂现象总体的最显著特点是有关数量不能直接简单相加对比，比如研究某商场商品销售量变化情况，其所销售的商品是由若干种使用价值各异、计量单位不同的商品组成的，各种商品的销售量是不能直接加总和对比的；又如商品价格、出厂价格、单位产品成本等现象，虽然都是以货币单位计量的，但是由于它们反映着不同商品（产品）的单位价格水平和成本水平，直接加总和对比没有任何实际意义，即不能直接加总和对比。由于所研究的复杂现象总体有这样的特征，采用综合指数编制总指数时，其基本原理就是根据所研究现象的内在特点，选择一个能把不同度量的现象过渡为可以同度量的现象的媒介因素，这个媒介因素称为同度量因素，通过同度量因素使不能直接相加对比的现象转化为可以相加对比的现象，这样就可以反映复杂现象总的变动方向和程度，以及变动后所产生的实际效果。同度量因素在编制总指数时起着两方面的作用：一是同度量的作用，就是使不能同度量现象过渡为可以同度量现象；二是权数的作用，就是权衡各个不同的因素值轻重的作用。各种个体的同度量因素取值不同，表明各个个体数量变动在总指数形成中所起的作用不同，同度量因素起

着权数的作用,正因如此,在综合指数中同度量因素也称为权数。综上所述,综合指数的编制原理是:先综合后对比,即先解决不能相加的问题,然后再进行对比,就是把不能直接相加的复杂现象通过同度量因素的作用变成能够相加的现象,然后再进行对比而求得的总指数。在综合指数编制中需注意以下问题。

1. 同度量因素的选择

根据上述综合指数的编制原理可以发现,编制综合指数需要解决的一个关键问题是选择同度量因素。那么应该如何选择同度量因素呢?同度量因素的选择,需从所研究现象的内在关联入手,前面章节介绍了数据分析的基本指标,主要包括总量指标、相对指标与平均指标等,在总量指标中,根据计量单位的不同,可以分为实物量指标、价值量指标、劳动量指标等,而其中的以价值量作为计量单位的总量指标具有广泛的综合性这一特点,即不同类现象的价值总量指标是可以相加的。因此,采用综合指数方法编制总指数时,在确定同度量因素时,可以从这个角度入手,通过加入同度量因素,将所分析的指标转化为价值总量指标,使得不能同度量现象过渡为可以同度量现象。如在分析各种商品的销售量总变动中,可以把各商品销售量分别乘以相应的销售价格,得到销售额这样的价值量指标就能够解决不能直接相加问题,这时的销售价格就是同度量因素。又如在分析各种商品销售价格的总变动中,将各商品的销售价格分别乘以相应的销售量,得到可以相加的销售额指标,这时的销售量就是同度量因素。这样,就可以从两个时期销售总额对比中分析销售量或者销售价格的变动情况了。

概括起来,如果一个复杂现象总体价值总量指标分解为两个因素的情况下,若要分析各因素的总变动以及对总量的影响情况,它们通常互为对方的同度量因素,比如前述的商品销售额是由商品销售量和商品价格两个因素构成的,产品总成本由产量和单位产品成本两个因素构成,工业总产值是由产量和出厂价格两个因素构成等。显然,如果要研究销售量的总变动,价格为同度量因素。同理,如果要研究价格的总变动,销售量就为同度量因素。这里需要注意的是,同度量因素不是随意选定的,它是从现象的内在经济联系中选定的,其除了具有同度量作用外还具有权数作用。而有些复杂现象总体价值总量指标是由两个以上因素构成的,如原材料费用总额是由产品产量、单位产品原材料消耗量和原材料单价三因素构成的,此时测度某一个因素变化时,其他两个因素即为同度量因素,比如计算产品产量指数时,则单位产品原材料消耗量与原材料单价为同度量因素等等。因此,可以这样概括编制综合指数时同度量因素的选择原理:一般来说,当复杂现象总体的一个价值总量指标可以分解为两个或两个以上因素指标的乘积时,通过编制综合指数观察其中一个因素指标的变动程度时,将其中另一个或一个以上的因素指标作为同度量因素。

2. 同度量因素时期的选择

根据前述,利用综合指数在测定一个因素变动时,必须选择其他因素作为同度量因素,借助同度量因素作用使不能同度量现象过渡为可以同度量现象。但在实际分析中,同度量因素有不同时期的数值,如果选择的同度量因素时期不恰当,此时所计算的指数就有可能不是仅仅测度所研究的因素指标的总变动了,还包括同度量因素变化的影响,比如前述在分析各种商品的销售量总变动时,可以把各商品销售量分别乘以相应的销售价格,得到销售额这样的价值量指标就能够解决不能直接相加问题,这时的销售价格就是同度量因素,但如果报告期销售量乘以报告期销售价格,基期的销售量乘以基期的价格,分别将报告期销售额相加,基期销售额相加,再进行对比,此时得到的指数不仅仅反映了销售量变化而且反映了销售价格变化,这个指数就不是销售量指数了，而是反映销售额总变动的销售额指数。因此，要计算销售量指数，必须将销售价格这个因素固定不变，报告期和基期都乘以同一时期的销售价格，这样，因为销售价格已经固定，两个销售额对比的结果说明的只是销售量的总变动。因此，利用综合指数在进行分析、测定一个因素变动时，同度量因素时期必须加以固定。

3. 综合指数可以观察现象数量变动后所产生的经济效果

编制综合指数，不仅可以研究不能同度量现象数量总变动的方向和程度，而且由于加入了同度量因素，使得综合指数的分子和分母是具有一定经济意义的两个不同时期的总量指标，其分子分母相比的结果说明现象总变动的方向和程度，而其分子分母相减的差额仍是一个总量指标，说明所研究现象数量总变动后所带来的对相应价值总量指标的实际影响效果。例如，前述的商品销售量指数的编制，分子与分母的差额说明由于销售量的变动而使销售额变动的绝对数。

（二）数量指标综合指数的编制

数量指标指数是反映现象总体数量指标变动情况的相对数，是反映现象总体总规模、总水平变动的特殊相对数，如工业产品产量指数、商品销售量指数、商品出口量指数等。现以某商场销售的三种商品为例，根据前述综合指数编制原理，说明数量指标指数的编制方法。

【例 8－1】 某商场销售的甲、乙、丙三种商品销售量和价格资料如表 8－1 所示。

表 8－1　某商场三种商品销售量和销售价格资料

商品名称	计量单位	销售量		价格(元)	
		基期(q_0)	报告期(q_1)	基期(p_0)	报告期(p_1)
甲	件	58	52	500	560
乙	千克	600	720	20	18
丙	袋	1 000	1 000	10	10

要求：分析三种商品销售量的总变动，以及对销售额的影响程度。

若要编制三种商品销售量的个体指数，直接将每种商品的报告期销售量除以基期销售量就可以了，计算可得，三种商品销售量有的下降，有的上升，还有的不变。如果要研究三种商品销售量总变动，根据前述原理，可以通过编制销售量综合指数来分析说明。由于三种商品使用价值不同，计量单位不同，实物量不能直接相加，借助于价格这个同度量因素，将销售量转化为能够相加的销售额指标；同时为了分析销售量这一因素的变动，同度量因素时期必须固定，具体固定在哪个时期，可以选择固定在基期、报告期或某一固定时期。就本例而言，作为同度量因素的价格，时期可以固定在基期或者报告期，即可以选择基期价格或者报告期价格作为同度量因素。同度量因素选择时期不同，所得的结果不同，经济意义也不相同。

① 以基期价格作同度量因素，即用 p_0 作权数，则销售量综合指数公式为：

$$\bar{I}_q = \frac{\sum q_1 p_0}{\sum q_0 p_0} \tag{8-1}$$

上式是三种商品销售总额之比，说明在价格水平不变(基期价格)的条件下，销售量的综合变动的方向和程度，现以表 8－1 中资料编制商品销售量总指数。编制时，相关计算可以通过列表进行，以使编制过程清晰明了，见表 8－2。

表 8-2 综合指数计算表

品名	计量单位	销售量		价格(元)		销售额(元)		
		基期 q_0	报告期 q_1	基期 p_0	报告期 p_1	基期实际 q_0p_0	报告期实际 q_1p_1	按基期价格计算的报告期假定 q_1p_0
甲	件	58	52	500	560	29 000	29 120	26 000
乙	千克	600	720	20	18	12 000	12 960	14 400
丙	袋	1 000	1 000	10	10	10 000	10 000	10 000
合计	—	—	—	—	—	51 000	52 080	50 400

根据上表资料计算,得:

$$\bar{I}_q=\frac{\sum q_1p_0}{\sum q_0p_0}=\frac{50\ 400}{51\ 000}\approx 98.82\%$$

结果表明,三种商品销售量总变动是报告期比基期下降了 1.18%。分子与分母的差额为:

$$\sum q_1p_0-\sum q_0p_0=50\ 400-51\ 000=-600(\text{元})$$

结果说明,尽管三种商品的销售量有增有减,但综合来看,销售量的减少使得销售额报告期比基期减少了 600 元。

② 以报告期价格作为同度量因素,即用 p_1 作权数,则商品销售量综合指数公式为:

$$\bar{I}_q=\frac{\sum q_1p_1}{\sum q_0p_1} \tag{8-2}$$

所得结果说明在报告期价格水平下,销售量的综合变动方向和程度。仍用表 8-2 资料编制,计算 $\sum q_0p_1=53\ 280$ 元,则可得:

$$\bar{I}_q=\frac{\sum q_1p_1}{\sum q_0p_1}=\frac{52\ 080}{53\ 280}\approx 97.75\%$$

$$\sum q_1p_1-\sum q_0p_1=52\ 080-53\ 280=-1\ 200(\text{元})$$

计算结果表明,三种商品销售量总变动是报告期比基期下降了 2.25%,而由于销售量总水平的下降使销售额减少了 1 200 元。

③ 以某一固定时期价格(不变价)作为同度量因素,即用 p_n 作权数,则商品销售量综合指数公式为:

$$\bar{I}_q=\frac{\sum q_1p_n}{\sum q_0p_n} \tag{8-3}$$

所得结果说明,在固定价格水平下,销售量的综合变动方向和程度。在统计实践中,用当年价格计算的一些以货币表现的物量指标,如工业总产值、农业总产值、农副产品收购总额、社会商品零售总额等,在不同年份之间进行对比时,因为包含各年间价格变动因素的影响,不能确切地反映实物量的增减变动,而现实统计中以不变价作为同度量因素的物量指数,能简化指数编制工作量，消除价格变动的因素，真实地反映经济发展动态，在实践中有较多应用。当然实际编制中作为同度量因素的不变价也不是一成不变的，比如随着工农业产品价格水平的变化，国家统计局先后多次制订了全国统一的工业产品不变价格和农产品不变价格，以消除价格变动的影响，反映工农业产品产量的动态变化情况。

上述三种同度量因素的时期选择，在现实指数编制中均得到应用，从指数的编制历史角度看，以基期价格为同度量因素的数量指标综合计算公式是 1864 年由德国经济学家埃蒂恩・拉斯贝尔(Etienne Laspeyres，1834—1913)提出的，他认为，编制商品销售量综合指数(数量指标综合指数)，应当将同度量因素固定在基期，后人称为拉斯贝尔数量指数公式；报告期价格为同度量因素的数量指标综合计算公式是 1874 年由德国另一位经济学家哈曼・派许(Herman Paasche，1851—1925)提出的，他认为，编制商品销售量综合指数(数量指标综合指数)，应当将同度量因素固定在报告期，后人称为派许数量指数公式。上述两个数量指标综合指数公式各有一定的经济意义，但两者的区别是明显的。拉斯贝尔公式以基期价格作为同度量因素，亦即价格仍维持原来的水平，所反映的仅仅是销售量的变动情况，不包括价格变动的影响。派许公式是以报告期价格作为同度量因素，虽然价格固定在报告期，但从同度量因素的另一个权数作用来看，采用 p_1 作为权数，就把价格 p_0 变化到 p_1 这个变动影响带到指数编制中去了，即这一公式包含了两个因素的变动影响，即在反映商品销售量变动情况的同时，也含有价格变动的因素，现将公式 8 - 2 变换如下：

$$\sum q_1 p_1 = \sum q_1(p_1 - p_0 + p_0) = \sum q_1(p_1 - p_0) + \sum q_1 p_0$$

$$\sum q_0 p_1 = \sum q_0(p_1 - p_0 + p_0) = \sum q_0(p_1 - p_0) + \sum q_0 p_0$$

$$\bar{I}_q = \frac{\sum q_1 p_1}{\sum q_0 p_1} = \frac{\sum q_1 p_0 + \sum q_1(p_1 - p_0)}{\sum q_0 p_0 + \sum q_0(p_1 - p_0)}$$

从上述的变换可以发现公式 8 - 2 比公式 8 - 1 多了价格变化的影响，相应的分子与分母的差额也多了销售量与价格两个因素的共同影响，即 $\sum(q_1 - q_0)(p_1 - p_0)$，根据表 8 - 1 数据可以计算出共同影响额为：

$$\sum(q_1 - q_0)(p_1 - p_0) = (52 - 58)(560 - 500) + (720 - 600)(18 - 20) + (1\,000 - 1\,000)(10 - 10) = -600\text{ 元}$$

恰好为采用公式 8 - 1 与 8 - 2 所得相应绝对额之间的差额。

实际编制指数时究竟采用哪一个公式，应根据实际情况和研究目的而定。但从指数定义及销售量指数编制的目的来看，应该单纯反映销售量的变动，不应包含价格因素变动的影响，从这一角度来看，以基期价格作为同度量因素的销售量指数公式(公式 8 - 1)好于以报告期价格为同度量因素的销售量指数公式(公式 8 - 2)。

上述解决销售量综合指数中同度量因素的选择方法具有普遍意义，一般也适用于其他数量指标指数，由此可以进一步推广得出编制数量指标指数的一般原则是：编制数量指标指数时，往往采用基期的质量指标作同度量因素。

(二) 质量指标综合指数的编制

质量指标指数是反映现象总体质量指标变动情况的相对数，是说明现象总体质量、效果和程度变动情况的特殊相对数，如商品价格指数、产品成本指数、劳动生产率指数等。现仍以例 8－1的资料为例，说明质量指标指数的编制方法。要求根据例 8－1 资料分析三种商品价格总变动，以及价格变动对销售额的影响程度。

若要编制三种商品价格的个体指数，直接将每种商品的报告期价格除以基期价格就可以了。计算可得，三种商品的价格有的上升，有的下降，还有的不变。如果要研究三种商品价格总变动，可以通过编制价格综合指数来分析说明。虽然价格是以货币作为计量单位，但从指标性质角度分析，属于质量指标范畴，由于各种商品的价格反映的是不同使用价值的实物量的单位价值水平，各种商品的单价不是同度量现象，对其直接简单相加和对比是没有实际意义的，因此，编制质量指标指数时，根据前述原理，借助于销售量这个同度量因素，将价格转化为能够相加的销售额指标；同时为了分析价格这一因素的变动，同度量因素时期必须固定，具体固定在哪个时期，有三种选择，即固定在基期、报告期或某一固定时期。就本例而言，作为同度量因素的销售量，时期可以固定在基期或者报告期，即可以选择基期销售量或者报告期销售量作为同度量因素。同度量因素选择时期不同，所得的结果不同，经济意义也不相同。

① 以基期销售量作为同度量因素，即用 q_0 作权数，则价格综合指数公式为：

$$\bar{I}_p = \frac{\sum p_1 q_0}{\sum p_0 q_0} \tag{8-4}$$

这一公式是德国经济学家埃蒂恩·拉斯贝尔(Etienne Laspeyres，1834—1913)在 1864 年提出的，以基期销售量作为同度量因素编制商品价格综合指数，后人称为拉斯贝尔质量指标指数。

根据表 8－2 资料计算 $\sum q_0 p_1 = 53\,280$ 元，并将表 8－2 中资料代入，则可得：

$$\bar{I}_p = \frac{\sum p_1 q_0}{\sum p_0 q_0} = \frac{53\,280}{51\,000} = 104.47\%$$

$$\sum p_1 q_0 - \sum p_0 q_0 = 53\,280 - 51\,000 = 2\,280(\text{元})$$

结果表明，三种商品的价格水平总变动是报告期比基期上涨了 4.47%，分子减分母的差额表示在基期销售量条件下，各种商品价格总水平上升使得该企业增加了 2 280 元的销售额。

② 以报告期销售量作为同度量因素，即用 q_1 作权数，则价格综合指数公式为：

$$\bar{I}_p = \frac{\sum p_1 q_1}{\sum p_0 q_1} \tag{8-5}$$

这一公式是德国经济学家哈曼·派许(Herman Paasche，1851—1925)在 1874 年提出的，以报告期销售量作为同度量因素编制商品价格综合指数，后人称为派许质量指标指数。

根据表 8－2 中的资料计算，商品价格综合指数为：

$$\bar{I}_p = \frac{\sum p_1 q_1}{\sum p_0 q_1} = \frac{52\,080}{50\,400} = 103.33\%$$

$$\sum p_1 q_1 - \sum p_0 q_1 = 52\,080 - 50\,400 = 1\,680(\text{元})$$

结果表明，三种商品的价格水平总变动是报告期比基期上涨了 3.33%，分子减分母的差额表示在报告期销售量条件下，各种商品价格总水平上升使得该企业增加了 1 680 元的销售额。

③ 以固定时期销售量作为同度量因素，即用 q_n 作权数，则价格综合指数公式为：

$$\bar{I}_p = \frac{\sum p_1 q_n}{\sum p_0 q_n} \tag{8-6}$$

编制物价指数时，一般不直接以固定时期销售量作为同度量因素，但由于特殊的研究目的，有时需要采用固定的数量指标作同度量因素。例如，当我们在考察成本计划执行情况时，为了使分析结论可靠，则可采用固定时期生产量作为同度量因素。

在质量指标综合指数编制中同样涉及同度量因素时期选择问题，采用上述 8－4、8－5 公式编制的价格综合指数结果不同，差异产生的原因就在于采用了不同时期的销售量作为同度量因素。公式 8－4 是假定基期销售量未发生变化的情况下，单独反映商品价格综合变动的方向和程度，其中不含有销售量的变动，公式 8－5 是假定销售量已变化为报告期的情况下，商品价格综合变动的方向和程度，其中包含同度量因素(q)变动的影响，从指数编制目的与任务出发，公式 8－4 式要比公式 8－5 要好。但是，编制物价指数的目的除了要反映价格总变动的方向和程度，还要考察价格变动所带来的实际经济效果，以报告期销售量作为同度量因素计算的物价指数，可以反映商场销售当前的商品数量时由于价格的变动导致的增加或减少的销售额，便于分析物价变动对商场经营带来的影响；从消费者角度可以分析价格变动对消费者报告期支出的影响，与以基期销售量作为同度量因素计算的物价指数相比更具有现实意义；此外从指数体系建立及因素分析角度，一般也选择报告期销售量作为同度量因素计算的物价指数，即公式 8－5这一编制形式。因此，在计算物价指数时，一般采用报告期的销售量作同度量因素，这一原则同样适用于编制其他质量指标指数，由此可得出编制质量指标指数的一般原则：编制质量指标指数时，一般应当采用报告期的数量指标作为同度量因素。

综上所述，我们可以得出结论：一般情况下，在编制数量指标综合指数时，选择质量指标作为同度量因素，同度量因素固定在基期，采用拉斯贝尔公式；在编制质量指标综合指数时，选择数量指标作为同度量因素，同度量因素固定在报告期，采用派许公式。即：

数量指标综合指数：
$$\bar{I}_q = \frac{\sum q_1 p_0}{\sum q_0 p_0}$$

质量指标综合指数：
$$\bar{I}_p = \frac{\sum p_1 q_1}{\sum p_0 q_1}$$

当然，这仅仅是确定同度量因素所属时期的一般原则。实际工作中究竟将其固定在基期还是报告期，还要根据不同的研究对象和不同的研究目的来具体确定。

（三）其他形式的综合指数

在综合指数编制历史上，除了上述几种同度量因素的确定方法外，还存在其他形式的综合指数，主要有以下两种。

1. 马歇尔-艾奇沃斯指数公式

1887 年，英国经济学家马歇尔(Alfred Marshall，1842—1924)在编制物价综合指数时，提出以基期和报告期实物量的平均值作为同度量因素，其编制公式为：

$$\bar{I}_p = \frac{\sum p_1 (q_1 + q_0) \div 2}{\sum p_0 (q_1 + q_0) \div 2}$$

后来此公式又为英国统计学家艾奇沃斯(Francis Ysidro Edgeworth,1845—1926)所推广,故称为马歇尔-艾奇沃斯指数公式。这种同度量因素的确定思想也可以用于编制物量综合指数,以基期和报告期价格的平均值作为同度量因素,其编制公式为:

$$\bar{I}_q = \frac{\sum q_1(p_0 + p_1) \div 2}{\sum q_0(p_0 + p_1) \div 2}$$

不难看出,这组公式的编制结果在拉斯贝尔公式与派许公式之间,虽然在数量测定上兼顾了基期与报告期,但失去了拉斯贝尔公式与派许公式原有的经济含义,现实中应用较少,在一些特定指数编制中如空间指数有一定的应用价值。

2. 费雪理想指数公式

美国统计学家费雪(Irving Fisher,1867—1947)在1911年提出了指数的交叉计算公式以解决由于选择权数的时期不同导致的测算结果出现的数量偏差,即"权偏误"。费雪提出的交叉计算公式是拉斯贝尔公式与派许公式的几何平均数,其编制公式为:

$$\bar{I}_p = \sqrt{\frac{\sum q_1 p_1}{\sum q_1 p_0} \times \frac{\sum q_0 p_1}{\sum q_0 p_0}}$$

这个公式从数学形式上看,确有其优越性,它不仅使用交叉权数,解决了权偏误,而且采用几何平均方式,解决了"型偏误"(在价格变动相同的条件下,由于选择的指数公式不同,测算结果出现的数值偏差称为型偏误:简单算术平均偏高,简单调和平均偏低,简单几何平均持中)。费雪对各种指数进行了检测,发现他的公式同时满足他本人设想的因子互换测试与时间互换测试,故而自称为理想指数。但"理想"公式难以从经济意义上解释,计算的结果也不能实现相对数和绝对数的统一,此外公式所需要的资料过多,也使其在统计实践受到局限,实践中很少应用。

二、平均指数

平均指数是总指数的另一重要形式,是从个体指数角度出发,先计算质量指标或数量指标的个体指数,然后通过对个体指数进行加权平均的方法编制的总指数,称为平均指数。

(一) 平均指数的编制原理

平均指数编制的基本原理是先对比后平均,即先对比计算各个个体指数,然后对个体指数进行加权平均,进而计算总指数。平均指数的基本形式有两种:一是加权算术平均指数;另一是加权调和平均指数。在每种平均指数中,又由于所用权数之不同,可再分为综合指数变形权数和固定权数两种。

与综合指数相比,平均指数有两个特点。第一,编制综合指数,其计算公式较简单,既可以说明现象数量总的变动方向和程度,又可说明现象数量变动所产生的实际效果,但编制时需要全面的统计资料,在某些原始资料不完备的情况下,综合指数的应用就会受到一定限制,而平均指数可以根据代表性资料计算,应用范围更加广泛。第二,综合指数必须用报告期(基期或固定时期)的数量指标或质量指标的实际资料作为权数,而平均指数除了可用实际资料作权数外,也可以在实际资料的基础上推算确定比重而后进行加权平均计算。由此可见,综合指数与平均指数都是编制总指数的不同形式和方法,适用于不同的条件,各有其应用价值,在一定的权数下,平均指数可以成为综合指数的一种变形。但是,作为一种独立的总指数编制形式,平均指数在实际应用中不仅可以作为综合指数的变形使用，而且它本身也具有独特的广泛应用价值，既可应用于非全面资料，也可以应用于全面资料，特别是在全面资料不易获得的场合有其特有的应用价值。

（二）加权算术平均指数

1. 用综合指数变形权数计算的加权算术平均指数。前面介绍的数量指标综合指数公式为：

$$\bar{I}_q = \frac{\sum q_1 p_0}{\sum q_0 p_0}$$

由于数量指标个体指数为：$I_q = q_1/q_0$，则 $q_1 = I_q q_0$，此时可用 $I_q q_0$ 代替数量指标综合指数公式分子中的 q_1，则可得：

$$\bar{I}_q = \frac{\sum I_q q_0 p_0}{\sum q_0 p_0} \tag{8-7}$$

此公式形似加权算术平均数，故称为加权算术平均指数。

同理，质量指标综合指数变形为加权算术平均指数形式为：

$$\bar{I}_p = \frac{\sum q_1 p_1}{\sum q_1 p_0} = \frac{\sum I_p q_1 p_o}{\sum q_1 p_0} \tag{8-8}$$

公式 8－7 与 8－8 与数量指标及质量指标综合指数常用公式结果一致，都有其经济意义，由于现实中 $q_1 p_0$ 资料难以收集，考虑到实践的可行性，公式 8－7 更为常用。

【例 8－2】 某商场销售的甲乙两种商品的销售量和基期的销售额数据，如表 8－3 所示，试编制两种商品销售量总指数。

表 8－3　某商场甲乙两种商品的销售资料

商品名称	计量单位	销售量		基期销售额（元）$p_0 q_0$	销售量个体指数 q_1/q_0（%）	$I_q q_0 p_0$
		基期 q_0	报告期 q_1			
甲	件	300	335	60 000	111.67	67 000
乙	千克	2 000	2 200	55 000	110.00	60 500
合计	—	—	—	115 000	—	127 500

根据此例数据资料，可以采用加权算术平均指数形式编制两种商品销售量总指数：

$$\bar{I}_q = \frac{\sum I_q q_0 p_0}{\sum q_0 p_0} = \frac{127\,500}{115\,000} = 110.87\%$$

$$\sum I_q q_0 p_0 - \sum q_0 p_0 = 127\,500 - 115\,000 = 12\,500(\text{元})$$

结果说明，两种商品销售量总指数为 110.87%，即报告期商品销售量比基期增长了 10.87%，由于销售量的增加使得销售额增加 12 500 元，此时编制的指数结果与综合指数公式完全相同。

2. 固定权数加权算术平均指数。加权算术平均数的权数可以是绝对数形式，也可以是相对数形式，在统计实践中，由于所研究的现象总体范围通常较为广泛，此时可以按照加权算术平均指数的基本原理，把权数转化成相对数形式，并相对固定，这样实际应用时可以简化工作量，更加方便。例如，加权算术平均价格指数的计算公式是：

$$\bar{I}_p = \frac{\sum I_p q_1 p_0}{\sum q_1 p_0}$$

此式可写成：

$$\bar{I}_p = \sum I_p \frac{q_1 p_0}{\sum q_1 p_0}$$

式中，$\frac{q_1 p_0}{\sum q_1 p_0}$ 实际上是一个比重，是总体中各个个体报告期数量指标与基期质量指标相乘的价值总量指标所占比重。若以 W 代表 $q_1 p_0$，则加权算术平均质量指标指数的计算公式可以写成：

$$\bar{I}_p = \frac{\sum IW}{\sum W} = \sum I \frac{W}{\sum W}$$

现实统计中，由于 $p_0 q_1$ 的资料难以取得，通常做法是根据基期 $p_0 q_0$ 的资料，再结合参照报告期数量指标的变动情况确定 W，此时，W 既不等于 $p_0 q_0$，又不等于 $p_0 q_1$，这种加权算术平均指数已经不再是综合指数的变形了，它是作为一种独立的指数形式而存在的，这种形式的指数不仅可以避免每次收集权数资料带来的较大工作量，而且便于不同时期的比较，在现实指数编制中较为常用，比如我国居民消费价格指数(CPI)的编制就采用此形式，当然，从较长时间角度看，由于消费结构改变，固定权重根据需要也需要进行调整，目前国家统计局每隔五年对居民消费价格指数(CPI)相应权重进行调整，但需注意这种形式的分子与分母的差额是缺乏实际经济意义的。

(二) 加权调和平均数指数

综合指数根据需要也可以变形为加权调和平均指数形式，以质量指标综合指数为例，前述质量指标综合指数的公式为：

$$\bar{I}_p = \frac{\sum p_1 q_1}{\sum p_0 q_1}$$

由于质量指标个体价格指数为 $I_p = p_1 / p_0$，因此，$p_0 = p_1 / I_p$，用 $p_0 = p_1 / I_p$ 代替质量指标综合指数公式分母中的 p_0 可得：

$$\bar{I}_p = \frac{\sum q_1 p_1}{\sum \frac{1}{I_p} q_1 p_1} \tag{8-9}$$

此式形似加权调和平均数，故称为加权调和平均指数。

同理，数量指标综合指数也可以变形为加权调和平均指数：

$$\bar{I}_q = \frac{\sum q_1 p_0}{\sum q_0 p_0} = \frac{\sum q_1 p_0}{\sum \frac{1}{I_q} q_1 p_0} \tag{8-10}$$

从理论上讲，数量指标综合指数和质量指标综合指数公式都可以变形为平均指数公式，但在实际分析中并不都要进行相应的变形，从实际资料收集角度分析，由于 $q_1 p_1$ 比 $q_1 p_0$ 更容易收集,故公式 8-9 更为常用。我国统计实践中编制的农副产品收购价格指数就是采用加权调和平均指数方法编制的。

【例 8-3】 某商场销售的甲乙两种商品的价格和销售额数据如表 8-4 所示,试编制两种商品价格总指数。

表 8-4　某企业甲乙两种产品的出厂价格资料

产品名称	计量单位	价格		报告期销售额(元)q_1p_1	价格个体指数 $I_p=p_1/p_0$(%)	$\frac{q_1p_1}{I_p}$
		基期 p_0	报告期 p_1			
甲	元/件	200	210	70 000	105.00	66 666.67
乙	元/千克	30	28	65 000	93.33	69 645.34
合计	—	—	—	135 000	—	136 312.01

$$\bar{I}_p=\frac{\sum q_1p_1}{\sum \frac{1}{I_p}q_1p_1}=\frac{135\,000}{136\,312.01}=99.04\%$$

$$\sum q_1p_1-\sum \frac{1}{I_p}q_1p_1=135\,000-136\,312.01=-1\,312.01(\text{元})$$

计算结果表明,两种商品报告期价格总水平比基期下降了 0.96%,由于价格下降而减少的商品销售额为 1 312.01 元。

三、现实中常见的几种指数

(一) 居民消费价格指数

居民消费价格是指城乡居民购买支付生活消费品和服务项目的价格,是社会产品和服务项目的最终价格,同人民生活密切相关,在整个国民经济价格体系中具有极为重要的地位。它是进行经济分析和决策、价格总水平监测和调控及国民经济核算的重要指标。居民消费价格指数(CPI),是反映一定时期内城乡居民所购买的生活消费品和服务项目价格变动趋势和程度的相对数,是对城市居民消费价格指数和农村居民消费价格指数进行综合汇总计算的结果。通过该指数可以观察和分析消费品的零售价格和服务项目价格变动对城乡居民实际生活费支出的影响程度。按年度计算的消费价格指数变动率通常被用来作为反映通货膨胀或紧缩程度的指标。一般来讲,物价全面地、持续地上涨被认为发生了通货膨胀。

我国的消费价格指数是由国家统计局负责编制,全国按统一的调查方案开展消费价格调查。目前,国家统计局在 31 个省(自治区、直辖市)设立调查总队,各省(区、市)调查总队负责辖区各市县的价格调查,同时编制本省的消费价格指数。居民消费价格指数的编制主要涉及以下几方面问题,即代表规格品的选取、价格资料的采集即基本分类指数、类指数和总指数的计算。为了分析价格变动对居民家庭生活费支出的影响,需要对各阶层的居民家庭进行调查,掌握其日常生活开支的内容,即生活费构成作为编制居民消费价格指数的基础。目前我国消费者价格指数的商品分类按用途划分为八大类:食品、烟酒及用品、衣着、家庭设备用品及维修服务、医疗保健及个人用品、交通和通讯、娱乐教育文化用品及服务、居住。根据城乡居民家庭的消费习惯,在这八大类中选择了 262 个基本分类。每个基本分类下设置一定数量的代表规格,作为经常性调查项目。在 CPI 价格资料收集方面,各省(区、市)调查总队要在当地抽选调查市县和价格调查点进行定人定点调查。调查市县每月将调查的价格资料通过网络上报给省(区、市)调查总队,经过审核后由调查总队在规定的时间内将数据上报到国家统计局。在对各类代表性生活消费品(包括商品和劳务)的价格个体指数计算的基础上,以各类生活消费品消费额占全部生活消费品消费额的比重 W 为权数,采用固定权数加权算术平均法来计算居民消费价格总指数,其计算公式为:

$$\bar{I}_p=\frac{\sum I_p W}{\sum W}$$

公式中的权数 W,通常是根据居民家庭生活费收支调查资料确定的,而且一经确定几年不变。编制指数的权数资料主要取自于城乡住户调查的居民消费支出数据,并辅之以典型调查和专家评估。由于各地区居民消费结构存在差异,因此权数也采用逐级计算的方式。我国消费价格指数的权数实行千分制,即大类权数之和,大类中各中类权数之和、中类中各小类权数之和,小类中各基本分类权数之和均为 1000。一般来说,保持权数在一个时期内的相对稳定有利于消除因权数频繁调整的结构性因素对指数的影响,但长期看客观存在着居民的消费结构和消费品的更新换代,要求对权数进行及时的更新以使指数更客观地反映消费者价格的当期变动,鉴于此,我国在确定每五年对产品分组目录及其权数进行全面更新的基础上,每年均根据居民消费支出变动情况对权数进行及时调整和修正。

居民消费价格指数的编制程序如下。

(1) 计算代表性商品的环比价格指数:$I_p=\frac{p_1}{p_0}$。

式中,I_p 是代表性商品的环比价格指数,如果所属代表性商品有 n 种,则需分别计算 n 个环比价格指数。

(2) 计算各代表性商品环比价格指数的几何平均数,形成基本分类指数。

$$\bar{I}_p=\sqrt[n]{I_{p1}I_{p2}\cdots I_{pn}}$$

式中,$\bar{I}_p$ 代表基本分类指数。

(3) 计算中类指数。

(4) 计算大类指数。

(5) 计算总指数。

注意,中类指数、大类指数和总指数的编制公式均采用上述固定加权算术平均指数的公式编制。

现实统计中,居民消费价格指数的编制是对城市居民消费价格指数和农村居民消费价格指数进行综合汇总计算的结果。城市居民消费价格指数是反映一定时期内城市居民家庭所购买的生活消费品价格和服务项目价格变动趋势和程度的相对数。通过该指数可以观察和分析消费品的零售价格和服务项目价格变动对城镇居民收入和消费支出的影响。农村居民消费价格指数是反映一定时期内农村居民家庭所购买的生活消费品价格和服务项目价格变动趋势和程度的相对数。该指数可以观察农村消费品的零售价格和服务项目价格变动对农村居民收入和生活消费支出的影响。

居民消费价格指数除了反映城乡居民所购买的生活消费品价格和服务项目价格的变动趋势和程度外,还具有三个方面作用。

一是，可以反映货币购买力的变动情况。货币购买力是指单位货币能够买到的消费品和劳务的数量，居民消费价格指数的倒数就是货币购买力指数，居民消费价格指数上涨，货币购买力下降，反之则上升。计算公式为：

$$货币购买力指数=\frac{1}{居民消费价格指数}\times 100\%$$

二是，可以反映对职工实际工资的影响。居民消费价格指数可以将名义工资转化为实际工资，居民消费价格指数的增长意味着实际工资的减少，反之则意味着实际工资的提高。计算公式为：

实际工资＝名义工资/居民消费价格指数

需要注意的是，由于物价的变动影响货币购买力，等量的货币收入在不同时期与实际收入存在着差异。因此，在观察居民收入水平时，应该考虑物价的变动或货币购买力的变化。它们之间存在如下关系：

实际收入指数＝货币收入指数×货币购买力指数

对职工而言，则有：

实际工资指数＝货币工资指数×货币购买力指数

本章引导案例中对居民的收入及消费情况说明中，就是采用这种方法扣除价格因素影响的。

三是，可以反映通货膨胀状况。通货膨胀的状况可以用通货膨胀率来表示的，通货膨胀率一般以居民消费价格指数的变动来表示，可以说明一定时期内商品和劳务价格持续上升的幅度。

$$通货膨胀率=\frac{报告期居民消费价格指数-基期居民消费价格指数}{基期居民消费价格指数}\times 100\%$$

（二）工业生产指数

工业生产指数概括反映了一个国家或一个地区各种工业产品产量的综合变动情况，它是衡量经济增长水平的指标。工业生产指数的编制方法有多种，常见的有两种方法。

1. 固定权数的综合指数

这种方法是新中国成立以来长期采用的方法。它是以不变价格作为同度量因素计算产量综合指数，公式如下：

$$\bar{I}_q=\frac{\sum q_1 p_n}{\sum q_0 p_n}$$

式中，p_n 代表不变价格。我国先后采用的有 1952 年、1957 年、1970 年、1980 年、1990 年、2000 年、2005 年、2010 年等年份价格水平作为不变价格。

2. 加权算术平均指数

目前，许多国家都十分重视编制综合反映工业发展变化的指数，以表明国家的经济发展状况，编制工业生产指数一般采用基期固定权数的加权算术平均指数形式。公式为：

$$\bar{I}_q=\frac{\sum I_q q_0 p_0}{\sum q_0 p_0}$$

式中，I_q 为部门重点产品或代表产品的生产量个体指数，$q_0 p_0$ 为相应产品基期的增加值。在实际工作中，为了简化指数的编制工作，常常以各种工业品的增加值比重作为权数，并将其相对固定下来，运用固定加权算术平均指数编制工业生产指数。

（三）工业生产者出厂价格指数

工业生产者出厂价格指数是反映一定时期内全部工业产品出厂价格总水平的变动趋势和程度的相对数，包括工业企业售给本企业以外所有单位的各种产品和直接售给居民用于生活消费的产品。该指数可以观察出厂价格变动对工业总产值及增加值的影响。

（四）工业生产者购进价格指数

工业生产者购进价格指数是反映工业企业作为生产投入，而从物资交易市场和能源、原材料生产企业购买原材料、燃料和动力产品时，所支付的价格水平变动趋势和程度的统计指标，是扣除工业企业物质消耗成本中的价格变动影响的重要依据。目前，我国编制的工业生产者购进价格指数所调查的产品包括燃料动力、黑色金属、有色金属、化工、建材等九大类。

（五）农业生产资料价格指数

农业生产资料价格指数指反映一定时期内农业生产资料价格变动趋势和程度的相对数。其编制目的是了解农业生产中投入物质资料价格的变动状况，服务于国民经济核算。1994 年以前，农业生产资料价格指数仅仅是商品零售价格指数的一个类别，此后，从商品零售价格指数中分离出来，单独编制。

（六）农产品生产价格指数

农产品生产价格指数是反映一定时期内，农产品生产者出售农产品价格水平变动趋势及幅度的相对数。该指数可以客观反映全国农产品生产价格水平和结构变动情况，满足农业与国民经济核算需要。其中，某代表品生产价格指数是通过对全部有出售该产品行为的调查单位的个体指数进行几何平均求得的，类价格指数是通过对其所属的类（或代表品）的价格指数进行加权平均求得的。季度累计价格指数的计算方法与分季指数的计算方法相同。

（七）固定资产投资价格指数

固定资产投资价格指数是反映一定时期内固定资产投资品及取费项目的价格变动趋势和程度的相对数。固定资产投资额是由建筑安装工程投资完成额、设备工器具购置投资完成额和其他费用投资完成额三部分组成的。编制固定资产投资价格指数应首先分别编制上述三部分投资的价格指数，然后采用加权算术平均法求出固定资产投资价格总指数。该指数可以准确地反映固定资产投资中涉及的各类投资品和取费项目价格变动趋势和变动幅度，消除按现价计算的固定资产投资指标中的价格变动因素，真实地反映固定资产投资的规模、速度、结构和效益，为国家科学地制定、检查固定资产投资计划并提高宏观调控水平，为完善国民经济核算体系提供科学的、可靠的依据。

（八）股票价格指数

股票价格指数简称股价指数，是由证券交易所或金融服务机构编制的表明股票市场价格变动的一种相对数，是用以反映整个股票市场上各种股票市场价格的总体水平及其变动情况的动态相对数，是用来反映股票市场价格变动的一种专用经济指标。股价指数可按年、季、月来编制，但因股价涨跌迅速，一般要求按日编制。由于上市股票种类繁多，实践中不同证券交易所或金融服务机构可采用不同方法编制相应的股票价格指数，比较常见的编制方法是在上市股票中选择若干种具有代表性的样本股票，将报告期的股票价格与固定的基期价格相比，并将两者的比值乘以基期的指数值，即为该报告期的股票价格指数。

第三节　指数体系和因素分析

前面介绍了总指数的编制方法——综合指数和平均指数。实际应用中，在这些指数编制的基础上还可以建立指数体系，利用这些指数体系，可以对相互关联的社会经济现象进行更深入全面的分析。

一、指数体系的建立

现实中的很多社会经济现象之间普遍存在着一定的关联，有些现象总体的数量特征取决于两个或两个以上的因素影响，例如：

商品销售额＝商品销售量×商品销售单价

工业总产值＝产品产量×出厂价格

产品总成本＝产品产量×单位成本

原材料费用总额＝产量×单位产品原材料消耗量×原材料单价

如果利用前述总指数的编制原理，将这些现象的数量关系从静态联系推广到动态联系，对指数关系进行分析时，就可形成如下指数体系：

商品销售额指数＝商品销售量指数×商品价格指数

$$\frac{\sum q_1 p_1}{\sum q_0 p_0}=\frac{\sum q_1 p_0}{\sum q_0 p_0}\times\frac{\sum q_1 p_1}{\sum q_1 p_0}$$

商品销售额的实际增减额＝销售量变动的影响额＋价格变动的影响额

$$\sum q_1 p_1-\sum q_0 p_0=\left(\sum q_1 p_0-\sum q_0 p_0\right)+\left(\sum p_1 q_1-\sum p_0 q_1\right)$$

以此类推，工业总产值指数＝产品产量指数×出厂价格指数，工业总产值的实际增减额＝产品产量变动的影响额＋出厂价格变动的影响额，等等。因此，所谓指数体系，指的是在统计分析中，若干指数由于经济和数量上存在联系而形成的整体。指数体系一般是指三个或三个以上有联系的指数所组成的数学关系式，反映了现象之间的客观联系，其基本含义可以表述为：总变动指数可以分解为若干个因素指数的乘积；实际产生的总变动差额等于各个因素变动所引起的绝对差额之和。

根据前述指数编制原理，测定现象总体变动中某一因素的变动影响时，必须将另外的因素作为同度量因素并且固定下来，以消除同度量因素影响，实际编制中为了保持指数体系，采用假定的方法，即一般情况下，分析数量指标影响时，将作为同度量因素的质量指标固定在基期；分析质量指标影响时，将作为同度量因素的数量指标固定在报告期。上述的指数体系就是按这一假定方法编制的，这是习惯采用的指数体系，但并不是唯一的。实际应用中可以根据不同的研究目的，采用不同的假定方法来确定综合指数中同度量因素的时期，也可以产生不同的指数体系。

建立指数体系的目的主要是了为从相对数和绝对数两方面来测定在现象数量总变动中各个因素变动的影响，即利用指数体系可以分析复杂社会经济现象总变动中各因素变动的影响方向和影响程度。此外，利用指数体系，还可以进行指数之间的相互推算。

二、因素分析

（一）因素分析的内容

所谓因素分析，是指利用建立的指数体系，分析在复杂社会经济现象总变动中，各个因素变动对总变动的影响方向和影响程度的一种统计分析方法。

因素分析的内容主要包括两方面。

(1) 对现象总体总量指标变动进行因素分析，主要是利用综合指数体系，在建立的数量指标指数和质量指标指数的相互关系中，从相对数和绝对数两方面分别测定在现象数量总变动中各个因素变动的影响。例如，对多种商品销售额的总变动进行因素分析，利用建立的指数体系，从相对数和绝对数两方面分别测定销售量和价格变动对销售额总变动带来的影响方向和程度。如果采用综合指数变形形式的平均指数编制相应的总指数，也可以建立相应的指数体系，对相应的现象总体总量指标变动进行因素分析。

(2) 对现象总体平均指标的变动进行因素分析，主要是利用综合指数编制原理，通过建立平均指标指数体系来进行分析，从相对数和绝对数两方面分别测定各组平均水平 x 与权数 f 对现象总体平均指标总变动的影响。例如，在分组条件下，企业员工平均工资的变动，不仅决定于各类型员工工资水平变动的影响，而且还受各类型员工人数比重变化的影响。因此，在分析企业员工平均工资变动时，可以通过建立的平均指标指数体系，分别分析这两个因素对总平均工资变动带来的影响方向和程度。

下面分别从现象总体总量指标变动与平均指标变动两个角度讨论因素分析的具体方法。

（二）现象总体总量指标变动的因素分析

现象总体总量指标变动的因素分析，按影响因素的多少不同，可分为两因素分析和多因素分析。

1. 两因素分析

对现象总体总量指标变动进行两因素分析，指的是现象总体总量指标分解为两个因素指标的乘积，根据前述原理建立指数体系，进而从相对数和绝对数两方面分析因素指标对现象总体总量变动的影响方向和程度。

【例 8－4】 某企业生产甲乙丙三种产品，其产量及出厂价格资料如表 8－5 所示，要求对总产值变动进行因素分析。

表 8－5　某企业产品产量及出厂价格资料

产品名称	计量单位	产量		出厂价格（元）		基期总产值（元）p_0q_0	报告期总产值（元）	
		基期 q_0	报告期 q_1	基期 p_0	报告期 p_1		实际 p_1q_1	按基期价格计算 p_0q_1
甲	台	1 800	2 000	220	210	396 000	420 000	440 000
乙	套	120	110	800	850	96 000	93 500	88 000
丙	件	3 000	3 600	90	86	270 000	309 600	324 000
合计	—	—	—	—	—	762 000	823 100	852 000

（1）总产值指数

$$\bar{I}_{qp}=\frac{\sum q_1p_1}{\sum q_0p_0}=\frac{823\ 100}{762\ 000}=108.02\%$$

$$\sum q_1p_1-\sum q_0p_0=823\ 100-762\ 000=61\ 100(\text{元})$$

结果表明，总产值报告期比基期增长了 8.02%，总产值增加了 61 100 元。

（2）产品产量指数

$$\bar{I}_q=\frac{\sum q_1p_0}{\sum q_0p_0}=\frac{852\ 000}{762\ 000}=111.81\%$$

$$\sum q_1p_0-\sum q_0p_0=852\ 000-762\ 000=90\ 000(\text{元})$$

结果表明，由于产品产量增长了 11.81%，使总产值增加 90 000 元。

（3）出厂价格指数

$$\bar{I}_p=\frac{\sum q_1p_1}{\sum q_1p_0}=\frac{823\ 100}{852\ 000}=96.61\%$$

$$\sum q_1p_1-\sum q_1p_0=823\ 100-852\ 000=-28\ 900(\text{元})$$

结果表明：由于出厂价格总水平下降了 3.39%，使总产值减少了 28 900 元。

以上三个指数组成指数体系，相对数之间的关系是：

$$\frac{\sum q_1p_1}{\sum q_0p_0}=\frac{\sum q_1p_0}{\sum q_0p_0}\times\frac{\sum q_1p_1}{\sum q_1p_0}$$

即，108.02%＝111.81%×96.61%

绝对数之间的关系是：

$$\sum q_1p_1-\sum q_0p_0=\left(\sum q_1p_0-\sum q_0p_0\right)+\left(\sum p_1q_1-\sum p_0q_1\right)$$

即，61 100 元＝90 000 元－28 900 元

综合分析，该企业总产值报告期比基期增长了 8.02%，总产值增加了 61 100 元。是由于产量和出厂价格两个因素共同影响的结果。其中：由于产品产量增长了 11.81%，使总产值增加 90 000 元；由于出厂价格总水平下降了 3.39%，使总产值减少了 28 900 元。

在实际分析中，利用两因素分析所建立的指数体系，还可以进行指数间的推算，或者消除某一因素影响，只反映其中一种因素变动。例如，用同样多的人民币，报告期比基期少购买 3%的商品，问物价是如何变动的？

因为，　　　　商品销售额指数＝商品销售量指数×物价指数

所以，　　　　$\text{物价指数}=\dfrac{\text{商品销售额指数}}{\text{商品销售量指数}}=\dfrac{100\%}{97\%}\approx 103.09\%$

2. 现象总体总量指标变动的多因素分析

对现象总体总量指标变动进行多因素分析，指的是现象总体总量指标分解为三个或三个以上因素指标的乘积，根据前述原理建立指数体系，进而从相对数和绝对数两方面分析各个因素指标对现象总体总量指标变动的影响方向和程度。例如：

原材料支出总额＝产品产量×单位产品原材料消耗量×原材料单价

利税额=销售量×销售价格×利税率

总量指标的多因素分析所建立的指数体系表现为所研究现象总体的总变动指数等于三个或三个以上因素指数的乘积，由于所包括的现象因素较多，指数的编制过程相对两因素分析较为复杂，但要建立总变动指数与因素指数之间的数量关系也有规律可循，在进行总量指标的多因素分析时，主要需要注意以下几点。

(1) 多因素分析中要注意分清各因素指标的性质和各因素指标的排列顺序，要根据所分析现象具体的经济内容，确定因素指标的排列顺序，注意因素指标的排列顺序应符合客观事实的内在联系和逻辑。一般应遵循数量指标在前，质量指标在后的原则，具体可采用逐项分解的方法确定。判断各因素指标之间的排列顺序是否正确的基本方法是：如果相邻的两个指标同时都是数量指标或质量指标，可采用两个相邻指标相乘必须有实际经济意义的原则进行排列，这样能保持各因素指标之间彼此适应和相互结合。例如上例原材料支出总额指标分解为三个因素指标的乘积，在因素指标排列顺序上，产品产量属于数量指标，排在前面，单位产品原材料消耗量与原材料单价都属于质量指标，排在后面，那么究竟在产品产量后面是排列单位产品原材料消耗量还是原材料单价，这时可根据相邻指标相乘必须有实际经济意义的原则，产品产量×单位产品原材料消耗量表示原材料总消耗量，有实际经济意义，原材料总消耗量×原材料单价表示原材料支出总额，也有经济意义，说明这样排列是合适的，反之则不合适。

(2) 多因素分析时遵循连环替代法的原则，即在分析各个因素对现象总变动的影响时，要逐项分析，逐项确定同度量因素。具体方法为：分析第一个因素变动影响后，接着分析第二个因素的影响，然后再分析第三个因素的影响，以此类推。当测定某一因素的变动影响时，要把其他两个或两个以上因素作为同度量因素进行固定，仍可采用综合指数同度量因素确定的一般要求，来确定同度量因素固定时期。具体固定方法为：分析第一个因素的变动影响时，其他所有因素作为同度量因素固定在基期。分析第二个因素的变动影响时，则把已经分析过的因素固定在报告期，没有分析过的因素仍固定在基期。分析第三个因素的变动影响时，把已分析过的前两个因素固定在报告期没有分析过的因素仍固定在基期，以此类推。

现以原材料支出总额为例，建立多因素分析的指数体系：

原材料支出总额(qmp)=产品产量(q)×单位产品原材料消耗量(m)×原材料单价(p)

原材料支出总额指数=产品产量指数×单位产品原材料消耗量指数×原材料单价指数

相对数体系：

$$\frac{\sum q_1 m_1 p_1}{\sum q_0 m_0 p_0} = \frac{\sum q_1 m_0 p_0}{\sum q_0 m_0 p_0} \times \frac{\sum q_1 m_1 p_0}{\sum q_1 m_0 p_0} \times \frac{\sum q_1 m_1 p_1}{\sum q_1 m_1 p_0}$$

绝对数体系：

$$\sum q_1 m_1 p_1 - \sum q_0 m_0 p_0 = \left(\sum q_1 m_0 p_0 - \sum q_0 m_0 p_0\right) + \left(\sum q_1 m_1 p_0 - \sum q_1 m_0 p_0\right) + \left(\sum q_1 m_1 p_1 - \sum q_1 m_1 p_0\right)$$

现根据例 8-5 资料，说明总量指标的多因素分析方法。

【例 8-5】 某企业生产甲、乙、丙三种产品，分别耗用 A、B、C 三种原材料，其产品产量、单位产品原材料消耗量(单耗)及原材料单价资料如表 8-6 所示。

表 8-6　某企业各产品产量及原材料消耗情况表

产品				原材料					
名称	单位	产量		名称	单位	单耗		原材料单价(元)	
		基期 q_0	报告期 q_1			基期 m_0	报告期 m_1	基期 p_0	报告期 p_1
甲	套	200	290	C	千克	3.6	3.5	65	62
乙	件	300	380	B	米	2	2.1	50	58
丙	千克	500	560	A	千克	0.3	0.28	80	83

解:列表计算指数体系中的各项价值量指标,如表 8-7 所示。

表 8-7　原材料费用总额因素分析计算表　　单位:元

	$q_0m_0p_0$	$q_1m_1p_1$	$q_1m_0p_0$	$q_1m_1p_0$
甲	46 800	62 930	67 860	65 975
乙	30 000	46 284	38 000	39 900
丙	12 000	11 620	13 440	11 200
$\sum$	88 800	120 834	119 300	117 075

原材料费用总额的总变动,包括相对数和绝对数两方面。

原材料费用总额指数:

$$\bar{I}_{qmp}\frac{\sum q_1m_1p_1}{\sum q_0m_0p_0}=\frac{120\,834}{88\,800}=136.07\%$$

$$\sum q_1m_1p_1-\sum q_0m_0p_0=120\,834-88\,800=32\,034(\text{元})$$

结果表明,该企业产品原材料费用总额报告期比基期提高了 36.07%,增加了 32 034 元。

原材料费用总额变动的原因有三个,分别为产品产量、单位产品原材料消耗量(单耗)及原材料单价的变动。

首先分析产品产量的变动对原材料费用总额的影响。

产品产量指数:

$$\bar{I}_q=\frac{\sum q_1m_0p_0}{\sum q_0m_0p_0}=\frac{119\,300}{88\,800}=134.35\%$$

$$\sum q_1m_0p_0-\sum q_0m_0p_0=119\,300-88\,800=30\,500(\text{元})$$

结果表明,产品产量总变动是报告期比基期增长了 34.35%,由于产品产量增长使原材料费用总额增加了 30 500 元。

其次分析单位产品原材料消耗量(单耗)的变动对原材料费用总额的影响。

单位产品原材料消耗量(单耗)指数:

$$\bar{I}_m=\frac{\sum q_1m_1p_0}{\sum q_1m_0p_0}=\frac{117\,075}{119\,300}=98.14\%$$

$$\sum q_1 m_1 p_0 - \sum q_1 m_0 p_0 = 117\,075 - 119\,300 = -2\,225\text{元}$$

结果表明，单位产品原材料消耗量总水平报告期比基期降低了 1.86%，由于单耗总水平的下降使原材料费用总额节约了 2 225 元。

最后分析原材料单价的变动对原材料费用总额的影响。

原材料单价指数：

$$\bar{I}_p = \frac{\sum q_1 m_1 p_1}{\sum q_1 m_1 p_0} = \frac{120\,834}{117\,075} = 103.21\%$$

$$\sum q_1 m_1 p_1 - \sum q_1 m_1 p_0 = 120\,834 - 117\,075 = 3\,759\text{元}$$

结果表明，企业原材料单价总水平报告期比基期上升了 3.21%，由于原材料价格总水平的上升使原材料费用总额增加了 3 759 元。

以上四个指数组成一个指数体系，相对数表现为：

$$\frac{\sum q_1 m_1 p_1}{\sum q_0 m_0 p_0} = \frac{\sum q_1 m_0 p_0}{\sum q_0 m_0 p_0} \times \frac{\sum q_1 m_1 p_0}{\sum q_1 m_0 p_0} \times \frac{\sum q_1 m_1 p_1}{\sum q_1 m_1 p_0}$$

136.07%=134.35%×98.14%×103.21%

绝对数表现为：

$$\sum q_1 m_1 p_1 - \sum q_0 m_0 p_0 = \left[\sum q_1 m_0 p_0 - \sum q_0 m_0 p_0\right] + \left[\sum q_1 m_1 p_0 - \sum q_0 m_0 p_0\right] + \left[\sum q_1 m_1 p_1 - \sum q_1 m_1 p_0\right]$$

32 034 元=30 500 元−2 225 元+3 759 元

综合分析，该企业生产的甲乙丙三种产品所耗用的 A、B、C 三种原材料费用总额报告期比基期上升 36.07%，增加 32 034 元，是由于产量、单耗和原材料单价三个因素共同影响的结果。其中：由于产量增长了 34.35%，使原材料费用总额增加 30 500 元；由于单耗下降了 1.86%，使原材料费用总额下降了 2 225 元；由于原材料单价提高了 3.21%，使原材料费用总额增加了 3 759 元。

（三）现象总体平均指标变动的两因素分析

在对现象总体进行分组的基础上，采用加权算术平均法计算现象总体的平均指标，即 $\bar{x} = \frac{\sum xf}{\sum f}$。此计算方法表明，在分组条件下，平均指标的变动，往往取决两个因素的变动影响作用：一个因素是各组平均水平 x 的变动影响；另一个因素是各组单位数 f 在总体中的比重变动影响。因此，如果从动态角度研究现象总体平均指标变动情况，可以通过计算平均指标指数来说明同类现象两个不同时期平均水平动态变化情况，例如，两个不同时期的平均工资之比、平均价格之比，平均劳动生产率之比等。它的一般公式是：

$$\bar{I}_{可变} = \frac{\overline{x_1}}{\overline{x_0}}$$

式中：$\bar{x}_1$——报告期平均指标值，下标 1 表示报告期；

$\bar{x}_0$——基期平均指标值，下标 0 表示基期。

平均指标指数公式为：

$$\bar{I}_{可变}=\frac{\overline{x_1}}{\overline{x_0}}=\frac{\dfrac{\sum x_1 f_1}{\sum f_1}}{\dfrac{\sum x_0 f_0}{\sum f_0}}$$

从上式可以看出，平均指标指数受两个因素的变动影响，各组平均水平(x)变动和权数(f)变动，故该指数又称可变构成指数，是反映总平均指标变动方向和程度的相对数，可变构成指数不仅反映总平均指标的动态对比中各组平均水平的变动，而且反映总体内部结构变动的影响。

由于平均指标可变构成指数受两个可变因素的变动影响，为了考察和分析平均指标变动中涉及的各组平均水平(x)及其构成因素 f 的变动影响，需要编制相互联系的平均指标影响因素指数分别测定各组平均水平(x)变化以及权重 f 变化对平均指标的影响。

首先，测定各组平均水平(x)变化对平均指标的影响，由于各组平均水平(x)性质上类似质量指标，根据质量指标综合指数编制的一般原理，当测度某一个因素变化时，应将另外一个因素作为同度量因素加以固定且固定在报告期，因此，测定各组平均水平(x)变化影响时，应将权数固定，只反映各组平均水平(x)变动影响程度，该指数称为固定构成指数，是指在平均指标影响因素的动态分析中，把作为权数的总体结构固定下来，只反映各组平均水平(x)变动对平均指标变动的影响，其计算公式为：

$$\bar{I}_{固定}=\frac{\dfrac{\sum x_1 f_1}{\sum f_1}}{\dfrac{\sum x_0 f_1}{\sum f_1}}$$

其次，测定权数 f 变化对平均指标的影响，由于权数类似数量指标，根据数量指标综合指数编制的一般原理，当测度某一个因素变化时，应将另外一个因素作为同度量因素加以固定且固定在基期，因此，测定权数 f 变化影响时，应将各组平均水平(x)固定，只反映权数 f 变动的影响程度，该指数称为结构影响指数，是指在平均指标影响因素的动态分析中，只反映作为权数 f 的总体结构变动对平均指标变动的影响，其计算公式为：

$$\bar{I}_{结构}=\frac{\dfrac{\sum x_0 f_1}{\sum f_1}}{\dfrac{\sum x_0 f_0}{\sum f_0}}$$

上述三个指数构成平均指标指数体系：

可变构成指数＝固定构成指数×结构影响指数

$$\frac{\dfrac{\sum x_1 f_1}{\sum f_1}}{\dfrac{\sum x_0 f_0}{\sum f_0}}=\frac{\dfrac{\sum x_1 f_1}{\sum f_1}}{\dfrac{\sum x_0 f_1}{\sum f_1}}\times\frac{\dfrac{\sum x_0 f_1}{\sum f_1}}{\dfrac{\sum x_0 f_0}{\sum f_0}}$$

$$\frac{\sum x_1 f_1}{\sum f_1}-\frac{\sum x_0 f_0}{\sum f_0}=\left(\frac{\sum x_1 f_1}{\sum f_1}-\frac{\sum x_0 f_1}{\sum f_1}\right)+\left(\frac{\sum x_0 f_1}{\sum f_1}-\frac{\sum x_0 f_0}{\sum f_0}\right)$$

【例 8－6】 某公司下属两个甲、乙企业，其年平均工资及员工人数资料，如表 8－8 所示，对该公司年平均工资变动进行因素分析。

表 8－8　某公司所属两个企业年平均工资及员工人数资料

企业	年平均工资(万元/人)		员工人数(人)		工资总额(万元)		
	基期 x_0	报告期 x_1	基期 f_0	报告期 f_1	$x_1 f_1$	$x_0 f_0$	$x_0 f_1$
甲	8	8.5	2 000	2 800	23 800	16 000	22 400
乙	7	7.3	3 000	3 200	23 360	21 000	22 400
合计	—	—	5 000	6 000	47 160	37 000	44 800

1. 平均工资可变构成指数

分析该公司平均工资的总变动：

$$\bar{I}_{可变}=\frac{\overline{x_1}}{\overline{x_0}}=\frac{\dfrac{\sum x_1 f_1}{\sum f_1}}{\dfrac{\sum x_0 f_0}{\sum f_0}}=\frac{\dfrac{47\,160}{6\,000}}{\dfrac{37\,000}{5\,000}}=\frac{7.86}{7.4}=106.22\%$$

$$\overline{x_1}-\overline{x_0}=\frac{\sum x_1 f_1}{\sum f_1}-\frac{\sum x_0 f_0}{\sum f_0}=7.86-7.4=0.46(\text{万元})$$

计算结果表明，该公司年总平均工资报告期比基期提高了 6.22%，平均每人年工资多了 0.46 万元，即 4 600 元。

在此基础上还可进一步分析该公司由于年平均工资提高所引起的年工资总额增加的绝对数，具体可在两个时期平均工资差额的基础上，乘以报告期员工总数($\sum f_1$)，即：

$$\left(\frac{\sum x_1 f_1}{\sum f_1}-\frac{\sum x_0 f_0}{\sum f_0}\right)\times\sum f_1=(7.86-7.4)\times 6\,000=2\,760(\text{万元})$$

结果说明该公司由于年平均工资提高使年工资总额增加了 2 760 万元。

2. 平均工资固定构成指数

分析各个企业平均水平(x)的变动对该公司平均工资的影响：

$$\bar{I}_{固定}=\frac{\dfrac{\sum x_1 f_1}{\sum f_1}}{\dfrac{\sum x_0 f_1}{\sum f_1}}=\frac{\dfrac{47\,160}{6\,000}}{\dfrac{44\,800}{6\,000}}=\frac{7.86}{7.466\,7}=105.27\%$$

$$\frac{\sum x_1 f_1}{\sum f_1}-\frac{\sum x_0 f_1}{\sum f_1}=7.86-7.466\,7=0.393\,3(\text{万元})$$

结果表明，在员工结构固定的情况下，即消除员工结构因素变动的影响，由于每个企业平均工资的变动，该公司年平均工资报告期比基期提高了 5.27%，平均每人年工资多了0.393 3 万元，即 3 933 元。

在此基础上还可进一步分析该公司由于每个企业平均工资的变动引起的年工资总额变动的绝对数，具体可在固定构成指数分子减分母所得差额的基础上，乘以报告期员工总数（$\sum f_1$），即：

$$\left(\frac{\sum x_1 f_1}{\sum f_1}-\frac{\sum x_0 f_1}{\sum f_1}\right)\times\sum f_1=(7.86-7.466\,7)\times 6\,000=2\,360(\text{万元})$$

说明该公司由于每个企业平均工资的变动使该公司年工资总额增加了 2 360 万元。

3. 平均工资结构影响指数

分析各个企业员工人数变动对该公司平均工资的影响：

$$\bar{I}_{\text{结构}}=\frac{\dfrac{\sum x_0 f_1}{\sum f_1}}{\dfrac{\sum x_0 f_0}{\sum f_0}}=\frac{\dfrac{44\,800}{6\,000}}{\dfrac{37\,000}{5\,000}}=\frac{7.466\,7}{7.4}=100.91\%$$

$$\frac{\sum x_0 f_1}{\sum f_1}-\frac{\sum x_0 f_0}{\sum f_0}=7.466\,7-7.4=0.066\,7(\text{万元})$$

计算结果表明，在消除各企业平均工资变动的影响后，单纯由于各企业员工人数的变动而使该公司年平均工资报告期比基期提高了 0.91%，平均每人年工资多了 0.067 7 万元，即 667 元。

在此基础上还可进一步分析该公司由于每个企业员工人数的变动引起的年工资总额变动的绝对数，具体可在结构影响指数分子减分母所得差额的基础上，乘以报告期员工总数（$\sum f_1$），即：

$$\left(\frac{\sum x_0 f_1}{\sum f_1}-\frac{\sum x_0 f_0}{\sum f_0}\right)\times\sum f_1=(7.466\,7-7.4)\times 6\,000=400(\text{万元})$$

三个指数间的关系为：

$$\frac{\dfrac{\sum x_1 f_1}{\sum f_1}}{\dfrac{\sum x_0 f_0}{\sum f_0}}=\frac{\dfrac{\sum x_1 f_1}{\sum f_1}}{\dfrac{\sum x_0 f_1}{\sum f_1}}\times\frac{\dfrac{\sum x_0 f_1}{\sum f_1}}{\dfrac{\sum x_0 f_0}{\sum f_0}}$$

106.22%=105.27%×100.91%

$$\frac{\sum x_1 f_1}{\sum f_1}-\frac{\sum x_0 f_0}{\sum f_0}=\left(\frac{\sum x_1 f_1}{\sum f_1}-\frac{\sum x_0 f_1}{\sum f_1}\right)+\left(\frac{\sum x_0 f_1}{\sum f_1}-\frac{\sum x_0 f_0}{\sum f_0}\right)$$

0.46 万元=0.393 3 万元+0.067 7 万元

即：4 600 元=3 933 元+667 元

对工资总额的影响为：

$$\left(\frac{\sum x_1 f_1}{\sum f_1}-\frac{\sum x_0 f_0}{\sum f_0}\right)\times\sum f_1=\left(\frac{\sum x_1 f_1}{\sum f_1}-\frac{\sum x_0 f_1}{\sum f_1}\right)\times\sum f_1+\left(\frac{\sum x_0 f_1}{\sum f_1}-\frac{\sum x_0 f_0}{\sum f_0}\right)\sum f_1$$

即：2 760 万元＝2 360 万元＋400 万元

综合分析：该公司平均每人年工资提高了 4 600 元，是由于各企业平均工资变化提高了 3 933 元和各企业员工结构的变化提高了 667 元的共同作用的结果。

对由于平均工资提高所引起工资总额增加的绝对数分析说明：该公司的平均工资提高使工资总额增加 2 760 万元，这是由于两个企业平均工资提高而增加 2 360 万元和两个企业员工结构的变化而增加 400 万元的共同作用的结果。

第八章小结与阅读资料

思考与练习

一、思考题

1. 什么是统计指数？有哪些作用？
2. 统计指数的分类有哪些？
3. 总指数的编制方法有哪些？简述其编制原理。
4. 什么是指数体系？如何建立？
5. 简述因素分析法的主要内容。

二、单项选择题

1. 按指数所反映现象范围的不同，指数可分为（　　）。
   A. 综合指数和平均指数　　B. 个体指数和总指数
   C. 数量指标指数和质量指标指数　　D. 动态指数和静态指数
2. 定基指数和环比指数的划分依据是（　　）。
   A. 所反映的对象范围不同　　B. 所采用编制指数的方法不同
   C. 指数化指标性质的不同　　D. 所采用的基期不同
3. 编制总指数的两种形式是（　　）。
   A. 数量指标指数和质量指标指数
   B. 定基指数和环比指数
   C. 综合指数和平均指数
   D. 算术平均数指数和调和平均数指数
4. 编制综合指数的关键问题之一是（　　）。
   A. 确定指数化指标　　B. 计算个体指数
   C. 确定对比基础　　D. 确定同度量因素及固定其时期

5. 在销售量综合指数$\frac{\sum q_1 p_0}{\sum q_0 p_0}$中，$\sum q_1 p_0 - \sum q_0 p_0$ 表示( )。

A. 商品价格变动引起销售额变动的绝对额

B. 价格不变的情况下，销售量变动引起销售额变动的绝对额

C. 价格不变的情况下，销售量变动的绝对额

D. 销售量和价格变动引起销售额变动的绝对额

6. 在掌握基期总成本和几种产品产量个体指数资料的条件下，要分析产品产量总变动，应编制( )。

A. 可变构成指数　　B. 加权算术平均指数

C. 加权调和平均指数　　D. 综合指数

7. 质量指标的调和平均指数要成为综合指数的变形，其权数( )。

A. 必须用 p_1q_1　　B. 必须用 p_0q_0

C. 必须用 p_0q_1　　D. 前三者都可以

8. 某企业员工人数与去年同期相比减少了 3%，企业劳动生产率与去年同期相比上升了 6%，则该企业总产值增长了( )。

A. 9%　　B. 2.82%　　C. 9.28%　　D. 1.8%。

9. 两个农贸市场蔬菜的平均价格 12 月比 11 月上升了 16%，由于结构的变动使平均价格降低了 9%，则蔬菜的实际平均价格指数是( )。

A. 105%　　B. 125%　　C. 127.47%　　D. 105.56%。

10. 已知某公司生产同种产品的两个企业报告期和基期该产品的平均单位成本和产量资料的情况下，要分析该公司总平均单位成本的变动，应编制的指数是( )。

A. 综合指数　　B. 可变构成指数

C. 固定构成指数　　D. 结构影响指数

三、多项选择题

1. 股票价格指数属于( )。

A. 总指数　　B. 个体指数

C. 数量指标综合指数　　D. 质量指标综合指数

E. 平均指标指数

2. 编制综合指数时，同度量因素的作用有( )。

A. 比较作用　　B. 平衡作用　　C. 同度量作用

D. 平均作用　　E. 权数作用

3. 某年按不变价格计算的工业总产值，甲地为乙地 98%，这个相对数是( )。

A. 产量指数　　B. 总产值指数　　C. 数量指标指数

D. 质量指标指数　　E. 静态指数

4. 下列指数中，属于质量指标指数的有( )。

A. 农产品收购价格指数　　B. 农产品产量指数

C. 员工工资水平指数　　D. 商品批发价格指数

E. 产品单位成本指数

5. 有关总指数编制的说明，正确的是(　　)。

A. 综合指数法一般使用全面资料

B. 平均指数等同于综合指数

C. 平均指数可使用全面资料也使用非全面资料

D. 平均指数法在一定的条件下可以是综合指数的变形

E. 综合指数法是平均指数法的变形

四、计算题

1. 某企业生产三种产品，其产量和单位成本资料如下：

产品名称	计量单位	产量		单位成本(万元)	
		基期	报告期	基期	报告期
甲	套	120	150	3.8	3.6
乙	件	250	220	2	2.1
丙	台	300	380	1.8	1.7

要求：试从相对数和绝对数两个方面对该企业总成本变动进行因素分析。

2. 某商场有关销售资料如下：

商品名称	基期销售额(万元)	销售量升降百分比%
甲	32	+10
乙	28	−6
丙	16	+12

要求：根据上述资料计算三种商品的销售量总指数并分析由于销售量变动对销售额的影响额。

3. 某企业甲乙两种产品价格和总产值资料如下：

产　品	单位	价格指数(%)	基期总产值(万元)	报告期总产值(万元)
甲	件	96	4 200	5 000
乙	台	110	3 600	4 000
合计	—	—	7 800	9 000

要求：(1) 根据上述资料计算该企业两种产品价格总指数、总产值指数及产品产量总指数；

(2) 从相对数和绝对数两方面分析由于价格变动和产量变动对总产值变化的影响。

4. 某商品一、二季度在某城市A、B、C三个市场销售情况如下表所示：

市场	一季度		二季度	
	单价(元)	销售量(吨)	单价(元)	销售量(吨)
A	80	20	90	18
B	78	36	85	38
C	75	50	80	60
合计	—	106	—	116

要求：(1) 编制该商品总平均价格的可变构成指数；

(2) 编制该商品总平均价格的固定构成指数；

(3) 编制该商品总平均价格的结构变动影响指数；

(4) 利用指数体系进一步综合分析各市场单价变动和销售量变动对该种商品总平均价格变动的影响。

5. 某企业销售的两种产品，相关销售量、价格和利税率资料如下表所示。

产品	计量单位	销售量		单价(元)		利润率(%)	
		基期	报告期	基期	报告期	基期	报告期
甲	件	300	360	3 680	3 200	15	13
乙	套	500	450	5 200	5 800	18	22
合计	—	—	—	—	—	—	—

要求：分析该企业两种产品利润额的总变动及各因素的影响程度和影响绝对额。

第九章　聚类分析

【学习目标】

1. 了解聚类的具体方法，并理解系统聚类、模糊聚类、有序样品聚类和动态聚类的关系；
2. 理解聚类可以分为Q型聚类和R型聚类，并能理解两种类型聚类的统计量内涵；
3. 能根据具体问题选择适当的聚类方法进行问题处理。

引导案例

聚类分析又称群分类，它是对样品或指标进行分类的一种多元统计方法。所谓"类"，通俗地说就是相似元素的集合。

在实际问题中，经常遇到分类问题。例如，按大气污染的轻重可以将我国特定时期的城市分为不同的类型区域；对某年级学生按各科的学习情况分为若干类型；对学生在中学期间学习的科目按培养运算能力、培养推理能力、培养记忆能力等分成几组；对人体测量的几十个部位的尺寸，按反映人体高矮反映人体胖瘦及人体畸形的部位分为几类；在经济学中根据人均国民收入、人均工农业产值、人均消费水平等多种指标对世界上所有国家的经济发展状况进行分类，等等。随着生产技术和科学的发展，在许多领域中部将遇到分类问题。

什么是分类？它只不过是将一个观测对象指定到某一类(组)。分类问题可以分成两种。一种是，对当前所研究的问题，已知它的类别数目及各类的特征(例如分布规律，或来自各类的训练样本)，我们的目的是将另一些未知类别的个体正确地归属于其中某一类。另一种是，事先不知道研究的问题应分为几类，更不知道观测到的个体的具体分类情况，研究的目的是通过对观测数据所进行的分析处理，选定一种度量个体接近程度的统计量，确定分类数目，建立一种分类方法，并按接近程度对观测对象给出合理的分类。这种问题在实际中大量存在，它正是聚类分析所要解决的问题。

根据处理方法的不同，聚类分析可以分为：系统聚类分析、模糊聚类分析、有序样品聚类分析、动态聚类分析等，本章主要对前两种进行介绍。

第一节　距离与相似系数

假定有 p 个变量(或指标) $x_1 \cdots x_p$，样本容量是 N，得到如表 9－1 的数据矩阵。

表 9-1　样本数据矩阵

样品 \ 变量	x_1	x_2	…	x_p	
1	x_{11}	x_{21}	…	x_{p1}	X_1
2	x_{12}	x_{22}	…	x_{p2}	X_2
⋮	⋮	⋮	…	⋮	⋮
N	x_{1N}	x_{2N}	…	x_{pN}	X_N
均值	$\bar{x}_1$	$\bar{x}_2$	…	$\bar{x}_p$	
方差	S_1^2	S_2^2	…	S_p^2	

其中 $X_1, X_2, \cdots X_N$ 相当于 p 维空间中的 N 个独立点，即从 p 维总体中抽得 N 个样品；另一方面，对每一个变量（或指标）有其均值与方差，用 $\bar{x}_m$ 及 S_m^2 分别表示第 m 个变量的均值与方差，$m=1,\cdots p$。

对 N 个样品进行分类的方法，称为 Q 型聚类，常用的统计量是用“距离”这一术语。对 p 个变量（或指标）进行分类的方法，称为 R 型聚类，常用的统计量是用“相似系数”这一术语。

一、Q 型分类统计量

在上述矩阵中，每个样品有 p 个指标，故可以把每个样品看成 p 维空间中的一个点。对于 p 维空间中的两个点（第 i 和 j 样品）：$X_i=(x_{i1},\cdots x_{ip})$ 和 $X_j=(x_{j1},\cdots x_{jp})$，则二者之间的：

1. 绝对值距离

$$d_{ij}=\sum_{k=1}^{p}|x_{ik}-x_{jk}| \tag{9-1}$$

2. 欧式距离（Euclidean distance）

$$d_{ij}=\left[\sum_{k=1}^{p}(x_{ik}-x_{jk})^2\right]^{\frac{1}{2}} \tag{9-2}$$

3. 明可夫斯基距离（Minkowski）

$$d_{ij}=\left[\sum_{k=1}^{p}(x_{ik}-x_{jk})^q\right]^{\frac{1}{q}} \tag{9-3}$$

4. 切比雪夫距离（Chebychev）

$$d_{ij}=\max_{1\leqslant k\leqslant p}|x_{ik}-x_{jk}| \tag{9-4}$$

5. 马氏距离（Mahalanobis）

$$d_{ij}=(X_i-X_j)^{\mathrm{T}}\sum{}^{-1}(X_i-X_j) \tag{9-5}$$

其中，X_i 与 X_j 是第 i 个和第 j 个行向量的转置，$\sum$ 是观测变量之间的协方差矩阵。

二、R 型分类统计量

在聚类分析中，除了对样品进行分类外，有时还需要将指标分类。两个指标之间的相似程度判定一般用相似系数来衡量，用 c_{ij} 表示指标之间 x_i 与 x_j 的相似系数。一般的，$|c_{ij}|$ 越接近于 1，说明 x_i 与 x_j 的关系越密切，对于定量的指标，常用的相似系数有：

1. 夹角余弦(向量内积)

$$c_{ij} = \cos\alpha_{ij} = \frac{\sum_{k=1}^{n} x_{ki}x_{kj}}{\sqrt{\sum_{k=1}^{n} x_{ki}^2 \sum_{k=1}^{n} x_{kj}^2}} \tag{9-6}$$

2. 皮尔逊相关系数

$$c_{ij} = \frac{\sum_{k=1}^{p}(x_{ik}-\bar{x}_i)(x_{jk}-\bar{x}_j)}{\sqrt{\left[\sum_{k=1}^{p}(x_{ik}-\bar{x}_i)^2\right]\left[\sum_{k=1}^{p}(x_{jk}-\bar{x}_j)^2\right]}} \tag{9-7}$$

第二节　系统聚类

系统聚类法是将类由多变少的聚类方法。开始每个对象自成一类,然后每次聚类时只将最相似的两类合并,每次合并后再重新计算新类与其他类的距离,如此反复,直至将所有的对象都归并为一个类为止,聚类的过程可用一张聚类谱系图来描述。系统聚类法是目前应用最多的聚类方法。

正如样品之间的距离可以有不同的定义方法一样,类与类之间的距离也有各种定义。例如,可以定义类与类之间的距离为两类之间最近样品的距离,或者定义为两类之间最远样品的距离,也可以定义为两类重心之间的距离,等等。类与类之间用不同的方法定义距离,就产生了不同的系统聚类方法。

一、常用的算法

1. 最短距离法

类 G_p 与类 G_q 之间的距离定义为类 G_p 与类 G_q 中相距最近的样品之间的距离。

$$D_{pq} = \text{Min}\{d_{ij}: X_i \in G_p, X_j \in G_q\}$$

设类 G_p 与类 G_q 合并成一个新类 G_r,则任一类 G_k 与 G_r 距离的递推公式为:

$$\begin{aligned} D_{kr} &= \text{Min}\{d_{ij}: X_i \in G_k, X_j \in G_r\} \\ &= \text{Min}\{\underset{X_i \in G_k, X_j \in G_p}{\text{Min}} d_{ij}, \underset{X_i \in G_k, X_j \in G_q}{\text{Min}} d_{ij}\} \\ &= \text{Min}\{D_{kp}, D_{kq}\}(k \neq p, q) \end{aligned} \tag{9-8}$$

2. 最长距离法

类与类之间的距离定义为两类中相距最远的样品间的距离,即类 G_p 与类 G_q 之间的距离定义为:

$$D_{pq} = \text{Max}\{d_{ij}: X_i \in G_p, X_j \in G_q\}$$

当某步骤聚类 G_p 与 G_q 合并为 G_r 后,按最长距离法计算新类 G_r 与其他类 G_k 间的距离,其递推公式为:

$$\begin{aligned} D_{kr} &= \text{Max}\{d_{ij}: X_i \in G_k, X_j \in G_r\} \\ &= \text{Max}\{\underset{X_i \in G_k, X_j \in G_p}{\text{Max}} d_{ij}, \underset{X_i \in G_k, X_j \in G_q}{\text{Max}} d_{ij}\} \\ &= \text{Max}\{D_{kp}, D_{kq}\}(k \neq p, q) \end{aligned} \tag{9-9}$$

最长距离法即为两类合并后的新类与其他类的距离是与原来两类的类间距离的最大者，它加大了合并后的类与其他类的距离，具有空间距离扩张性质。

3. 中间距离法

如果类与类之间的距离既不采用两类之间的最近距离，也不采用最远的距离，而是采用介于这两者间的距离，这种方法称为中间距离法。

当某步骤类 G_p 与 G_q 合并为 G_r 后，按中间距离法计算新类 G_r 与其他类 G_k 的类间距离，其递推公式为：

$$D_{kr}^2 = \frac{1}{2}D_{kp}^2 + \frac{1}{2}D_{kq}^2 + \beta D_{pq}^2 \left(-\frac{1}{4} < \beta < 0, k \neq p, q\right)$$

常取 $\beta = -\frac{1}{4}$，此时由初等几何知，D_{kr} 就是以 D_{qk}，D_{pk}，D_{pq} 为边的三角形中 D_{pq} 边上的中线。

4. 重心法

以上三种方法在定义类与类之间距离时，没有考虑每一类中所包含的样品个数。如果将两类间的距离定义为两类重心间的距离，这种聚类方法称为重心法。对样品分类时，每一类的重心就是属于该类样品的均值。

设某一步骤将 G_p 与 G_q 合并为 G_r 后，它们所包含的样品个数分别为 n_p 与 n_q 和 n_r（$n_r = n_p + n_q$）。各类的重心分别为 $\overline{X}_p$，$\overline{X}_q$ 和 $\overline{X}_r$。显然有：

$$\overline{X}_r = \frac{1}{n_r}(n_p \overline{X}_p + n_q \overline{X}_q) \tag{9-10}$$

设某一类 G_k（$k \neq p, q$）的重心为 $\overline{X}_k$，它与新类 G_r 的距离是：

$$D_{rk} = \text{d}\{\overline{X}_k, \overline{X}_r\}$$

如果将样品间的距离定义为欧式距离，可以证明重心法的距离递推公式：

$$D_{rk}^2 = \frac{n_p}{n_r}D_{kp}^2 + \frac{n_q}{n_r}D_{kq}^2 - \frac{n_p}{n_r} \cdot \frac{n_q}{n_r}D_{pq}^2 \tag{9-11}$$

5. 类平均法

重心法虽有较好的代表性，但并未充分利用各个样品的信息，因而又有人提出用两类样品两两之间平方距离的平均作为类之间的距离，即

$$D_{pq}^2 = \frac{1}{n_p n_q} \sum_{X_i \in G_p, X_j \in G_q} d_{ij}^2$$

采用这种类间距离的聚类方法，称为类平均法。

某步骤将 G_p 与 G_q 合并为 G_r 后：$G_r = \{G_p, G_q\}$，且 $n_r = n_p + n_q$，则 G_r 与其他类 G_k 的距离平方公式进一步推广为：

$$D_{rk}^2 = \frac{n_p}{n_r}D_{kp}^2 + \frac{n_q}{n_r}D_{kq}^2 \quad (k \neq p, q)$$

类平均法是一种使用比较广泛、聚类效果较好的方法。

6. 可变类平均法

类平均法的类间距离递推公式中，没有反映类 G_p 和 G_q 之间距离 D_{pq} 的影响，而可变类平均法是将合并后的新类 G_r 与其他类 G_k 的距离平方公式进一步推广为：

$$D_{rk}^2=(1-\beta)\left[\frac{n_p}{n_r}D_{kp}^2+\frac{n_q}{n_r}D_{kq}^2\right]+\beta D_{pq}^2 \quad (k\neq p,q)$$

其中 β 是可变参数，一般取 $\beta<1$。显然，可变类平均法是由类平均法和中间距离法适当推广得到的（当 $\beta=0$ 时，就是类平均法；当 $-1/3\leqslant\beta\leqslant0$ 且 $n_p=n_q$ 时，就是中间距离法；当 $n_p=n_q$ 时，就是下面将介绍的可变法）。

可变类平均法的分类效果与 β 的选择关系极大，当 β 接近 1 时一般分类效果不好，在实用中 β 常取负值，如取 $\beta=-1/4$。

7. 可变法及 McQuitty 相似分析法

当某步骤将类 G_p 与 G_q 合并为 G_r 后，可变法把 G_r 与其他类距离平方的递推公式定义为：

$$D_{rk}^2=\frac{(1-\beta)}{2}[D_{kp}^2+D_{kq}^2]+\beta D_{pq}^2 \quad (k\neq p,q)$$

在 SAS/STAT 软件的 CLUSTER 过程中使用 $\beta=0$ 的递推公式：

$$D_{rk}^2=(D_{kp}^2+D_{kq}^2)/2$$

并把此方法称为 McQuitty 相似分析法。

8. 离差平方和法

离差平方和法是 Ward(1936)提出的，也称为 Ward 法。它基于方差分析思想，如果类分得正确，则同类样品之间的离差平方和应当较小，不同类样品之间的离差平方和应当较大。

离差平方和法的思路是：当 k 固定时，选择使 S 达到最小的分类。先让 n 个样品各自成一类，然后缩小一类，每缩小一类离差平方和就要增大，选择使 S^2 增加最小的两类合并，直到所有的样品归为一类为止。离差平方和法定义类间的平方距离为（离差平方和的增量）：

$$D_{pq}^2=S_r^2-S_p^2-S_q^2$$

其中 S_r^2 是由 G_p 和 G_q 合并成的 G_r 类的类内离差平方和。可以证明离差平方和的聚类公式为：

$$D_{rk}^2=\frac{n_k+n_p}{n_r+n_k}D_{pk}^2+\frac{n_k+n_q}{n_r+n_k}D_{qk}^2+\frac{n_k}{n_r+n_k}D_{pq}^2$$

在实际应用中，离差平方和法应用比较广泛，分类效果较好。但它要求样品间距离必须采用欧氏距离。

二、例题

为了了解我国主要城市废水中主要污染物排放情况，对 2014 年 31 个主要城市的工业废水排放量（万吨）、工业化学需氧量排放量（吨）、工业氨氮排放量（吨）、城镇生活污水排放量（万吨）、生活化学需氧量排放量（吨）、生活氨氮排放量（吨）等相关数据（表 9－2）进行研究，试对所研究的城市进行聚类分析。

表 9－2　2014 年我国主要城市废水中主要污染物排放情况

城市	工业废水排放量	工业化学需氧量排放量	工业氨氮排放量	城镇生活污水排放量	生活化学需氧量排放量	生活氨氮排放量
北京	9 174	6 050	328	141 374	82 194	13 672
天津	19 011	28 269	3 708	70 303	80 459	15 456
石家庄	24 024	36 695	4 527	34 127	1 940	1 898
太原	3 975	4 042	436	20 407	8 385	2 895
呼和浩特	7 249	15 174	652	13 654	19 111	2 908
沈阳	9 134	9 614	842	38 668	12 955	12 185
长春	5 564	11 968	1 406	21 590	31 659	7 144
哈尔滨	5 188	7 588	1 070	344 72	83 290	12 784
上海	43 939	24 755	1 798	176 940	163 438	39 438
南京	21 561	21 568	1 221	55 336	58 525	12 860
杭州	35 370	30 639	1 260	59 060	36 603	7 798
合肥	6 920	7 828	337	43 809	45 502	6 318
福州	4 681	4 837	360	33 077	65 889	9 315
南昌	8 656	7 539	380	34 736	41 110	6 308
济南	7 880	5 289	346	31 005	28 704	4 909
郑州	13 039	12 548	568	53 122	21 398	7 888
武汉	17 097	14 874	1 388	71 572	82 571	11 705
长沙	4 397	13 253	409	49 006	51 021	8 021
广州	22 444	23 341	4 565	142 149	104 238	17 374
南宁	9 097	22 204	1 231	27 436	58 843	7 621
海口	776	750	54	11 677	6 978	3 691
重庆	34 968	53 360	3 453	110 705	212 663	35 407
成都	10 064	11 600	773	112 228	100 515	12 638
贵阳	2 895	9 070	319	22 427	28 180	4 875
昆明	3 747	7 001	201	11 520	14 154	4 973
拉萨	326	592	27	2 385	8 049	1 117
西安	6 340	20 137	1 583	44 770	61 593	10 386
兰州	4 563	4 006	2 648	13 773	35 269	5 243
西宁	2 555	15 821	490	7 633	17 007	3 560
银川	5 496	13 995	2 563	12 951	3 872	2 737
乌鲁木齐	4 849	5 352	650	19 735	11 074	4 330

计算样品之间的皮尔斯相似系数，使用最短距离法、最长距离法、重心法。从计算结果来看，与使用最短距离法、最长距离法对样品聚类相比，重心法聚类更能展示出样品类群之间的差异，按样品号画出聚类如图 9－1 至图 9－3。对不同情况下的聚类统一分为六类，结果如表 9－3。

表 9-3 聚类结果

类型	最短距离法	最长距离法	重心法
第一类	南昌、武汉、合肥、长沙、成都、上海、济南、贵阳、西安、长春、天津、南京、广州、北京、哈尔滨、兰州、拉萨、福州、重庆、南宁、海口、太原、郑州、昆明、乌鲁木齐、沈阳	南昌、武汉、合肥、长沙、成都、上海、济南、贵阳、西安、长春、天津、南京	南昌、武汉、合肥、长沙、贵阳、西安、天津、南京
第二类	呼和浩特	哈尔滨、兰州、拉萨、福州、重庆、南宁	成都、上海、济南、广州
第三类	西宁	呼和浩特、西宁	呼和浩特、西宁
第四类	杭州	太原、郑州、昆明、乌鲁木齐、广州、北京、沈阳、海口	哈尔滨、兰州、拉萨、福州、重庆、长春、南宁
第五类	石家庄	杭州	太原、郑州、昆明、杭州、乌鲁木齐、北京、沈阳、海口
第六类	银川	石家庄、银川	石家庄、银川

主要结论与说明如下。

第一，类之间距离计算方法的选择会影响样品聚类的最终结果。

第二，我国主要城市废水中主要污染物排放情况的地域性不明显，也就是说，主要城市水中污染物排放存在着相似性，与区域经济发展程度关联性不高，比如，重心法聚类下的第一类城市既有东部经济发达的省会城市、中部经济处于发展中的省会城市、也有经济发展相对滞后的西部省会城市。

第三，对于 R 型聚类，与 Q 型聚类原理相同，不再累述。

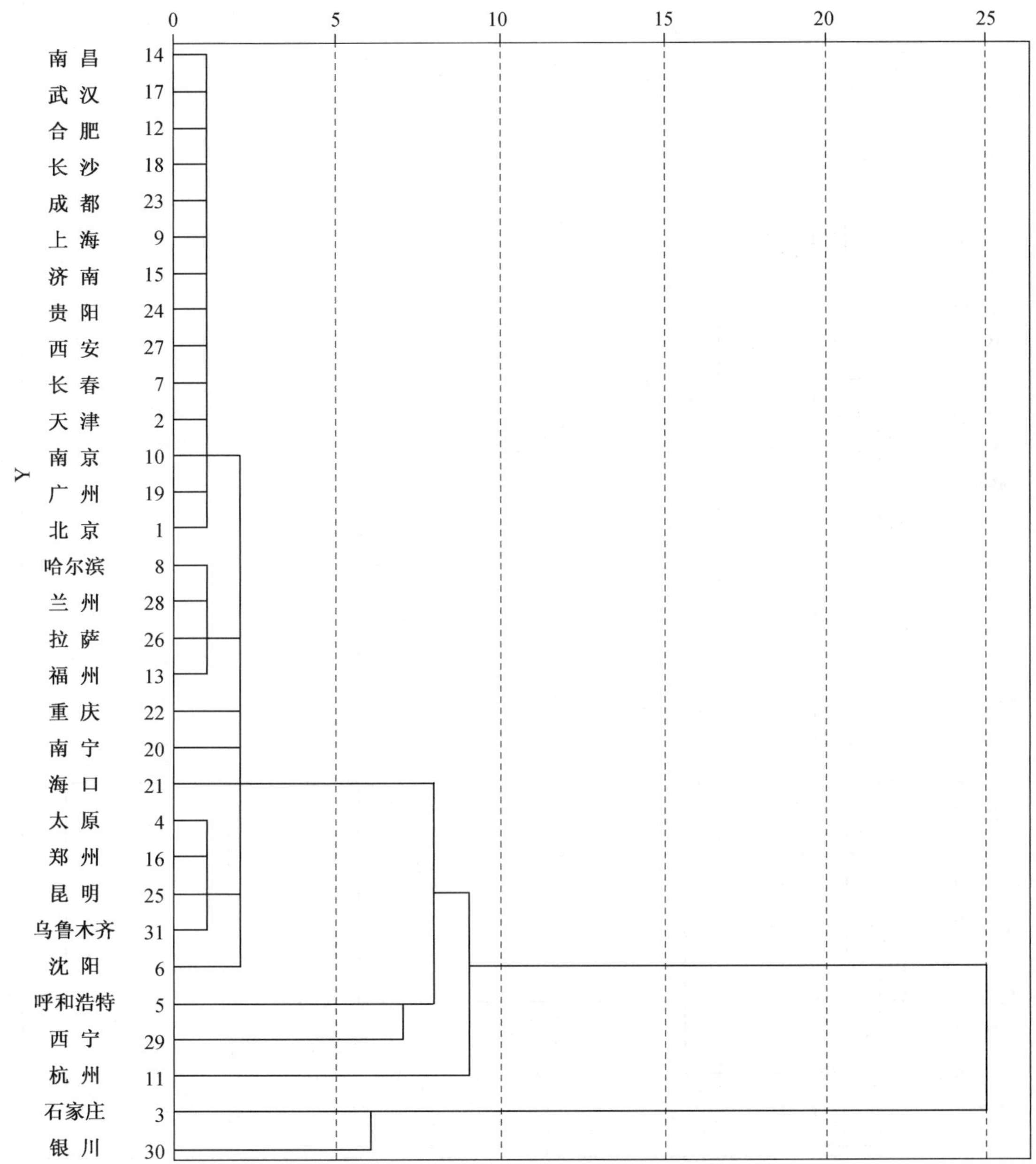

图 9-1 基于皮尔斯相关系数最短距离法聚类

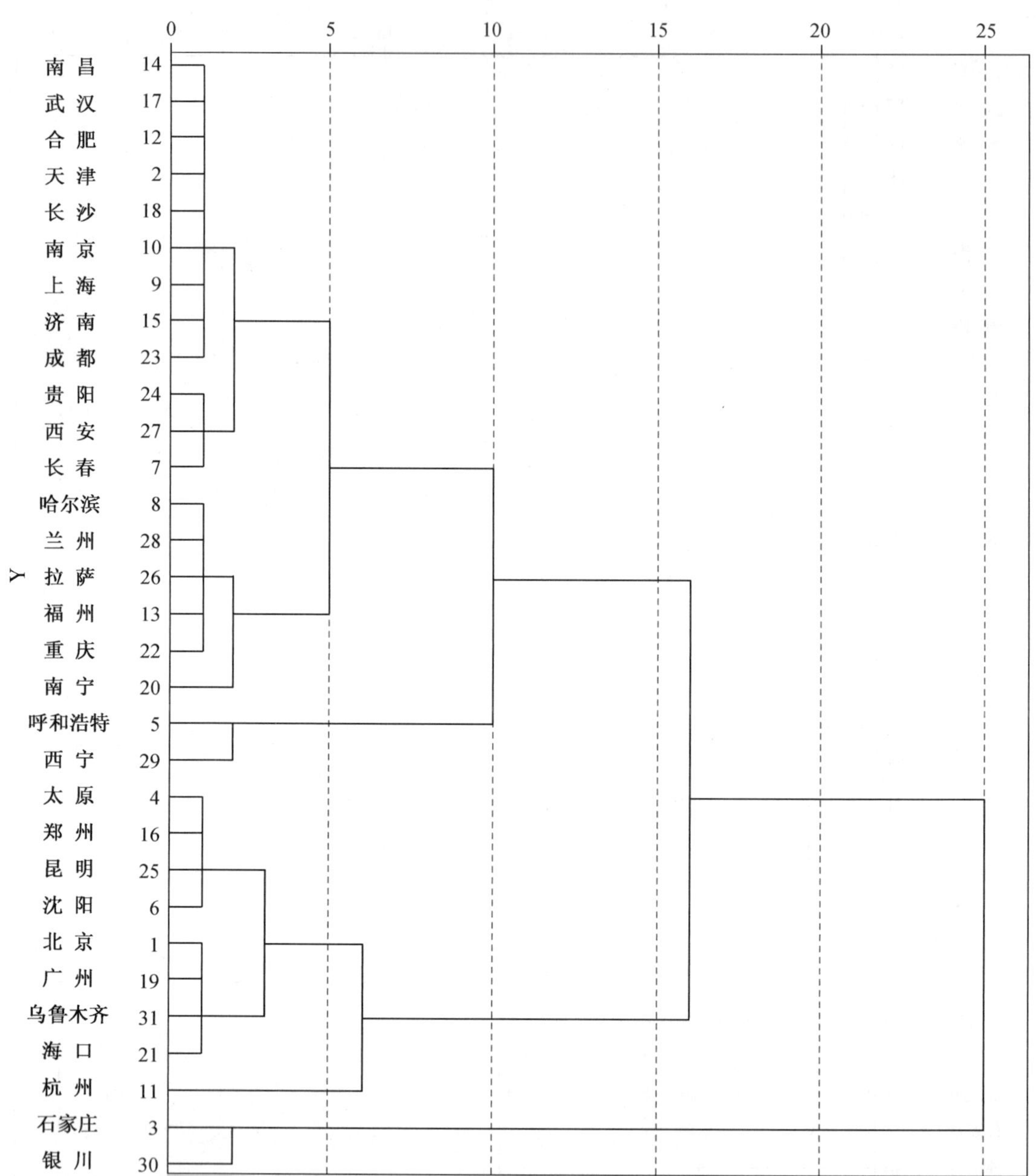

图 9-2　基于皮尔斯相关系数最长距离法聚类

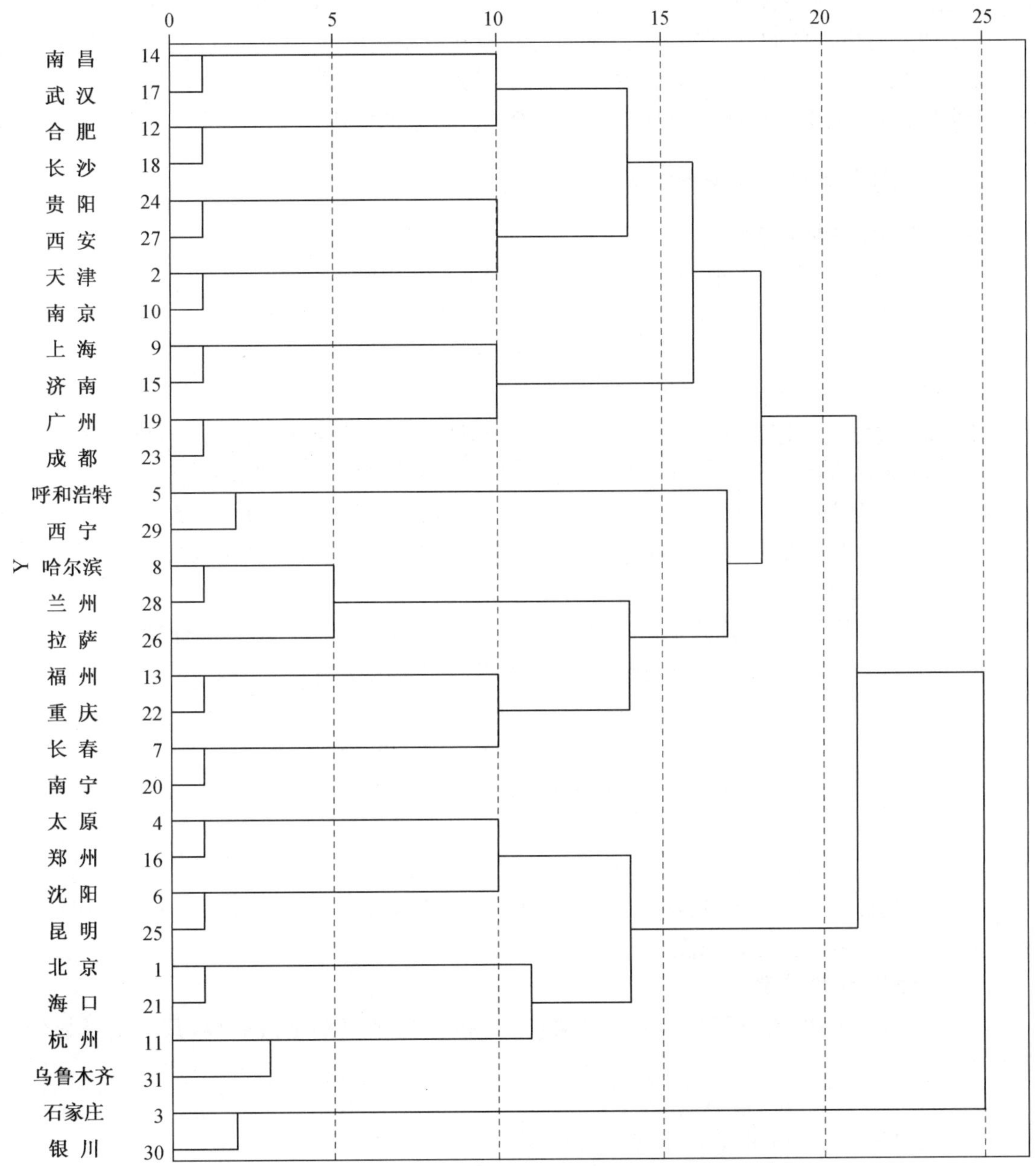

图 9-3　基于皮尔斯相关系数重心法聚类

第三节　模糊聚类

在经济学、社会学、生物学、气象学、医药等许多领域的研究中，经常遇到处理具有模糊性的数据问题。这里所谓的模糊性，主要是指客观事物差异的中间过渡中的“不分明性”和“边界不清”的意思。例如，商品评价为“质量好、比较好、比较差等”，气象灾害对农业产量的影响程度为“严重、重、轻”，病人患病的症状是“重、轻”，这些问题都难以明确地划清界限的。

为了研究这方面的问题，1965 年由美国自动控制专家查德(L. A. Zadeh)首先提出模糊集合的概念，之后成功地用数学方法描述模糊概念，从而产生了模糊数学。模糊数学的理论基础是模糊集理论，模糊聚类法就是模糊集理论在聚类分析中的应用。

一、模糊聚类的基本概念

(一) 模糊集与隶属函数

设 A 为普通集，对于空间中任一元素 X，存在如下关系与特征：

$$A(X)=\begin{cases}1, & 若\ X\in A \\ 0, & 若\ X\notin A\end{cases}$$

称 $A(X)$ 为集合 A 的特征函数。

将特征函数推广到模糊集，就是将普通集合中只取 0,1 两值推广到一个闭区间[0,1]上可取任意值，相应地将普通集合所对应的特征函数推广到模糊集合上就叫隶属函数。

定义：设 x 为全域，若 A 为 x 上取值[0,1]的一个函数，即 $0\leqslant A(x)\leqslant 1$，则称 A 为一个模糊集，称 $A(x)$ 为 A 的隶属函数，即对应每一个元素 x，有一个数 $A(x)$ 与之对应。

模糊整理论是模糊数学的基础，隶属函数是描述模糊性的关键概念。

例如，给五个同学性格稳定程度打分，按百分制给分，再除以 100，这样给定了一个从域 $X=\{x_1,x_2,x_3,x_4,x_5\}$ 到[0,1]闭区间的映射(有时也称为函数)

$$x_1=85\ 对应\ A(x_1)=0.85$$

$$x_2=75\ 对应\ A(x_2)=0.75$$

$$x_3=98\ 对应\ A(x_3)=0.98$$

$$x_4=30\ 对应\ A(x_4)=0.30$$

$$x_5=60\ 对应\ A(x_5)=0.60$$

这样就确定了一个模糊集 $A=(0.85,0.75,0.98,0.30,0.60)$，$A(x)$ 为隶属函数，$A(x_i)(i=1,2,3,4,5)$ 称为隶属度。

(二) 模糊集运算的定义

若 A、B 为 x 上两个模糊集，它们的和集、交集和 A 的余集都是模糊集，其隶属函数分别定义为：

(1) $(A\cup B)(x)=\max[A(x),B(x)]$；

(2) $(A\cap B)(x)=\min[A(x),B(x)]$；

(3) $A^c(x)=1-A(x)$。

关于模糊集的和，交等运算，可以推广到任意模糊集合上去。

(三) 模糊矩阵

若一个矩阵中元素的取值在[0,1]区间内，则称该矩阵为模糊矩阵。例如，设有 10 种物品：西红柿，苹果，桃，西瓜，梨，气球，笔记本，书，篮球，乒乓球组成的全体记为 U。

令 $x=\{$苹果，西红柿，笔记本，西瓜$\}$　(x_1,x_2,x_3,x_4)

$y=\{$桃，梨，书，篮球$\}$　(y_1,y_2,y_3,y_4)

现在用打分的方法表示上述八种物品的相似程度，在 0～1 之间给个分数，就决定了一个 U 上的模糊关系 A，列表如下：

A	x_1	x_2	x_3	x_4
y_1	0.7	0.8	0	0.5
y_2	0.8	0.7	0	0.2
y_3	0	0	0.9	0
y_4	0.4	0.3	0	0.9

将上述表格写成矩阵形式即得：

$$\boldsymbol{A}=\begin{pmatrix}0.7 & 0.8 & 0 & 0.5\\ 0.8 & 0.7 & 0 & 0.2\\ 0 & 0 & 0.9 & 0\\ 0.4 & 0.3 & 0 & 0.9\end{pmatrix}$$

这个矩阵就叫模糊矩阵，其中的元素是由 x 与 y 中的元素搭配起来的新元素所对应的相似程度的打分，其数值是在闭区间上的取值，这种搭配起来的新元素，实质是反映两组集合的模糊关系的合成，合成后的关系对应着普通关系矩阵，它可以看成是对普通矩阵的推广，只不过模糊矩阵中的元素只能在[0,1]闭区间中任意取值而已。

如同普通矩阵一样，模糊单位矩阵记为 $\boldsymbol{I}$，模糊零矩阵记为 0，元素皆为 1 的矩阵记为 $\boldsymbol{J}$ 表示。

(四) 两个模糊矩阵的乘积(也称为褶积或直积)

设 $\boldsymbol{A}=(a_{ij})_{n\times m}$ 和 $\boldsymbol{B}=(b_{ij})_{m\times l}$ 为两个模糊矩阵，令

$$c_{ij}=\bigvee_{k=1}^{m}(a_{ik}\wedge b_{kj})\quad i=1,2,\cdots n,j=1,2\cdots l$$

记号“$\vee$”和“$\wedge$”的含义由下式定义：

$$a\vee b=\max(a,b)$$
$$a\wedge b=\min(a,b)$$

则称矩阵 $\boldsymbol{C}=(c_{ij})_{n\times l}$ 为模糊矩阵 $\boldsymbol{A}$ 与 $\boldsymbol{B}$ 的褶积，记为

$$\boldsymbol{C}=\boldsymbol{A}\cdot\boldsymbol{B}$$

显然两个矩阵褶积仍为模糊矩阵。

例如，

$$\boldsymbol{A}=\begin{pmatrix}0.3 & 0.7 & 0.2\\ 1 & 0 & 0.4\\ 0 & 0.5 & 1\\ 0.6 & 0.7 & 0.8\end{pmatrix}_{4\times 3}$$

$$\boldsymbol{B}=\begin{pmatrix}0.1 & 0.9\\ 0.9 & 0.1\\ 0.6 & 0.4\end{pmatrix}_{3\times 2}$$

计算：$\boldsymbol{C}=\boldsymbol{A}\cdot\boldsymbol{B}$

其中，

$$
\begin{aligned}
c_{11} &= \bigvee_{k=1}^{3}(a_{1k} \wedge b_{k1}) \\
&= \max_{k=1}[\min(a_{11}, b_{11}), \min(a_{12}, b_{21}), \min(a_{13}, b_{31})] \\
&= \max(0.1, 0.7, 0.2) \\
&= 0.7
\end{aligned}
$$

其中，

$$
\begin{aligned}
c_{12} &= \bigvee_{k=1}^{3}(a_{1k} \wedge b_{k2}) \\
&= \max_{k=1}[\min(0.3, 0.9), \min(0.7, 0.1), \min(0.2, 0.6)] \\
&= \max(0.3, 0.1, 0.2) \\
&= 0.3
\end{aligned}
$$

同样，

$$c_{21}=0.4; c_{22}=0.9; c_{31}=0.6; c_{32}=0.4; c_{41}=0.7; c_{42}=0.6$$

所以，

$$
\boldsymbol{C}=\boldsymbol{A}\cdot\boldsymbol{B}=\begin{pmatrix} 0.7 & 0.3 \\ 0.4 & 0.9 \\ 0.6 & 0.4 \\ 0.7 & 0.6 \end{pmatrix}
$$

模糊矩阵乘法性质：

① $(\boldsymbol{A}\cdot\boldsymbol{B})\cdot\boldsymbol{C}=\boldsymbol{A}\cdot(\boldsymbol{B}\cdot\boldsymbol{C})$；

② $\boldsymbol{A}\cdot\boldsymbol{I}=\boldsymbol{I}\cdot\boldsymbol{A}=\boldsymbol{A}$；

③ $\boldsymbol{A}\cdot 0=0\cdot\boldsymbol{A}=0$；

④ $\boldsymbol{A}\cdot\boldsymbol{J}=\boldsymbol{J}\cdot\boldsymbol{A}$；

⑤ 若 $\boldsymbol{A}$、$\boldsymbol{B}$ 为模糊矩阵，且 $a_{ij}\leqslant b_{ij}$（一切 i,j），则有 $\boldsymbol{A}\leqslant\boldsymbol{B}$，又若 $\boldsymbol{A}\leqslant\boldsymbol{B}$，则有 $\boldsymbol{A}\cdot\boldsymbol{C}\leqslant\boldsymbol{B}\cdot\boldsymbol{C}$，$\boldsymbol{C}\cdot\boldsymbol{A}\leqslant\boldsymbol{C}\cdot\boldsymbol{B}$。

（五）模糊分类关系

模糊聚类分析是在模糊分类关系基础上进行分类的，从集合的概念出发，给出如下定义。

1. 乘积空间：将所研究样品的全体组成的集合作为全域记为 U，令 $X\times Y=\{(x,y)\mid x\in X, y\in Y\}$，其中 X,Y 分别为 U 中某一部分元素的全体称为 U 中的一个集合，而 $X\times Y$ 是由 X 与 Y 搭配起来所组成的集合记为 A，即 $A=X\times Y$，称 A 为 X 与 Y 的褶积（直积），其中的元素记为 (x,y) 也称为"序偶"，一般说来 $(x,y)\neq(y,x)$，显然所有 (x,y) 全体构成的集合就是 $X\times Y$，并称 $X\times Y$ 为 X 的全域乘积空间。

【例 9－1】 设全域 $U=\{a,b,c,d,e\}$，$X=\{c,e\}$，$Y=\{b,d\}$

则有：

$$X\times Y=\{(c,b),(c,d),(e,b),(e,d)\}$$
$$Y\times X=\{(b,c),(d,c),(b,e),(d,e)\}$$

它们既非 X 中的元素，也非 Y 中的元素，而是由 X 与 Y 搭配起来的新元素，这些新元素组成的集合记为 A，并记作 $A=X\times Y$。

【例 9－2】 设 R 是实数集，即 R 为：

$$R=\{x \mid -\infty<x<+\infty\}$$
$$R\times R=\{(x,y) \mid -\infty<x<+\infty, -\infty<y<+\infty\}$$

它就是整个平面，用 $R^2=R\times R$，它表示 R 和它自身的合成。

2. 设 A 为 $X\times Y$ 上的一个集合，且满足：

(1) 反射性：$(x_i,x_i)\in A$，则集合中每个元素和它自己同属一类；

(2) 对称性：$(x,y)\in A$，则 $(y,x)\in A$，即集合中 (x,y) 的元素同属于类 A 时，则 (y,x) 也同属于 A；

(3) 传递性：$(x,y)\in A$，$(y,z)\in A$，则有 $(x,z)\in A$。

这三条性质称为等价关系，满足这三条性质的集合 A 具有模糊分类关系。

(六) 模糊矩阵 $\boldsymbol{A}$ 的 λ 截距阵及模糊等价矩阵

定义 1：设 $\boldsymbol{A}=(a_{ij})_{n\times n}$ 为模糊矩阵，$0\leqslant\lambda\leqslant1$ 为一个给定的数，令

$$a_{ij}^{(\lambda)}=\begin{cases}1, & 若\ a_{ij}\geqslant\lambda \\ 0, & 若\ a_{ij}\leqslant\lambda\end{cases}\quad i,j=1,2\cdots n$$

则称矩阵 $\boldsymbol{A}_\lambda=[a_{ij}^{(\lambda)}]_{n\times n}$ 为 $\boldsymbol{A}$ 的 λ 截距阵，显然 $\boldsymbol{A}$ 的 λ 截距阵中的元素仅能是 0 或 1。

例如，

$$\boldsymbol{A}=\begin{pmatrix}1 & 0.7 & 0.9\\ 0.7 & 1 & 0.7\\ 0.9 & 0.7 & 1\end{pmatrix}$$

取 $\lambda=1$，则

$$\boldsymbol{A}_1=\begin{pmatrix}1 & 0 & 0\\ 0 & 1 & 0\\ 0 & 0 & 1\end{pmatrix}$$

取 $\lambda=0.9$，则

$$\boldsymbol{A}_{0.9}=\begin{pmatrix}1 & 0 & 1\\ 0 & 1 & 0\\ 1 & 0 & 1\end{pmatrix}$$

取 $\lambda=0.7$，则

$$\boldsymbol{A}_{0.7}=\begin{pmatrix}1 & 1 & 1\\ 1 & 1 & 1\\ 1 & 1 & 1\end{pmatrix}$$

定义 2：设 $\boldsymbol{A}=(a_{ij})_{n\times n}$ 为模糊矩阵，若满足：

(1) 反射性：$a_{ii}=1$

(2) 对称性：$a_{ij}=a_{ji}\quad(i,j=1,2,\cdots n)$

(3) 传递性：$\boldsymbol{A}\cdot\boldsymbol{A}=\boldsymbol{A}$

则称 $\boldsymbol{A}=(a_{ij})_{n\times n}$ 是一个模糊等价矩阵。

从定义中直接看出，反射性是矩阵的对角线上的元素全是 1，对称性是 $\boldsymbol{A}$ 为对称矩阵，即 $a_{ij}=a_{ji}$，而传递性却不容易直接看出，因此下面给出另外模糊等价矩阵定义。

设方阵 $\boldsymbol{A}$ 为一个模糊矩阵，若满足 $\boldsymbol{A}\cdot\boldsymbol{A}=\boldsymbol{A}$，则称 $\boldsymbol{A}$ 为模糊等价矩阵。

例如，下面写出的模糊矩阵 $\boldsymbol{A}$ 是一个模糊等价矩阵：

$$\boldsymbol{A}=\begin{pmatrix} 1 & 0.4 & 0.8 & 0.5 & 0.5 \\ 0.4 & 1 & 0.4 & 0.4 & 0.4 \\ 0.8 & 0.4 & 1 & 0.5 & 0.5 \\ 0.5 & 0.4 & 0.5 & 1 & 0.6 \\ 0.5 & 0.4 & 0.5 & 0.6 & 1 \end{pmatrix}$$

因为 $\boldsymbol{A}$ 满足反身性、对称性，而且经过验证也满足 $\boldsymbol{A}\cdot\boldsymbol{A}=\boldsymbol{A}$。

模糊等价矩阵及其 λ 截距阵是进行模糊聚类的核心部分。一般说来，不是所有模糊矩阵 $A=(a_{ij})$ 都具有等价性。如何将一个模糊矩阵转化为模糊等价矩阵，具体做法是：

计算 $\boldsymbol{A}^2\triangleq\boldsymbol{A}\cdot\boldsymbol{A}$，$\boldsymbol{A}^4\triangleq\boldsymbol{A}^2\cdot\boldsymbol{A}^2$，$\boldsymbol{A}^8\triangleq\boldsymbol{A}^4\cdot\boldsymbol{A}^4$，…，直到满足 $\boldsymbol{A}^{2k}=\boldsymbol{A}^k$。这时模糊矩阵 $\boldsymbol{A}^k$ 就是一个模糊等价矩阵，记为 $\widetilde{\boldsymbol{A}}=(\widetilde{a_{ij}})=\boldsymbol{A}^k$。

例如，

$$\boldsymbol{A}=\begin{pmatrix} 1 & & & & \\ 0.58 & 1 & & & \\ 0.58 & 0.60 & 1 & & \\ 0.58 & 0.39 & 0.44 & 1 & \\ 0.46 & 0.32 & 0.43 & 0.52 & 1 \end{pmatrix}$$

显然，满足自反性、对称性但不满足传递性，为了使 A 具有传递性，需要对 A 进行改造，因此对 A 进行褶积计算：

$$\boldsymbol{A}^2=\boldsymbol{A}\cdot\boldsymbol{A}=\begin{pmatrix} 1 & & & & \\ 0.58 & 1 & & & \\ 0.58 & 0.60 & 1 & & \\ 0.46 & 0.44 & 0.44 & 1 & \\ 0.46 & 0.46 & 0.46 & 0.52 & 1 \end{pmatrix}$$

$$\boldsymbol{A}^4=\boldsymbol{A}^2\cdot\boldsymbol{A}^2=\begin{pmatrix} 1 & & & & \\ 0.58 & 1 & & & \\ 0.58 & 0.60 & 1 & & \\ 0.46 & 0.46 & 0.46 & 1 & \\ 0.46 & 0.46 & 0.46 & 0.52 & 1 \end{pmatrix}$$

同理可得，$\boldsymbol{A}^8=\boldsymbol{A}^4\cdot\boldsymbol{A}^4=\boldsymbol{A}^4$，故 $\widetilde{\boldsymbol{A}}=\boldsymbol{A}^4$ 为模糊等价矩阵，由于上述矩阵是对称阵，只写出下三角形部分的元素。

二、模糊聚类方法

1. 基本思想

模糊聚类方法和一般聚类方法相似，先计算变量间相似矩阵或样品间的距离矩阵，将其元素压缩到 0 和 1 之间形成模糊矩阵，再进一步改造为模糊等价矩阵，最后取不同的水平 λ，得到不同的 λ 截矩阵，从而就可以得到不同的类。

计算步骤如下。

(1) 计算相似矩阵 R 或样品距离 D。

(2) 将 $R=(r_{ij})_{p\times p}$[或 $D=(d_{ij})_{n\times n}$]中的元素压缩到 0 与 1 之间形成模糊矩阵，统一记为

$A=(a_{ij})$，压缩的办法可作如下变换，例如对相似矩阵 $\boldsymbol{R}=(r_{ij})_{p\times p}$ 可令

$$a_{ij}=\frac{1}{2}(1+r_{ij}),\quad i,j=1,2,\cdots,p$$

对于距离矩阵 $\boldsymbol{D}=(d_{ij})_{n\times n}$，可令 $a_{ij}=1-\dfrac{d_{ij}}{1+\max\limits_{1\leqslant i,j\leqslant n}(d_n)}\quad i,j=1,2,\cdots n$。

(3) 建立模糊等价矩阵。

若模糊矩阵 $\mathbf{A}=(a_{ij})$ 不具有等价性，首先对模糊矩阵进行褶积将其转化为等价矩阵。

(4) 聚类。

首先将 $\widetilde{a_{ij}}$ 由大到小排列，然后从 $\lambda=1$ 开始沿着 $\widetilde{a_{ij}}$ 由大到小的次序依次取 $\lambda=\widetilde{a_{ij}}$，求出 $\widetilde{\mathbf{A}}$ 的相应的 λ 截矩阵 $\widetilde{\mathbf{A}_\lambda}$，其中元素为 1 的表示将其对应的两个样品(或变量)归为一类，随着 λ 的变小，其合并的类也越来越多，最终当 $\lambda=\min\limits_{1\leqslant i,j\leqslant n}(\widetilde{a_{ij}})$ 时，将全部样品(或变量)归为一类。

(5) 画出聚类图。

【例 9-3】 设给定五个样品的模糊等价矩阵

$$\widetilde{\mathbf{A}}=\begin{array}{c}\{1\}\\\{2\}\\\{3\}\\\{4\}\\\{5\}\end{array}\begin{array}{c}\begin{array}{ccccc}\{1\}&\{2\}&\{3\}&\{4\}&\{5\}\end{array}\\\begin{pmatrix}1&&&&\\0.48&1&&&\\0.62&0.48&1&&\\0.41&0.41&0.41&1&\\0.47&0.47&0.47&0.41&1\end{pmatrix}\end{array}$$

将其元素由大到小排列为：

1→0.62→0.48→0.47→0.41

下面根据 λ 由大到小取不同数值进行分类。

(1) 取 $\lambda=1$，得其 λ 截矩阵：

$$\widetilde{\mathbf{A}}_1=\begin{array}{c}\{1\}\\\{2\}\\\{3\}\\\{4\}\\\{5\}\end{array}\begin{array}{c}\begin{array}{ccccc}\{1\}&\{2\}&\{3\}&\{4\}&\{5\}\end{array}\\\begin{pmatrix}1&0&0&0&0\\0&1&0&0&0\\0&0&1&0&0\\0&0&0&1&0\\0&0&0&0&1\end{pmatrix}\end{array}$$

显然五个样品各自成一类，即{1}、{2}、{3}、{4}、{5}。

(2) 取 $\lambda=0.62$，得其 λ 截矩阵：

$$\widetilde{\mathbf{A}}_{0.62}=\begin{array}{c}\{1\}\\\{2\}\\\{3\}\\\{4\}\\\{5\}\end{array}\begin{array}{c}\begin{array}{ccccc}\{1\}&\{2\}&\{3\}&\{4\}&\{5\}\end{array}\\\begin{pmatrix}1&0&1&0&0\\0&1&0&0&0\\1&0&1&0&0\\0&0&0&1&0\\0&0&0&0&1\end{pmatrix}\end{array}$$

说明 $\lambda=0.62$ 时，将{1}、{3}归为一类，此时将五个样品分为四类，即{1,3}、{2}、{4}、{5}。

(3) 取 $\lambda=0.48$,得其 λ 截矩阵:

$$\widetilde{\boldsymbol{A}}_{0.48}=\begin{matrix} & \{1\} & \{2\} & \{3\} & \{4\} & \{5\} \\ \{1\} & 1 & 1 & 1 & 0 & 0 \\ \{2\} & 1 & 1 & 1 & 0 & 0 \\ \{3\} & 1 & 1 & 1 & 0 & 0 \\ \{4\} & 0 & 0 & 0 & 1 & 0 \\ \{5\} & 0 & 0 & 0 & 0 & 1 \end{matrix}$$

说明 $\lambda=0.48$ 时,将{1}、{2}、{3}归为一类,此时五个样品分为三类,即{1,2,3}、{4}、{5}。

(4) 取 $\lambda=0.47$,得其 λ 截矩阵:

$$\widetilde{\boldsymbol{A}}_{0.47}=\begin{matrix} & \{1\} & \{2\} & \{3\} & \{4\} & \{5\} \\ \{1\} & 1 & 1 & 1 & 0 & 1 \\ \{2\} & 1 & 1 & 1 & 0 & 1 \\ \{3\} & 1 & 1 & 1 & 0 & 1 \\ \{4\} & 0 & 0 & 0 & 1 & 0 \\ \{5\} & 1 & 1 & 1 & 0 & 1 \end{matrix}$$

显然{1}、{2}、{3}、{5}归为一类,此时将五个样品分为两类,即{1,2,3,5}、{4}。

(5) 取 $\lambda=0.41$,得其 λ 截矩阵:

$$\widetilde{\boldsymbol{A}}_{0.41}=\begin{matrix} & \{1\} & \{2\} & \{3\} & \{4\} & \{5\} \\ \{1\} & 1 & 1 & 1 & 1 & 1 \\ \{2\} & 1 & 1 & 1 & 1 & 1 \\ \{3\} & 1 & 1 & 1 & 1 & 1 \\ \{4\} & 1 & 1 & 1 & 1 & 1 \\ \{5\} & 1 & 1 & 1 & 1 & 1 \end{matrix}$$

这时,所有样品归为一类,即{1,2,3,4,5}。

聚类图如下:

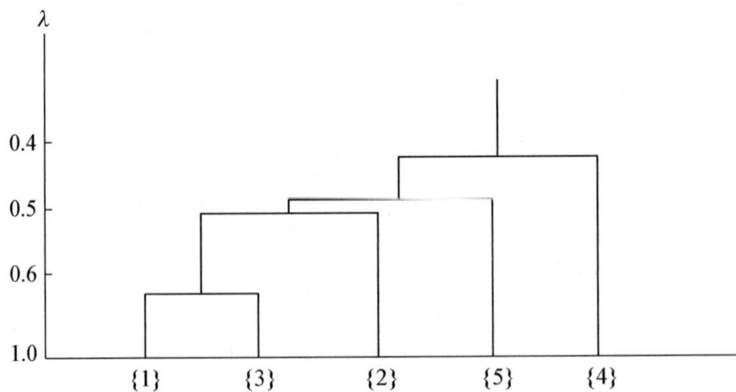

第四节　有序样品聚类法

一、什么是有序样品聚类法

系统聚类法，被分类的样品是相互独立的，分类时彼此是平等的。而有序样品分类法要求样品按一定的顺序排列，分类时是不能打乱次序的，即同一类样品必须是互相邻接的。比如要将新中国成立以来国民收入的情况划分为几个阶段，此阶段的划分必须依年份的顺序为依据，又如研究天气演变的历史时，样品是按从古到今的年代排列的，年代的次序也是不能打乱的。

如果用 $X_{(1)}\cdots X_{(n)}$ 表示 n 个有序的样品，则每一类必须是这样的形式：$\{X_{(i)},X_{(i+1)}\cdots X_{(i+k)}\}$，其中，$1\leqslant i\leqslant n,k\geqslant 0$ 且 $i+k\leqslant n$，即同一类样品必须是相互邻接的。研究这样分类问题称为有序样品的聚类法，该方法是由 Fisher 在 1958 年提出的。

有序样品的分类实质上是找一些分点，将有序样品划分为几个分段，每个分段看作一个类，所以分类也称为分割。显然分点取在不同的位置就可以得到不同的分割。通常寻找最好分割的一个依据就是使各段内部样品之间的差异最小，而各段样品之间的差异较大，所以有序样品聚类法又称为最优分割法。

二、最优分割法的计算步骤

设有序样品依次为 $X_{(1)},X_{(2)}\cdots X_{(n)}$ [$X_{(i)}$ 为 p 维向量]

1. 定义类的直径

设某一类 G 包含的样品有 $\{X_{(i)},X_{(i+1)}\cdots X_{(j)}\}(j>i)$，记：

$$\overline{X}_G=\frac{1}{j-i+1}\sum_{t=i}^{j}X_{(t)}$$

用 $D(i,j)$ 表示这一类的直径，常用的直径有：

$$D(i,j)=\sum_{t=i}^{j}[X_{(t)}-\overline{X}_G]'[X_{(t)}-\overline{X}_G]$$

当 $p=1$ 时，有时用直径为：

$$D(i,j)=\sum_{t=i}^{j}|X_{(t)}-\widetilde{X}_G|$$

其中，$\widetilde{X}_G$ 是这一类数据的中位数。

2. 定义分类的损失函数（或称目标函数、误差函数等）

用 $b(n,k)$ 表示将 n 个有序样品分为 k 类的某一种分法，常记分法 $b(n,k)$ 为：$\{x_{t_1},x_{t_1+1}\cdots x_{t_2-1}\},\{x_{t_2},x_{t_2+1}\cdots x_{t_3-1}\}\cdots\{x_{t_k},x_{t_k+1}\cdots x_n\}$ 或简记为：

$\{t_1,t_1+1\cdots t_2-1\},\{t_2,t_2+1\cdots t_3-1\}\cdots\{t_k,t_k+1\cdots n\}$

其中分点为：$1=t_1<t_2\cdots<t_k<n=t_{k+1}-1$，即如 $t_{k+1}=n+1$。

定义这种分类法的损失函数为：

$$L[b(n,k)]=\sum_{t=1}^{k}D(t_i,t_{i+1}-1)$$

当 n,k 固定时,$L[b(n,k)]$越小表示各类的离差平方和越小,分类是合理的。因此,要寻找一种分法 $b(n,k)$,使分类损失函数 L 达最小,记 $P(n,k)$是使 $L[b(n,k)]$达极小的分类法。

3. $L[b(n,k)]$的递推公式

Fisher 算法最核心的部分是利用以下两个递推公式:

$$L[b(n,2)]=\min_{2\leqslant j\leqslant n}\{D(1,j-1)+D(j,n)\}2\leqslant j\leqslant n$$

$$L[b(n,k)]=\min_{k\leqslant j\leqslant n}\{L[P(j-1,k-1)]+D(j,n)\}$$

以上两公式由定义即可证明。其中,第二式表示,若要找将 n 个样品分为 k 类的最优分割,应建立在将 $j-1$ 个样品分为 $k-1$ 类的最优分割基础上(这里 $j=2,3\cdots n$)。

4. 最优解求法

若分类数 $k(1<k<n)$,求分类法 $P(n,k)$使它在损失函数意义下达最小,其求法如下:

首先,找分点j_k使$L[P(n,k)]=L[P(j_k-1,k-1)]+D(j_k,n)$达最小,于是得第 k 类$G_k=\{j_k,j_k+1\cdots n\}$,然后,找$j_{k-1}$,使它满足 $L[P(j_{k-1}-1,k-1)]=L[P(j_{k-1}-1,k-2)]+D(j_{k-1},j_k-1)$得到第 $k-1$ 类$G_{k-1}=\{j_{k-1}\cdots j_k-1\}$,类似的方法依次可得到所有类$G_1,G_2\cdots G_k$,这就是所求的最优解,即 $P(n,k)=\{G_1,G_2\cdots G_k\}$。

总之,最优分割法分类的依据是离差平方和,而算法的核心部分是两个递推公式。

【例 9-4】 为了了解儿童的生长发育规律,今统计了男孩从出生到 11 岁每年平均增长的重量,如表 9-4。

表 9-4 1~11 岁平均增长的体重

年龄	1	2	3	4	5	6	7	8	9	10	11
增加体重(kg)	9.3	1.8	1.9	1.7	1.5	1.3	1.4	2.0	1.9	2.3	2.1

试问:男孩发育可分为几个阶段?

(1) 计算直径 $D(i,j)$,结果如表 9-5。

表 9-5 直径 $D(i,j)$

j \ i	1	2	3	4	5	6	7	8	9	10
2	28.125									
3	37.007	0.005								
4	42.208	0.020	0.020							
5	45.992	0.088	0.080	0.020						
6	49.128	0.232	0.20	0.080	0.020					
7	51.100	0.280	0.232	0.088	0.020	0.005				
8	51.529	0.417	0.393	0.308	0.290	0.287	0.180			
9	51.98	0.469	0.454	0.393	0.388	0.370	0.207	0.005		
10	52.029	0.802	0.800	0.774	0.773	0.708	0.420	0.087	0.080	
11	52.182	0.909	0.909	0.895	0.899	0.793	0.452	0.088	0.080	0.020

因每个样品只有一个指标即 p=1，所以，$D(i,j)=\sum_{t=1}^{k}(X_{(t)}-\overline{X}_G)$。

例如，计算 $D=(5,7)$，此时类 G 包含三个样品$\{X_{(5)},X_{(6)},X_{(7)}\}$，故有

$$\overline{X}_G=\frac{1}{3}(1.5+1.3+1.4)=1.4$$

$$D(5,7)=(1.5-1.4)^2+(1.3-1.4)^2+(1.4-1.4)^2=0.02$$

(2) 计算最小分类损失函数$\{L[P(l,k)],3\leqslant l\leqslant 11,2\leqslant k\leqslant 10\}$，即分别计算将 l 个样品分成 2 类、3 类……时，最优分割的损失函数所有结果列于表 9-6。

首先，计算$\{L[P(l,2)],3\leqslant z\leqslant 11\}$（即表 9-6 的第一列），如 $l=3$ 时，由递推方式可得：

$$\begin{aligned}L[P(3,2)]&=\min_{2\leqslant j\leqslant 3}\{L[D(1,j-1)]+D(j,3)\}\\&=\min[D(1,1)+D(2,3),D(1,2)+D(3,3)]\\&=\min(0+0.005,28.125+0)\\&=0.005\end{aligned}$$

它表示三个样品分为两类有两种可能分法：$\{1\}$，$\{2,3\}$或$\{1,2\}$，$\{3\}$，两种方法的最小损失函数为 0.005（即前一种分法）。因这个最小值在 $j=2$ 时达到，故记为 0.005(2)。

类似地，当 $l=4$ 时有：

$$\begin{aligned}L[P(4,2)]&=\min_{2\leqslant j\leqslant 4}\{L[D(1,j-1)]+D(j,4)\}\\&=\min[D(1,1)+D(2,4),D(1,2)+D(3,4),D(1,3)+D(4,4)]\\&=\min(0.020,28.145,37.007)\\&=0.020\end{aligned}$$

最小值在 $j=2$ 时达到，记为 $L[P(4,2)]=0.020(2)$，表 9-6 中 $k=2$ 那一列，括弧中的数字都是 2，表示对一切形如$\{X_{(1)},X_{(2)}\cdots X_{(l)}\}$$(3\leqslant l\leqslant 11)$的类，如欲分成两类都以$G_1=\{X_{(1)}\}$，$G_2=\{X_{(2)}\cdots X_{(l)}\}$的分法为最优，它使分类损失函数达到最小。

其次，计算$\{L[P(l,3)],4\leqslant l\leqslant 11\}$，如 $l=4$ 时由递推公式第二式和表 9-5、表 9-6 第一列可得：

$$\begin{aligned}L[P(4,3)]&=\min\{L[P(2,2)]+D(3,4),L[P(3,2)]+D(4,4)\}\\&=\min(0+0.020,0.005+0)\\&=0.005\end{aligned}$$

表 9-6 中，第二列($k=3$)的其余各项的计算方法也类似，对表 9-6 中 $k=4,5\cdots10$ 的其余各列的计算方法类似，各列括弧内数字含义同上。

表 9-6　最小分类损失函数 $L[P(l,k)]$

l \ k	2	3	4	5	6	7	8	9	10
3	0.005(2)								
4	0.020(2)	0.005(4)							
5	0.088(2)	0.020(5)	0.005(5)						
6	0.232(2)	0.040(5)	0.020(6)	0.005(6)					
7	0.280(2)	0.040(5)	0.025(6)	0.010(6)	0.005(6)				

（续表）

l \ k	2	3	4	5	6	7	8	9	10
8	0.417(2)	0.280(8)	0.040(8)	0.025(8)	0.010(8)	0.005(8)			
9	0.469(2)	0.285(8)	0.045(8)	0.030(8)	0.015(8)	0.010(3)	0.005(8)		
10	0.802(2)	0.367(8)	0.127(8)	0.045(10)	0.030(10)	0.015(10)	0.010(10)	0.005(8)	
11	0.909(2)	0.368(8)	0.128(8)	0.065(10)	0.045(11)	0.030(11)	0.015(11)	0.010(11)	0.005(11)

（3）求最优分类。

假如我们希望分成三类即 $k=3$，由表 9－6 最后一行查得 $L[P(11,3)]=0.368$，括号中数字是 8，这说明最优解的分类的损失函数是 0.368，分类时首先分出第三类 $G_3=\{X_{(8)}\sim X_{(11)}\}$，再对其余的 7 个样品考虑分为两类的最优法，查表 9－6 中 $L=7,k=2$ 的位置得：$L[P(7,2)]=0.280$，括号中数字是 2，故 $G_2=\{X_{(2)}\sim X_{(7)}\}$

$G_1=\{X_{(1)}\}$ 从而求得最优分类 $P(11,3)$：$\{X_{(1)}\},\{X_{(2)}\sim X_{(7)}\},\{X_{(8)}\sim X_{(11)}\}$，当 k 取其余值时，分类情况列于表 9－7。

表 9－7　分类情况

k	$L[P(11,k)]$	分类
1	52.182	{9.3,1.8,1.9,1.7,1.5,1.3,1.4,2.0,1.9,2.3,2.1}
2	0.909	{9.3},{1.8,1.9,1.7,1.5,1.3,1.4,2.0,1.9,2.3,2.1}
3	0.368	{9.3},{1.8,1.9,1.7,1.5,1.3,1.4},{2.0,1.9,2.3,2.1}
4	0.128	{9.3},{1.8,1.9,1.7},{1.5,1.3,1.4},{2.0,1.9,2.3,2.1}
5	0.065	{9.3},{1.8,1.9,1.7},{1.5,1.3,1.4},{2.0,1.9},{2.3,2.1}
6	0.045	{9.3},{1.8,1.9,1.7},{1.5,1.3,1.4},{2.0,1.9},{2.3},{2.1}
7	0.030	{9.3},{1.8,1.9},{1.7},{1.5,1.3,1.4},{2.0,1.9},{2.3},{2.1}
8	0.015	{9.3},{1.8,1.9},{1.7},{1.5},{1.3,1.4},{2.0,1.9},{2.3},{2.1}
9	0.010	{9.3},{1.8},{1.9},{1.7},{1.5},{1.3,1.4},{2.0,1.9},{2.3},{2.1}
10	0.005	{9.3},{1.8},{1.9},{1.7},{1.5},{1.3},{1.4},{2.0,1.9},{2.3},{2.1}
11	0.000	{9.3},{1.8},{1.9},{1.7},{1.5},{1.3},{1.4},{2.0},{1.9},{2.3},{2.1}

（4）决定 k。

如果从生理角度预先能定出 k 当然最好，这样从表 9－6 即可知道如何分类，有时事先不能确定 k，这时可作出 $L[P(n,k)]$ 随 k 变化的趋势图，此例图形（见图 9－4），我们看到曲线在 $k=3,4$ 处拐弯，以分三类或四类为好。

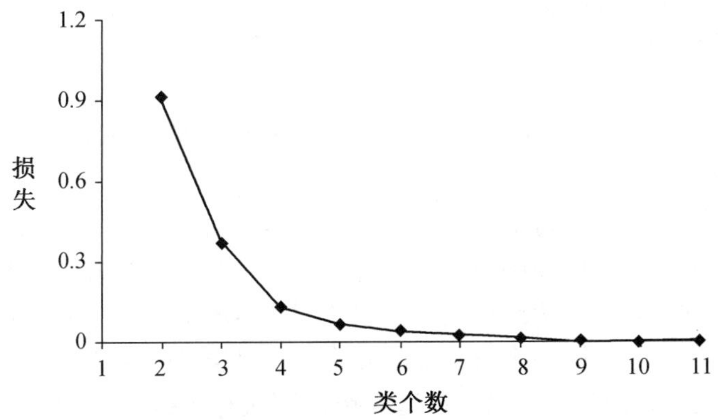

图 9-4　损失函数 $L[P(1,k)]$ 随 k 变化趋势图

上面给出的方法是通过 $L[P(n,k)]$ 对 k 作图，在曲线拐弯处决定 k。当曲线拐弯很平缓时，可以取值 k 很多，这时需要有其他的办法来定，比如均方比和特征根法(省略)。

第五节　动态聚类法

前面介绍的系统聚类法，在聚类过程中，样品(或变量)一旦划分到某个类以后就不能再变动了，也就是说在以后的继续分类中，它们就不可能再分人到两个不同的类里。特别是当样品(或变量)个数很多时，不仅计算量大而且存入的距离阵占用的空间也多，下面介绍的动态聚类法在聚类过程中可以弥补系统聚类法的不足，而且运行速度也快。

一、什么是动态聚类法

动态聚类方法很多，有按批修改法、逐个修改法等。动态聚类的不同方法主要以修改分类的不同原则来区分，它是先粗糙的进行预分类，然后再逐步调整直到满意为止。整个聚类过程如图 9-5。

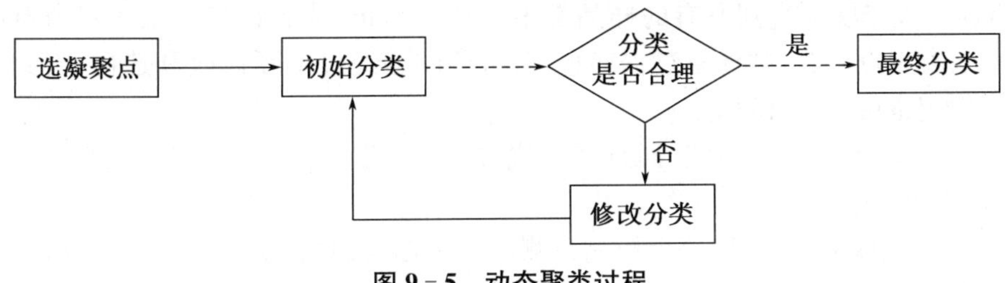

图 9-5　动态聚类过程

框图的每一部分，均有许多种处理方法，这些方法按框图组合，就得到各种动态聚类方法。

二、选择初始凝聚点和初始分类方法

所谓凝聚点就是一批被当成待形成类的中心的代表点

1. 通常选择初始凝聚点的方法

(1) 根据经验和专业知识人为的从所有样品中选择几个有代表性的样品作为初始凝聚点。

(2) 为克服主观因素的影响,可采用随机数表来选择,打算分成几类就从所有样品中选几个样品作为初始分类点。

(3) 密度法,取某个正数 d 为半径,在 n 维空间中,将落在以 d 为半径球内的样品数(不包括作为球心的样品)称为这个样品的密度。首先计算所有样品类的密度,然后选择密度最大的样品点作为第一凝聚点,并且人为地确定一个正数 D(一般 $D>d$),通常取 $D=2d$,其后再选出次大密度的样品点,若它与第一个凝聚点的距离大于 D,则将其作为第二个凝聚点,否则此样品点被取消,再选密度次于它的样品点,这样按密度大小依次考察,直到全部样品考察完毕为止,注意,此方法中 d 要给的合适,太大了使凝聚点太少,太小了使凝聚点太多。

(4) 凭经验,将全部样品人为地分成 K 类,计算每一类均值(重心),将这些均值(重心)作为初始凝聚点(目前比较常用的是这种方法)。

2. 通常选择初始分类的方法

(1) 根据专业知识或已有的经验粗略的将所有样品分成几类。

(2) 根据上述选择初始凝聚点方法,先确定几个初始凝聚点,然后将每个样品按与其距离最近凝聚点归类作为初始分类。

三、K-均值聚类法(*K*-means)

动态聚类方法很多,下面介绍的是目前较为流行的 K-均值聚类法,它是由麦卡因(MacQuean)于 1967 年提出来的,具体计算步骤如下。

(1) 选择初始凝聚点和初始分类,比如取 K 个初始凝聚点,将 n 个样品(或变量)初始分成 K 类。

(2) 计算初始 K 个类均值(重心),然后对所有样品逐一计算它到初始 K 类的距离(通常用欧氏距离作为样品到凝聚点的距离),若某样品到它原来所在类的距离最近,则它仍在原类,否则将它移动到和它距离最近的那一类,并重新计算失去该样品的那个类重心以及接收该样品的那个类的重心,即再重新计算每一类的均值(重心)作为该类的凝聚点。

(3) 重新计算步骤 2 直到所有的样品都不能移动为止,或者说如果某一步所有的新凝聚点与前一次老凝聚点重合,则计算过程终止,对有些问题经过不断修改和迭代,直到分类比较合理或迭代稳定也可终止计算。

由于初始分类数 K 事先给定,而且在迭代过程中不断计算类的均值(重心),故称这个聚类法为 K-均值聚类法。

【例 9-5】 抽取 5 个样品,每个样品只测一个指标,其测量值是:1,2,3.5,6,9,试用动态聚类法对五个样品的观测值 1,2,3.5,6,9 进行分类。

(1) 选凝聚点,此处用密度法取 $d=2,D=4$,利用欧氏距离算出各样品点的密度如下。

样品	$X_{(1)}$	$X_{(2)}$	$X_{(3)}$	$X_{(4)}$	$X_{(5)}$
密度	1	2	1	0	0

第一个凝聚点选 $X_{(2)}$,因 $X_{(2)}$,密度最大,而 $X_{(1)}$,$X_{(3)}$,与 $X_{(3)}$ 的距离小于 D;第二个凝聚点

选$X_{(4)}$；第三个凝聚点选$X_{(5)}$。

(2) 初始分类：按最小距离原则，将所有样品归类，结果是，

$$G_1^{(0)}=\{x_{(2)}、x_{(1)}、x_{(3)}\},G_2^{(0)}=\{x_{(4)}\},G_3^{(0)}=\{x_{(5)}\}$$

(3) 计算初始分类的各类均值（重心）

它们的均值分别为：2.16、6、9，再以它们作为新凝聚点，按最小距离原则归类，结果是，

$$G_1^{(1)}=\{x_{(2)}、x_{(1)}、x_{(3)}\},G_2^{(1)}=\{x_{(4)}\},G_3^{(1)}=\{x_{(5)}\}$$

此三类的均值仍然为：2.16，6，9，因此计算过程终止，最终分类就是$G_i^{(1)}$，$i=1,2,3$。

第九章小结与阅读资料

思考与练习

一、思考题

1. 什么是 Q 型聚类，其聚类的主要统计量是什么？
2. 什么是 R 型聚类，其聚类的主要统计量是什么？
3. 聚类分析中距离的含义是什么？具体有哪几种类型？
4. 系统聚类与动态聚类在使用上有何异同？
5. 什么是模糊聚类？模糊聚类法适用的问题类型是什么？

二、分析题

1. 环境区域的污染情况由污染物在 4 个要素中的含量超标程度来衡量。设这 5 个环境区域的污染数据为 $x_1=(80,10,6,2)$，$x_2=(50,1,6,4)$，$x_3=(90,6,4,6)$，$x_4=(40,5,7,3)$，$x_5=(10,1,2,4)$，试用模糊传递闭包法对 X 进行分类。

2. 对 10 位应聘者做智能检验。3 项指标 X，Y 和 Z 分别表示数学推理能力，空间想象能力和语言理解能力。其得分如下，选择合适的统计方法对应聘者进行分类。

应聘者	1	2	3	4	5	6	7	8	9	10
X	28	18	11	21	26	20	16	14	24	22
Y	29	23	22	23	29	23	22	23	29	27
Z	28	18	16	22	26	22	22	24	24	24

3. 查阅《中国统计年鉴》或利用国家统计局网站资料，分别利用系统聚类和动态聚类对 2014 年我国 31 个省市自治区规模以上工业企业的经济效益进行分类。

第十章　主成分分析与因子分析

【学习目标】

1. 理解主成分分析和因子分析的基本概念及其之间的关系；
2. 在进行主成分分析时，掌握样品协方差矩阵特征值及相应的正交单位化特征向量意义；
3. 在进行主成分分析及因子分析时，能合理确定主成分或主因子；
4. 能利用因子转换方法，合理界定不同因子的实际意义。

引导案例

主成分的概念最早由英国生物统计学家 Karl Pearson 在 1901 年提出，但当时仅限于非随机变量的讨论，之后由霍特林(Hotelling)于 1933 年将其扩展到随机变量。

在众多领域的研究中，人们为了避免遗漏重要的信息，往往选取与之有关的较多的指标进行分析，这些“指标”在多元统计中也称作“变量”。例如在评价企业的经营业绩时，要考虑许多指标，如利润、产值、产品数量、产品质量、固定资产、流动资产等。若要全部列出，也许可以有几十个指标。但选取的变量过多，不但会增加计算量，使本来不复杂的现象变得复杂，而且有可能造成信息的重叠即变量之间可能高度相关，这样会给问题分析和解释带来困难，甚至会影响最终统计分析的结果。主成分分析正是解决上述问题的一种行之有效的方法。主成分分析(principal components analysis)是利用降维的思想，在力保数据信息损失最少的原则下，把多个指标转化为少数几个综合指标的一种对多变量数据进行最佳综合简化的多元统计方法。也就是说，将原来的高维空间的问题转化为低维空间来处理，显然，问题会变得简单些。在主成分分析中，通常将转化生成的综合指标称为“主成分”。主成分是原始变量的线性组合，且主成分之间互不相关。这样，只需考虑少数几个主成分研究复杂问题，既不丢掉原始数据主要信息，又容易抓住主要矛盾，避开变量之间共线性的问题，便于进一步分析，提高分析效率。

因子分析(Factor Analysis)是主成分分析的推广，它也是利用降维的思想，从研究原始变量相关矩阵出发，把一些具有错综复杂关系的变量归结为少数几个综合因子的一种多变量的统计分析方法。“因子分析”的名称于 1931 年由 Thurstone 首次提出，但它的概念起源于 1904 年著名统计学家斯皮尔曼发表的一篇研究人的智力的定义和测量的文章。他对某学校的 33 个学生的 6 门课(古典语，法语，英语，数学，判别和音乐)的成绩进行了分析，从这 6 门课成绩的样本相关系数入手，得出了仅有一个公因子的因子模式，这个公因子可被解释为“一般智力”，它对所有课程的成绩都有贡献，但对不同课程的贡献程度又是不相同的。之后，开始了因子分析的理论及它在心理学，教育学领域的应用研究。

因子分析的基本思想是，在保证数据信息丢失最少的原则下，利用降维的思想，它通过研究众多变量之间的内部依赖关系，从原始变量的相关矩阵出发，找出这些真正相关的变量，并把相关性较强的变量归为一类，最终形成几类假想变量，不同类间变量的相关性则较低。每类变量代表了一个“公共因子”，即一种内外结构，因子分析就是寻找该结构，并解释每个因子的含义。这里的假想变量是不可观测的潜在变量，能够反映原来众多变量的主要信息。如“智力”、“爱好”、“商店环境”、“服务质量”等都是测量不了的。因子分析正是利用这些潜在变量或本质因子(基本特征)去解释可观测的原始变量的一种工具。换而言之，因子分析是希望在一组有相关性的数据中，将原来的高维变量空间降维处理为低维变量空间，而这个低维变量空间是由新的因子构成的。显然，变量个数越少，处理起问题越容易。

因子分析主要功能是简化数据，探测数据的基本结构。目的是分解原始变量，从中归纳“潜在类别”，并把原始变量分解成两部分之和的形式：一部分是少数几个共同因子的线性组合，另一部分是与因子无关的特殊因子。除此之外，因子分析还可以利用提炼出的少数几个公共因子代替原始变量进行回归分析、聚类分析、判别分析等。

对比因子分析和主要成分分析，可以发现两者都是处理多变量的一种统计方法，都可以达到对数据简化的目的。但两者又有很大的不同。主要成分分析仅仅是变量变换，找出原始变量的线性组合，其功能是简化原有的变量，强调的是解释数据变异的能力，适合作数据简化，模型中没有误差项，“主要成分”是作指标用的，一般找不到实际意义；而因子分析要寻找变量内部的相关性及潜在的公共因子，其功能在于解释原始变量之间的关系，强调的是变量之间的相关性，适合检测数据结构；模型中有误差项，以潜在的假想变量和随机影响变量的线性组合表示原始变量；一般需要进行旋转才能对因子进行命名与解释，公因子一般有实际意义。

因子分析可以用来研究变量之间的相关关系，称之为 R 型因子分析；也可以用来研究样品间的相关关系，称之为 Q 型因子分析。从全部计算过程看，R 型因子分析和 Q 型因子分析是一样的，只不过出发点不同：R 型因子分析从变量间的相关系数矩阵出发，而 Q 型因子分析从样品间的相似系数矩阵出发，针对的是同一观测数据，可以根据所要求的目的决定采用哪一类的因子分析。

第一节　主成分分析

一、总体主成分

(一) 定义

设 $X_1, X_2, \cdots, X_p$ 为某实际问题所涉及的 p 个随机变量。记 $X=(X_1, X_2, \cdots, X_p)^T$，其协方差矩阵为：

$$\sum = (\sigma_{ij})_{p\times p} = E\{[X-E(X)][X-E(X)]^{\mathrm{T}}\}$$

它是一个 p 阶非负定矩阵。设

$$\begin{cases} Y_1 = l_1^{\mathrm{T}}X = l_{11}X_1 + l_{12}X_2 + \cdots + l_{1p}X_p \\ Y_2 = l_2^{\mathrm{T}}X = l_{21}X_1 + l_{22}X_2 + \cdots + l_{2p}X_p \\ \cdots \\ Y_p = l_p^{\mathrm{T}}X = l_{p1}X_1 + l_{p2}X_2 + \cdots + l_{pp}X_p \end{cases} \tag{10-1}$$

则有，

$$\mathrm{Var}(Y_i)=\mathrm{Var}(l_i^{\mathrm{T}}X)=l_i^{\mathrm{T}}\sum l_i,\quad i=1,2,\cdots,p,$$

$$\mathrm{Cov}(Y_i,Y_j)=\mathrm{Cov}(l_i^{\mathrm{T}}X,l_j^{\mathrm{T}}X)=l_i^{\mathrm{T}}\sum l_j,\quad j=1,2,\cdots,p \tag{10-2}$$

第 i 个主成分。一般地，在约束条件 $l_i^{\mathrm{T}}l_i=1$ 及 $\mathrm{Cov}(Y_i,Y_k)=l_i^{\mathrm{T}}\sum l_k=0,k=1,2,\cdots,i-1$ 下，使 $\mathrm{Var}(Y_i)$ 达到最大的 l_i 所确定的 $Y_i=l_i^{\mathrm{T}}X$，称 Y_i 为 $X_1,X_2,\cdots,X_p$ 的第 i 个主成分。

（二）总体主成分的计算

设 $\sum$ 是 $X=(X_1,X_2,\cdots,X_p)^{\mathrm{T}}$ 的协方差矩阵，$\sum$ 的特征值及相应的正交单位化特征向量分别为 $\lambda_1\geqslant\lambda_2\geqslant\cdots\geqslant\lambda_p\geqslant0$ 及 $e_1,e_2,\cdots,e_p$，则 X 的第 i 个主成分为：

$$Y_i=e_i^{\mathrm{T}}X=e_{i1}X_1+e_{i2}X_2+\cdots+e_{ip}X_p,\quad i=1,2,\cdots,p \tag{10-3}$$

此时，

$$\begin{cases}\mathrm{Var}(Y_i)=e_i^{\mathrm{T}}\sum e_i=\lambda_i, & i=1,2,\cdots,p\\ \mathrm{Cov}(Y_i,Y_k)=e_i^{\mathrm{T}}\sum e_k=0, & i\neq k\end{cases}$$

（三）总体主成分的性质

1. 主成分的协方差矩阵及总方差

记 $Y=(Y_1,Y_2\cdots Y_p)^{\mathrm{T}}$ 为主成分向量，则 $Y=P^{\mathrm{T}}X$，其中 $P=(e_1,e_2\cdots e_p)$，且

$$\mathrm{Cov}(Y)=\mathrm{Cov}(P^{\mathrm{T}}X)=P^{\mathrm{T}}\sum P=\mathrm{Diag}(\lambda_1,\lambda_2\cdots\lambda_p)$$

由此得主成分的总方差为：

$$\sum_{i=1}^{p}\mathrm{Var}(Y_i)=\sum_{i=1}^{p}\lambda_i=tr(P^{\mathrm{T}}\sum P)=tr(\sum PP^{\mathrm{T}})=tr(\sum)=\sum_{i=1}^{p}\mathrm{Var}(X_i)$$

即主成分分析是把 p 个原始变量 $X_1,X_2\cdots X_p$ 的总方差 $\sum\limits_{i=1}^{p}\mathrm{Var}(X_i)$ 分解成 p 个互不相关变量 $Y_1,Y_2\cdots Y_p$ 的方差之和，即 $\sum\limits_{i=1}^{p}\mathrm{Var}(Y_i)$（其中 $\mathrm{Var}(Y_k)=\lambda_k$）。

显然，第 k 个主成分的贡献率为：$\dfrac{\lambda_i}{\sum\limits_{i=1}^{p}\lambda_i}$

从而，前 m 个主成分累计贡献率为：$\dfrac{\sum\limits_{i=1}^{m}\lambda_i}{\sum\limits_{i=1}^{p}\lambda_i}$。

它表明前 m 个主成分 $Y_1,Y_2\cdots Y_m$ 综合提供 $X_1,X_2\cdots X_p$ 中信息的能力。

2. 主成分 Y_i 与变量 X_j 的相关系数

由于 $Y=P^{\mathrm{T}}X$，故 $X=PY$，从而

$$X_j=e_{1j}Y_1+e_{2j}Y_2+\cdots+e_{pj}Y_p$$

$$\mathrm{Cov}(Y_i,X_j)=\lambda_ie_{ij}$$

由此可得 Y_i 与 X_j 的相关系数为

$$\rho_{Y_i,X_j}=\frac{\mathrm{Cov}(Y_i,X_j)}{\sqrt{\mathrm{Var}(Y_i)}\sqrt{\mathrm{Var}(X_j)}}=\frac{\lambda_ie_{ij}}{\sqrt{\lambda_i}\sqrt{\sigma_{jj}}}=\frac{\sqrt{\lambda_i}}{\sqrt{\sigma_{jj}}}e_{ij} \tag{10-4}$$

（四）标准化变量的主成分

在实际问题中，不同的变量往往有不同的量纲，由于不同的量纲会引起各变量取值的分散程度差异较大，这时总体方差则主要受方差较大的变量的控制。为了消除由于量纲的不同可能带来的影响，常采用变量标准化的方法，即令：

$$X_i^* = \frac{X_i - \mu_i}{\sqrt{\sigma_{ii}}}, \quad i=1,2\cdots p \tag{10-5}$$

其中 $\mu_i = E(X_i)$，$\sigma_{ii} = \mathrm{Var}(X_i)$。

这时 $X^* = (X_1^*, X_2^* \cdots X_p^*)^{\mathrm{T}}$ 的协方差矩阵便是 $X = (X_1, X_2 \cdots X_p)^{\mathrm{T}}$ 的相关矩阵 $\rho = (\rho_{ij})_{p\times p}$，其中：

$$\rho_{ij} = E(X_i^* X_j^*) = \frac{\mathrm{Cov}(X_i, X_j)}{\sqrt{\sigma_{ii}\sigma_{jj}}} \tag{10-6}$$

利用 X 的相关矩阵 ρ 作主成分分析，有如下结论：

设 $X^* = (X_1^*, X_2^* \cdots X_p^*)^{\mathrm{T}}$ 为标准化的随机向量，其协方差矩阵（即 X 的相关矩阵）为 ρ，则 X^* 的第 i 个主成分为：

$$Y_i^* = (e_i^*)^{\mathrm{T}} X^* = e_{i1}^* \frac{X_1 - \mu_1}{\sqrt{\sigma_{11}}} + e_{i2}^* \frac{X_2 - \mu_2}{\sqrt{\sigma_{22}}} + \cdots + e_{ip}^* \frac{X_p - \mu_p}{\sqrt{\sigma_{pp}}}, i=1,2\cdots p \tag{10-7}$$

并且，

$$\sum_{i=1}^{p} \mathrm{Var}(Y_i^*) = \sum_{i=1}^{p} \lambda_i^* = \sum_{i=1}^{p} \mathrm{Var}(X_i^*) = p \tag{10-8}$$

其中 $\lambda_1^* \geqslant \lambda_2^* \geqslant \cdots \geqslant \lambda_p^* \geqslant 0$ 为 ρ 的特征值，$e_i^* = (e_{i1}^*, e_{i2}^*, \cdots e_{ip}^*)^{\mathrm{T}}$ 为相应于特征值 λ_i^* 的正交单位特征向量。

第 i 个主成分的贡献率：$\dfrac{\lambda_i^*}{p}$；

前 m 个主成分的累计贡献率：$\dfrac{\sum_{i=1}^{m} \lambda_i^*}{p}$；

Y_i^* 与 X_i^* 的相关系数为 $\rho_{Y_i^*, X_j^*} = \sqrt{\lambda_i^*} e_{ij}^*$。

二、样本主成分

前面讨论的是总体主成分，但在实际问题中，一般 $\sum$（或 ρ）是未知的，需要通过样本来估计。设：

$$x_i = (x_{i1}, x_{i2} \cdots x_{ip})^{\mathrm{T}}, \quad i=1,2\cdots n$$

为取自 $X = (X_1, X_2 \cdots X_p)^{\mathrm{T}}$ 的一个容量为 n 的简单随机样本，则样本协方差矩阵及样本相关矩阵分别为：

$$\begin{aligned} S &= (s_{ij})_{p\times p} = \frac{1}{n-1}\sum_{k=1}^{n}(x_k - \bar{x})(x_k - \bar{x})^{\mathrm{T}} \\ R &= (r_{ij})_{p\times p} = \left(\frac{s_{ij}}{\sqrt{s_{ii}s_{jj}}}\right) \end{aligned} \tag{10-9}$$

其中

$$\bar{x}=(\bar{x}_1,\bar{x}_2,\cdots,\bar{x}_p)^{\mathrm{T}},\bar{x}_j=\frac{1}{n}\sum_{i=1}^{n}x_{ij},\quad j=1,2,\cdots,p,$$

$$s_{ij}=\frac{1}{n-1}\sum_{k=1}^{n}(x_{ki}-\bar{x}_i)(x_{kj}-\bar{x}_j),\quad i,j=1,2,\cdots,p.$$

分别以 S 和 R 作为 $\sum$ 和 ρ 的估计，然后按总体主成分分析的方法作样本主成分分析。

【例 10-1】 某市为了全面分析机械类个企业的经济效益，选择了 8 个不同的利润指标，14 企业关于这 8 个指标的统计数据如下表所示，试进行主成分分析。

表 10-1　14 家企业的利润指标的统计数据

变量 企业 序号	净产值利润率(%) x_{i1}	固定资产利润率(%) x_{i2}	总产值利润率(%) x_{i2}	销售收入利润率(%) x_{i3}	产品成本利润率(%) x_{i5}	物耗利润率(%) x_{i6}	人均利润 x_{i7} (千元/人)	流动资金利润率(%) x_{i8}
1	40.4	24.7	7.2	6.1	8.3	8.7	2.442	20.0
2	25.0	12.7	11.2	11.0	12.9	20.2	3.542	9.1
3	13.2	3.3	3.9	4.3	4.4	5.5	0.578	3.6
4	22.3	6.7	5.6	3.7	6.0	7.4	0.176	7.3
5	34.3	11.8	7.1	7.1	8.0	8.9	1.726	27.5
6	35.6	12.5	16.4	16.7	22.8	29.3	3.017	26.6
7	22.0	7.8	9.9	10.2	12.6	17.6	0.847	10.6
8	48.4	13.4	10.9	9.9	10.9	13.9	1.772	17.8
9	40.6	19.1	19.8	19.0	29.7	39.6	2.449	35.8
10	24.8	8.0	9.8	8.9	11.9	16.2	0.789	13.7
11	12.5	9.7	4.2	4.2	4.6	6.5	0.874	3.9
12	1.8	0.6	0.7	0.7	0.8	1.1	0.056	1.0
13	32.3	13.9	9.4	8.3	9.8	13.3	2.126	17.1
14	38.5	9.1	11.3	9.5	12.2	16.4	1.327	11.6

样本均值向量为：

$$\bar{x}=(27.979\quad 10.950\quad 9.100\quad 8.543\quad 11.064\quad 14.614\quad 1.552\quad 14.686)^{\mathrm{T}},$$

样本协方差矩阵为：

$$S=\begin{bmatrix} 168.333 & 60.357 & 45.757 & 41.215 & 57.906 & 71.672 & 8.602 & 101.620 \\ & 37.207 & 16.825 & 15.505 & 23.535 & 29.029 & 4.785 & 44.023 \\ & & 24.843 & 24.335 & 36.478 & 49.278 & 3.629 & 39.410 \\ & & & 24.423 & 36.283 & 49.146 & 3.675 & 38.718 \\ & & & & 56.046 & 75.404 & 5.002 & 59.723 \\ & & & & & 103.018 & 6.821 & 74.523 \\ & & & & & & 1.137 & 6.722 \\ & & & & & & & 102.707 \end{bmatrix}$$

由于 S 中主对角线元素差异较大，因此我们从样本相关矩阵 R 出发进行主成分分析。样本相关矩阵 R 为：

$$R=\begin{bmatrix} 1 & 0.762\,66 & 0.707\,85 & 0.642\,81 & 0.596\,17 & 0.544\,26 & 0.621\,78 & 0.772\,85 \\ & 1 & 0.223\,41 & 0.514\,34 & 0.515\,38 & 0.468\,88 & 0.735\,62 & 0.712\,14 \\ & & 1 & 0.987\,93 & 0.977\,6 & 0.974\,09 & 0.682\,82 & 0.780\,19 \\ & & & 1 & 0.980\,71 & 0.979\,8 & 0.697\,35 & 0.773\,06 \\ & & & & 1 & 99\,235 & 0.626\,63 & 0.787\,18 \\ & & & & & 1 & 0.630\,3 & 0.724\,49 \\ & & & & & & 1 & 0.622\,02 \\ & & & & & & & 1 \end{bmatrix}$$

矩阵 R 的特征值及相应的特征向量分别为(如表 10－2)：

表 10－2　矩阵 R 特征值及其对应特征向量

特征值	特征向量							
6.136 6	0.321 13	0.295 16	0.389 12	0.384 72	0.379 55	0.370 87	0.319 96	0.355 46
1.042 1	−0.415 1	−0.597 66	0.229 74	0.278 69	0.316 32	0.371 51	−0.278 14	−0.156 84
0.435 95	−0.451 23	0.103 03	−0.039 895	0.053 874	−0.037 292	0.075 186	0.770 59	−0.424 78
0.220 37	−0.668 17	0.363 36	−0.225 96	−0.110 81	0.148 74	0.069 353	−0.134 95	0.559 49
0.151 91	−0.038 217	0.624 35	0.122 73	−0.036 909	0.159 28	0.210 62	−0.430 06	−0.581 05
0.008 827 4	−0.101 67	0.135 84	−0.158 11	0.862 26	−0.252 04	−0.345 06	−0.139 34	−0.026 557
0.002 962 4	0.159 6	−0.061 134	−0.539 66	0.046 606	0.760 9	−0.278 09	0.062 03	−0.131 26
0.001 223 8	0.192 95	−0.031 987	−0.641 76	0.110 02	−0.253 97	0.687 91	−0.006 045	−0.005 403 1

R 的特征值及贡献率，见下表 10－3。

表 10－3　R 的特征值及贡献率

特征值	贡献率(%)	累计贡献率(%)
6.136 6	0.767 08	0.767 08
1.042 1	0.130 27	0.897 34
0.435 95	0.054 494	0.951 84
0.220 37	0.027 547	0.979 38
0.151 91	0.018 988	0.998 37
0.008 827 4	0.001 103 4	0.999 48
0.002 962 4	0.000 370 3	0.999 85
0.001 223 8	0.000 152 97	1

前 3 个标准化样本主成分类及贡献率已达到 95.184%，故只需取前三个主成分即可。前 3 个标准化样本主成分中各标准化变量 $x_i^*=\dfrac{x_i-\overline{X}_i}{\sqrt{s_{ii}}}(i=1,2,\cdots 8)$前的系数即为对应特征向

量，由此得到3个标准化样本主成分为：

$$\begin{cases} y_1 = 0.321\,13x_1^* + 0.295\,16x_2^* + 0.389\,12x_3^* + 0.384\,72x_4^* + 0.379\,55x_5^* + \\ \quad 0.370\,87x_6^* + 0.319\,96x_7^* + 0.355\,46x_8^* \\ y_2 = -0.415\,1x_1^* - 0.597\,66x_2^* + 0.229\,74x_3^* + 0.278\,69x_4^* + 0.316\,32x_5^* + \\ \quad 0.371\,51x_6^* - 0.278\,14x_7^* - 0.156\,84x_8^* \\ y_3 = -0.451\,23x_1^* + 0.103\,03x_2^* - 0.039\,895x_3^* + 0.053\,874x_4^* - 0.037\,292x_5^* + \\ \quad 0.075\,186x_6^* + 0.770\,59x_7^* - 0.424\,78x_8^* \end{cases}$$

注意到，y_1近似是8个标准化变量 $x_i^* = \frac{x_i - \bar{x}_i}{\sqrt{s_{ii}}}$（$i=1,2,\cdots 8$）的等权重之和，是反映各企业总效应大小的综合指标，y_1的值越大，则企业的效益越好。由于y_1的贡献率高达76.708%，故若用y_1的得分值对各企业进行排序，能从整体上反映企业之间的效应差别。将S中s_{ii}的值及$\bar{x}$中各$\bar{x}_i$的值以及各企业关于x_i的观测值代入y_1的表达式中，可求得各企业y_1的得分及其按其得分由大到小的排序结果（表10－4）。

表10－4　企业得分

企业序号	12	4	3	11	10	7	14	5	8	13	1	2	6	9
得分	−0.974	−0.649	−0.627	−0.486	−0.219	−0.189	−0.005	0.017	0.177	0.189	0.294	0.653	0.856	0.963

所以，第9家企业的效益最好，第12家企业的效益最差。

第二节　因子分析

一、因子分析的一般模型

（一）因子分析的数学模型

$$\begin{cases} x_1 = a_{11}f_1 + a_{12}f_2 + \cdots + a_{1m}f_m + \varepsilon_1 \\ x_2 = a_{21}f_1 + a_{22}f_2 + \cdots + a_{2m}f_m + \varepsilon_2 \\ \cdots \\ x_p = a_{p1}f_1 + a_{p2}f_2 + \cdots + a_{pm}f_m + \varepsilon_p \end{cases} \tag{10-10}$$

式中，$f_1, f_2, \cdots f_m$（$m \leqslant p$）称为公因子（common factor）；a_{ij}称为因子载荷（factor loadings），反映了x_{ij}和f_{ij}之间的相关程度；ε_i称为特殊因子（unique factor），是不能被前m个公共因子包含的部分，代表共因子以外的其他因素影响，实际分析时可以忽略不计。以上模型也可以表示为矩阵形式

$$X = AF + \varepsilon \tag{10-11}$$

式中，$A=(a_{ij})_{p\times m}$为因子载荷矩阵，公因子向量$F=(f_1, f_2, \cdots f_m)'$是不可观测的$m$维列向量，并假定：

(1) $E(F)=0$，$\text{var}(F)=I_m$，即各因子的均值为0，标准差为1，且公因子之间相互独立；

(2) $E(\varepsilon)=0$，$\mathrm{var}(\varepsilon)=\Phi=\mathrm{diag}(\Phi_1,\Phi_2,\cdots\Phi_p)$，即 ε_i 之间相互独立，且均值为 0，标准差为 Φ_i；

(3) $\mathrm{cov}(F,\varepsilon)=0$，即 $\mathrm{cov}(f_j,\varepsilon_i)=0$，$i\neq j$，公因子与特殊因子之间也是相互独立的。

模型(10－11)也称为正交因子模型，因为它假定公因子之间相互独立。从几何意义来理解，F 可视为高维空间中相互垂直的 m 个坐标轴。若把 x_i 看成是 m 维空间中的一个向量，则 a_{ij} 表示 x_i 在坐标轴 f_j 上的投影。

（二）因子分析模型与回归模型的比较

将式(10－10)与回归分析模型：

$$y_i=\beta_0+x_{i1}\beta_1+x_{i2}\beta_2+\cdots+x_{ip}\beta_p+\varepsilon_i,\quad i=1,2,\cdots n$$

作比较，可以发现两者形式上很类似，如特殊因子 ε_i 类似于回归模型中的误差项，a_{ij} 类似于回归模型中的标准回归系数(数据标准化处理后建立的回归方程的回归系数)。但参数的意义与"自变量"的性质却不相同，它们的不同之处列在表 10－5 中。

表 10－5　因子分子模型与回归分析模型的比价

	因子分析模型	回归分析模型
待估参数	因子载荷 a_{ij}	回归系数 β_i
"自变量"的性质	f_i 是不可观测的潜在变量	x_i 是可观测的显变量
"自变量"个数的特点	m 是未知的	p 是已知的
"自变量"之间的关系	相互独立	可能相关

（三）因子分析模型的性质

根据模型(10－11)及相关设定，可以得到

$$\begin{aligned}\mathrm{var}(X)\triangleq\sum&=\mathrm{var}(AF+\varepsilon)\\&=E(AF+\varepsilon)(AF+\varepsilon)'=AE(FF')A'\pm E(\varepsilon\varepsilon')\\&=A\mathrm{var}(F)A'+\mathrm{var}(\varepsilon)=AA'+\Phi\end{aligned}$$

也就是说，在正交因子模型的假定下，随机向量 X 的协方差矩阵 $\sum$ 可分解成两部分。应该注意，这种分解并不是唯一的。设 T 为一个 $m\times m$ 正交矩阵，则 $TT'=T'T=I$。于是：

$$\sum=ATT'F+\Phi=AF+\Phi$$

若令 $A^*=AT$，$F^*=T'F$，则模型(10－11)可表示为

$$X=A^*F^*+\varepsilon \tag{10－12}$$

且满足因子模型的条件：

(1) $E(F^*)=E(T'F)=T'E(F)=0$，$\mathrm{var}(F^*)=\mathrm{var}(T'F)=T'\mathrm{var}(F)T=I_m$；

(2) $E(\varepsilon)=0$，$\mathrm{var}(\varepsilon)=\mathrm{diag}(\Phi_1,\Phi_2,\cdots\Phi_p)$；

(3) $\mathrm{cov}(F^*,\varepsilon)=\mathrm{cov}(T'F,\varepsilon)=T'\mathrm{cov}(F,\varepsilon)=0$

这说明公因子 F 并不是唯一的，因子载荷矩阵 A 也不是唯一的。只要对公因子左乘一个正交矩阵，即作一正交变换，就可以得到新的公因子。在几何上，一次正交变换对应着坐标唯一的一次旋转。在旋转后的坐标系中，因子载荷也发生了变化，所以，因子载荷矩阵也不唯一。

（四）因子分析的几个重要概念

为了更好地理解因子分析模型及计算结果，需要对模型中的各个参数的含义有正确的

理解。

1. 因子载荷

因子载荷是因子分析模型中最重要的一个统计量，是连接观察变量和公因子之间的纽带。根据模型(10－10)，可以得到：

$\mathrm{cov}(x_i, f_j) = \mathrm{cov}(a_{i1}f_1 + a_{i2}f_2 + \cdots + a_{im}f_m + \varepsilon_i, f_j) = \sum_{k=1}^{m} a_{ik}\mathrm{cov}(f_k, f_j)$ 当公因子之间完全不相关时，即 $\mathrm{cov}(f_k, f_j)=0(k\neq j)$，而 $\mathrm{cov}(f_j, f_j)=\mathrm{var}(f_j)=1$，此时，$\mathrm{cov}(x_i, f_j)=a_{ij}=r_{x_i, f_j}$。

当公因子之间完全不相关时，a_{ij}就是第 i 个原始变量和第 j 个公因子之间的相关系数，即 x_i 在第 j 个公因子上的相对重要性。a_{ij}的绝对值越大，表示公因子 f_j 与变量 x_i 的关系越密切，可以据此寻找公因子 f_j 的实际含义。

进一步，当公因子之间完全不相关时，根据模型(10－10)，很容易得到：

$$r_{x_i \cdot x_j} = \mathrm{cov}(x_i, x_j) = \mathrm{cov}\left(\sum_{k=1}^{m} a_{ik}f_k, \sum_{k=1}^{m} a_{jk}f_k\right) = \sum_{k=1}^{m} a_{ik}a_{jk}$$

这说明任何两个观察变量之间的相关系数等于对应的因子载荷乘积之和。因而，我们可以利用因子载荷来估计观察变量之间的相关系数，如果从观测数据计算出的相关系数和从因子模型导出的变量的相关系数差别很小，则可以说模型很好地拟合了观测数据，因子解是合适的。

2. 变量共同度

根据模型(10－10)，可以得到：

$$\mathrm{var}(x_i) = \sum_{j=1}^{m} \mathrm{var}(a_{ij}f_j) + \mathrm{var}(\varepsilon_i) = \sum_{j=1}^{m} a_{ij}^2 + \sigma_i^2 \triangleq h_i^2 + \sigma_i^2 \tag{10－13}$$

其中，

$$h_i^2 = \sum_{j=1}^{m} a_{ij}^2 \tag{10－14}$$

称为变量共同度(公因子方差)，反映了 m 个公因子对原始变量 x_i的总方差解释的比例。由于 X 已标准化，所以，上式可以化简为：

$$1=h_i^2+\sigma_i^2 \tag{10－15}$$

这表明，观测变量 X 的方差由两部分组成：一部分是由公因子决定，变量共同度体现了所有公因子对原有变量的贡献程度，共同度越大(接近 1)，说明变量的原始信息被所有公因子解释的程度越高，丢失的信息量越少；另一部分是由特殊因子决定，反映了原有变量方差中，无法被公因子解释的比例。

如果大部分变量的共同度都大于 0.8，则说明公因子已经基本反映了各原始变量 80%以上的信息，仅有较少的信息丢失，因子分析效果较好，原始变量空间到公共因子空间的转化性质较好。因此，各变量的共同度是衡量因子分析效果的一个重要指标。

3. 公因子的方差贡献

公因子 f_j 的方差贡献，等于和该因子有关的因子载荷的平方，即

$$g_j^2 = \sum_{i=1}^{p} a_{ij}^2 \tag{10－16}$$

公因子方差贡献，反映了该因子对所有原始变量总方差的解释能力，是衡量公因子相对重

要性指标:该值越高,说明公因子的重要程度越高。

我们还可以定义公因子 f_j 方差贡献率

$$\frac{g_j^2}{\sum_{i=1}^{p}\text{var}(x_i)}=\frac{\sum_{i=1}^{p}a_{ij}^2}{p} \tag{10-17}$$

式中,由于变量 X 是已经标准化处理过,所以,$\text{var}(x_i)=1, i=1,2,\cdots p$。

二、因子载荷矩阵的估计

当给定 p 个变量 $x_1,x_2,\cdots,x_p$ 的 n 组观测时,如何从样本协方差矩阵 S 或样本相关矩阵 R 出发(将 S 或 R 看成是总体协方差矩阵 $\sum$ 或总体相关矩阵 ρ 的估计),抽取较少的 m 个因子,估计因子载荷矩阵 A 及特殊方差 Φ,从而建立因子模型,这是因子分析首要先解决的问题,也是因子分析的基本任务。估计 A 和 Φ 的方法比较多,如主成分法、主因子法、极大似然估计法等,不同的方法求解因子载荷的出发点不同,所得结果也不完全相同。但它们的计算都比较复杂,必须借助于计算机的实现。此处仅简单介绍使用较为普遍的主要分法。若要选一步学习,可以参考相关文献。

用主成分法估计因子载荷矩阵是在进行因子分析之前先对数据进行一次主要成分分析,然后把贡献率较大的几个主成分作为公因子,而其他的贡献率较小的主成分作为特殊因子看待。但由于这种方法所得到的特殊因子 $\varepsilon_1,\varepsilon_2,\cdots,\varepsilon_p$ 之间并不相互独立,因此,用主成分法确定因子载荷并不完全符合因子分析模型的前提假设,也就是说所谓的因子载荷矩阵并不完全正确。但是当共同度较大时,特殊因子所起到的作用较小,因而特殊因子之间的相关性所带来的影响几乎可以忽略。由于主成分法比较简单,所以在估计载荷矩阵时,可以先考虑此方法。

用主成分法估计因子载荷矩阵的方法如下:先从样本相关矩阵出发进行主要成分分析,设有 p 个变量 $x_1,x_2,\cdots,x_p$,则可以得到 p 个主成分,将其按照贡献率由大到小排列顺序,记为 $y_1,y_2,\cdots,y_p$。则主成分分析可知,主成分与原始变量之间存在如下关系式:

$$\begin{cases}y_1=l_{11}x_1+l_{21}x_2+\cdots+l_{p1}x_p\\y_2=l_{12}x_1+l_{22}x_2+\cdots+l_{p2}x_p\\\vdots\\y_p=l_{1p}x_1+l_{2p}x_2+\cdots+l_{pp}x_p\end{cases} \tag{10-18}$$

式中,l_{ij} 为样本相关系数矩阵 R 的特征值所对应的特征向量的分量。也可以将上式写为矩阵的形式

$$Y=L'X \tag{10-19}$$

式中,$Y=(y_1,y_2,\cdots,y_p)'$,$X=(x_1,x_2,\cdots,x_p)'$,$L=(l_{ij})$。由于 L 为正交矩阵,所以从 X 到 Y 的转换关系是可逆的。在式(10-19)两边同时左乘 L,可以得到 $X=LY$,即

$$\begin{cases}x_1=l_{11}y_1+l_{12}y_2+\cdots+l_{1p}y_p\\x_2=l_{21}y_1+l_{22}y_2+\cdots+l_{2p}y_p\\\vdots\\x_p=l_{p1}y_1+l_{p1}y_2+\cdots+l_{pp}y_p\end{cases} \tag{10-20}$$

在一定的累积贡献率的前提下,保留前 m 个主成分,而后面部分用 ε_i 来代替,则式

(10－20)可变为

$$\begin{cases} x_1 = l_{11}y_1 + l_{12}y_2 + \cdots + l_{m1}y_m + \varepsilon_1 \\ x_2 = l_{21}y_1 + l_{22}y_2 + \cdots + l_{2p}y_p + \varepsilon_2 \\ \cdots \\ x_p = l_{p1}y_1 + l_{p2}y_2 + \cdots + l_{pm}y_m + \varepsilon_m \end{cases} \tag{10-21}$$

式(10－22)形式上与因子分析模型(10－10)一致，且 $y_i(i=1,2,\cdots m)$之间相互独立(因为主成分相互独立)但因子分析模型中要求公因子的均值为 0，方差为 1，所以需要对 y 作一变换使之成为公因子。在变量 X 作标准化变换后，Y 的均值也为 0，由主成分分析一章可知，$\text{var}(y_i)=\lambda_i$，于是，令

$$f_i = \frac{y_i}{\sqrt{\lambda_i}}, a_{ij} = \sqrt{\lambda_i} l_{ij}, \tag{10-22}$$

则式(10－21)变为：$\begin{cases} x_1 = a_{11}f_1 + a_{12}f_2 + \cdots + a_{m1}f_m + \varepsilon_1 \\ x_2 = a_{21}f_1 + a_{22}f_2 + \cdots + a_{2m}f_m + \varepsilon_2 \\ \cdots \\ x_p = a_{p1}f_1 + a_{p2}f_2 + \cdots + a_{pm}f_m + \varepsilon_m \end{cases}$

这就是因子分析模型(10－10)。

不失一般性，设 $\lambda_1 \geqslant \lambda_2 \geqslant \cdots \geqslant \lambda_p$ 为样本相关阵 R 的特征值，$L_1, L_2, \cdots L_p$ 为对应的标准化特征向量。设 $m<p$，根据式(10.2.11)，可以得到因子载荷矩阵 A 的一个解为：

$$\hat{A} = (\sqrt{\lambda_1}L_1, \sqrt{\lambda_2}L_2, \cdots \sqrt{\lambda_m}L_m) \tag{10-23}$$

共同度的估计为：

$$\hat{h}_i^2 = \hat{a}_{i1}^2 + \hat{a}_{i2}^2 + \cdots + \hat{a}_{im}^2 \tag{10-24}$$

在实际应用中，有一个如何确定公因子的数目 m 的问题。其中的一个方法就是借鉴确定主成分个数的准则，即所选取的公因子的信息量的总和达到总体信息量的一个合适比例(70%～90%)为止(当然还有其他方法)。

从主成分法估计载荷矩阵的过程可以看出，因子分析和主成分分析有很多相似之处，但这两种模型是有区别的，主成分分析的数学模型实质是一种变换，而因子分析模型是描述原变量 X 相关阵结构的一种模型。当 $m=p$ 时，因子分析也对应一种变量变换，但在实际应用中，m 都小于 p。另外，在主成分分析中，每个主成分相应的系数 l_{ij} 是唯一确定的，而因子分析中因子载荷 a_{ij} 是不唯一的。

三、因子旋转

建立因子分析模型的目的不仅要找出公共因子及对变量进行分组，更重要的是要知道每个公因子的意义，以便对实际问题作出科学分析。如果各个变量 $x_1, x_2, \cdots x_p$ 在某个公因子上的载荷大小相差不多，对公因子的解释就有困难，因为因子载荷表明公因子与变量之间的相关程度。这时可根据因子载荷矩阵的不唯一性，可用一个正交阵 T 右乘 A 以实现对因子载荷矩阵的旋转(由线性代数知识知，一个正交变换对应坐标系的一次旋转)，从而使旋转后的因子载荷矩阵结构简化，更好地对公因子进行解释。所谓结构简化就是重新分配每个因子所解释的方差的比例，使每个变量仅在一个公共因子上有较大的载荷，而在其余公共因子上的载荷较小，即载荷矩阵每列或行的元素平方值向 0 和 1 两极分化，更易于解释。其原理有些像调整显

微镜的焦距，以便更清楚地观察物体。

经过因子旋转后，并不改变对数据的拟合程度，公因子对 x_i 的贡献（共同度）h_i^2 也不改变，但由于载荷矩阵发生变化，公因子本身可能发生很大变化，每一个公因子对原始变量的贡献 g_i^2 不再与原来相同，从而经过适当旋转，可以得到比较令人满意的公因子。

因子旋转有正交旋转和斜交旋转两类。正交旋转是在因子载荷矩阵 A 右乘一正交矩阵而得，经过正交旋转而得到的新的公因子仍然保持独立的性质。而斜交旋转则放弃了因子之间彼此独立这个限制，因而可以得到更为简洁的形式，其实际意义更容易解释。不论是正交旋转还是斜交旋转，都应当使新的因子载荷要么尽可能接近于 0，要么尽可能地接近于 1。因为接近于 0 的因子 a_{ij} 表明 x_i 与 f_i 的相关性很弱；而绝对值接近于 1 的因子载荷 a_{ij} 表明 x_i 与 f_i 的相关性很强，即公因子 f_i 与 x_i 变化的解释能力很强。如此一来，任一原始变量都与某些公因子存在较强的相关关系，而与另外的公因子之间的相关关系很弱，公因子的实际意义就比较容易解释。

（一）方差最大正交旋转

方差最大旋转法，是从简化因子载荷矩阵的每一列出发，目的是将因子载荷矩阵的行做简化，也就是将坐标旋转，使和每个因子有关的载荷的差异性最大化，此时，每个因子列只在少数几个变量上有很大的载荷，公因子的解释也变得容易。

设已求得的因子分析模型为 $X=AF+\Gamma$，$\Gamma=(\gamma_{ij})_{m\times m}$ 为一正交矩阵，以 Γ 右乘 A，记 $A^*=A\Gamma$，$F^*=\Gamma'F$，则 $X=A^*F^*+\Gamma$，或者写成：

$$x_i=a_{i1}^*f_1+a_{i2}^*f_2+\cdots+a_{im}^*f_m+\varepsilon_i,\quad i=1,2,\cdots p \tag{10-25}$$

则变量的共同度为：

$$\begin{aligned} h_i^{*2} &= \sum_{j=1}^m a_{ij}^{*2} = \sum_{j=1}^m \Big(\sum_{l=1}^m a_{il}\gamma_{li}\Big)^2 \\ &= \sum_{j=1}^m\sum_{l=1}^m a_{il}^2\gamma_{lj}^2 + \sum_{j=1}^m\sum_{l=1}^m\sum_{\substack{k=1\\k\neq l}}^m a_{il}a_{ik}\gamma_{lj}\gamma_{kj} \\ &= \sum_{l=1}^m a_{il}^2\sum_{j=1}^m\gamma_{lj}^2 + \sum_{l=1}^m\sum_{k=1}^m a_{il}a_{ik}\sum_{\substack{j=1\\k\neq 1}}^m\gamma_{lj}\gamma_{kj} \end{aligned} \tag{10-26}$$

由正交矩阵的性质（每列或行的元素平方和等于 1，不同于列或行的对应元素乘积和为 0），可知，

$$\sum_{j=1}^m\gamma_{lj}^2=1,\ \sum_{\substack{k=1\\k\neq l}}^m\gamma_{lj}\gamma_{kj}=0$$

于是，式(10-26)变为：　$h_i^{*2}=\sum_{l=1}^m a_{il}^2=h_i^2$

这说明，变换后的变量共同度没有发生变化。

类似地，可以求出因子的方差贡献

$$\begin{aligned} g_j^{*2} &= \sum_{i=1}^p a_{il}^{*2} = \sum_{i=1}^p\Big(\sum_{l=1}^m a_{il}\gamma_{lj}\Big)^2 = \sum_{i=1}^p\sum_{l=1}^m a_{il}^2\gamma_{lj}^2 + \sum_{i=1}^p\sum_{l=1}^m\sum_{\substack{k=1\\k\neq l}}^m a_{il}a_{ik}\gamma_{lj}\gamma_{kj} \\ &= \sum_{l=1}^m\gamma_{lj}^2\sum_{i=1}^p a_{il}^2 = \sum_{l=1}^m g_l^2\gamma_{lj}^2 \end{aligned} \tag{10-27}$$

这说明，变换后公因子的贡献发生了变化。这是由于旋转后的公因子已发生变化，不再是原来的元公因子，每个新的公因子对原始变量的解释程度也随之发生变化。但所有公因子对原始变量总方差的解释程度不变，即 $\sum_{i=1}^{m} g_j^{*2} = \sum_{j=1}^{m}\sum_{l=1}^{m} g_l^2 * \gamma_{lj}^2 = \sum_{l=1}^{m} g_l^2 (\sum_{j=1}^{m} \gamma_{lj}^2) = \sum_{l=1}^{m} g_l^2$

对已知的因子载荷矩阵进行正交变化的目的就是使各个因子上的载荷实现两极分化，即实现各因子载荷之间的差异极大化，而描述差异性的统计指标为方差，所以，关键是要使得方差极大化。对于某个公因子 f_k，定义在其上的荷载之间的方差为：

$$
\begin{aligned}
v_k &= \frac{1}{p}\sum_{i=1}^{p}\left[\left(\frac{a_{ik}^{*2}}{h_i^2}\right) - \frac{1}{p}\sum_{i=1}^{p}\left(\frac{a_{ik}^{*2}}{h_i^2}\right)\right]^2 \\
&= \frac{1}{p}\sum_{i=1}^{p}\left(\frac{a_{ik}^{*2}}{h_i^2}\right)^2 - \left(\frac{1}{p}\sum_{i=1}^{p}\frac{a_{ik}^{*2}}{h_i^2}\right)^2, \quad k = 1,2,\cdots m
\end{aligned} \tag{10-28}
$$

这里，v_k 的表达式形式类似于统计中方差公式：$S = \frac{1}{n}\sum_{k=1}^{n}(x_i - \bar{x})^2 = \frac{1}{n}\sum_{i=1}^{n}x_i^2 - \bar{x}^2$。之所以取 a_{ik}^{*2} 是为了消除 a_{ik}^{*} 符号不同的影响，除以 h_i^2 是为了消除各个变量对因子依赖程度不同的影响。因为各个变量 x_i 在某个因子 f_j 上的载荷的平方是该因子对该变量共同度的贡献，而各变量的共同度一般是互不相同的，若某个变量的共同度较大，则分配在各个因子上的载荷就大一些，反之就小一些。因此，为消除各个变量的共同度大小不同的影响，计算某一因子上的载荷的方差时，可先将各个载荷的平方除以共同度，即类似标准化变换，然后再计算标准化后的载荷的方差。所有公因子载荷之间的总方差为：

$$
V = \sum_{k=1}^{m} v_k \tag{10-29}
$$

现在的问题转化为求一个正交矩阵 Γ，对已知的因子载荷矩阵 A 正交变换后，新的因子载荷矩阵 $A^* = A\Gamma$ 中的元素能使 V 达到极大值。

（二）四次方最大旋转

四次方最大旋转是从简化因子载荷矩阵的每一行出发，通过旋转因子，使每个变量只在一个因子上有较大的载荷，而在其他因子上取尽可能低的载荷。这种方法强调了对变量解释的简洁性，牺牲了对因子解释的简洁性。

四次方最大旋转法使因子载荷矩阵中每一行的因子载荷平方的方差达到最大。最大化的目标函数为：

$$
\sum_{i=1}^{p}\sum_{j=1}^{m}\left(a_{ij}^{*2} - \frac{1}{m}\right)_k^2 \tag{10-30}
$$

化简上式，可得 $\sum_{i=1}^{p}\sum_{j=1}^{m}\left(a_{ij}^{*2} - \frac{1}{m}\right)_k^2 = \sum_{i=1}^{p}\sum_{j=1}^{m}\left(a_{ij}^{*1} - \frac{2}{m}a_{ij}^{*2} + \frac{1}{m^2}\right)_k = \sum_{i=1}^{P}\sum_{j=1}^{m}a_{ij}^{*4} - 2 + \frac{p}{m}$

简化后的最大化目标函数为：

$$
Q = \sum_{i=1}^{p}\sum_{j=1}^{m} a_{ij}^{*4} \tag{10-31}
$$

（三）等量最大法旋转

等量最大法就是把方差最大法和四次方最大法结合起来求 V 和 G 的加权平均最大。化简后最大化的目标函数为：

$$Q=\sum_{i=1}^{p}\sum_{j=1}^{m}a_{ij}^{*4}-\gamma\sum_{j=1}^{m}\left(\sum_{i=1}^{p}a_{ij}^{*2}\right)^{2}/p \tag{10-32}$$

权数 γ 等于 $m/2$，与因子数目有关。

（四）斜交旋转

斜交旋转中，因子之间的夹角可以是任意的，即因子之间不一定是正交的，所以用斜交因子描述变量会使因子结构更为简洁。在斜交旋转中，因子载荷不再等于公因子和变量之间的相关系数，因子结构和因子模型之间是有区别的。

（五）旋转方法的选择

因子旋转并不改变变量的共同度，从统计的观点看，并不能说某一种转轴方法比任何其他转轴方法好，在统计上所有的转轴法是相等的。假如有两种转轴方法导致不同的解释，则这两种转轴方法不能视为相互抵触的。可以更合理地解释为对同一事件，不同角度有不同的看法。所以，在实际应用中，没有一个准则能帮助使用者选定一种特定的旋转技术，没有可以令人信服的理由能够说某种旋转方法优于其他的方法。常常需要研究者自己由所得的结果判断，在很多时候，所计算出的结果都相差不多，我们没必要去判断哪一种转轴方法比较好。此外，选择旋转方法还可以根据研究问题的需要。如果因子分析的目标主要是进行数据化简，把很多变量浓缩为少数几个因子，而因子的确切含义是什么并不重要，可以优先考虑正交旋转；如果研究的目标是要得到几个理论上有意义的因子，可以考虑选用斜交旋转。正交旋转的优点是因子之间不相关，提供的信息不会重叠，其缺点是研究者迫使因子间不相关，但在现实中，很少有完全不相关的变量。所以，理论上，斜交旋转优于正交旋转。但斜交旋转中因子间的斜交程度受使用者定义的参数的影响，而且斜交旋转中允许因子之间具有一定的相关性。基于此，斜交旋转的优越性被大大削弱，正交旋转应用更广泛。

四、因子得分的估计

（一）因子得分的含义

当因子模型建立后，我们往往需要反过来考察每个样品的性质及样品之间的关系，如关于百货商场综合评价的因子模型建立后，需要对每个百货商场进行综合评价或者把所有商场归类为综合评价较好、一般、较差三类，这时可以通过计算每个商场的因子得分进行分析。由于公因子能反映原始变量的相关关系，用公因子代表原始变量时，有时更有利于描述研究对象的特征，因而往往需要反过来将公因子表示为变量（或样品）的线性组合，即：

$$f_j=b_{j1}x_1+b_{j2}x_2+b_{jp}x_p,\quad j=1,2,\cdots m \tag{10-33}$$

称式（10-33）为因子得分函数，它可以用来计算每个样品的因子得分。从几何意义上来理解，因子得分实际上给出的是各个样品在公共因子上的投影值或坐标值。因此，以公共因子为坐标轴，在公共因子空间中，就可以按各样品的得分值标出其空间的相对位置。这样就可以进一步得到关于原始数据的结构方面的信息。如 $m=2$，则将每个样品的 p 个变量值代入上式即可算出每个样品的因子得分 f_1 和 f_2，这样就可以在二维平面上作出因子得分的散点图，进而对样品进行分类或作进一步的统计分析。

回顾主成分的概念，可以发现其意义和作用与因子得分很相似，但又存在很大区别。在主成分分析中，当取 p 个主成分时，主成分与原始变量之间的关系是可逆的，即只要知道原始变量用主成分线性表示的表达式，就可以很方便地得到用原始变量表示主成分的表达式；而在因子分析模型中，由于因子得分函数中方程的个数 m 小于变量的个数 p，且公因子是不可观测的隐变量，载荷矩阵 A 不可逆，因此，不能直接将公因子表示为原始变量的精确线性组合，即不能精确计算出因子得分，只能对因子得分进行估计。

估计因子得分有很多方法，如加权最小二乘法、回归法。下面仅介绍回归法，它是 1939 年由 Thomson 提出来，所以又称为汤姆森回归法。

（二）因子得分估计的方法——回归法

假设变量 X 及公因子 F 已进行标准化处理，并设公因子可对 p 个变量进行回归，则有：

$$\hat{f}_j = b_{j1}x_1 + b_{j2}x_2 + \cdots + b_{jp}x_p, \quad j=1,2,\cdots m \tag{10-34}$$

其矩阵形式为：

$$\hat{F} = BX \tag{10-35}$$

式中，$\hat{F}=[\hat{f}_1,\hat{f}_2,\cdots\hat{f}_m]'$，$X=[x_1,x_2,\cdots x_p]'$，$B=(b_{ij})_{m\times p}$ 为得分系数矩阵。如果可以得到上述方程中的回归系数，则可以得到因子得分的估计值。由于：

$$a_{ij}=\mathrm{cov}(x_i,f_j)=\mathrm{cov}(x_i,b_{j1}x_1+b_{j2}x_2+\cdots+b_{jp}x_p)=b_{j1}r_{i1}+b_{j2}r_{i2}+\cdots+b_{jp}r_{ip}$$

于是，可以得到如下方程组

$$\begin{bmatrix} r_{11} & r_{12} & \cdots & r_{1p} \\ r_{21} & r_{22} & \cdots & r_{2p} \\ \vdots & \vdots & & \\ r_{p1} & r_{p2} & \cdots & r_{pp} \end{bmatrix} \begin{bmatrix} b_{1j} \\ b_{2j} \\ \vdots \\ b_{jp} \end{bmatrix} = \begin{bmatrix} a_{1j} \\ a_{2j} \\ \vdots \\ a_{pj} \end{bmatrix} \tag{10-36}$$

$$Rb_j = a_j \tag{10-37}$$

式中，R 为样本的相关系数矩阵，$b_j=[b_{j1},b_{j2},\cdots b_{jp}]'$ 为第 j 个因子的得分系数，$a_j=[a_{j1},a_{j2},\cdots a_{jp}]'$ 为载荷矩阵的第 j 列。

解方程组（10-36），即可求出第 j 个因子的得分系数，类似地，也可以得到其他 $m-1$ 个因子得分系数。于是，得分系数矩阵为

$$B=A'R^{-1} \tag{10-38}$$

所以，因子得分变量为

$$\hat{F}=BX=A'R^{-1}X \tag{10-39}$$

这样，在得到一组样本观测值后，就可以代入上面的关系式求出因子得分的估计值，从而实现用少数公因子去描述原始变量的数据结构。有了因子得分，今后的统计分析就不必建立在原始变量的基础上，而只要对因子得分变量、因子得分进行分析即可。如对因子得分作聚类分析，回归分析等，尤其当因子数 m 较少时，还可以方便地把各样本点在图上表示出来，直观地描述样本的分布情况，便于进一步进行研究。

【例 10-2】 表 10-6 是我国城镇居民 1993—2014 年期间 8 项消费支出在各年度的占比情况，试对其进行因子分析。

表 10－6　中国城镇居民消费 8 项消费支出比例情况

年份	食品（X_1）	衣着（X_2）	家庭设备（X_3）	医疗保健（X_4）	交通通讯（X_5）	文教娱乐（X_6）	居住（X_7）	杂项（X_8）
1993	50.13	14.24	6.63	8.76	2.70	3.82	9.19	4.52
1994	49.89	13.69	6.78	8.82	2.91	4.65	8.80	4.48
1995	50.09	13.55	8.02	7.45	3.11	5.18	9.36	3.25
1996	48.60	13.47	7.68	7.61	3.66	5.08	9.57	4.35
1997	46.41	12.45	8.57	7.57	4.29	5.56	10.71	4.44
1998	44.48	11.10	9.43	8.24	4.74	5.94	11.53	4.55
1999	41.86	10.45	9.84	8.57	5.32	6.73	12.29	4.96
2000	39.44	10.01	11.31	7.49	6.36	8.54	13.40	3.44
2001	37.94	10.05	10.32	8.27	6.47	8.61	13.00	5.35
2002	37.68	9.80	10.36	6.45	7.13	10.38	14.96	3.25
2003	37.12	9.79	10.74	6.30	7.31	11.08	14.35	3.30
2004	37.73	9.56	10.21	5.67	7.35	11.75	14.38	3.34
2005	36.69	10.08	10.18	5.62	7.57	12.55	13.82	3.50
2006	35.78	10.37	10.40	5.73	7.13	13.19	13.83	3.56
2007	36.29	10.42	9.83	6.02	6.99	13.58	13.30	3.58
2008	37.89	10.37	10.19	6.15	6.99	12.60	12.08	3.72
2009	36.52	10.47	10.02	6.42	6.98	13.72	12.01	3.87
2010	35.67	10.72	9.89	6.74	6.47	14.73	12.08	3.71
2011	36.32	11.05	9.27	6.75	6.39	14.18	12.21	3.83
2012	36.23	10.94	8.90	6.69	6.38	14.73	12.20	3.94
2013	35.02	10.55	9.68	6.74	6.20	15.19	12.73	3.88
2014	35.20	9.75	9.74	7.34	15.77	12.83	6.22	3.16

消费结构的因子模型。

由表 10－6 中资料得样本均值向量：$X=(40.13, 11.04, 9.45, 7.06, 6.28, 10.21, 11.91, 3.91)$，用软件 SPSS 计算变量的相关系数矩阵的特征值和贡献率见表 10－7。可以看出变量相关系数矩阵在提取公因子后有两个大的特征根为 5.246 和 1.173，其累计贡献率达到 80.237%；因子旋转后的两个大的特征根为 3.271 和 3.148，其累计贡献率达到 80.237%；前两个公因子变化最大，说明前两个公因子提供了原始数据 8 个指标所能表达的足够的信息。

表 10-7 相关矩阵的特征值与贡献率

变量序列号	因子分析初始解对变量的描述			提取共因子后对变量的描述			旋转公因子后平方和		
	特征值	方差贡献率	累计方差贡献率	总计	方差百分比	累积%	总计	方差百分比	累积%
1	5.246	65.576	65.576	5.246	65.576	65.576	3.271	40.885	40.885
2	1.173	14.661	80.237	1.173	14.661	80.237	3.148	39.352	80.237
3	0.931	11.638	91.875						
4	0.466	5.830	97.704						
5	0.109	1.362	99.066						
6	0.060	0.749	99.816						
7	0.015	0.184	100.000						
8	3.456E-08	4.320E-07	100.000						

因此，提取两个主因子，用主成份分析法和正交旋转法计算得旋转前后的因子载荷阵如表 10-8所示。

表 10-8 因子载荷阵

变量	公因子(原始因子载荷阵)		公因子(旋转后因子载荷阵)	
	1	2	1	2
ZX_1	0.952	−0.003	−0.686	0.661
ZX_2	0.922	−0.153	−0.769	0.532
ZX_3	−0.878	0.272	0.819	−0.416
ZX_4	0.830	0.048	−0.562	0.613
ZX_5	−0.707	−0.548	0.126	−0.885
ZX_6	−0.876	−0.144	0.528	−0.714
ZX_7	−0.631	0.726	0.958	0.082
ZX_8	0.604	0.475	−0.103	0.761

根据 10-8，可以写出以标准化的原始变量($ZX_1,ZX_2,ZX_3,ZX_4,ZX_5,ZX_6,ZX_7,ZX_8$)表示的主成分的表达式，两主成分记为 f_1，f_2：

$$f_1=0.958ZX_7+0.819ZX_3-0.769ZX_2-0.686ZX_1$$

$$f_2=-0.885ZX_5+0.761ZX_8-0.714ZX_6+0.613ZX_4$$

从表 10-8 可以看出，第一个主因子在 X_1，X_2，X_3，X_7 四个方面有较大载荷，这几项指标主要反映居民为了生存必需要消费支出的变化情况，因此命名为生存型消费因子；第二个主因子在 X_4，X_5，X_6，X_8 四方面有较大载荷，这几项指标主要反映居民为了改善生活，提高生活效率如购买小汽车，使用移动通讯等方面的消费支出变化情况，因此命名为享受型消费因子。分类情况如表 10-9 所示。

表 10－9　主因子分析

	高载荷指标	因子命名
1	食品,衣着,家庭设备,居住	生存型消费因子
2	文教娱乐,交通通讯,医疗保健,杂项商品及服务	享受型消费因子

第十章小结与阅读资料

思考与练习

一、思考题

1. 简述主成分分析的基本思想。
2. 主成分分析的主要作用是什么,如何确定主成分的个数?
3. 因子分析的主要目的是什么?为何要进行因子旋转
4. 主成分分析与因子分析的异同?

二、分析题

1. 表 10－10 是一组古生物贝壳标本的两个变量(长度和宽度)数据,试采用主成分分析方法对这种古生物贝壳标本进行研究。

表 10－10　一组古生物贝壳标本原始数据

样本编号	长度 x_1	宽度 x_2	样本编号	长度 x_1	宽度 x_2
1	3	2	13	11	12
2	4	10	14	12	10
3	6	5	15	12	11
4	6	8	16	13	6
5	6	10	17	13	14
6	7	2	18	13	15
7	7	13	19	13	17
8	8	9	20	14	7
9	9	5	21	15	13
10	9	8	22	17	13
11	9	14	23	17	17
12	10	7	24	18	19

2. 某层控铅锌矿品位高规模大,矿体赋存于奥陶系灰岩的古喀斯特裂隙溶洞中。考察发

现，矿区含银，且局部达到工业品味，在矿体的不同部位采取了 4 块样本分别化验 Pb、Zn、Ag 的含量(如表 10－11，其中的数据是标准化后的数据)，请采用因子分析法对对该层控铅锌矿开展综合评价。

表 10－11　层控铅锌矿开展综合评价数据

	铅(Pb)	锌(Zn)	银(Ag)
样本一(S1)	－1.26	－0.96	－0.78
样本二(S2)	－0.64	－0.96	－1.14
样本三(S3)	0.64	0.58	1.32
样本四(S4)	1.26	1.34	0.62

3. 查阅《中国统计年鉴》或利用国家统计局网站资料，运用因子分析对 2015 年我国 31 个省市自治区规模以上工业企业的经济效益进行综合评价。

思考与练习　参考答案

参考文献

[1] 胡培，王建琼. 管理统计学(第一版)[M]. 北京：高等教育出版社，2007.
[2] 刘金兰. 管理统计学[M]. 天津：天津大学出版社，2007.
[3] 刘素荣. 管理统计学[M]. 北京：电子工业出版社，2014.
[4] 宋光辉. 管理统计学[M]. 广州：华南理工大学出版社，2012.
[5] 李金林，赵中秋，马宝龙. 管理统计学[M]. 北京：清华大学出版社，2011.
[6] 缪柏其，万红燕. 管理统计学[M]. 合肥：中国科学技术大学出版社，2010.
[7] 赵喜仓，谢科进，崔琳琳，等.《统计学》[M]. 北京：高等教育出版社，2011.
[8] 李洁明，祈新娥. 统计学原理[M]. 3 版. 复旦大学出版社，2006.
[9] 张泽滨. 统计学[M]. 北京：电子工业出版社，2011.
[10] 郭思亮，盛亦工. 统计学：方法与应用[M]. 成都：西南交通大学出版社，2014.
[11] 向蓉美，王青华，马丹. 统计学[M]. 北京：机械工业出版社，2015.
[11] 黄良文，朱建平. 统计学[M]. 北京：中国统计出版社，2008.
[12] 贾俊平，何晓群，金勇进. 统计学[M]. 4 版. 北京：中国人民大学出版社，2009.
[13] 黄良文，陈仁恩. 统计学原理[M]. 4 版. 北京：中央广播电视大学出版社，2011.
[14] 陈仁恩. 统计学基础习题集解[M]. 厦门：厦门大学出版社，2005.
[15] 袁卫，庞皓，曾五一，等. 统计学[M]. 2 版. 北京：高等教育出版社，2009.
[16] 梁前德. 统计学[M]. 2 版. 北京：高等教育出版社，2008.
[17] 李金昌，苏为华. 统计学[M]. 2 版. 北京：机械工业出版社，2009.
[18] 刘思峰，吴和成，管利荣. 应用统计学[M]. 北京：高等教育出版社，2007.
[19] 管于华. 统计学[M]. 2 版. 北京：高等教育出版社，2009.
[20] 曾五一. 统计学导论[M]. 北京：科学出版社，2006.
[21] 汪冬华. 多元统计分析与 SPSS 应用[M]. 上海：华东理工大学出版社，2010.
[22] 任雪松，于秀林. 多元统计分析[M]. 北京：中国统计出版社，2011.
[23] 韩明. 应用多元统计分析[M]. 上海：同济大学出版社，2013.

附　表

附表一　标准正态分布表

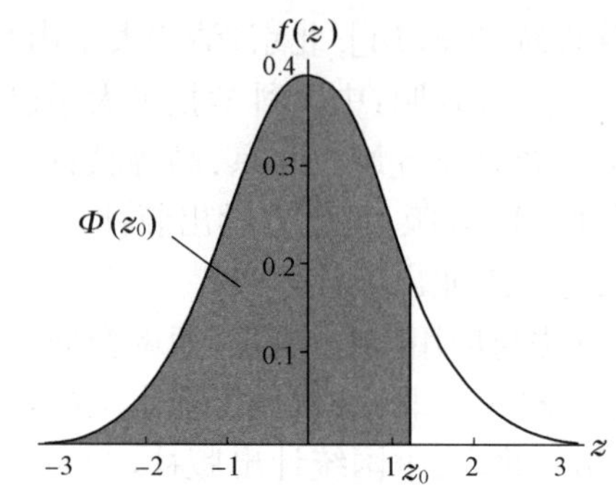

$$P(Z \leqslant z) = \Phi(z) = \int_{-\infty}^{z} \frac{1}{\sqrt{2\pi}} e^{-\omega^2} / 2 d\omega$$

$$\Phi(-z) = 1 - \Phi(z)$$

z	0.00	0.01	0.02	0.03	0.04	0.05	0.06	0.07	0.08	0.09
0.0	0.500 0	0.504 0	0.508 0	0.512 0	0.516 0	0.519 9	0.523 9	0.527 9	0.531 9	0.535 9
0.1	0.539 8	0.543 8	0.547 8	0.551 7	0.555 7	0.559 6	0.563 6	0.567 5	0.571 4	0.575 3
0.2	0.579 3	0.583 2	0.587 1	0.591 0	0.594 8	0.598 7	0.602 6	0.606 4	0.610 3	0.614 1
0.3	0.617 9	0.621 7	0.625 5	0.629 3	0.633 1	0.636 8	0.640 6	0.644 3	0.648 0	0.651 7
0.4	0.655 4	0.659 1	0.662 8	0.666 4	0.670 0	0.673 6	0.677 2	0.680 8	0.684 4	0.687 9
0.5	0.691 5	0.695 0	0.698 5	0.701 9	0.705 4	0.708 8	0.712 3	0.715 7	0.719 0	0.722 4
0.6	0.725 7	0.729 1	0.732 4	0.735 7	0.738 9	0.742 2	0.745 4	0.748 6	0.751 7	0.754 9
0.7	0.758 0	0.761 1	0.764 2	0.767 3	0.770 3	0.773 4	0.776 4	0.779 4	0.782 3	0.785 2
0.8	0.788 1	0.791 0	0.793 9	0.796 7	0.799 5	0.802 3	0.805 1	0.807 8	0.810 6	0.813 3
0.9	0.815 9	0.818 6	0.821 2	0.823 8	0.826 4	0.828 9	0.831 5	0.834 0	0.836 5	0.838 9
1.0	0.841 3	0.843 8	0.846 1	0.848 5	0.850 8	0.853 1	0.855 4	0.857 7	0.859 9	0.862 1
1.1	0.864 3	0.866 5	0.868 6	0.870 8	0.872 9	0.874 9	0.877 0	0.879 0	0.881 0	0.883 0
1.2	0.884 9	0.886 9	0.888 8	0.890 7	0.892 5	0.894 4	0.896 2	0.898 0	0.899 7	0.901 5
1.3	0.903 2	0.904 9	0.906 6	0.908 2	0.909 9	0.911 5	0.913 1	0.914 7	0.916 2	0.917 7
1.4	0.919 2	0.920 7	0.922 2	0.923 6	0.925 1	0.926 5	0.927 9	0.929 2	0.930 6	0.931 9

（续表）

z	0.00	0.01	0.02	0.03	0.04	0.05	0.06	0.07	0.08	0.09
1.5	0.933 2	0.954 5	0.935 7	0.937 0	0.938 2	0.939 4	0.940 6	0.941 8	0.942 9	0.944 1
1.6	0.945 2	0.946 3	0.947 4	0.948 4	0.949 5	0.950 5	0.951 5	0.952 5	0.953 5	0.954 5
1.7	0.955 4	0.956 4	0.957 3	0.958 2	0.959 1	0.959 9	0.960 8	0.961 6	0.962 5	0.963 3
1.8	0.964 1	0.964 9	0.965 6	0.966 4	0.967 1	0.967 8	0.968 6	0.969 3	0.969 9	0.970 6
1.9	0.971 3	0.971 9	0.972 6	0.973 2	0.973 8	0.974 4	0.975 0	0.975 6	0.976 1	0.976 7
2.0	0.977 2	0.977 8	0.978 3	0.978 8	0.979 3	0.979 8	0.980 3	0.980 8	0.981 2	0.981 7
2.1	0.982 1	0.982 6	0.983 0	0.983 4	0.983 8	0.984 2	0.984 6	0.985 0	0.985 4	0.985 7
2.2	0.986 1	0.986 4	0.986 8	0.987 1	0.987 5	0.987 8	0.988 1	0.988 4	0.988 7	0.989 0
2.3	0.989 3	0.989 6	0.989 8	0.990 1	0.990 4	0.990 6	0.990 9	0.991 1	0.991 3	0.991 6
2.4	0.991 8	0.992 0	0.992 2	0.992 5	0.992 7	0.992 9	0.993 1	0.993 2	0.993 4	0.993 6
2.5	0.993 8	0.994 0	0.994 1	0.994 3	0.994 5	0.994 6	0.994 8	0.994 9	0.995 1	0.995 2
2.6	0.995 3	0.995 5	0.995 6	0.995 7	0.995 9	0.996 0	0.996 1	0.996 2	0.996 3	0.996 4
2.7	0.996 5	0.996 6	0.996 7	0.996 8	0.996 9	0.997 0	0.997 1	0.997 2	0.997 3	0.997 4
2.8	0.997 4	0.997 5	0.997 6	0.997 7	0.997 7	0.997 8	0.997 9	0.997 9	0.998 0	0.998 1
2.9	0.998 1	0.998 2	0.998 2	0.998 3	0.998 4	0.998 4	0.998 5	0.998 5	0.998 6	0.998 6
3.0	0.998 7	0.998 7	0.998 7	0.998 8	0.998 8	0.998 9	0.998 9	0.998 9	0.999 0	0.999 0
α	0.400	.0300	0.200	0.100	0.050	0.025	0.020	0.010	0.005	0.001
z_α	0.253	0.524	0.842	1.282	1.645	1.960	2.054	2.326	2.576	3.090
$2_{\alpha/2}$	0.842	1.036	1.282	1.645	1.960	2.240	2.326	2.576	2.807	3.291

附表二　t 分布临界值表

（查表时注意：v 是指自由度，并分单侧和双侧两种类型）
（左侧的示意图是单侧检验的情形）

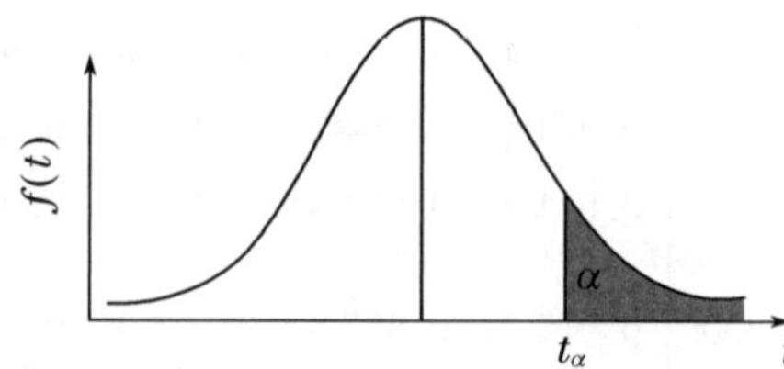

单侧 双侧	a=0.10 a=0.20	0.05 0.10	0.025 0.05	0.01 0.02	0.005 0.01
V=1	3.078	6.314	12.706	31.821	63.657
2	1.886	2.920	4.303	6.965	9.925
3	1.638	2.353	3.182	4.541	5.841
4	1.533	2.132	2.776	3.747	4.604
5	1.476	2.015	2.571	3.365	4.032
6	1.440	1.943	2.447	3.143	3.707
7	1.415	1.895	2.365	2.998	3.499
8	1.397	1.860	2.306	2.896	2.355
9	1.383	1.833	2.262	2.821	3.250
10	1.372	1.812	2.228	2.764	3.169
11	1.363	1.796	2.201	2.718	3.106
12	1.356	1.782	2.179	2.681	3.055
13	1.350	1.771	2.160	2.650	3.012
14	1.345	1.761	2.145	2.624	2.977
15	1.341	1.753	2.131	2.602	2.947
16	1.337	1.746	2.120	2.583	2.921
17	1.333	1.740	2.110	2.567	2.898
18	1.330	1.734	2.101	2.552	2.878
19	1.328	1.729	2.093	2.539	2.861
20	1.325	1.725	2.086	2.528	2.845
21	1.323	1.721	2.080	2.518	2.831
22	1.321	1.717	2.074	2.508	2.819
23	1.319	1.714	2.069	2.500	2.807
24	1.318	1.711	2.064	2.492	2.797
25	1.316	1.708	2.060	2.485	2.787
26	1.315	1.706	2.056	2.479	2.779
27	1.314	1.703	2.052	2.473	2.771

（续表）

单侧 双侧	a=0.10 a=0.20	0.05 0.10	0.025 0.05	0.01 0.02	0.005 0.01
28	1.313	1.701	2.048	2.467	2.763
29	1.311	1.699	2.045	2.462	2.756
30	1.310	1.697	2.042	2.457	2.750
40	1.303	1.684	2.021	2.423	2.704
50	1.299	1.676	2.009	2.403	2.678
60	1.296	1.671	2.000	2.390	2.660
70	1.294	1.667	1.994	2.381	2.648
80	1.292	1.664	1.990	2.374	2.639
90	1.291	1.662	1.987	2.368	2.632
100	1.290	1.660	1.984	2.364	2.626
125	1.288	1.657	1.979	2.357	2.616
150	1.287	1.655	1.976	2.351	2.609
200	1.286	1.653	1.972	2.345	2.601
∞	1.282	1.645	1.960	2.326	2.576

附表三　χ^2 分布临界值表

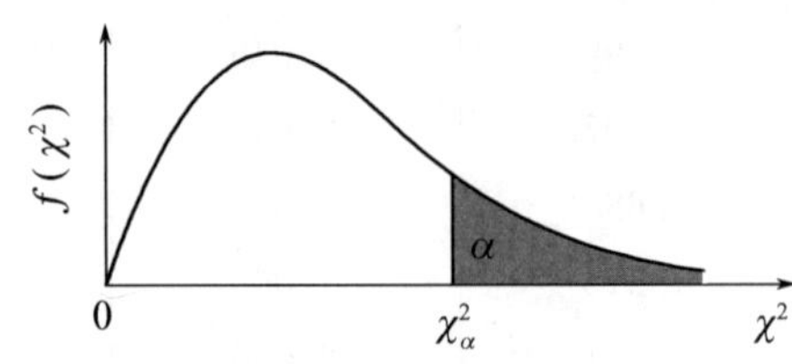

自由度	$\chi^2_{0.995}$	$\chi^2_{0.990}$	$\chi^2_{0.975}$	$\chi^2_{0.950}$	$\chi^2_{0.900}$
1	0.000 039 3	0.000 151 71	0.000 982 1	0.003 932 1	0.015 790 8
2	0.010 025 1	0.020 100 7	0.050 635 6	0.102 587	0.210 720
3	0.071 721 2	0.114 832	0.215 795	0.351 846	0.584 375
4	0.206 990	0.297 110	0.484 419	0.710 721	1.063 623
5	0.411 740	0.554 300	0.831 211	1.145 476	1.610 31
6	0.675 727	0.872 085	1.237 347	1.635 39	2.204 13
7	0.989 265	1.239 043	1.689 87	2.167 35	2.833 11
8	1.344 419	1.646 482	2.179 73	2.732 64	3.489 54
9	1.734 926	2.087 912	2.700 39	3.325 11	4.168 16
10	2.155 85	2.558 21	3.246 97	3.940 30	4.865 18
11	2.603 21	3.053 47	3.815 75	4.574 81	5.577 79
12	3.073 82	3.570 56	4.403 79	5.226 03	6.303 80
13	3.565 03	4.106 91	5.008 74	5.891 86	7.041 50
14	4.074 68	4.660 43	5.628 72	6.570 63	7.789 53
15	4.600 94	5.229 35	6.262 14	7.260 94	8.546 75
16	5.142 24	5.812 21	6.907 66	7.961 64	9.312 23
17	5.697 24	6.407 76	7.564 18	8.671 76	10.085 2
18	6.264 81	7.014 91	8.230 75	9.390 46	10.864 9
19	6.843 98	7.632 73	8.906 55	10.117 0	11.650 9
20	7.433 86	8.260 40	9.590 83	10.850 8	12.442 6
21	8.033 66	8.897 20	10.282 93	11.591 3	13.239 6
22	8.642 72	9.542 49	10.982 3	12.338 0	14.041 5
23	9.260 42	10.195 67	11.688 5	13.090 5	14.847 9
24	9.886 23	10.856 4	12.401 1	13.848 4	15.658 7
25	10.519 7	11.524 0	13.119 7	14.611 4	16.473 4
26	11.160 3	12.198 1	13.843 9	15.379 1	11.291 9
27	11.807 6	12.878 6	14.517 33	16.151 3	18.113 8
28	12.461 3	13.564 8	15.307 9	16.927 9	18.939 2
29	13.121 1	14.256 5	16.047 1	17.708 3	19.767 7

（续表）

自由度	$\chi^2_{0.995}$	$\chi^2_{0.990}$	$\chi^2_{0.975}$	$\chi^2_{0.950}$	$\chi^2_{0.900}$
30	13.786 7	14.953 5	16.790 8	18.492 6	20.599 2
40	20.706 5	22.164 3	24.433 1	26.509 3	29.050 5
50	27.990 7	29.706 7	32.357 4	34.764 2	37.688 6
60	35.534 6	37.484 8	40.481 7	43.187 9	46.458 9
70	43.275 2	45.441 8	18.757 6	51.739 3	55.329 0
80	51.172 0	53.540 0	57.153 2	60.391 5	64.277 8
90	59.196 3	61.754 1	65.646 6	69.126 0	73.291 2
100	67.327 6	70.064 8	74.221 9	77.929 5	82.358 1
150	109.142	112.668	117.985	122.692	128.275
200	152.241	156.432	162.728	168.279	174.835
300	240.663	245.972	253.912	260.878	269.068
400	330.903	337.155	346.482	354.641	364.207
500	422.303	429.388	439.936	449.147	459.926

自由度	$\chi^2_{0.100}$	$\chi^2_{0.050}$	$\chi^2_{0.025}$	$\chi^2_{0.010}$	$\chi^2_{0.005}$
1	2.705 54	3.841 46	5.023 89	6.634 90	7.879 44
2	4.605 17	5.991 47	7.377 76	9.210 34	10.596 6
3	6.251 39	7.814 73	9.348 40	11.344 9	12.838 1
4	7.719 44	9.487 73	11.143 3	13.276 7	14.860 2
5	9.236 35	11.070 5	12.832 5	15.086 3	16.749 6
6	10.644 6	12.591 6	14.449 4	16.811 9	18.547 6
7	12.017 0	14.067 1	16.012 8	18.475 3	20.277 7
8	13.361 6	15.507 3	17.534 6	20.090 2	21.955 0
9	14.683 7	16.919 0	19.022 8	21.666 0	23.589 3
10	15.987 1	18.307 0	20.483 1	23.209 3	25.188 2
11	17.275 0	19.675 1	21.920 0	24.725 0	26.756 9
12	18.549 4	21.026 1	23.336 7	26.217 0	28.299 5
13	19.811 9	22.362 1	24.735 6	27.688 3	29.819 4
14	21.064 2	23.684 8	26.119 0	29.141 3	31.319 3
15	22.307 2	24.995 8	27.488 4	30.577 9	32.801 3
16	23.541 8	26.296 2	28.845 4	31.999 9	34.267 2
17	24.769 0	27.587 1	30.191 0	33.408 7	35.718 5
18	25.989 4	28.869 3	31.526 4	34.805 3	37.156 4
19	27.203 6	30.143 5	35.852 3	36.190 8	38.582 2
20	28.412 0	31.410 4	34.169 6	37.566 2	39.996 8
21	29.615 1	32.670 5	35.478 9	38.932 1	41.401 0
22	30.813 3	33.924 4	36.780 7	40.289 4	42.795 6
23	32.006 9	35.172 5	38.075 7	41.638 4	44.181 3
24	33.196 3	36.415 1	39.364 1	42.979 8	45.558 5

自由度	$\chi^2_{0.100}$	$\chi^2_{0.050}$	$\chi^2_{0.025}$	$\chi^2_{0.010}$	$\chi^2_{0.005}$
25	34.381 6	37.652 5	40.646 5	44.314 1	46.927 8
26	36.563 1	38.885 2	41.923 2	45.641 7	48.289 9
27	36.741 2	40.113 3	43.194 4	46.963 0	49.644 9
28	37.915 9	41.337 2	44.460 7	48.278 2	50.993 3
29	39.087 5	42.556 9	45.722 2	49.587 9	52.335 6
30	40.256 0	43.772 9	46.979 2	50.892 2	53.672 0
40	51.805 0	55.758 5	59.341 7	63.690 7	66.765 9
50	63.167 1	67.504 8	71.420 2	76.153 9	79.490 0
60	74.397 0	79.081 9	83.297 6	88.379 4	91.951 7
70	85.527 1	90.531 2	95.023 1	100.425	104.215
80	96.578 2	101.879	106.629	112.329	116.321
90	107.565	113.145	118.136	124.116	128.299
100	118.498	124.342	129.561	135.807	140.169
150	172.581	179.581	185.800	193.208	198.360
200	226.021	233.994	241.058	249.445	255.264
300	331.789	341.395	349.874	359.906	366.844
400	436.649	447.632	457.306	468.724	479.606
500	540.930	553.127	563.852	576.493	585.207

附表四 F 分布临界值表($\alpha=0.05$)

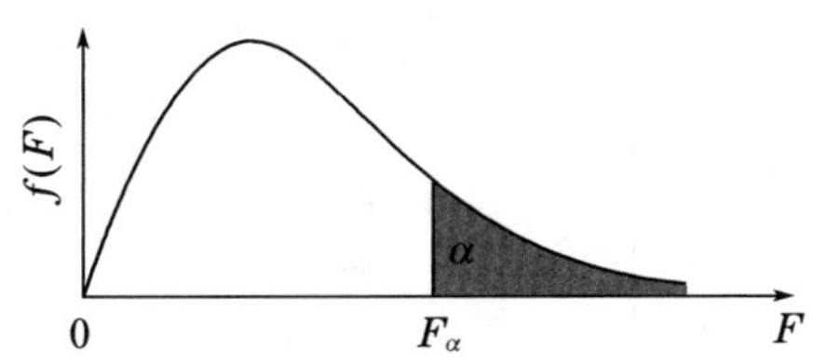

V_2 \ V_1	1	2	3	4	5	6	8	10	15
1	161.4	199.5	215.7	224.6	230.2	234.0	238.9	241.9	245.9
2	18.51	19.00	19.16	19.25	19.30	19.33	19.37	19.40	19.43
3	10.13	9.55	9.28	9.12	9.01	8.94	8.85	8.79	8.70
4	7.71	6.94	6.59	6.39	6.26	6.16	6.04	5.96	5.86
5	6.61	5.79	5.41	5.19	5.05	4.95	4.82	4.74	4.62
6	5.99	5.14	4.76	4.53	4.39	4.28	4.15	4.06	3.94
7	5.59	4.74	4.35	4.12	3.97	3.87	3.73	3.64	3.51
8	5.32	4.46	4.07	3.84	3.69	3.58	3.44	3.35	3.22
9	5.12	4.26	3.86	3.63	3.48	3.37	3.23	3.14	3.01
10	4.96	4.10	3.71	3.48	3.33	3.22	3.07	2.98	2.85
11	4.84	3.98	3.59	3.36	3.20	3.09	2.95	2.85	2.72
12	4.75	3.89	3.49	3.26	3.11	3.00	2.85	2.75	2.62
13	4.67	3.81	3.41	3.18	3.03	2.92	2.77	2.67	2.53
14	4.60	3.74	334	3.11	2.96	2.85	2.70	2.60	2.46
15	4.54	3.68	3.29	3.06	2.90	2.79	2.64	2.54	2.40
16	4.49	3.63	3.24	3.01	2.85	2.74	2.59	2.49	2.35
17	4.45	3.59	3.20	2.96	2.81	2.70	2.55	2.45	2.31
18	4.41	3.55	3.16	2.93	2.77	2.66	2.51	2.41	2.27
19	4.38	3.52	3.13	2.90	2.74	2.63	2.48	2.38	2.23
20	4.35	3.49	3.10	2.87	2.71	2.60	2.45	2.35	2.20
21	4.32	3.47	3.07	2.84	2.68	2.57	2.42	2.32	2.18
22	4.30	3.44	3.05	2.82	2.66	2.55	2.40	2.30	2.15
23	4.28	3.42	3.03	2.80	2.64	2.53	2.37	2.27	2.13
24	4.26	3.40	3.01	2.78	2.62	2.51	2.36	2.25	2.11
25	4.24	3.39	2.99	2.76	2.60	2.49	2.34	2.24	2.09
26	4.23	3.37	2.98	2.74	2.59	2.47	2.32	2.22	2.07
27	4.21	3.35	2.96	2.73	2.57	2.46	2.31	2.20	2.06
28	4.20	3.34	2.95	2.71	2.56	2.45	2.29	2.19	2.04

（续表）

V_1 / V_2	1	2	3	4	5	6	8	10	15
29	4.18	3.33	2.93	2.70	2.55	2.43	2.28	2.18	2.03
30	4.17	3.32	2.92	2.69	2.53	2.42	2.27	2.16	2.01
40	4.08	3.23	2.84	2.61	2.45	2.34	2.18	2.08	1.92
50	4.03	3.18	2.79	2.56	2.40	2.29	2.13	2.03	1.87
60	4.00	3.15	2.76	2.53	2.37	2.25	2.10	1.99	1.84
70	3.98	3.13	2.74	2.50	2.35	2.23	2.07	1.97	1.81
80	3.96	3.11	2.72	2.49	2.33	2.21	2.06	1.95	1.79
90	3.95	3.10	2.71	2.47	2.32	2.20	2.04	1.94	1.78
100	3.94	3.09	2.70	2.46	2.31	2.19	2.03	1.93	1.77
125	3.92	3.07	2.68	2.44	2.29	2.17	2.01	1.91	1.75
150	3.90	3.06	2.66	2.43	2.27	2.16	2.00	1.89	1.73
200	3.89	3.04	2.65	2.42	2.26	2.14	1.98	1.88	1.72
	3.84	3.00	2.60	2.37	2.21	2.10	1.94	1.83	1.67

F 分布临界值表(α=0.01)

V_1 / V_2	1	2	3	4	5	6	8	10	15
1	4 052	4 999	5 403	5 625	5 764	5 859	5 981	6 065	6 157
2	98.50	99.00	99.17	99.25	99.30	99.33	99.37	99.40	99.43
3	34.12	30.82	29.46	28.71	28.24	27.91	27.49	27.23	26.87
4	21.20	18.00	16.69	15.98	15.52	15.21	14.80	14.55	14.20
5	16.26	13.27	12.06	11.39	10.97	10.67	10.29	10.05	9.72
6	13.75	10.92	9.78	9.15	8.75	8.47	8.10	7.87	7.56
7	12.25	9.55	8.45	7.85	7.46	7.19	6.84	6.62	6.31
8	11.26	8.65	7.59	7.01	6.63	6.37	6.03	5.81	5.52
9	10.56	8.02	6.99	6.42	6.06	5.80	5.47	5.26	4.96
10	10.04	7.56	6.55	5.99	5.64	5.39	5.06	4.85	4.56
11	9.65	7.21	6.22	5.67	5.32	5.07	4.74	4.54	4.25
12	9.33	6.93	5.95	5.41	5.06	4.82	4.50	4.30	4.01
13	9.07	6.70	5.74	5.21	4.86	4.62	4.30	4.10	3.82
14	8.86	6.51	5.56	5.04	4.69	4.46	4.14	3.94	3.66
15	8.86	6.36	5.42	4.89	4.56	4.32	4.00	3.80	3.52
16	8.53	6.23	5.29	4.77	4.44	4.20	3.89	3.69	3.41
17	8.40	6.11	5.19	4.67	4.34	4.10	3.79	3.59	3.31
18	8.29	6.01	5.09	4.58	4.25	4.01	3.71	3.51	3.23
19	8.18	5.93	5.01	4.50	4.17	3.94	3.63	3.43	3.15
20	8.10	5.85	4.94	4.43	4.10	3.87	3.56	3.37	3.09
21	8.02	5.78	4.87	4.37	4.04	3.81	3.51	3.31	3.03

（续表）

V_2 \ V_1	1	2	3	4	5	6	8	10	15
22	7.95	5.72	4.82	4.31	3.99	3.76	3.45	3.26	2.98
23	7.88	5.66	4.76	4.26	3.94	3.71	3.41	3.21	2.93
24	7.82	5.61	4.72	4.22	3.90	3.67	3.36	3.17	2.89
25	7.77	5.57	4.68	4.18	3.85	3.63	3.32	3.13	2.85
26	7.72	5.53	4.64	1.14	3.82	3.59	3.29	3.09	2.81
27	7.68	5.49	4.60	4.11	3.78	3.56	3.26	3.06	2.78
28	7.64	5.45	4.57	4.07	3.75	3.53	3.23	3.03	2.75
29	7.60	5.42	4.54	4.04	3.73	3.50	3.20	3.00	2.73
30	7.56	5.39	4.51	4.02	3.70	3.47	3.17	2.98	2.70
40	7.31	5.18	4.31	3.83	3.51	3.29	2.99	2.80	2.52
50	7.17	5.06	4.20	3.72	3.41	3.19	2.89	2.70	2.42
60	7.08	4.98	4.13	3.65	3.34	3.12	2.82	2.63	2.35
70	7.01	4.92	4.07	3.60	3.29	3.07	2.78	2.59	2.31
80	6.96	4.88	4.04	3.56	3.26	3.04	2.74	2.55	2.27
90	6.93	4.85	4.01	3.53	3.23	3.01	2.72	2.52	2.42
100	6.90	4.82	3.98	3.51	3.21	2.99	2.69	2.50	2.22
125	6.84	4.78	3.94	3.47	3.17	2.95	2.66	2.47	2.19
150	6.81	4.75	3.91	3.45	3.14	2.92	2.63	2.44	2.16
200	6.76	4.71	3.88	3.41	3.11	2.89	2.60	2.41	2.13
	6.63	4.61	3.78	3.32	3.02	2.80	2.51	2.23	2.04